Genderrepräsentation in der russischen Sprache heute: Zwischen Ideologie und Sprachpraxis

Studies on Language and Culture in Central and Eastern Europe

Edited by Christian Voß

Volume 47

Daria Almeskirchen

Genderrepräsentation in der russischen Sprache heute: Zwischen Ideologie und Sprachpraxis

PETER LANG
Berlin · Bruxelles · Chennai · Lausanne · New York · Oxford

Bibliografische Information der Deutschen Nationalbibliothek
Die Deutsche Nationalbibliothek verzeichnet diese Publikation in der Deutschen Nationalbibliografie; detaillierte bibliografische Daten sind im Internet über http://dnb.d-nb.de abrufbar.

Diese Forschung wurde von der Friedrich-Naumann-Stiftung für die Freiheit mit Mitteln des Auswärtigen Amtes gefördert.

Zugl.: Dissertation, Humboldt-Universität zu Berlin, 2023.

DE-11

ISSN 1868-2936
ISBN 978-3-631-93553-8 (Print)
ISBN 978-3-631-93554-5 (E-PDF)
ISBN 978-3-631-93555-2 (EPUB)
DOI 10.3726/b23325

Verlegt durch Peter Lang GmbH, Berlin (Deutschland)
info@peterlang.com

www.peterlang.com

Inhaltsverzeichnis

Abbildungsverzeichnis

Tabellenverzeichnis

Einleitung

Im Jahre 2019 schrieb die russische Aktivistin und Feministin Tatiana Nikonova einen Blogbeitrag, in dem sie die Notwendigkeit der Feminativa in der russischen Sprache anschaulich beweisen wollte. Sie konstruierte mehrere Beispielsätze, die absurd klangen und schwer verständlich waren, weil dort maskuline Personenbezeichnungen in Bezug auf Frauen benutzt wurden.[1]

> Официанты тут одеты в черные юбки.
> [Die Kellner sind hier in schwarze Röcke gekleidet.]
>
> Учителю не стоит носить глубокие декольте.
> [Ein Lehrer sollte kein tiefes Dekolleté tragen.]
>
> Джейн Эйр — образцовая гувернер.“
> [Jane Eyre ist *eine vorbildliche Gouverneur.]
>
> Знаменитый танцовщик Айседора Дункан.
> [Der berühmte Tänzer Isadora Duncan.][2]

Unter diesem Beitrag wurden über 700 Kommentare verfasst, die sowohl von Gleichgesinnten als auch von Gegner*innen der ‚unnötigen' Feminativa in der russischen Sprache stammten, was für eine lebhafte Diskussion sorgte. Diese Situation stellte eher eine Ausnahme dar, da normalerweise die Fragen der gendergerechten Sprache und der sprachlichen Repräsentation von Gender eher am Rande der öffentlichen Diskussion blieben und wenig Aufmerksamkeit erregten (vgl. Tolstokorova 2010, 103).

Während in vielen europäischen Ländern das Thema des Sexismus in der Sprache schon seit mehreren Jahrzehnten präsent ist,[3] findet diese Debatte in Bezug auf die russische Sprache kaum statt. Womöglich hat das mit der russischen Gesellschaft zu tun, die traditionell und stark von der heteronormativen Perspektive geprägt ist (vgl. Scheller-Boltz 2015b, 81). Die Genderpolitik in Russland kann als neomaskulinistisch und neokonservativ bezeichnet werden (vgl. Solovei 2021, 26). Alles, was die starke Dichotomie von männlich und weiblich sowie die traditionellen Vorstellungen über Mann und Frau aus dem Gleichgewicht bringen kann, wird in der Öffentlichkeit negativ dargestellt, wie der Feminismus (vgl. Lipovskaja 1992, 72; Savkina 2009). In anderen Fällen werden die Phänomene, die nicht in das traditionelle Weltbild passen, sogar gesetzlich verboten, zum

---

[1] https://www.instagram.com/p/B16b_R6Ho1B/. Zuletzt geprüft am 01.12.2022.

[2] Alle Übersetzungen sind meine eigenen, sofern nicht anders angegeben.

[3] Vgl. zum Beispiel Braun, 2000. Weitere Ausführungen zum Thema Sexismus in der Sprache und zu den sprachpolitischen Maßnahmen in Europa finden sich in Abschnitt 2.1.

Beispiel mit dem Gesetz gegen ‚Homosexuellen-Propaganda', das Ende 2022 noch einmal verschärft wurde.[4]

Die gesellschaftlichen Tendenzen in Russland sind für die vorliegende Forschung von großer Relevanz. Obwohl die vorliegende Forschung innerhalb der Genderlinguistik zu verorten ist und sich primär mit linguistischen Fragen beschäftigt, sind auch die eher soziologisch orientierten *gender studies* von hoher Bedeutung für die Fragestellung und die inhaltliche Konzeption der Forschung. Gender als zentraler Begriff dieser Studie wird nicht als biologische Gegebenheit, sondern als soziales und kulturelles Konstrukt, als ein bestimmtes kulturell und sozial definiertes Gesprächsverhalten verstanden (vgl. Thielemann 2010, 13–14). Diese Dichotomie zwischen dem biologischen Geschlecht (Sexus) und dem sozialen Geschlecht (Gender) muss allerdings mit Vorsicht interpretiert werden. Ursprünglich wurde die Trennung eingeführt, damit nicht alle Unterschiede zwischen Frauen und Männern als biodeterminiert erklärt werden und damit die Rolle der gesellschaftlichen Normen für das Geschlechterverhalten anerkannt werden (vgl. Crawford und Fox 2007). Allerdings hat das Konzept des Genders auch seine Nachteile. Oben wurde nicht zufällig das Wort ‚Trennung' in Bezug auf Sexus und Gender benutzt: Die Verwendung dieser Begriffe kann fälschlicherweise den Eindruck hinterlassen, dass diese Phänomene unabhängig voneinander existieren oder das jeweilige Gegenteil sind, oder wie Crawford und Fox es formulieren:

> If sex is to the biological as gender is to the cultural, the nature/nurture dichotomy is reinscribed. Moreover, biology is reinforced as prior to and predictive of culture (Crawford und Fox 2007, 483).

In anderen Worten kann die Idee, dass Gender als soziales Geschlecht manche Unterschiede zwischen Frauen und Männern sowie manche Besonderheiten im Geschlechterverhalten durch gesellschaftliche Normen erklärt, schnell gegenteilig interpretiert werden: *Manche* Unterschiede und Besonderheiten lassen sich zwar erklären, allerdings können *manche* nur durch die Physiologie begründet werden. Das Problem mag hier darin liegen, dass das Verhältnis zwischen Sexus und Gender nicht immer klar definiert wurde. Gender als Konzept sowie die Trennung zwischen Sexus und Gender verbreiteten sich in der Wissenschaft (vgl. Crawford und Fox 2007, 483). Dabei blieb Sexus ‚unantastbar' und diente als die primäre Klassifizierung, die nicht ‚nur' durch die Gesellschaft bestimmt wird, sondern objektiv existiert (obwohl die sozialen Normen, die alle Individuen betreffen, genauso real sind wie die physiologischen Merkmale (vgl. Cameron 2002a, 16)). In dieser Hinsicht sind die Werke von Judith Butler von besonderem Interesse, da die Forscherin die Erste war, die auch Sexus, die letzte Schicht der

---

[4] Siehe zum Beispiel: https://www.zdf.de/nachrichten/politik/lgbtq-homosexuelle-ausgrenzung-duma-russland-100.html. Zuletzt geprüft am 01.12.2022.

‚objektiven' Realität im damals bestehenden Modell von Gender, ebenfalls als diskursiv konstruiert beschrieb. In ihrem Buch *Gender Trouble* kritisiert sie die Gender-Dichotomie und die damit verbundenen Probleme. Laut Butler, überspitzt formuliert, suggeriert die Unterscheidung zwischen Geschlecht und Gender eine radikale Diskontinuität zwischen geschlechtlichen Körpern und kulturell konstruierten Geschlechtern (Butler 1990, 9). Die ‚Natürlichkeit' von Sexus wird von Butler in Frage gestellt: Es ist schwer, eine eindeutige und allumfassende Definition zu geben, denn es gibt viele Fragen, wodurch die Unstabilität und die verschwommenen Grenzen von Sexus deutlich werden. Aus diesem Grund stellt die Forscherin die Frage, ob auch Sexus diskursiv konstruiert ist und ob dann Gender dem Sexus übergeordnet ist:

> And what is sex anyway? Is it natural, anatomical chromosomal, or hormonal, and how is a feminist critic to assess the scientific discourses which purport to establish such "facts" for us? [...] If the immutable character of sex is contested, perhaps this construct called 'sex' is as culturally constructed as gender; indeed, perhaps it was always already gender, with the consequence that the distinction between sex and gender turns out to be no distinction at all (Butler 1990, 9–10).

Es ergibt laut Butler keinen Sinn, Gender als kulturelle Interpretation von Sexus zu definieren, wenn Letzteres selbst eine genderspezifische Kategorie ist. Anders gesagt denkt Butler die Relation zwischen Gender und Sexus neu. Die Vorstellung, dass Sexus prädiskursiv ist und eine primäre Rolle spielt, ist auch das Produkt der kulturellen Konstruktion, die durch Gender bestimmt wird (Butler 1990, 10).

Wie bereits erwähnt, hatte die Einführung der Gender-Kategorie allerdings einen großen Einfluss auf die westliche Wissenschaft. Gender wird innerhalb von vielen Wissenschaften untersucht, zum Beispiel in der vorliegenden Forschung innerhalb der Genderlinguistik, die sich mit den Fragen zur Darstellung von Gender in und durch die Sprache beschäftigt. Wie anfangs erwähnt, bleiben solche Fragen in Russland jenseits der offiziellen Rhetorik. Sie werden auf feministischen Foren, in Blogs oder im Rahmen einzelner Forschungen besprochen (vgl. Kirej-Sitnikova 2016; Peršaj 2017a).

Im oben zitierten Blogbeitrag von Tatiana Nikonova demonstriert sie das Phänomen des generischen Maskulinums. Das ist ein Prinzip in der Sprache, wonach die generischen Referenzen, das heißt Referenzen ohne Genderspezifikation, häufig von den Formen übernommen werden, die für die Referenz auf Männer benutzt werden. Die Formen, die auf Frauen referieren, werden aber nur in Ausnahmefällen in generischen Kontexten benutzt (vgl. A. Hornscheidt 2006, 273).

Das generische Maskulinum ist eine Manifestation von Sprachsexismus, die für die weibliche Unsichtbarkeit dient. Weitere Manifestationen sind die semantische Asymmetrie, d. h. die Situation, in der Ausdrücke, die Frauen und Männer bezeichnen, unterschiedliche denotative und konnotative Bedeutungen haben, zum Beispiel *bachelor* und *spinster* in der englischen Sprache und die *Stereotypisierung*, d. h. Redewendungen und Sprachmuster, in denen die traditionellen Frauen- und Männerrollen unterstrichen werden, zum Beispiel *Ärzte und Krankenschwestern* (vgl. Hellinger 2010, 566). Diese Sprachphänomene führen dazu, dass Frauen in der Sprache unsichtbar sind und stereotypisiert dargestellt werden.[5] Um diesen Asymmetrien entgegenzuwirken, werden in vielen europäischen Ländern verschiedene sprachpolitische Maßnahmen eingeführt, wie die Strategie des Gender-Mainstreamings. Deren Ziel besteht darin, Frauen und Männer in allen Bereichen gleichzustellen, was auch die sprachliche Repräsentation einschließt. Dieses Ziel wird unter anderem durch Gesetze, verschiedene Projekte und Projektförderungen erreicht. Die Forschung zu Gender und Sprache bleibt somit nicht nur theoretisch, sondern es wird ein sprachkritischer und sprachverändernder Ansatz verfolgt (vgl. A. Hornscheidt 2006, 273). Genderlinguistik ist daher zwischen Theorie und politischem Aktivismus zu verorten. Sie ist nicht komplett unparteiisch, sondern moniert die Sprache aus feministischer Sicht. Daher wird diese Forschungsrichtung auch stark kritisiert und sogar als unwissenschaftlich sowie ideologisch stigmatisiert. Scheller-Boltz listet eine Reihe an Vorwürfen, die in Richtung der Genderlinguistik geäußert werden:

> Der Geschlechterforschung wird nicht selten nachgesagt, dass sie bei vorgegebener Objektivität häufig von wissenschaftlich unangemessener Subjektivität geprägt und aufgrund einer voreingenommenen Haltung und Herangehensweise nicht wertungsfrei sei. Zudem würden in einer Reihe von Arbeiten naturgegebene Unterschiede, z.B. Genitalien, Anatomien oder Hormone, häufig [...] ausgeblendet oder eher intentional interpretiert. Die Genderlinguistik unterliegt ferner der Kritik, dass in historisch bedingte sprach-systemische Strukturen eigenwillig eingegriffen werde resp. Pauschalurteile gefällt oder Ergebnisse subjektiv ausgewertet, interpretiert und verwandt würden (Scheller-Boltz 2020, 19).

Es ist zwar notwendig, auf die Kritik zu hören, da sie wertvolle Einsichten und Möglichkeiten zur Verbesserung liefern kann, aber im Fall der Genderlinguistik muss zwischen Kritik und Anfechtung der gesamten Forschungsrichtung als solcher unterschieden werden. Besonders kennzeichnend ist in diesem Zusammenhang der Ideologie-Vorwurf. Wenn die Genderlinguistik ideologisch ist, dann sollte die gegnerische Position ideologiefrei sein. Allerdings lässt sich das schwer beweisen. Es ist dabei zu bedenken, dass eine komplette Objektivität sowieso illusorisch ist, da jede Position in gewissem Maße ideologisch ist (vgl. Eagleton 1991, 1–5). Die Ablehnung der Genderforschung kann genauso von der Ideologie diktiert werden, wofür Russland ein Beispiel darstellt. Aus Angst vor dem Ideologie-Vorwurf wurde selbst in den Werken der russischen Forscher*innen, die

[5] Weitere Ausführungen zu Sexismus in der Sprache finden sich in Unterabschnitt 2.1.1.

sich mit den Fragen zu Gender und Sprache beschäftigen, jede Verbindung mit Feminismus und mit Sprachkritik aus feministischer Sicht abgelehnt (vgl. Zemskaja, Kitajgorodskaja, und Rozanova 1993, 94). Dies führte dazu, dass sich diese Forschungsrichtung wesentlich langsamer entwickelte als in manchen europäischen Ländern und in den USA (vgl. Peršaj 2017b). Dahingegen werden in Russland Artikel mit aktiver (und nicht ideologiefreier) Kritik an der Genderlinguistik veröffentlicht (vgl. zum Beispiel Šarov 2010). Übereinstimmend mit den gegenwärtigen Entwicklungen in Russland, wonach die traditionellen Werte und die patriarchalen Genderrollen gestützt werden, werden in der russischen Gesellschaft keine Gender-Mainstreaming-Maßnahmen eingeführt, was auch nicht als ideologiefrei eingeschätzt werden kann.

Wesentliche Aspekte in dieser Hinsicht sind, welche Meinungen die russischen Sprachnutzer*innen vertreten und wie stark das Bedürfnis nach einer gendergerechten Sprache ist. Exemplarisch zeigt die Diskussion zu Tatiana Nikonovas Blogbeitrag, dass die offizielle Rhetorik in der russischen Gesellschaft nicht die einzige ist, sondern parallel mehrere Meinungen existieren. In diesem Kontext kann es fast als eine Manifestation einer eigenen gesellschaftlichen Position wahrgenommen werden, wenn jemand ein nicht in den Wörterbüchern stehendes Wort wie *avtorka*[6] (‚Autorin') benutzt.[7]

In dieser Hinsicht ist es von großer Relevanz darzulegen, in welchem Zusammenhang in dieser Arbeit die Begriffe ‚russisch', ‚russistisch' und ‚russischsprachig' benutzt werden. Da die russische Sprache nicht nur in Russland gesprochen und erforscht wird, ist es problematisch, solche Ausdrücke wie ‚russische Sprachnutzer*innen' und ‚russische Genderlinguistik' zu verwenden, da diese Begriffe teilweise uneindeutig sind. In der vorliegenden Arbeit wird auf verschiedene Zugänge zurückgegriffen, um in jeder Situation den treffenden Begriff zu finden. In Bezug auf die Genderlinguistik als Disziplin wird statt ‚russisch' das Adjektiv ‚russistisch' benutzt, das vom Wort ‚Russistik' abgeleitet ist. Die russistische Genderlinguistik innerhalb der Russistik ist von der russischen Genderlinguistik zu unterscheiden, womit nur die Genderlinguistik bezeichnet werden kann, die direkt mit Russland und nicht nur mit der russischen Sprache verbunden ist.

Anders verhält es sich bei solchen Ausdrücken wie ‚russische Sprachnutzer*innen'. In der vorliegenden Forschung war es nicht immer möglich, festzustellen, aus welchem Land ein*e Autor*in jeweiligen Redebeitrags kommt, vor allem wenn es sich um die Analyse der Internetforen oder YouTube-Kommentare handelt. Der Forscher Vania Solovei, der sich in seiner Dissertation mit der feministischen Bewegung in Russland beschäftigt, beschreibt eine ähnliche Situation:

---

[6] Im Wörterbuch von Frauenbezeichnungen (*Tolkovyj slovar' nazvanij ženščin*) gibt es nur die umgangssprachlichen Begriffe *avtorša* und *avtoressa* (Kolesnikov 2014, 14).

[7] Siehe zum Beispiel: http://www.sobaka.ru/city/science/71329. Zuletzt geprüft am 01.12.2022.

> On the Internet, feminist communities that use Russian as their language of communication bring together people from all over the post-Soviet space and those living in diaspora beyond it. Thus several crucial processes, most notably feminist knowledge production and ideological debates, can be understood as occurring in a Russian-speaking feminist movement that transcends the borders of particular states (Solovei 2021, 14).

Bei der Analyse von Onlinequellen, wie Internetforen und YouTube, werden in Bezug auf die Autor*innen der Beiträge Bezeichnungen wie ‚russische Sprachnutzer*innen' oder ‚Russischsprechende' benutzt, ungeachtet dessen, aus welchem Land sie kommen und welche Sprache sie in ihrem Alltag nutzen. Es wird aber in solchen Kontexten auf die Bezeichnung ‚Russ*innen' verzichtet, da es sich um zwei verschiedene Phänomene handelt: Nicht alle Leute, die russisch sprechen oder sogar in Russland leben, sind Russ*innen.

Ein weiteres Problem in Zusammenhang mit den Bezeichnungen ‚russisch' und ‚Russland' besteht darin, dass die Grenzen eines Landes instabil sein können, was im Fall von Russland die neuesten Ereignisse verdeutlichen. Russland ist als Staat von einer Reihe nicht anerkannter Regionen umgeben, wozu unter anderem die im Herbst 2022 durch militärische Gewalt besetzten Gebiete der Ukraine, die im Jahre 2014 angeschlossene Halbinsel Krim sowie die von der russischen Armee militärisch unterstützte Republik Südossetien gehören[8]. Daher ist die Definition von ‚russisch' und ‚Russland' nicht selbstverständlich. Vor allem ist diese Problematik für den Unterabschnitt 2.2.1. relevant, in dem die Sprachpolitik und die Genderpolitik speziell in Russland beschrieben werden und dabei die Ausdrücke ‚russisch' und ‚Russland' benutzt werden. Das geschieht aus mehreren Gründen. So gibt es den pragmatischen Aspekt: Die Beschreibung der Sprachpolitik aller Länder, in denen Russisch in verschiedenem Maße präsent ist, wäre umfangreich und würde über den Rahmen dieser Arbeit hinausgehen. Des Weiteren besteht das Forschungsinteresse der vorliegenden Arbeit nicht im Vergleich von verschiedenen Ländern und Sprachen, sondern in der Beschreibung der politischen und gesellschaftlichen Prozesse sowie der damit verbundenen sprachlichen Tendenzen in Russland. Aus diesem Grund wurde versucht, solche Onlinequellen für die Analyse zu wählen, die nicht nur russischsprachig sind, sondern Inhalte für das Publikum in Russland produzieren.[9]

Das Ziel der Forschung ist, herauszufinden, wie und mit welchen sprachlichen Mitteln verschiedene Gender in der modernen russischen Sprache repräsentiert werden. Ferner wird untersucht, wodurch die Wahl von einem bestimmten Gender für eine Personenbezeichnung motiviert wird und wie das explizite Anzeigen bzw. Nichtanzeigen von Gender (zum Beispiel durch das generische

---

[8] Stand Mai 2023.

[9] So haben fast alle der analysierten Onlinequellen Domain .ru; viele Nachrichtenportale schreiben primär über die Nachrichten aus Russland.

Maskulinum) wahrgenommen wird. Das ist eng mit der Frage verbunden, inwieweit eine gendergerechte Sprache für das Russische möglich ist. In anderen Worten wird in dieser Forschung die Antwort auf die Frage gesucht, wie sich gesellschaftliche Gendernormen auf die Sprache auswirken.

Diese Fragen werden in der vorliegenden Arbeit in drei Kapiteln beantwortet. Alle Kapitel sind nach einem ähnlichen Prinzip aufgebaut: In der ersten Hälfte werden im Rahmen von theoretischen Ausführungen der aktuelle Forschungsstand und die relevanten wissenschaftlichen Strömungen sowie Meilensteine beschrieben. Diese Übersichten dienen als Grundlage für den zweiten Teil des jeweiligen Kapitels, der mehr praxisorientiert ist und in dem die theoretischen Erkenntnisse angewendet werden.

Das erste Kapitel ‚Gender und Sprachforschung' beginnt mit der Übersicht über die relevantesten Werke zu Gender und Sprache (Abschnitt 1.1.). Dabei wird zu manchen Fragen, die kontrovers sind und von verschiedenen Forscher*innen unterschiedlich verstanden werden, eine eigene Stellung bezogen. Diese Übersicht über die genderlinguistischen Studien wird auf drei Unterabschnitte verteilt, was verschiedenen wissenschaftlichen Zugängen entspricht. Im zweiten Teil des Kapitels (Abschnitt 1.2.) wird die Entwicklung der russistischen Genderlinguistik dargelegt. Es werden Arbeiten genannt, die sich mit der russischen Sprache aus der genderlinguistischen Perspektive beschäftigen und die Probleme beschreiben, die die russische Genderlinguistik kennzeichnen und die Diskussion prägen. Dieser Teil wird in drei Abschnitte untergliedert, die aber nicht verschiedenen wissenschaftlichen Zugängen entsprechen, sondern unterschiedlichen Stufen in der Entwicklung der russistischen Genderlinguistik. Parallel werden diese Entwicklungen mit den Erkenntnissen aus der westlichen Genderlinguistik verglichen.

Im zweiten Kapitel ‚Gender und Sprachpolitik' werden zunächst sprachpolitische Ansätze für eine genderkorrekte Sprache in Europa (Abschnitt 2.1.) und Russland (Abschnitt 2.2.) besprochen. Hier wird vor allem beschrieben, wie die Sprache durch den Sprachsexismus diskriminierend sein kann, welche Maßnahmen dagegen ergriffen werden können, zum Beispiel Gender-Mainstreaming in Europa, und wie die Öffentlichkeit darauf regiert. Relevant in diesem Kontext sind die Beschreibung und die Systematisierung der negativen Reaktionen auf gendergerechte Sprache und die Argumente gegen Gender-Mainstreaming-Maßnahmen (vgl. Blaubergs 1980; Hellinger 1985; L. Hornscheidt 2011b; Parks und Roberton 1998). Im darauffolgenden Teil (Abschnitt 2.3.) wird die öffentliche Diskussion zur gendergerechten Sprache in Russland analysiert. Als Material werden die Kommentare unter den russischsprachigen YouTube-Videos zum Thema ‚genderkorrekte Sprache / Feminitiva' benutzt. Mithilfe einer qualitativen Inhaltsanalyse werden die in der öffentlichen Diskussion herrschenden Tendenzen sowie die Argumente der Gegner*innen und der Befürworter*innen der Sprachveränderungen untersucht. Dieser erste Analyseschritt soll außerdem helfen, die Ergebnisse der zweiten Analysephase in einen größeren Kontext zu stellen, um sie besser interpretieren zu können und dabei nicht nur von den eigenen Einschätzungen auszugehen.

Im dritten Kapitel ‚Gender und Sprachpraxis' wird auf die grammatische Struktur der gegenwärtigen russischen Sprache eingegangen, konkret auf die Relation zwischen dem grammatikalischen Genus und dem biologischen Sexus (Abschnitt 3.1.). Dabei werden neben den Grundlagen des russischen Genussystems und den typischen Movierungsmodellen der Personenbezeichnungen auch umstrittene Fragen beschrieben. Dazu gehören unter anderem das *genus commune* und die genauen Grenzen dieses Begriffs sowie die neuen Feminativa, die erst in den letzten Jahrzehnten entstanden sind und oft mit unproduktiven Suffixen gebildet werden. Diesem Überblick folgt der empirische Teil der Arbeit. In diesem wird untersucht, wie Gender in der russischen Sprache durch die Verwendung von verschiedenen Personenbezeichnungen repräsentiert wird (Abschnitt 3.3.). Das Ziel ist, herauszufinden, wie und nach welchen Normen Gender in der Sprache konstruiert und produziert wird. Ferner werden die in der Gesellschaft herrschenden Vorstellungen über die Genderrollen untersucht und die impliziten Mechanismen in der Sprache beschrieben, wodurch diese Vorstellungen geprägt werden. Für diese Sprachanalyse wurden zwei Sprachkorpora erstellt, die zwei unterschiedliche kommunikative Situationen repräsentieren: ein Korpus des publizistischen Stils und ein Korpus der feministischen Internetforen. Sie werden mithilfe einer qualitativen Inhaltsanalyse unter Einbeziehung einzelner quantitativer Elemente ausgewertet.

Wie bereits erwähnt, ist die russistische Genderlinguistik wegen mangelnden Interesses und der konservativen Politik noch nicht so weit fortgeschritten wie die analogen Disziplinen in manchen anderen Sprachen. Trotzdem kann nicht gesagt werden, dass die Entwicklung dieser Disziplin stagniert. Es erscheinen zahlreiche Publikationen zu dieser Thematik, wobei es neben den russischsprachigen Veröffentlichungen (vgl. Kirilina 2019; Peršaj 2017b) auch eine Menge an Forschungen in Europa gibt (vgl. Doleschal 1997, 2003, 2005; Scheller-Boltz 2020; Tafel 1997). Diese Tatsache hilft, die russistische Genderlinguistik als Disziplin stärker in die westliche Tradition zu implementieren. Die vorliegende Untersuchung der russischen Sprache will sich in diese Reihe der Publikationen einordnen und einen wesentlichen Beitrag zur wissenschaftlichen Diskussion leisten.

In der vorliegenden Arbeit wird der sogenannte Genderstern verwendet, um von der Genderdichotomie wegzugehen und auch nicht heteronormative Identitäten einzubeziehen (vgl. Kolek 2019b, 119). Diese Schreibweise wird sowohl im Plural als auch im Singular benutzt: *die Autor*innen, d*ie Autor*in.* Ausnahmen werden bei den Bezeichnungen von konkreten Personen oder Personengruppen gemacht sowie bei Zitaten und ihren Übersetzungen. Um die Arbeit auch den Interessierten außerhalb der Russistik zugänglich zu machen, wurden alle russischsprachigen Zitate und Beispielsätze aus dem Russischen von der Verfasserin übersetzt.

1. Gender und Sprachforschung

1.1. Geschichte der Gender- und Queeren Linguistik: von ‚exotischer Frauensprache' zur Kritik der Heteronormativität

Bei der Diskussion über die Genderlinguistik sowie über die Genderforschung generell muss die Forschungsentwicklung in erster Linie als Prozess gesehen werden. Manche Passagen aus dem Buch *Language and woman's place* von Robin Lakoff, die inzwischen als Klassikerin und Pionierin auf dem Gebiet der Genderlinguistik gilt, können bei den Leser*innen Verwirrung und Verblüffung hervorrufen. Manche Stellen wirken heutzutage uneindeutig oder sogar stereotypisch. So schätzt Lakoff zum Beispiel die generische Verwendung des maskulinen Pronomens *he* im Englischen in neutralen Kontexten:

> While this lexical and grammatical neutralization is related to the fact that men have been the writers and the doers, I don't think it by itself specifies a particular and demeaning role for women, as the special uses of *mistress* or *professional*, to give a few examples, do (R. T. Lakoff 2004, 70–71).

Die generische Verwendung des Maskulinums in neutralen Kontexten (auch generisches Maskulinum genannt), die für Lakoff keine große Relevanz hat, wurde von vielen Forscher*innen später problematisiert und als Merkmal der weiblichen Unsichtbarkeit kritisiert (vgl. zum Beispiel Hellinger 2010)[10]. Nichtsdestotrotz spielen die Werke von Lakoff immer noch eine wesentliche Rolle in der genderlinguistischen Forschung. Sie werden zwar zurzeit selten unkritisch in der Forschungsliteratur zitiert, aber sie bleiben ein markantes Zeitdokument und gaben nach dem Erscheinen den Anstoß zu weiteren Diskussionen sowohl über Sprache als auch über Gender (mehr dazu in Abschnitt 1.1.3.).

Im vorliegenden Kapitel werden diese ständige Diskussion zwischen einzelnen Vertreter*innen der Genderlinguistik sowie verschiedene Zugänge zu Sprache und Gender beschrieben. Die Geschichte der Genderlinguistik erstreckt sich von den ersten Beschreibungen der Frauensprache im Rahmen der ethnographischen Forschungen bis zu ‚modernen' und ‚postmodernen' Forschungszugängen, die auch oft mit der ‚zweiten' und ‚dritten' Welle des Feminismus in Verbindung gebracht werden (vgl. Mullany und Mills 2011, 14–16). Dabei kann allerdings nicht gesagt werden, dass sich zwischen allen Zugängen rigide Grenzen ziehen lassen, da sie sich gegenseitig beeinflussen.

Zentral für dieses Kapitel ist der sogenannte „postmodern turn" (vgl. Cameron 2005). Damit wird vor allem der Paradigmenwechsel gemeint, der in den 1990er Jahre stattfand. Diesem Wechsel liegt das unterschiedliche Verständnis von

[10] Mehr zu Sexismus in der Sprache siehe in Unterabschnitt 2.1.1.

Gender an sich zugrunde: Der Fokus verschob sich von den Unterschieden zwischen den Gendern (von denen es, laut früheren Vorstellungen, zwei gibt) auf die Diversität zwischen den verschiedenen Gendern und auch innerhalb von einem Gender. Motschenbacher formuliert es wie folgt:

> Whereas traditionally binary gender conceptualisations would, for instance, define femininity as non-masculinity (and vice versa), a pluralist approach is more amenable to distinguishing certain kinds of femininities or masculinities from each other (Motschenbacher 2010, 48).

Swann beschreibt den Wechsel generell als einen Übergang von einer relativen Festigkeit zu einer relativen Fluidität in Bezug auf die Art und Weise, wie Sprache und Gender aufgefasst werden und wie die beiden Konstrukte miteinander in Beziehung stehen (vgl. Swann 2002, 43). Mills weist auf folgende Unterschiede hin, wobei sie sich konkret auf Sprache und Frauen fokussiert: Während sich der Feminismus der zweiten Welle (also vor dem Paradigmenwechsel) auf die Sprache der Frauen als einer untergeordneten Gruppe konzentriert, stellt der Feminismus der dritten Welle die Homogenität der Frauen als Gruppe in Frage und fokussiert sich stattdessen auf lokale Studien (vgl. S. Mills 2008, 22).

In den Abschnitten 1.1.2. und 1.1.3. werden die ‚modernen' und die ‚postmodernen' Forschungszugänge beschrieben und miteinander verglichen. Ihnen wird der Abschnitt 1.1.1. vorangestellt, in dem es um die Volkslinguistik sowie frühere Forschungen sowohl zu Sprache als auch zu Gender und ihren Einfluss auf spätere Studien geht.

Im zweiten Teil des Kapitels geht es um die russistische Genderlinguistik. Da sich die Forschung im amerikanischen, europäischen und russischen Sprachraum nicht parallel entwickelt hat, ist es von großem Interesse, den jeweiligen Forschungsstand zu vergleichen. Dabei geht es um die folgenden Fragen:

- Welche Besonderheiten hatte die genderlinguistische Forschung in ihrer ‚westlichen' und ihrer ‚russistischen' Ausführung? Welche Unterschiede gibt es?
- Wie ging die Entwicklung der genderlinguistischen Forschung vonstatten? Welche Etappen bzw. Forschungsrichtungen lassen sich in der genderlinguistischen Forschung erkennen?
- Welche Herausforderungen gibt es und wo besteht weiterer Forschungsbedarf?

Das Kapitel beschäftigt sich also nicht nur mit der reinen Beschreibung der relevantesten Entwicklungen im Bereich der Genderlinguistik, sondern fokussiert sich auch (vor allem in den Abschnitten zur russistischen Genderlinguistik) auf den Vergleich zwischen der ‚westlichen' und der ‚russistischen'

Forschungstradition. Ein weiterer Schwerpunkt ist die Analyse der Probleme und der Forschungslücken, die die Genderlinguistik im heutigen russischsprachigen Raum aufweist.

1.1.1. Volkslinguistik und Frauensprache

Wie bereits erwähnt, ist die Entwicklung der genderlinguistischen Forschung ein langjähriger Prozess, der begann, noch bevor es Genderlinguistik als eigenständige wissenschaftliche Disziplin gab. Viele Übersichten zur genderlinguistischen Forschung beginnen mit der Erwähnung der volkslinguistischen Vorstellungen und Stereotype über die Männer- und Frauensprache (vgl. Sunderland 2006, 2–4). So schreibt Coates, dass die ersten Bemerkungen über die Männer- und Frauensprache bzw. Vorschriften, wie Männer und Frauen zu sprechen haben, noch aus dem volkslinguistischen Glauben und frühen Grammatiken stammen. Es war schwer, eine klare Grenze zwischen volkslinguistischen Beschreibungen und Grammatiken zu ziehen, da viele Werken, die als Grammatik betitelt wurden, nicht ‚wissenschaftlicher' in ihrem Zugang waren, als die Bemerkungen über die Sprache, die von ‚einfachen' Menschen stammten[11] (vgl. Coates 2016, 9).

Es gab somit einerseits volkslinguistische Vorstellungen darüber, wie Männer und Frauen sprechen, und andererseits präskriptive Werke, in denen beschrieben wurde, wie sie sprechen sollen. Mit volkslinguistischen Vorstellungen werden zum Beispiel verschiedene Sprichwörter gemeint, wie: „A woman's tongue wags like a lamb's tail" (Sunderland 2006, 2).

Ein verbreiteter volkslinguistischer Stereotyp besagt, dass Frauen redselig sind, was auch im oben zitierten Sprichwort zu sehen ist. Sowohl der Inhalt als auch die Länge der Redebeiträge von Frauen werden kritisiert, während das Schweigen oft als Tugend gelobt wird (vgl. Coates 2016, 25). In diesem Zusammenhang kommt die Genderlinguistin Deborah Spender zu dem Schluss, dass die Frauen womöglich als redselig wahrgenommen werden, nicht weil sie mehr als Männer sprechen, sondern weil sie mehr sprechen, als erwünscht:

> The talkativeness of women has been gauge in comparison not with man but with silence […] When silence is the desired state for women […] then any talk in which a woman engages can be too much (Spender 1980, 42).

Die frühen Forschungswerke, die sich mit der Frauensprache beschäftigen, beinhalten auch viele Stereotype. Die Studien werden nicht immer empirisch belegt. Als Beispiel kann hier das Kapitel *The Woman* aus der zum ersten Mal im Jahre

---

[11] Hier wird die Dichotomie zwischen den Linguist*innen mit einer sprachwissenschaftlichen Ausbildung und den Sprachnutzer*innen ohne solche Ausbildung gemeint, vgl. ‚people who do not have any formal training in linguistics as opposed to those that do' (Wilton und Stegu 2011, 5).

1922 erschienenen Monographie *Language: Its Nature, Development, and Origin* vom dänischen Linguisten Otto Jespersen (1922) genannt werden. Selbst der Titel dieses Kapitels offenbart eine stereotype Vorstellung über die Frauensprache als eine ‚besondere' Sprache, eine Abweichung von der Norm (die, wie es sich vermuten lässt, durch die Männersprache repräsentiert ist). Es gibt kein Kapitel *The Man*, sondern es wird nur die Frauensprache als etwas Anormales beschrieben.[12] Es existiert aber ein Kapitel *The Foreigner* und ein ganzer Abschnitt *The Child*, was darauf schließen lässt, dass die Frau, zusammen mit ‚Ausländern' und ‚Kindern,' als „linguistic other" konzipiert wird (vgl. Nilsen, Fylkesnes, und Mausethagen 2018, 40)[13].

Der Text *The Woman* bedient zahlreiche Stereotype und kann heute vermutlich kaum als wissenschaftliches Nachschlagewerk dienen, allerdings ist er als Zeitzeugnis immer noch von großer Relevanz. Die meisten Beispiele für die Frauensprache stammen aus literarischen Texten, die von Männern geschrieben wurden, oder von Jespersen selbst. Das lässt zwangsläufig vermuten, dass diese Beispiele eher die männliche Vorstellung über die Frauensprache schildern als die tatsächliche Art und Weise, wie Frauen reden (dies unter der Annahme, dass die Frauensprache als Sprache von Frauen als homogener Gruppe, die sich von der Männersprache abhebt, überhaupt beschrieben werden kann). Es muss aber angemerkt werden, dass es zum Erscheinungszeitpunkt des Textes üblich war, eigene Beispiele als Ersatz für empirische Daten zu benutzen (vgl. Sunderland 2006, 5).

Jespersen beschreibt die Frauensprache auf mehreren Ebenen: *Phonetics and Grammar, Choice of Words, Vocabulary, Adverbs* usw. An vielen Stellen gibt es Schlussfolgerungen, die eher auf traditionellen Vorstellungen über Männer und Frauen beruhen als auf festen Beweisen. So wird im Abschnitt *Choice of Words* gesagt, dass Frauen weniger Schimpfwörter und grobe Ausdrücke benutzen, was durch „their instinctive shrinking from coarse and gross expressions and their preference for refined and (in certain spheres) veiled and indirect expressions" erklärt wird (Jespersen 1922, 246).

Am Anfang des Kapitels kritisiert Jespersen den Glauben, dass es in manchen Ländern Volksstämme gäbe, in denen Männer und Frauen im direkten Sinne verschiedene Sprachen sprechen würden. Der Forscher erklärt, dass es in solchen Fällen vielmehr um die ‚verbalen Tabus' geht. In manchen Regionen, zum

---

[12] Es muss angemerkt werden, dass dies allerdings nicht die Erfindung und der Irrtum von Jespersen allein ist. Die Vorstellung vom Mann als Norm und der Frau als Abweichung von dieser Norm ist eine grundlegende Vorstellung in vielen Kulturen, die selbst im Rahmen der genderlinguistischen Forschung erst später kritisch reflektiert wurde. Mehr dazu siehe in darauffolgenden Abschnitten 1.1.2. und 1.1.3. sowie in Unterabschnitt 2.1.1. *Sexismus in der Sprache*.

[13] ‚Linguistic othering' wird hier als „the manner in which social group dichotomies are represented in language in unintended ways via binary oppositions of 'us' and 'them'" verstanden (Nilsen, Fylkesnes, und Mausethagen 2018, 41).

Beispiel in der Karibik, dürfen Frauen bestimmte Wörter nicht aussprechen, wodurch die Unterschiede zwischen Frauen- und Männersprache entstehen (vgl. Jespersen 1922, 237–41). Hier erwähnt Jespersen auch relevante Felder, in denen die ersten Forschungen zu Frauen- und Männersprache stattfanden: Ethnographie und Anthropologie. Oft wurde das Thema ‚Gender und Sprache‘ in Zusammenhang mit der Forschung zu anderen Völkern erwähnt, in denen Unterschiede zwischen den männlichen und weiblichen Sprachvarietäten existieren (vgl. Motschenbacher 2010, 45). Anders als im Text von Jespersen wurde in solchen Studien vor allem empirisch untersucht. Ein Beispiel ist der Artikel *Men's and Women's Speech in Koasati* von Mary Haas (1944). Haas analysiert Koasati, eine Sprache der Indianer, in der Männer und Frauen unterschiedliche Verbformen benutzen. Von Interesse ist, dass die Forscherin in ihren Ausführungen zu verschiedenen Verbformen eine objektive Position einnimmt. Bei der Interpretation der Sprachphänomene wendet sich Haas nicht an die traditionellen Vorstellungen über Frauen- und Männerrollen. Die Frauensprache (zumindest manche Formen) wird lediglich als archaisch bezeichnet. Im Text gibt es aber keinerlei Bewertungen, ob dies für oder gegen Frauen sprechen würde. Darüber hinaus wird die Frauensprache bei der Beschreibung der Ergebnisse als ‚Basisform‘ gewählt, und die Männersprache ist ein Derivat der femininen Wortformen. Allerdings wird diese Wahl ausführlich erklärt, was fast an eine Rechtfertigung grenzt:

> The differences [zwischen Frauen- und Männersprache] may be described by means of a fairly simple set of rules, and the most concise way to formulate them is to set up the forms used by women as basic and to derive the forms used by men from these. While this procedure is preferred because of the greater expediency it offers in the formulation of rules, it is most arbitrary. In a few instances, however, the speech of women is seen to be somewhat more archaic than that of men and to this extend it is possible to justify the procedure on historical grounds (M. R. Haas 1944, 142).

Würde stattdessen die männliche Sprachvarietät als ‚Basissprache‘ gewählt worden, wäre eine so umfangreiche Erklärung vermutlich kaum nötig. Wie bereits erwähnt, gab es für Jespersen keinen Erklärungsbedarf, als er ausgerechnet die Frauensprache in seiner Monografie in einem gesonderten Kapitel behandelte.

Diese Untersuchungen zu Gender und Sprache vor der genderlinguistischen Forschung im eigentlichen Sinne sind hochaktuell, weil sich hier bereits einige Tendenzen und Probleme herauskristallisieren, die auch weiter in der Forschung auftreten und erst später kritisch hinterfragt werden. Erstens ist das die Vorstellung von der Sprache der Männer als Norm, während die Sprache der Frauen als eine Abweichung von dieser Norm gilt. Dieses Prinzip wurde später MAN (*male/masculine as norm*) benannt (vgl. Motschenbacher 2010, 96).[14]

[14] Mehr dazu siehe in Unterabschnitt 2.1.1. *Sexismus in der Sprache*.

Zweitens wird in den Studien aus dieser Zeit die Annahme vertreten, dass es große Unterschiede zwischen der Männer- und der Frauensprache gibt. Diese Differenzen wurden dann in den späteren Forschungen ständig hervorgehoben, sodass in manchen Studien sogar von zwei verschiedenen Sprachen die Rede ist (vgl. Hall 2003, 355). Allerdings schreibt Jespersen auch damals, dass maximal ein Zehntel des gesamten Wortschatzes bei Frauen und Männern unterschiedlich ist (Jespersen 1922, 238). Dabei spricht er über (aus westlicher Sicht) ‚exotische' Sprachen, in denen es ‚verbale Tabus' gibt. Somit ist zu vermuten, dass die Unterschiede zwischen der Frauen- und der Männersprache bei anderen (zum Beispiel europäischen) Sprachen noch geringer sind. Jedoch fokussieren sich die Forscher*innen gezielt auf diese Unterschiede und nicht auf die Gemeinsamkeiten (vgl. Sunderland 2006, 122).

Drittens lässt sich in den Forschungen zu Gender und Sprache aus dieser Zeit eine starke Verbindung zwischen der Forschung und den traditionellen Vorstellungen über Männer und Frauen erkennen. Wenn die Forscher*innen damals nach Unterschieden zwischen der Frauen- und der Männersprache suchten, wurden fast unvermeidbar die stereotypen Ideen über Genderrollen als Orientierung benutzt. Dies ist auch bei manchen im nächsten Abschnitt beschriebenen Forschungen der Fall. So implizieren die später entstandenen Defizit- und Differenz-Hypothesen, dass die Art, wie Frauen sprechen, im Vergleich zur Männersprache defizitär ist und dass zwischen den beiden Sprachvarietäten erhebliche Unterschiede existieren. Aus diesem Überblick über frühere genderlinguistische Forschungen wird ersichtlich, dass diese Hypothesen ihre Wurzeln in den volkslinguistischen Vorstellungen über Frauen- und Männersprache haben und daher nicht neu sind.

1.1.2. Zweite Welle oder moderner Zugang zur genderlinguistischen Forschung

Die Entstehung der genderlinguistischen Forschung im eigentlichen Sinne oder der feministischen Linguistik wird meistens auf die 1970er Jahre datiert (vgl. Mullany und Mills 2011, 1; Sunderland 2006, 10). Der Unterschied zwischen dieser jüngeren genderlinguistischen Forschung und den früheren Studien zu Sprache und Gender liegt nicht nur in den stärker ausgeprägten theoretischen Grundlagen, sondern in den neuen Zielen, die sich die genderlinguistischen Forscher*innen setzen. Die Forschungen zu diesem Thema beschrieben bisher lediglich die Tendenzen, d. h., sie waren eher deskriptiver Natur. Dementsprechend wurden die sozialen Mechanismen, die diesen Tendenzen zugrunde liegen, nicht hinterfragt. Daher ist zu unterstreichen, dass nicht alle Forschungen zu Sprache und Gender der Genderlinguistik oder der feministischen Linguistik angehören (vgl. Litosseliti 2006, 22). Im Gegensatz zu früher haben die genderlinguistischen Studien jetzt ideologische oder politische Ziele im Blick oder, wie Mills und

Mullany es formulieren, „a specific political purpose“ (Mullany und Mills 2011, 2). Ferner führen die Autorinnen aus, was sie damit genau meinen:

> [...] we define the specific political purpose of feminist linguistic studies as producing work which investigates the role that language plays in creating, sustaining and/or perpetuating unequal gender relations and discrimination against women and gay, lesbian and transgendered people (Mullany und Mills 2011, 3).

Weitere Merkmale der genderlinguistischen Forschung sind die Interdisziplinarität, die Verbindung der Forschung mit der ‚außerakademischen‘ Welt und die Aktualität der Forschungsfragen in der Gesellschaft (vgl. Holmes und Meyerhoff 2003, 14). Die Entstehung der Genderlinguistik wird oft mit zwei Phänomenen in Verbindung gebracht: mit dem sogenannten *linguistic turn* und mit der zweiten Welle des Feminismus.

Unter dem *linguistic turn* wird die Vorstellung verstanden, dass die Sprache das konstitutive Element des menschlichen Bewusstseins und der sozialen Bedeutungsproduktion ist und dass die menschliche Wahrnehmung der Welt, sowohl in der Vergangenheit als auch in der Gegenwart, nur durch die Linse der vorcodierten Wahrnehmungen der Sprache erfolgt (Spiegel 2005, 2). Durch den *linguistic turn* stieg das Interesse an der Sprache in verschiedenen Disziplinen wie Sozialwissenschaften, Kunst und Geisteswissenschaften. Aus diesem Grund stand die Sprache auch immer im Fokus der Frauenbewegung im Westen (vgl. Sunderland 2006, 10).

Die Bezeichnung ‚zweite Welle des Feminismus‘ ist Teil des feministischen Modells, wonach Feminismus in drei Wellen unterteilt wird. Die erste Welle fing Ende des 19. Jahrhunderts an und endete am Anfang des 20. Jahrhunderts. Sie ist meistens mit der Bewegung für das Frauenwahlrecht und mit Emanzipation assoziiert (Hillenbrand 2016, 56–58). Die zweite Welle des Feminismus beschäftigte sich mit Gleichberechtigung von Männern und Frauen in verschiedenen Bereichen, wie Beruf, Ausbildung und Politik. Der Feminismus der zweiten Welle kritisierte und destabilisierte die Grundlagen von Dualismen wie Natur/Kultur und Privat/Öffentlichkeit, in denen Frauen im Verhältnis zu Männern als abgewertete ‚Andere‘ positioniert wurden. Allerdings ging der Feminismus der zweiten Welle nie weg von der Binarität der Kategorien ‚Mann‘ und ‚Frau‘, was aus der Perspektive des Feminismus der dritten Welle eine Begrenzung war. Der Feminismus der dritten Welle definiert sich in erster Linie durch einen dekonstruktiven Impuls, der die Konstruktion dieser Kategorien in Frage stellen will (vgl. Budgeon 2011, 4).

Mit dem Übergang von der zweiten zur dritten Welle verbinden viele Genderforscher*innen den Wandel vom ‚modernen‘ zum ‚postmodernen‘ Zugang in der genderlinguistischen Forschung. In diesem Abschnitt geht es primär um die zweite Welle des Feminismus und um den modernen Zugang, während im darauffolgenden Abschnitt 1.1.3 die dritte Welle, der postmoderne Zugang und die Unterschiede zwischen den beiden Zugängen im Mittelpunkt stehen.

Die zweite Welle des Feminismus entwickelte sich in den 1970er bzw. schon in den späten 1960er Jahren (vgl. hooks 2014b, xi). Ursprünglich war die feministische Theorie „the site for the critical interrogation and re-imagining of sexist gender roles“ (hooks 2014b, xii). Dem Forschungszugang, den Cameron auch als „modern feminist approach“ bezeichnet (vgl. Cameron 2005) und ihn damit in Verbindung mit Modernismus bringt, liegt die Vorstellung zugrunde, dass es grundlegende Unterschiede zwischen Männern und Frauen gibt (vgl. Cameron 2005, 484). Dies war der Ausgangspunkt der Forschung, der damals nicht in Frage gestellt wurde.

Als ein Meilenstein in der Entwicklung dieses Zugangs zur Genderlinguistik kann die Veröffentlichung des Buchs *Language and woman's place* von Robin Lakoff im Jahre 1975 genannt werden. In ihrem Buch analysiert Lakoff genderbedingte Unterschiede in der Sprache und kommt zu dem Schluss, dass Frauen marginalisiert und benachteiligt werden. Im Abschnitt *Talking like a lady* beschreibt sie die Besonderheiten der Frauensprache, zum Beispiel die im Vergleich zu Männern präzisere Benennung von Farben (wie *mauve*, *beige*), die Verwendung von Adjektiven, die Bewunderung, Entzückung ausdrücken (*lovely*, *divine*), sowie die Vermeidung von groben Ausdrücken[15]. Insbesondere interessant sind in diesem Zusammenhang die sogenannten *tag questions*. Dabei handelt es sich um Fragen am Ende des Satzes, mit denen die Bestätigung oder das Einverständnis der Zuhörenden eingeholt wird (wie *John is here, isn't he?*). Lakoff findet, dass solche Fragen den Eindruck erwecken, als wären sich die Sprechenden unsicher und bräuchten eine Bestätigung (R. T. Lakoff 2004, 43–51). Die Art, wie Frauen sprechen, wird als eine Manifestation der Machtlosigkeit und der Subordination präsentiert, weil laut Lakoff den Frauen in der Kommunikation (und in der Gesellschaft generell) der Zugang zur Macht verweigert wird (R. T. Lakoff 2004, 42).

Lakoffs Text wurde sowohl innerhalb als auch außerhalb genderlinguistischer Kreise vor allem dafür kritisiert, dass die Autorin sowohl die Frauen selbst als auch die Art, wie sie sprechen, verachtet sowie trivialisiert und die Männersprache privilegiert (vgl. Bucholtz 2014, 26; Litosseliti 2006, 28). In anderen Worten, Lakoff beschreibt die Frauensprache ausschließlich im Verhältnis zur Männersprache, wobei die Erstere immer als mangelhaft, nachteilig und unvollständig erscheint. Aus diesem Grund gewannen manche Forscher*innen den Eindruck, dass es im Buch nicht um die männliche Dominanz und den Zugang zur Macht geht (vgl. Spender 1980, 142–43), sondern um die Defizite in der Frauensprache. Lakoff wählt im oben erwähnten Beispiel der *tag questions* aus allen potenziellen

---

[15] Für ähnliche Forschungen anhand der deutschen Sprache siehe zum Beispiel *Frauensprache: Sprache der Veränderung* (Trömel-Plötz 2007).

Interpretationen diejenige, aus der folgt, dass Frauen sich beim Sprechen unsicher fühlen und eine Bestätigung von Anderen brauchen. Daher empfanden viele Forscher*innen den Text als problematisch (vgl. Sunderland 2006, 100–101). So schreibt McConnell-Ginet, dass sie nach der ersten Lektüre des Textes wütend war und das Gefühl hatte, als wären Frauen „unwilling and unable to take a stand, vague and imprecise, deferential to men" (McConnell-Ginet 2004, 136). Allerdings hat sich die Situation seitdem verändert: Das Werk von Lakoff wird heutzutage zwar selten unkritisch zitiert, aber es wird als ein markantes Ereignis in der Geschichte der Genderlinguistik gesehen und seine „paramount importance to language and gender studies" (McConnell-Ginet 2004, 141) wird anerkannt. Allerdings darf nicht übersehen werden, dass es in *Language and woman's place* Erkenntnisse gibt, die sich für die Genderlinguistik als zentral erwiesen. So schreibt Lakoff schon vom generischen Maskulinum, das sie als „pronominal neutralisation" bezeichnet (R. T. Lakoff 2004, 69–70) und über sprachliche Asymmetrien, zum Beispiel über unterschiedliche Konnotationen der Wörter *bachelor* und *spinster*, obwohl beide für die Bezeichnung von jeweils unverheirateten Männern und Frauen benutzt werden (R. T. Lakoff 2004, 61–62). Zudem äußert sie sich zu spezifischen Ausdrücken über Frauen, wobei es zum Beispiel um Euphemismen zum Wort *woman* wie *lady* und *girl* oder abwertende Synonyme, wie *mistress* und *vixen*, geht (R. T. Lakoff 2004, 51–57).[16] All das bedeutet, dass Lakoffs Werk mehr beinhaltet als die Auflistung von stereotypen Merkmalen der Frauensprache. In ihrem Werk schreibt Lakoff also nicht nur über die Sprache verschiedenen Gender (hauptsächlich über die Frauensprache), sondern auch über die Sprache, die benutzt wird, um über verschiedene Gender zu sprechen oder, in anderen Worten, über die sprachliche Repräsentation der Gender. Ähnliches macht beispielsweise Trömel-Plötz im ihrem Artikel *Frauen, Damen, Mädchen und Fräulein: die Vergewaltigung der Frauen in der Männersprache*, in dem sie die Rolle von verschiedenen Frauenbezeichnungen in der deutschen Sprache beschreibt (2007 [1982]). Im Artikel *The making of a non-sexist dictionary* untersucht Forscherin Alma Graham diverse Vorurteile und sprachliche Stereotypen, die durch die Repräsentation der Gender in Wörterbüchern sichtbar wurden, und kommt dabei zu vielen Entdeckungen: Grundsätzlich erscheinen maskulinen Personenbezeichnungen viermal so oft, wie die femininen, dabei dominieren bei femininen Personenbezeichnungen solche Lexeme wie *mother* und *wife* (Graham 1975). Somit kann gesagt werden, dass Lakoff in ihrem Buch diverse Fragen betrachtet, die einen großen Einfluss auf die weitere Entwicklung der Genderlinguistik hatten, weshalb ihr Beitrag kaum überschätzt werden kann.

Ein weiteres markantes Beispiel für einen Text, in dem davon ausgegangen wird, dass es brisante Unterschiede zwischen der Frauen- und der Männersprache gibt, ist das Buch *You just don't understand* von Deborah Tannen (1990, dt. Du

---

[16] Mehr zu Sexismus in der Sprache siehe in Unterabschnitt 2.1.1.

kannst mich einfach nicht verstehen: warum Männer und Frauen aneinander vorbeireden 1991). Tannens Werk liegt die Annahme zugrunde, dass Frauen und Männer aufgrund unterschiedlicher geschlechtsspezifischer Interaktionsstile oft falsch miteinander kommunizieren (vgl. Bucholtz 2014, 27). Während Lakoff von männlicher Dominanz spricht, schlägt Tannen die Differenz-Hypothese vor. Die Unterschiede zwischen den weiblichen und den männlichen Sprachnutzer*innen vergleicht sie mit dem Unterschied zwischen Sprachnutzer*innen aus zwei verschiedenen Kulturen, die wenig miteinander vertraut sind (vgl. Cameron 2002a, 15).

Wie im Fall von Lakoff wurde auch Tannens Buch stark kritisiert, vor allem von anderen Forscher*innen (vgl. Davis 1996; Freed 1992). Ihr Zugang kann auch als defizitär klassifiziert werden, weil sie oft auf Probleme in der Frauensprache verweist und manchmal eher stereotype Interpretationen vom (Sprach-)Verhalten von Männern und Frauen bietet.[17] Die Unterschiede zwischen Männern und Frauen werden essentialistisch und fast biologisch erklärt, was einem Verständnis von Gender als sozialem Geschlecht eher widerspricht. Als weiteres Problem sehen manche Forscher*innen, dass aus Tannens Text nicht klar wird, dass Frauen- und Männersprache gleich viel wert sind, und die Leserinnen den Eindruck bekommen können, dass die Frauen diejenigen sind, die sich dem männlichen Sprachstil anpassen müssen (vgl. Bucholtz 2014, 28; Cameron 1992, 79).

Lakoff und Tannen ist gemeinsam, dass sie Frauen- und Männersprache als homogene Sprachvarietäten betrachten, infolgedessen sie auch Frauen und Männer als homogene Gruppen verstehen. Die Annahme der Homogenität von allen Männern und allen Frauen war in der Genderforschung sowie in der Genderlinguistik stark verbreitet. Aus diesem Grund gab es damals viele Studien, in denen verschiedene Besonderheiten der Frauen- und der Männersprache erforscht wurden (vgl. Dubois und Crouch 1975; Holmes 1986; Philips, Steele, und Tanz 1987).

Die Differenz-Hypothese korreliert auch mit einem anderen Begriff, der in dieser Zeit in genderlinguistischen Forschungen aktiv benutzt wurde: mit dem Begriff des Genderlekts. Dieser Begriff entstand und verbreitete sich in der Forschungsliteratur in den 1970er Jahren (vgl. A. Haas 1979; Kramer 1974). In den späteren Forschungen wurde das Konzept des Genderlekts jedoch als problematisch thematisiert. Der Begriff ‚Genderlekt' wurde nach dem Vorbild von solchen Wörtern wie ‚Dialekt' und ‚Soziolekt' gebildet und implizierte, dass es in der Sprache genderbedingte Varietäten gibt, die mit regionalen und sozialen Varietäten vergleichbar sind. Allerdings bilden Frauen und Männer in der Regel keine solchen distinkten Sprachgruppen (vgl. Cameron 1997, 25). Im Gegenteil, in einer

---

[17] Vgl. die Beschreibung, wie unterschiedlich Männer und Frauen nach Intimität und Unabhängigkeit streben (aus der deutschsprachigen Ausgabe): „Obwohl jeder Mensch sowohl das Bedürfnis nach Intimität als auch nach Unabhängigkeit hat, sind Frauen eher auf ersteres und Männer eher auf letzteres fixiert. Es ist, als ob ihr Herzblut in verschiedene Richtungen fließen würde" (Tannen 1991, 22).

Gesellschaft, in der Männer und Frauen frei miteinander interagieren können, ist es schwer, von stabilen, kontextunabhängigen männlichen und weiblichen Sprachvarietäten zu sprechen (vgl. Motschenbacher 2010, 46–47).

Außerdem ist die Vorstellung, dass Gender der einzige Faktor ist, der für Sprachvariationen verantwortlich ist, eine Simplifizierung. Vielmehr gibt es auch andere Faktoren, die die Kommunikation beeinflussen können, wie Alter, Herkunft, Kontext und Adressat*innen (vgl. Brouwer, Gerritsen, und De Haan 1979; Motschenbacher 2010, 45). Dem Feminismus der zweiten Welle bzw. den Forschungen, die innerhalb von diesem Paradigma stattfanden, wird oft vorgeworfen, dass der Fokus dabei lediglich auf weißen, westlichen und heterosexuellen Frauen aus der Mittelschicht liegt (vgl. Mullany und Mills 2011, 15), weswegen andere Faktoren außer dem Gender ignoriert würden. Die Situation änderte sich mit der Zeit und Feminismus repräsentierte verschiedene Gruppen von Frauen (vgl. hooks 2014b, 2014a), was im nächsten Abschnitt näher betrachtet wird.

Trotz dieser Vorwürfe und Kritikpunkte, die gegenüber dem ‚modernen' genderlinguistischen Zugang geäußert wurden und die nicht unberechtigt waren, gab es einige Jahre später eine Tendenz zur Rechtfertigung und Verteidigung von den Forschungen, die auf diesem Zugang beruhten. So schreibt Swann im Jahre 2002:

> There is a danger of caricaturing earlier traditions in order to establish the novelty of what we do now – by no means all earlier work on language and gender proposed a strict dichotomy between female and male language users. The general picture that emerged from reviews of such work was always one of general tendencies that admitted of some variability: female speakers tended to use language in one way, male speakers in another (Swann 2002, 43).

In der neuen Auflage von Language and Woman's Place (2004) folgt nach dem Text eine Reihe von Artikeln, in denen verschiedene Autor*innen den Originaltext überdenken, neu entdecken und in diverse Kontexte setzen. Im Artikel Changing Places: Language and woman's place in Context (2004) führt Bucholtz ähnliche Argumente an wie die am Anfang dieses Abschnitts: Das Buch von Lakoff dürfe nicht ahistorisch gesehen werden, sondern es sei eine Reaktion auf soziale Ereignisse dieser Zeit. Außerdem unterstreicht die Forscherin, dass dieser Text kein finaler Punkt in der Forschung ist, sondern eine Grundlage für Weiterentwicklungen, und zwar nicht nur in der Genderlinguistik generell, sondern auch spezifisch in der akademischen Laufbahn von Lakoff (Bucholtz 2004, 121). Eine ähnliche Tonalität gibt es in den Beiträgen von McConnell-Ginet (2004) und Tannen (2004). Beide Autorinnen sind sich bewusst, dass Language and woman's place aus heutiger Sicht nicht aktuell ist, aber sie unterstreichen die Relevanz des Textes für die genderlinguistische Forschung, die nicht vergessen werden darf. Tannen selbst überdenkt ihre früheren Texte und geht von einer eindeutigen Interpretation von Frauen- und Männersprache weg, was sie in ihrem Artikel The relativity of linguistic strategies: rethinking power and solidarity in gender and dominance (Tannen 2002) erklärt. Die Interaktionen innerhalb von einem Gender und zwischen den Gendern sind nicht immer eindeutig interpretierbar. Die Macht und die Dominanz im Gespräch hängen von vielen Faktoren ab, wobei Gender nur einer von ihnen ist. Dies stellt auch den Grund dar, warum dieser kleine Überblick über Studien mit dem modernen genderlinguistischen Zugang in die vorliegende Arbeit aufgenommen wird. Die genderlinguistische Forschung durchläuft eine ständige Entwicklung und Evolution, wobei die Relevanz von jeder Zwischenstufe in diesem Ablauf kaum überschätzt werden kann.

1.1.3. Dritte Welle oder postmoderner Zugang zur genderlinguistischen Forschung

In den 1990ern Jahren fand in der genderlinguistischen Forschung eine Veränderung statt, die von manchen Forscher*innen auch als *postmodern turn* bezeichnet wird (vgl. Cameron 2005, 482; Freed 2003, 700). In anderen Worten wird der ältere ‚moderne' Forschungszugang allmählich durch den neueren ‚postmodernen' Forschungszugang ersetzt.[18] Swann listet folgende Forschungsschwerpunkte dieses neuen Zugangs auf: Diversität (Unterschiede nicht nur zwischen Frauen und Männern, sondern auch innerhalb dieser Gruppen), Kontext (Sprache bzw. Bedeutung werden als kontextabhängig gesehen und Gender als kontextualisierte soziale Praxis) und Ungewissheit oder Uneindeutigkeit (in Bezug darauf, was Sprecher*innen sagen und tun) (Swann 2002, 44).

Im Rahmen des postmodernen Forschungszugangs wurde viel Kritik am modernen Forschungszugang geübt und einer der zentralen Kritikpunkte war die essentialistische Wahrnehmung der Unterschiede zwischen Männern und Frauen (vgl. McIlvenny 2002b, 1). Zum einen wird kritisiert, dass in manchen älteren Studien solche Unterschiede einfach beschrieben wurden, ohne dass die sozialen Konstrukte dahinter aufgedeckt wurden. Wenn Unterschiede nur beschrieben werden und als offensichtlich, statisch sowie monolithisch dargestellt werden, dann kann dies laut Cameron eher anti-feministische Überzeugungen stärken, denn auf diese Weise bekommen die stereotypen Vorstellungen über Gender eine ‚akademische' Bestätigung und der Status quo bleibt bewahrt (Cameron 1992, 40). In den neuen Forschungen sollte die Sprachgebrauchsanalyse daher weniger essentialistisch und stärker dekonstruktivistisch verortet werden (vgl. Kersten-Pejanić 2017, 21). Die bereits verfestigten und allgemeingültigen Vorstellungen dessen, was es bedeutet, Mann oder Frau zu sein, und die sprachliche

[18] Manchmal wird für diesen neuen Zugang auch der Begriff ‚Postfeminismus' benutzt. Allerdings sehen manche Forscher*innen diesen Ausdruck als problematisch, da er impliziert, dass Feminismus in der Vergangenheit blieb und nicht mehr nötig wäre (vgl. S. Mills 2008, 22–23; Mullany und Mills 2011, 10–13).

Widerspiegelung davon sollen in Zukunft hinterfragt und dekonstruiert werden. Die Unterschiede im Sprachgebrauch der Männer und Frauen können zum Beispiel in Bezug auf die Pragmatik untersucht werden und als kultur- oder kontextbedingt interpretiert werden (vgl. Christie 2010, 173).

Zum anderen richtet sich die Kritik gegen die Annahme, dass es nur zwei Gender gibt und dass zwischen ihnen klare Grenzen existieren. Die strikte Binarität ‚Mann' – ‚Frau' bzw. ‚männlich' – ‚weiblich' wurde von den Forscher*innen des postmodernen Zugangs als eine Vereinfachung aufgefasst. Das Konzept der Binarität der Gender wird von der neuen Vorstellung über die Pluralität der Gender abgelöst (vgl. Coates 2016, 217). Die ‚Natürlichkeit' der Aufteilung aller Menschen in zwei Gender wird in Frage gestellt und einige Forscher*innen schreiben von einem Kontinuum, in dem die Grenzen zwischen den Gendern unscharf sind. Die Erfahrung der Individuen, dass es nur zwei Gender gibt, ist demnach weder natürlich noch berechtigt, sondern sozial konstruiert (vgl. Bergvall und Bing 1996, 2).

Um diese neuen Konzepte zu verbreiten, mussten einige bedeutende Schritte gemacht werden: Es muss auf den ontologischen Status von Gender (und des biologischen Geschlechts) verzichtet werden. Des Weiteren muss Gender von der Identität getrennt und stattdessen als eine Art Darstellung (‚performance') wahrgenommen werden. Dies macht die Forscherin Judith Butler (1990, 1993, 1997, 2004). Vor Butler wurde Gender als ‚soziologisches Geschlecht' verstanden, das einen Gegensatz zum Sexus bildet, dem biologischen Geschlecht, das ‚objektiv' existiert. Demgegenüber entblößte Butler auch Sexus als eine diskursive Kategorie, was der Genderforschung eine neue Richtung gab (vgl. Ehrlich und Meyerhoff 2014, 5). Das ‚natürliche' Gendersystem, das aufgrund von gesellschaftlichen Zuschreibungen existierte, wurde von Butler in Frage gestellt. Das biologische Geschlecht ist, laut Butler, nicht das, was eine Person hat, oder eine statische Beschreibung dessen, was eine Person ist. Vielmehr ist es eine der Normen, durch die eine Person überhaupt ‚lebensfähig' wird und das, was einen Körper für das Leben im Bereich der kulturellen Verständlichkeit qualifiziert (Butler 1993, xii). Anders gesagt müssen die Personen der Kategorie ‚männlich' oder ‚weiblich' zugeordnet werden, um am sozialen Leben teilnehmen zu dürfen. Dies lässt laut Butler schlussfolgern, dass die Zugehörigkeit zu einem der beiden Geschlechter eher eine soziale als eine biologische Relevanz hat.

Butlers Text sorgte auch für viel Kontroverse, da der Zugang der Autorin von einigen Forscher*innen als zu ‚radikal' empfunden und nicht in der gleichen Form übernommen wurde. So behauptet Cameron, dass „only a minority of contemporary language and gender researchers have been directly engaged in theoretical debates about the ontological status of gender, and many are skeptical about the extreme gender relativism […] found in some recent theoretical writings" (Cameron 2005, 487). Es ist deswegen von großer Bedeutung, Butlers Zugang korrekt zu interpretieren. Motschenbacher argumentiert, dass Butler die außerlinguistische Realität zwar nicht ablehnt, aber meint, dass es unmöglich ist, über Körper anders als in einem „discursively meditated way“ zu sprechen (Motschenbacher 2010, 13).

Weniger kontrovers ist das Konzept von der Performativität (‚performativity‘, ursprünglich aus dem philosophischen Werk von Austin (1975)), das sich in der modernen Genderforschung auch durchgesetzt hat. Laut Butler ist Gender kein monolithischer Teil der menschlichen Gesellschaft, sondern es wird immer wieder dargestellt (‚performed‘):

> [...] gender proves to be performative – that is, constituting the identity it is purported to be. In this sense, gender is always a doing, though not a doing by a subject who might be said to preexist the deed. [...] There is no gender identity behind the expressions of gender; that identity is performatively constituted by the very ‘expressions’ that are said to be its results (Butler 1990, 34).

Diese Definition ist somit ein Gegensatz zur Wahrnehmung von Gender als statisch und unveränderbar. Gender ist keine Identität, mit der die Handlungen einer Person abgestimmt sind, sondern Gender entsteht durch diese Handlungen. Gender ist eine Tätigkeit, die zwar zum Teil ohne eigenes Wissen und ohne eigenes Wollen ausgeführt wird, aber sie ist deshalb nicht automatisch oder mechanisch. Butler beschreibt Gender als eine Art Improvisation, die dennoch innerhalb von strengen Rahmen passiert. Kennzeichnend ist, dass Gender nicht von einer Person allein gemacht werden kann. Menschen ‚tun‘ Gender immer für die Anderen, auch wenn diese nur imaginär sind. In anderen Worten bekommt Gender seine Relevanz nur durch die Anerkennung der anderen Individuen und kann lediglich innerhalb der Gesellschaft existieren. Deshalb kann das Gender per Definition nicht komplett einer Person gehören, sondern es liegt außerhalb von eine*r Autor*in und jenseits des Konzeptes der individuellen Autorenschaft (Butler 2004, 1).

Eines der zentralen Merkmale von Butlers Definition ist die Wiederholbarkeit von genderspezifischem Handeln: Performatives Handeln wird durch die Wiederholung bzw. die „Iterabilität" von Zeichen sowohl eingeschränkt als auch ermöglicht (Speer und Potter 2002, 153). In Einklang mit dieser Idee steht auch das Konzept von *doing gender*. Laut dieser Auffassung von Gender ist es kein Merkmal, das eine Person hat, sondern eine Aktivität, die eine Person wiederholt (vgl. Motschenbacher 2010, 47). West und Zimmerman definieren *doing gender* als „a routine, methodical, and recurring accomplishment" (West und Zimmerman 1987, 126). *Doing gender* äußert sich durch das Aussehen (Kleidung, Körperstilisierung), die Tätigkeiten (Beruf, Freizeit) (vgl. Nübling und Kotthoff 2018, 26) und nicht zuletzt durch die Sprache (vgl. Kotthoff 2002, 18). Der Fokus liegt hier auf den kulturellen Inszenierungen und nicht auf biologischen Gegebenheiten.[19]

Im Konzept von *doing gender* wird somit vorausgesetzt, dass das Gender nicht statisch und fixiert ist, sondern bei jeder Interaktion aufs Neue gemacht wird (vgl. McIlvenny 2002a, 113). Es entsteht in verschiedenen Situationen und unter verschiedenen Umständen, die Einfluss auf die Gender-Produktion nehmen können. Die Darstellung der Person kann dann auch in verschiedenen Situationen unterschiedlich sein. Daraus folgt, dass Gender nicht die einzige Variable ist, die bei der Forschung berücksichtigt werden muss. Alter, Herkunft, Beruf usw. können genauso relevant sein. Swann schreibt in diesem Kontext über ein fragmentierteres Identitätsmodell (im Gegensatz zum früheren Verständnis von Genderidentität als einer homogenen Einheit). Es kann noch ein weiterer Schritt gemacht werden und eine Reihe von Identitätsmerkmalen jenseits der ‚etablierten' Kategorien wie Geschlecht, Klasse, Rasse oder Sexualität definiert werden (ein Manager, die Mutter von jemandem, eine vernünftige Person zu sein). Darüber hinaus könnten Sprecher*innen mehrere komplementäre Identitäten nebeneinander haben (Swann 2002, 49). Das steht in Verbindung mit einem anderen signifikanten Merkmal von postmoderner genderlinguistischer Forschung, dem Streben nach Diversität. Während es in der modernen Forschung hauptsächlich um den Unterschied zwischen den Gendern ging (die auch als binär verstanden wurden), wird jetzt die Aufmerksamkeit auf die Pluralität gerichtet. Dabei werden die Diversität von verschiedenen Genderidentitäten und sogar die Diversität innerhalb derselben Genderidentität untersucht. Es kann keinen ‚generischen Mann' und keine ‚generische Frau' geben, da Maskulinität und Feminität in verschiedenen Varietäten vorkommen (vgl. Cameron 2005, 487). Maskulinität und Feminität sind nicht mehr singulär, sondern plural, und sie stehen in einem komplexen Verhältnis zueinander, indem sie sich in manchen Aspekten voneinander unterscheiden und in manchen überlappen (Coates 2016, 217). Daher muss nicht nur nach Unterschieden zwischen verschiedenen Gendern gesucht werden, sondern auch nach solchen innerhalb von einem Gender. Der Unterschied zwischen Frauen aus verschiedenen Arbeits- und Einkommensverhältnissen mag größer sein als der zwischen Frauen und Männern (vgl. Cameron 2005, 487–88; Freed 2003, 699; Mullany und Mills 2011, 15).

Das Konzept der Diversität trug dazu bei, dass die Genderforschung breiter gefächert wurde und jetzt verschiedene Gruppen der Sprachnutzer*innen erforscht werden. Bucholtz spricht in diesem Kontext von „good-girl-research" (Bucholtz 1999a, 3). Die früheren Studien nennt sie ironisch „good-girls-research", und

---

[19] Kotthoff versucht in ihrem Artikel *Was heißt eigentlich "Doing Gender"? (Zu Interaktion und Geschlecht)* die Frage zu beantworten, inwiefern diese Genderdarstellungen in der Gesellschaft obligatorisch sind. Die Forscherin spricht auch über den Begriff *undoing gender*, womit eine vorübergehende situative Neutralisierung der Geschlechterdifferenz gemeint wird (vgl. Kotthoff 2002).

damit meint sie „studies of ‚good' (that is, normatively female – white, straight, middle-class) women being ‚good' (that is, normatively feminine)" (Bucholtz 1999a, 3). Frauen, die nicht in diesen Rahmen passten, wurden übersehen und aus der Forschung ausgeschlossen. Hall schlägt für die Erklärung dieses Phänomens ein anderes Modell vor. Sie schreibt, dass in der Forschung zu Sprache und Gender immer die Figur von „the linguistic deviant" als Referenz benutzt wurde, d. h. von jemandem, dessen Sprachgebrauch als abweichend betrachtet wurde. In den früheren Studien waren das Frauen generell (zum Beispiel bei Jespersen), weil sie eine Abweichung von der männlichen Norm waren, aber später übernahmen zum Beispiel schwarze oder nicht heterosexuelle Personen diese Funktion (Hall 2003, 353–54).

In der postmodernen Genderlinguistik gab es demnach Veränderungen. Es wurde zunehmend versucht, verschiedene Gruppen zu erforschen statt abstrakter generischer ‚Männer' und ‚Frauen'. Zum Beispiel wird die Sprache von jungen Frauen aus verschiedenen soziokulturellen Gruppen in Großbritannien erforscht (Pichler 2009), die Sprache von sog. ‚nerd girls' (Bucholtz 1999b), von Polizist*innen (McElhinny 1998), von Frauen aus der ‚dritten Welt' (Minh-ha 2002), von schwarzen Drag Queens (Barrett 1995) und anderen Gruppen, die peripheren oder Nicht-Mainstream-Varietäten angehören.

Diese Art von Forschung bewegte die Wissenschaftler*innen dazu, die Genderdarstellungen in jedem konkreten Fall als abhängig vom Kontext zu erklären, d. h., dem Prinzip *looking locally* zu folgen (vgl. Eckert und McConnell-Ginet 1992). Im Gegensatz dazu steht der frühere Forschungszugang, bei dem immer nach einer globalen Hypothese gesucht wurde, die die Unterschiede zwischen der Frauen- und der Männersprache begründen soll, zum Beispiel die Differenzhypothese, wie bei Tannen, oder das Modell der männlichen Dominanz, wie bei Lakoff. Ein weiterer Schritt in diese Richtung war die Einführung des Konzepts von ‚Community of practice' (CoP). Eckert und McConnell-Ginet, die am meisten zu diesem Bereich forschten (Eckert und McConnell-Ginet 1992, 1995, 1999, 2011), definieren CoP als „an aggregate of people who come together around mutual engagements in some common endeavor" (Eckert und McConnell-Ginet 2011, 578). Mitglieder einer CoP können zum Beispiel Kolleg*innen oder Stammgäste eines Lokals sein. Während der gemeinsamen Aktivität entstehen ‚Practices', d. h gemeinsame Werte, Glauben und Sprecharten. Gender wird dadurch produziert und reproduziert, weil Männer und Frauen, selbst wenn sie derselben CoP angehören, anders daran teilnehmen und unterschiedliche Rollen haben, was auch zum unterschiedlichen Sprachverhalten führt. Eckert und McConnell-Ginet nennen in dieser Hinsicht Beispiele aus den Bereichen Militär und Wissenschaft. In diesen Bereichen nehmen Frauen und Männer unterschiedliche Stellungen ein, obwohl sie zur selben Gruppe gehören. Frauen beim Militär nehmen selten an Kämpfen teil, und in der Wissenschaft tendieren Männer dazu, sich mit theoretischen Disziplinen auseinanderzusetzen und Frauen mit deskriptiven und angewandten

(Eckert und McConnell-Ginet 2011, 579). Außerdem nehmen Frauen und Männer oft an verschiedenen CoPs teil, zum Beispiel Leistungssportmannschaften bei Männern und Lesegruppen bei Frauen (vgl. Cameron 2005, 489). Durch diverse CoPs entstehen sprachliche Varietäten von Männern und Frauen. Eckert und McConnell-Ginet sehen CoPs als Orte, wo die sozialen Diskurse über Gender, aber auch über Alter, Rasse etc. entstehen. Da Menschen meistens an mehreren CoPs parallel teilnehmen, entsteht auch eine Vielzahl von Genderidentitäten, die abhängig von diversen Umgebungen eingesetzt wird. Das heißt, dass auch im Rahmen des Konzepts von CoP Gender nicht als etwas Stabiles dargestellt wird, sondern als etwas, das Menschen immer neu erschaffen.

Da im Rahmen von CoP verschiedene Gruppen erforscht werden, erlaubt es dieses Konzept, von der Forschung zu weißen Mittelschichtfrauen wegzukommen (vgl. Coates 2016, 218). Ein ähnliches Ziel verfolgt auch die Queere Linguistik, bei der die Verbindung zwischen Sprache und Sexualität erforscht wird. Für lange Zeit war Sexualität eng mit Gender verbunden oder wurde sogar damit verwechselt (vgl. Queen 2014, 204). Die Forscher*innen tendierten dazu, die Sexualität in Bezug auf Gender zu verstehen (Coates 2016, 219). Cameron und Kulick sind der Meinung, dass Gender (als soziales Geschlecht), Sexus (als biologisches Geschlecht) und Sexualität (als bestimmte erotische Neigungen und Begehren) von den meisten Menschen in der heutigen gesellschaftlichen Realität nicht als getrennt verstanden oder erlebt werden. Vielmehr sind diese Elemente miteinander verknüpft (Kulick und Cameron 2003, 5).

Die Forschung zu Sprache und sexuellen Identitäten begann in den 1990er Jahren, wobei *Beyond the Lavender Lexicon* von William Leap (1995) sowie *Queerly Phrased* von Anna Livia und Kira Hall (1997) in diesem Zusammenhang oft als die frühesten Interventionen genannt werden (vgl. Queen 2014, 206). Diese Forschung bekam später die Bezeichnung Queere Linguistik. In dieser werden Ideen aus der Queer Theory (vgl. Degele 2008; Hark 2010; Sullivan 2003) auf die Sprache und Sprachwissenschaft übertragen. Ursprünglich entstanden die Queer Theory und die Queere Linguistik als eine Reaktion auf die Bewegungen für die Rechte von Homosexuellen, und die Vertreter*innen interessierten sich dafür, wie die nicht heterosexuellen Identitäten gebildet werden. Im Zentrum von diesen Forschungen standen „the sexual and gender deviance of previous generations" (Hall 2003, 354). Hier ist die Situation ähnlich wie anfangs bei der Genderlinguistik. Es wurden primär nicht heterosexuelle Identitäten analysiert, da sie als ‚abweichend' empfunden wurden, genauso wie in der Genderlinguistik zuerst die Frauensprache als die Sprache einer spezifischen Gruppe erforscht wurde. Laut Cameron und Kulick ist das

> […] a predictable bias, also found in relation to the terms gender and race, which are not infrequently used as if only women had a gender and only non-white people a race (Kulick und Cameron 2003, 7).

Heterosexuell wird oft nicht als soziale Identität angesehen und aus diesem Grund wird der Queeren Linguistik manchmal vorgeworfen, dass sie nur begrenzte Relevanz hat, da sie sich ausschließlich mit nicht heterosexuellen Minderheiten beschäftigt (oder, wie Motschenbacher es überspitzt formuliert, eine „gay and lesbian linguistics" ist (Motschenbacher 2010, 10)). Darauf kann eingewendet werden, dass sich diese Disziplin für alle sexuellen Identitäten sowie ihre Reflexion in der Sprache interessiert (vgl. Leap und Motschenbacher 2012) und dass alle sexuellen Identitäten nur im Verhältnis zueinander existieren. Die Heterosexualität wird in Relation zur Homosexualität definiert und vice versa, weswegen diese Begriffe in einem Wechselverhältnis zueinander stehen (vgl. Nelson 2002, 45).

Das Verhältnis zwischen Heterosexualität und Homosexualität wird in der Gesellschaft oft als eines zwischen der Norm und der Abweichung von ihr interpretiert. Dieses Phänomen wird innerhalb der Queer Theory und der Queeren Linguistik problematisiert und als Heteronormativität bezeichnet (vgl. Coates 2016, 219; Nelson 2002, 46). Wie sich dies genau in der Sprache manifestiert, ist eine der Fragen, mit denen sich die Queere Linguistik beschäftigt. Queere Linguistik hinterfragt normalisierte Praktiken und Diskurse über Hetero- und Homosexualität mit dem Ziel, dominierende Diskurse über Gender und Sexualität zu rekonzeptualisieren (Motschenbacher 2010, 11).

Schlussfolgernd kann gesagt werden, dass die Forschungen aus der dritten Welle des Feminismus insgesamt die Forschungen aus der zweiten Welle präzisieren und fragmentieren. Während früher nach einer großen, allumfassenden Theorie gesucht wurde, die als Grundlage für weitere Studien dienen soll und die in jeder Untersuchung angewendet werden kann, wird später von diesem Ziel Abstand genommen. Alle Elemente der vorherigen Studien, die davor fast als axiomatisch wahrgenommen wurden, werden jetzt kritisch hinterfragt. Dabei erweisen sich mit jeder von diesen Fragen immer weitere Konzepte als nicht ‚natürlich', sondern als diskursiv konstruiert: Heteronormativität, Binarität der Gender sowie rigide Grenzen zwischen zwei biologischen Geschlechtern (die im Gegensatz zu Gender als sozialem Geschlecht als ‚natürlich' verstanden wurden). All das wird im Rahmen des postmodernen Zugangs kritisiert und nicht mehr als ‚selbstverständlich' gesehen, was es ermöglicht, einige Stereotype über Genderrollen zu überwinden, mit denen die Geschichte der Genderforschung und der Genderlinguistik begann.

1.1.4. Genderlinguistik und Queere Linguistik: Implementierung der wissenschaftlichen Tradition in die neuesten Forschungen

Die Übersicht in den vorherigen Abschnitten zeigte, wie sich die genderlinguistische Forschung entwickelte, welche Etappen sie durchlief und welche Werke großen Einfluss hatten. Es veränderten sich nicht nur die Wahrnehmung und die wissenschaftliche Diskussion über Gender, sondern auch die Gesellschaft, in der diese Gender produziert werden, wandelte sich. Freed schreibt, dass es immer noch viele Stereotype über Frauen gibt. Gleichzeitig erkennt die Forscherin positive Veränderungen und dass Frauen nicht mehr so zum Schweigen gebracht werden, wie es noch zehn Jahre zuvor der Fall war (Freed 2003, 717).

Es ist allerdings noch einmal hervorzuheben, dass dieser Überblick nicht strikt chronologisch gestaltet ist. Obwohl mit der Zeit neue Ideen und Konzepte entstehen und andere Ideen, im Gegensatz dazu, ihre Aktualität verlieren, müssen und sollen die vorherigen Erkenntnisse nicht gänzlich verworfen werden. Aus diesem Grund können Bezeichnungen, wie ‚zweite Welle', ‚dritte Welle', ‚moderner' und ‚postmoderner' Zugang sowie ‚alt', ‚traditionell' und ‚neu' als problematisch gesehen werden, da sie alle implizieren, dass ein Paradigma als Nachfolger des anderen erscheint (vgl. Cameron 2005, 483). Dies wird oft als Vereinfachung verstanden, da es keinen Zeitpunkt gab, an dem dieser plötzliche Paradigmenwechsel geschah:

> In summary, Second Wave feminism did not suddenly end and then Third Wave feminism begin, nor did postmodernist feminism suddenly supersede modernist feminism. There are many points of crossover between them, and it is not uncommon to see elements of Second and Third Wave co-occurring (Mullany und Mills 2011, 17).

Die Annahme, dass verschiedene Zugänge in chronologischer Reihenfolge aufeinander folgten, ist somit aus mehreren Gründen falsch. Zum einen würde dies eine rigide Grenze zwischen verschiedenen Zugängen voraussetzen, die in der Tat nicht existiert, weil in vielen Studien, einschließlich der vorliegenden Forschung, Elemente von beiden Zugängen implementiert werden. Zum anderen impliziert die chronologische Ansicht, dass mit der Erscheinung des postmodernen Zugangs der moderne Zugang ‚veraltet' und nicht mehr aktuell sei, was nicht den Tatsachen entspricht. Obwohl manche Elemente aus den Forschungen der zweiten Welle in den neueren Forschungen nicht oft vorkommen (zum Beispiel strikte Genderbinarität), sind viele Erkenntnisse nach wie vor relevant. In manchen Übersichten über die Entwicklung der genderlinguistischen Forschung wird sogar hervorgehoben, dass der postmoderne Zugang in Abhängigkeit vom modernen steht (vgl. S. Mills 2008, 24), da viele Erfolge und Entdeckungen der postmodernen Genderforschung auf der bereits existierenden Tradition aufbauen.

So wird in der genderlinguistischen Forschung von der Pluralität und Fluidität von Gender gesprochen. Allerdings muss dafür die soziale Ideologie der Genderdichotomie als Ausgangspunkt anerkannt werden (vgl. Coates 2016, 220). Anders gesagt, mag es in der Wissenschaft als ‚Allgemeinwissen' gelten, dass Genderidentitäten plural sind und nicht in den strengen Rahmen der Genderbinarität passen. Trotzdem ist und bleibt die Dichotomie ‚männlich – weiblich' ein mächtiges soziales Konstrukt, nach dem die meisten Menschen ihre Identitäten gestalten. Aus diesem Grund soll auch in den postmodernen Forschungen die Existenz von Genderideologien und Stereotypen anerkannt und berücksichtigt werden, da sie eine einflussreiche Rolle im Leben der Individuen spielen. In diesem Zusammenhang muss Folgendes verdeutlicht werden: Wenn eine Kategorie, wie Gender, als sozial konstruiert erkannt wird, heißt es nicht, dass sie keinen weiteren Einfluss auf die Realität nimmt. ‚Sozial konstruiert' bedeutet nicht ‚imaginär', und die Wirkungen, die solche Kategorien auf Menschenleben ausüben, sind real und konkret. Talbot sowie Weatherall und Gallois schreiben über die Relevanz vom binarem Gendersystem in der Gesellschaft:

> For an individual to be assigned to the category of male or female has far-reaching consequences. Gender is often thought of in terms of bipolar categories, sometimes even as mutually exclusive opposites – as in "the opposite sex." People are perceived through a "lens" of gender polarization […] and assigned to apparently natural categories accordingly. On the basis of this gender assignment, naturalized norms and expectations about verbal behavior are imposed upon people (Talbot 2003, 468).

> Gender identity has long been understood as one's social identification as a boy or a girl, a man or a woman. For the vast majority of people, a clear gender classification is given at (or with ultrasound technology, well before) birth. Thereafter, all social interactions are influenced by gender assignment […]. Identification with a gender group is considered by many developmental psychologists as a fundamental social categorization in the life of a child (Weatherall und Gallois 2003, 487).

Die Forschungen, die sich am postmodernen Zugang orientieren, müssen Gender zwar als eine sozial konstruierte Kategorie auffassen, ohne aber die Relevanz des binären Gendermodells zu ignorieren. Der kategorische Verzicht auf Gender als eine a priori erklärende Kategorie erweist sich also als unproduktiv (Swann 2002, 60).

Die Verbindung von binären und pluralen Modellen des Genders ist nicht der einzige Kompromiss, den die genderlinguistische Forschung eingehen soll. Das Prinzip von *looking locally* dient dazu, dass nicht mehr nach allumfassenden Erklärungen und universellen Modellen für Genderrollen gesucht wird, sondern stattdessen der Kontext jeder konkreten Kommunikation betrachtet wird. Dies hat viele Vorteile, weil dadurch Stereotype und Vorannahmen über Gender vermieden werden, Männer und Frauen nicht mehr als homogene Gruppen dargestellt werden und auch weitere Faktoren berücksichtigt werden, die die Interaktionen beeinflussen können (wie Alter, Beruf, Herkunft usw.). Allerdings bringt dies auch Nachteile mit sich, weil aus Angst vor einer Übergeneralisierung der Ergebnisse auch Verengungen oder Fragmentierungen des Forschungsobjektes passieren. Coates warnt in dieser Hinsicht davor, die echten Ziele der feministischen Linguistik aus dem Blick zu verlieren (vgl. Coates 2016, 220). Ähnlich beklagt Mills, dass es kompliziert wurde, über systematische Phänomene zu schreiben, zum Beispiel über Sexismus in der Sprache, da das Konzept des Sexismus voraussetzt, dass Frauen systematisch diskriminiert werden. Aus diesem Grund schreibt sie, dass die Forscher*innen zwar die lokale Ebene im Auge behalten müssen, um die pragmatische Kraft von Äußerungen und Texten analysieren zu können, aber sie müssen sich auch der institutionellen und weiter gefassten sozialen Normen bewusst sein, die diesen lokalen Kontext beeinflussen (S. Mills 2008, 29–30). Eckert und McConnell-Ginet sind der Meinung, dass sie als Forscherinnen die lokalen Kontexte mit großen gesellschaftlichen Diskursen verbinden sollen:

> As linguists, we are focused on the small day-to-day performances that have become part of our more-or-less automatic verbal routines. Connecting those routines to larger societal discourses requires that we think about how small acts ramp up into big ones (McConnell-Ginet und Eckert 2003).

Um ausgewogene Forschungsergebnisse zu bekommen, müssen die Prinzipien aus beiden Zugängen kombiniert werden, worauf auch die vorliegende Forschung zielt. In der vorliegenden Arbeit wird also nach einem Kompromiss und nach einer Vereinbarung von binären und pluralen Modellen des Genders bei der Analyse gestrebt. Einerseits wird bei der Interpretation der Analyseergebnisse in den nächsten Kapiteln das Paradigma des postmodernen Zugangs implementiert und die Erkenntnisse aus der Queeren Linguistik werden einbezogen. Gender wird dabei als plural und nicht als binär aufgefasst und es wird in den Texten auf Beispiele von Heteronormativität hingewiesen. Andererseits wird auch davon ausgegangen, dass in der russischen Gesellschaft die Genderdichotomie das herrschende Konstrukt ist,[20] und das Material wird entsprechend dieser Annahme interpretiert und kommentiert. Analog verhält es sich bei der Gegenüberstellung ‚lokale Kontexte – globale Hypothesen'. Obwohl bei allen Analysen konkrete Kontexte berücksichtigt werden (zum Beispiel der kulturelle Kontext Russlands und die Besonderheiten der Internet-Kommunikation)[21], werden bei der Interpretation der Ergebnisse auch größere Diskurse beachtet. Das Ziel ist dabei, ein

[20] Mehr darüber in Unterabschnitt 2.2.1.

[21] Mehr darüber in den Unterabschnitten 2.3.1. und 3.3.1.

vielseitiges und mehrdimensionales Bild der Repräsentation von Gender in der russischen Sprache zu erhalten.

1.2. Russistische Gender- und Queere Linguistik

Genderlinguistik als Disziplin existiert parallel in mehreren Philologien, allerdings entwickelt sie sich nicht gleichmäßig und identisch in jeder Sprache oder auch nicht in jedem Land, wo dieselbe Sprache gesprochen wird. Dieses Kapitel widmet sich den Problemen und Besonderheiten der russischen Genderlinguistik.

Es muss vorab angemerkt werden, dass die Begriffe ‚russische (bzw. russistische) Genderlinguistik' und ‚Genderlinguistik in Russland' nicht immer austauschbar sind. Der erste Begriff ist viel breiter: Zum einen wird nicht nur in Russland Russisch gesprochen (in diesem Kapitel werden, unter anderem, Werke von ukrainischen und weißrussischen Forscher*innen zitiert), und zum anderen wird die russische Sprache in vielen ost- und westeuropäischen Ländern erforscht. Diese Trennung ist notwendig, um den genauen Inhalt dieses Kapitels zu schildern: Es geht hier um das gesamte Massiv der genderlinguistischen Forschungen der russischen Sprache, wobei konkret die genderlinguistische Forschung der russischen Sprache in Russland im Vordergrund steht. In anderen Worten, es wird das Forschungsobjekt und nicht das Forschungsland hervorgehoben.

Allerdings stimmt es sowohl für die Genderlinguistik in Russland als auch für die russistische Genderlinguistik generell, dass diese Disziplin viel später entstanden ist als die gleichen Disziplinen in westeuropäischen Ländern und in den USA. Es ist inzwischen zu einer Tradition geworden, die Beiträge zur russischen Genderlinguistik mit der Bemerkung über die späte Entstehung der Wissenschaft zu beginnen und Genderlinguistik als ‚junge Disziplin', ‚neuen Bereich' usw. zu bezeichnen.[22] Die Tatsache, dass die russische Genderlinguistik eine viel kürzere wissenschaftliche Tradition hat und für die russische Sprache das nachgeholt werden musste, was in den anderen Sprachen bereits erforscht wurde, beeinträchtigte in den 90er Jahren stark die Entwicklung dieser Disziplin, und möglicherweise tut sie es immer noch.

Immerhin sind seit dem Entstehen der russischen Genderlinguistik ca. 30 Jahre vergangen (vgl. Dobrovol'skij und Kirilina 2000, 19), was für eine wissenschaftliche Disziplin keine beeindruckende Zahl ist, aber es wurde in dieser Zeit Einiges erreicht. Viele Forscher*innen beginnen ihre Beiträge zur russischen Genderlinguistik mit der Anmerkung, dass die russische Genderlinguistik nicht nur eine

---

[22] Vgl.: „Während die Mehrzahl der westlichen Philologien sich inspiriert durch die Frauenbewegung und die Entstehung der *gender studies* als interdisziplinärem Forschungsprogramm der Untersuchung und Beschreibung weiblichen Gesprächsverhaltens widmete, wendete sich die ost- wie auch die westeuropäische Slavistik diesem Themenkomplex erst in den 90er Jahren verstärkt zu." Thielemann, 2010, S. 13.

neue, sondern auch eine ziemlich unentwickelte Disziplin ist, die viele Lücken hat. So schreibt zum Beispiel Nadine Thielemann in ihrer Monografie *Untersuchungen zum weiblichen Diskussionsstil am Beispiel von Gesprächen russischer, ukrainischer und polnischer InteraktionspartnerInnen*: „Die Beschäftigung mit weiblichem Gesprächsverhalten ist im Rahmen der Slavistik immer noch ein Desiderat" (Thielemann 2010, 13).

Allerdings ist im Fall von russischer Genderlinguistik eine junge Disziplin nicht gleichbedeutend mit einer unerforschten Disziplin. Im Laufe dieser Jahre gab es zahlreiche Konferenzen und Sammelbände zur slawischen Genderlinguistik, wo die russische Sprache stark präsent war, sowie Monografien, Zeitschriftenaufsätze und Diplomarbeiten (vgl. Cheauré 2005; van Leeuwen-Turnovcová 2002; van Leeuwen-Turnovcová und Röhrborn 2003; Scheller-Boltz 2016b).

Es stellt sich die Frage, warum viele Wissenschaftler*innen dann der Meinung sind, dass die russische Genderlinguistik vernachlässigt wurde. Der Grund ist zum einen die Unzugänglichkeit von vielen Manuskripten und zum anderen die fehlende Systematisierung und die starke Inhomogenität in der Forschung.

Was die Unzugänglichkeit der wissenschaftlichen Arbeiten zum Thema russische Genderlinguistik betrifft, äußert sich Dennis Scheller-Boltz im einführenden Artikel des Sammelbandes *New approaches to gender and queer research in Slavonic studies* wie folgt:

> A lot of contributions on gender are often published in local journals. A lot of books are published by local companies which are, first of all, not well-known and established internationally and, secondly, not always easy to obtain. As a consequence, it is difficult and sometimes even impossible to include important contributions into the general gender research, especially outside non-Slavonic countries (Scheller-Boltz 2016b, 18).

Dies bedeutet auch für die vorliegende Arbeit, dass eine allumfassende Beschreibung der wissenschaftlichen Werke zur russischen Genderlinguistik unmöglich ist. Allerdings bedient sich die Autorin beim Verfassen dieses Kapitels unterschiedlicher Quellen: von Monografien und Artikeln in wissenschaftlichen Magazinen bis zu Master- und Diplomarbeiten und Konferenzbeiträgen, sodass am Ende eine Perspektivenvielfalt entstanden ist.

Die Klassifizierung von diesen Quellen war auch keine leichte Aufgabe, da die Entwicklung der Disziplin nicht stetig war, und es entstanden in mehreren Ländern Werke von unterschiedlicher Qualität, in denen teilweise sogar das Objekt der Forschung – die Sprache – verschieden verstanden wurde. Selbst wenn nur die wissenschaftlichen Arbeiten in Russland miteinander verglichen werden, können mehrere Unterschiede in Bezug auf die Begrifflichkeiten und im Verständnis des Konzepts von Gender festgestellt werden. Es soll keineswegs als eine Pauschalisierung der ‚Rückständigkeit der Provinz' wahrgenommen werden, aber tendenziell, wenn auch nicht immer, war Moskau eher der Vorreiter, und die Forscher*innen an den kleineren Universitäten in den anderen Regionen brauchten etwas länger, um über die wissenschaftlichen Befunde ihrer Kolleg*innen zu erfahren und diese in ihre Arbeiten zu implementieren.[23]

Dazu kommt noch, dass ein solcher Vergleich nicht nur zwischen Moskau und anderen Städten gemacht werden kann, sondern auch zwischen Russland und anderen Ländern, wo zur Genderlinguistik in der russischen Sprache geforscht wurde. Es gab immer eine Kluft zwischen den Forschungen in Russland und in den westeuropäischen Ländern, da die westeuropäischen Forscher*innen tendenziell von Anfang an Wissen über die ‚klassischen' Werke zum Gender hatten (wie Butlers *Gender Trouble,* Lakoffs *Language and the Woman's Place* usw.) und die eigenen Forschungen auf der bereits existierenden wissenschaftlichen Tradition aufbauten.

Zudem gab es in der russischen Genderlinguistik über eine lange Zeit eine deutliche Trennung zwischen zwei Genres: Einige Wissenschaftler*innen beschrieben die Sprache und wie dort Mann und Frau (sowie, im Fall von Queeren Linguistik, andere Gender) zum Ausdruck kommen, während die anderen die Art beschrieben, wie Männer und Frauen sprechen, und nach den Unterschieden zwischen den beiden Sprechweisen suchten.

Dennoch wurde für diese Arbeit entschieden, die wissenschaftlichen Werke mehr oder weniger chronologisch aufzulisten, denn es ist essenziell, zu zeigen, dass sich die russische Genderlinguistik mit der Zeit entwickelte und wie genau das passierte.

Trotz der oben beschriebenen Inhomogenität der Forschung erwies es sich als möglich, die Entwicklung der russischen Genderlinguistik in Entwicklungsphasen einzuteilen. Es muss noch einmal unterstrichen werden, dass zwischen diesen Entwicklungsphasen keine rigiden Grenzen bestehen, und es kann nicht immer mit absoluter Genauigkeit gesagt werden, zu welcher Phase eine bestimmte Arbeit gehört: Es gibt viele Überlappungen und fließende Übergänge. Deswegen dient diese Klassifikation nur zur Orientierung und soll helfen, das gesamte Massiv der Werke zur russischen Genderlinguistik chronologisch und methodologisch einzuordnen.

Es wurden insgesamt drei Entwicklungsphasen bestimmt:

- Die erste Phase umfasst die 90er Jahre – das Jahrzehnt, in dem die Genderlinguistik sich als Disziplin in Russland etabliert. Da Genderlinguistik sowie Gender-Studien generell in Russland noch neu und unbekannt waren, behandelten die damals erschienenen Werke hauptsächlich allgemeine

---

[23] Es gibt aber sehr signifikante Ausnahmen, wie zum Beispiel die Arbeiten von Goroshko (1994, 1995a, 1995b) und Cholod (1993, 1997), sowie von Cholod in den Jahren 1995, 1997 und 1999 organisierte Symposien *Čelovek-Jazyk-Kul'tura-Poznanie*.

Fragen. So gab es die ersten Ansätze, die Begrifflichkeiten zu klären und die englischen Begriffe *gender* und *sex* ins Russische zu übersetzen. Dementsprechend gab es relativ häufig Werke, die eine Art Übersicht über die Genderlinguistik in Westeuropa und in den USA geben wollten (vgl. Kirilina 1998b, 1998a). In Russland kann diese Periode etwa als das ‚Kennenlernen' von Genderlinguistik bezeichnet werden, da die damals als neues, ‚fremdes' und überwiegend ‚westliches' Wissen wahrgenommen wurde.

- Die nächste Phase umfasst die russische Genderlinguistik in den 2000er Jahren – die Zeit, in der die Genderlinguistik schon als eigenständige Disziplin wahrgenommen wurde. Es erschienen in dieser Zeit mehrere Sammelwerke zum Thema Gender und Sprache (vgl. Hellinger und Bußmann 2001; Kirilina 2000a), vor allem solche, in denen Aufsätze von russischen Autor*innen zusammen mit denen von europäischen Autor*innen veröffentlicht wurden (vgl. Cheauré 2005; van Leeuwen-Turnovcová 2002; van Leeuwen-Turnovcová und Röhrborn 2003).
- Die dritte Phase beginnt ungefähr ab dem Jahr 2010 und dauert bis heute. Charakteristisch für diese Phase sind der stärkere Fokus auf die theoretischen und methodologischen Grundlagen der Forschung sowie die Interdisziplinarität der Arbeit. Das Konzept von Gender wird stärker reflektiert. Obwohl Gender auch in den vorherigen Jahrzehnten als ein soziales Konstrukt verstanden wurde, wurde die Existenz von Konzepten von ‚Mann' und ‚Frau', ‚Männlichkeit' und ‚Weiblichkeit' an sich nicht hinterfragt. Jetzt werden sie aber in Frage gestellt und dekonstruiert – oft im Rahmen von poststrukturalistischen und postkonstruktivistischen Zugängen.

In den folgenden Abschnitten wird detaillierter beschrieben, was genau in jeder von diesen Phasen passierte, und es werden die signifikantesten oder für diesen Zeitabschnitt charakteristischen Arbeiten genannt.

1.2.1. Die erste Entwicklungsphase: Die russistische Genderlinguistik in den 1990er Jahren

Der Beginn bzw. die erste Hälfte der 90er Jahre wird von vielen Forscher*innen als die Phase beschrieben, in der Fragen von Sprache und Geschlecht zum ersten Mal aktiv erforscht wurden (vgl. Baur 2004, 20; Peršaj 2017b, 60). Es wäre allerdings falsch zu sagen, dass zuvor diese Fragen in der wissenschaftlichen Literatur nie reflektiert wurden. Bereits 1966 erschien der Artikel *Naimenovanie lic ženskogo pola suščestvitel'nymi ženskogo i mužskogo roda* [Benennung weiblicher Personen mit femininen und maskulinen Substantiven] von Janko-Trinickaja

(1966), Mučnik beschrieb die damaligen Tendenzen in der Entwicklung des Genus (*rod*) in der russischen Sprache in seiner Monografie *Grammatičeskie kategorii glagola i imeni v sovremennom russkom literaturnom jazyke* [Grammatische Kategorien des Verbs und Namens in der modernen russischen Literatursprache] (1971, 212–44). Sogar in der russischen Grammatik von 1980 wird die Frage der Korrelation zwischen dem biologischen Geschlecht (*pol*) und dem grammatischen Genus (*rod*) angesprochen. Signifikant ist aber, dass auf diese Frage nicht weiter eingegangen wird. Die Autor*innen registrieren die Tatsache, dass die Anzahl der maskulinen Nomina, die eine Person bezeichnen, größer ist als die der femininen. Die Erklärung für dieses Phänomen ist aber äußerst kurz: Laut den Autor*innen gibt es dafür „sozial-historische Bedingungen":

> Это объясняется как внеязыковыми социально-историческими условиями, так и собственно языковыми причинами. Слова мужского рода прежде всего заключают в себе общее понятие о человеке, обозначают его социальную или профессиональную принадлежность независимо от пола. Поэтому слова мужского рода могут применяться к лицу как мужского, так и женского пола [...] (Natalja Ju. Švedova 1980, 465). [Dies kann sowohl durch die außersprachlichen sozial-historischen Bedingungen als auch durch die speziell sprachlichen Gründe erklärt werden. Wörter des maskulinen Genus enthalten vor allem die generelle Vorstellung vom Menschen, sie bezeichnen seine soziale oder berufliche Angehörigkeit, unabhängig vom Geschlecht. Deswegen können die Wörter des maskulinen Genus sowohl für die Personen des männlichen als auch des weiblichen Geschlechts angewandt werden.]

Die Autor*innen beschäftigen sich nicht mit den Fragen, warum es sich so verhält, dass das maskuline Genus das allgemeine Konzept vom Menschen ausdrückt und ob bzw. wie die Frau dadurch benachteiligt werden könnte. Es gibt auch keinen Kommentar, der konkrete sprachliche und außersprachliche Gründe nennt, die zu dieser Konstellation führten. Aus diesem Grund kann nicht gesagt werden, dass die Autor*innen der Grammatik sich im eigentlichen Sinne mit den Fragen der Genderlinguistik auseinandersetzen.

Ähnliches kann über die einzelnen Werke aus den 70er Jahren gesagt werden, in denen über die Unterschiede zwischen dem weiblichen und männlichen Sprachgebrauch geschrieben wurde. Baur (2004) erwähnt die Beiträge von Krjučkova (1975) und Vejlert (1976) als die ersten im Bereich der russischen Genderlinguistik. Allerdings kann an dieser Einordnung gezweifelt werden. In Arbeiten von Krjučkova und Vejlert wird zwar der Fokus auf das Geschlecht der Sprechenden gesetzt, aber die Ergebnisse werden keinesfalls kritisch reflektiert. Die beiden Beiträge versuchen, die Unterschiede zwischen Männer- und Frauensprache zu finden und zu beschreiben, aber sie beschäftigen sich nur am Rande damit, die gefundenen Merkmale zu analysieren sowie ihre Gründe und

Bedeutung festzustellen. So wird im Artikel von Vejlert die relative Häufigkeit von verschiedenen Wortarten bei Männern und Frauen untersucht. Nur an einer Stelle wird aber eine Schlussfolgerung gezogen: Frauen benutzen ein breiteres Spektrum von Adverbien und Adjektiven, aber der Anteil von Adverbien und Adjektiven pro 100 Wörter ist bei Männern größer. Daraus schließt Vejlert, dass Männer verschiedene Objekte öfter beschreiben, dafür machen es Frauen bildhafter und umfangreicher – sonst folgen keine Erklärungen für diesen Befund (Vejlert 1976, 141).

Das heißt, dass das Erscheinen von Forschungsbeiträgen zum Thema Sprache und Geschlecht in den 70er Jahren eher ein Zufall war als ein Versuch, die westlichen Forschungserkenntnisse auf die russische Sprache zu übertragen. Somit kann das Entstehen der russischen Genderlinguistik in die 90er Jahre eingeordnet werden, als die ersten Arbeiten erscheinen, die den Begriff Gender in die russische Sprache übersetzten und die Forschung auf der westlichen Tradition aufbauen.[24]

Dass diese neue Forschungsrichtung ausgerechnet in den 90er Jahren in Russland bekannt wird, ist kein Zufall. In der Zeit direkt nach dem Zerfall der Sowjetunion kam auch eine globale Umstellung des wissenschaftlichen Paradigmas. Laut Gapova wurde das ganze „System der Wissensproduktion" in Frage gestellt (vgl. Gapova 2010, 70). So kam zum Beispiel die Erkenntnis, dass die sowjetische Ausbildung stark politisiert war und dass viele westliche Theorien keinen Eingang in diese finden konnten und infolgedessen die sowjetische Wissenschaft in vieler Hinsicht rückständig war (vgl. Gapova 2010, 71).

Als Gegenzug gab es in den 90er Jahren ein großes Interesse an allem, was aus dem Westen kam, was auch die akademischen Kreise betraf. Davor war es äußerst kompliziert, Zugang zur westlichen wissenschaftlichen Tradition zu bekommen, also entdeckten viele Forscher*innen nach dem Zerfall der Sowjetunion eifrig die neuen wissenschaftlichen Disziplinen für sich (vgl. Barchunova 2009, 99).

Genderforschung und Genderlinguistik waren für die Forscher*innen von besonderem Interesse. In einem Land, wo es vor diesem Zeitpunkt keine öffentliche Diskussion über die Fragen rund um Geschlechterdiskriminierung, Feminismus und Gleichberechtigung gab und wo diese Funktion von der staatlichen Propaganda übernommen wurde (vgl. Ajvazova 1998), erschien die Möglichkeit, diese Fragen aus akademischer Sicht zu betrachten, verlockend. Das Konzept von Gender stellte die notwendige Sprache dafür bereit. Gapova schreibt dem Konzept ‚Gender' eine noch signifikantere Rolle zu: Es half den Forscher*innen, die

[24] Vgl. auch Barchunova: "It would be tempting to say that, prior to this historical moment, there existed no scientific tradition to facilitate the emergence of gender studies in Russia; but this is not true. Before the 1990's there existed a tradition of women's history. […] However, gender studies as informed by the idea of power, represented in the famous definition of gender given by Joan W. Scott, emerged as appropriation of Western concepts (the concept of gender, itself) and theoretical approaches such as social constructivism." Barchunova 2009, S. 98.

Fragen, die in der Gesellschaft entstanden, zu beantworten und die eigene Erfahrung zu reflektieren:

> В определенном смысле «гендер» - как способ осмысления себя и общества - стал ответом на вопрос о том, что происходило с нами помимо и вне нашей воли, когда все мы стали участниками огромного социального сдвига, который происходил «через нас»: наши тела (которые мы стали ощущать по-другому) и судьбы; он осуществлялся нами и вместе с тем вне нас. (Gapova 2010, S. 71) [In einem bestimmten Sinne wurde Gender – als eine Weise, sich selbst und die Gesellschaft zu verstehen – eine Antwort auf die Frage danach, was mit uns gegen und außerhalb unseres Willens stattfand, als wir zu Teilnehmern eines riesigen sozialen Wandels wurden, der ‚durch uns' passierte: unsere Körper (die wir anfingen, anders wahrzunehmen) und Schicksale; er erfolgte von uns und gleichzeitig außerhalb von uns.]

Signifikant ist, dass Genderforschung auch mit einer gewissen Liberalisierung und Dezentralisierung der akademischen Welt verbunden ist. Die neuen Forscher*innen konnten jetzt außerhalb von Hauptstädten und staatlichen Universitäten Karriere machen, was früher kaum vorstellbar war. Viele Forschungszentren eröffneten ihre Niederlassungen in Moskau und in Regionen (vgl. Gapova 2010, 75), es fanden mehrere Sommerschulen und Konferenzen in verschiedenen Städten statt – von Moskau und Sankt Petersburg bis Rostov am Don und Twer (vgl. Barchunova 2009, 292–294).

Diese Forschungszentren und Sommerschulen wurden in erster Linie dank verschiedenen Stiftungen aus Europa und den USA organisiert, was von vielen Forscher*innen auch anerkannt wird und was unterschiedliche Reaktionen hervorruft: von Ironie bis Dankbarkeit (vgl. Barchunova 2009, 292–94; Gapova 2010, 75). Gemeinsam ist ihnen aber die Überzeugung, dass diese Unterstützung aus Europa den Status der Genderforschung in Russland als eine fremde, westliche und ‚importierte' Disziplin verfestigt hat (vgl. Barchunova 2009, 100; Peršaj 2017b, 60). Gapova schreibt in diesem Kontext über den Westen als einen (symbolischen) Locus der Macht, eine Instanz, die die neuen Theorien und Forschungen über Gender gültig oder ungültig macht (vgl. Gapova 2010, 79). In anderen Worten, die Genderforschung in Russland war in ihrer Anfangsphase nicht autonom.

Zusammenfassend lässt sich sagen, dass die ‚ausländische' Herkunft für die Genderlinguistik und Genderforschung generell in Russland gleichzeitig Flucht und Segen war. Einerseits brachte diese Disziplin neue Möglichkeiten, sowohl wissenschaftliche als auch finanzielle, aber andererseits wurde sie eine Zeitlang als etwas Fremdes wahrgenommen. Das gab in der Zukunft den Forscher*innen, die eher anti-westlich eingestellt waren, zusätzliche Gründe, die genderlinguistische Forschung zu kritisieren (vgl. Šarov 2010).

Die obengenannten Probleme sind eher mit der Gesellschaft als unmittelbar mit der Wissenschaft verbunden. Allerdings mussten sich die Pionier*innen der russischen Genderlinguistik auch mit wissenschaftlich-theoretischen Fragen auseinandersetzen. Da die genderlinguistische Disziplin in Russland einige Jahrzehnte später erschien als in Europa und in den USA, mussten die russischen Forscher*innen dieses Defizit in kurzer Zeit ‚nachholen'. In der Praxis bedeutete das, dass die Wissenschaftler*innen mit dem gesamten Massiv an Wissen ‚überladen' wurden. Diese Situation wurde später von mehreren Wissenschaftler*innen thematisiert und unterschiedlich (wobei immer ziemlich kritisch) umschrieben: „diskursiver Chaos" (Žerebkina u. a. 2005, 35), „ideelle Sphinxe und Chimäre" (Savkina 2009, 80), „hybride Formen" (Peršaj 2017b, 65).

Eine der ersten russischsprachigen Arbeiten, die der Genderlinguistik zugeordnet werden könnte, ist der Beitrag von Zemskaja, Kitajgorodskaja und Rozanova mit dem Titel *Osobennosti mužskoj i ženskoj reči* (1993), der sich mit den Besonderheiten der Frauen- und Männersprache befasst und der in vieler Hinsicht für die erste Entwicklungsphase der Genderforschung kennzeichnend ist. Die Forschung, die für ihre Zeit innovativ war, weist aber gleichzeitig einige Probleme auf, die für die russische Genderlinguistik in den 90en Jahren charakteristisch waren.

Die Autorinnen gehören zu den Ersten, die die Verbindung ihrer Forschung mit der wissenschaftlichen Tradition in Europa und den USA anerkennen. Zwar wird das Wort ‚Genderlinguistik' nicht direkt erwähnt, aber den Autorinnen ist bewusst, dass zu diesem Thema in anderen Ländern bereits aktiv geforscht wird, wobei die vorherige Isoliertheit der russischen Forschung bedauert wird:

> Эта тема важна, и сама по себе, и с точки зрения более общей проблемы “пол и язык”, которая активно разрабатывается в современном языкознании (особенно в США и ФРГ). Обширная литература, посвященная этому вопросу, остается неизвестной для нашего широкого читателя, вследствие ее малодоступности (Zemskaja, Kitajgorodskaja, und Rozanova 1993, 19). [Dieses Thema ist wichtig, sowohl an sich als auch als Teil der allgemeineren Fragestellung ‚Geschlecht und Sprache', wozu in der gegenwärtigen Sprachwissenschaft aktiv geforscht wird (insbesondere in den USA und BRD). Die umfangreiche Literatur, die dieser Frage gewidmet ist, bleibt für unser breites Publikum unbekannt, infolge ihrer Unzugänglichkeit.]

Hier wird gleich das erste Problem angesprochen, das für die entstehende Disziplin typisch ist, nämlich die Unzugänglichkeit der Forschungsliteratur. Selbst die Sprache, in der die Werke verfasst wurden, stellte ein Problem dar: Nicht alle Forscher*innen beherrschten Englisch, Deutsch oder eine andere europäische Sprache, was die Bekanntmachung mit der fremdsprachigen Literatur erschwerte. Außerdem waren die Werke sehr selten übersetzt, und dieses Übersetzen erfolgte in der Regel erst einige Zeit nach dem eigentlichen Erscheinen der betreffenden

Werke. Über das unsystematische Lesen der fremdsprachigen Literatur äußert sich Peršaj sehr kritisch:

> Кто на каком языке говорил, тот ту часть западной парадигмы и подключал, хотя, разумеется, англоязычная традиция в гендерной лингвистике отличается от немецкоязычной, испаноязычной и т.д. […] Многие книги и статьи получили распространение, потому что их разбирали во время обучения в летних школах, что не всегда давало объективную картину развития гендерной лингвистики (Peršaj 2017b, 64). [Jeder hat einen anderen Teil des westlichen Paradigmas verwendet, je nachdem, welche Sprache man sprach, obwohl in der westlichen Linguistik die englischsprachige Tradition sich von der deutschsprachigen, spanischsprachigen usw. stark unterscheidet […] Viele Bücher und Artikel haben sich verbreitet, weil sie während des Studiums in den Sommerschulen analysiert wurden, was nicht immer zu einem objektiven Bild der Entwicklung der Genderlinguistik führte.]

Somit war also das Lesen der fremdsprachigen Literatur ein Luxus, der nur für manche Forscher*innen möglich war. Um zurück auf den Beitrag von Zemskaja, Kitajgorodskaja und Rozanova zu kommen, muss gesagt werden, dass die Autorinnen zwar die Relevanz und die Bedeutung westlicher Forschung anerkennen, aber einen Teil davon gezielt und entschlossen ablehnen, nämlich jede Verbindung mit dem Feminismus westlicher Prägung. Laut den Forscherinnen kann jede Verbundenheit mit dem Feminismus auf die Forschung nur hinderlich und sogar schädlich wirken: „Мы считаем, что связь с феминистическим движением мешает объективному исследованию" (Zemskaja, Kitajgorodskaja, und Rozanova 1993, 94). [Wir glauben, dass die Verbindung mit der feministischen Bewegung die objektive Forschung nur stört.]

Dieses Streben nach Objektivität ist zwar ein äußerst löblicher, aber möglicherweise nicht der einzige Grund, warum jede Verbindung mit dem Feminismus so kritisch beurteilt wird.[25] Der Feminismus an sich wurde in Russland bereits in den 90er Jahren als etwas nicht Vertrauenswürdiges, etwas Feindliches wahrgenommen. Er traf oft auf eine negative Reaktion – nicht nur in den wissenschaftlichen Kreisen, sondern auch beim allgemeinen Publikum. So schrieb zu Beginn der 90er Jahre die russische feministische Aktivistin Olga Lipovskaja über den Feminismus in russischen Medien: „Ein merkwürdiger Zug der Medien übrigens, daß sie

[25] Für Unzulässigkeit der „feministischen Ideologie" als jeder Ideologie plädieren auch Kirilina und Dobrovol'skij im Jahre 2000. Sie vergleichen die Begrenzungen, die der Feminismus mit sich bringt, mit dem Marxismus-Leninismus in der Sowjetzeit: „[…] нет никаких оснований утверждать, что любая другая идеология (в том числе феминистская) скажется на развитии науки более благотворно, чем марксизм-ленинизм." / „[…] es gibt keinen Grund, zu benaupten, dass jede andere Ideologie (inklusive der feministischen) auf die Entwicklung der Wissenschaft wohltuender wirken wird als der Marxismus-Leninismus." Dobrovol'skij & Kirilina, 2000, S. 20.

gegen einen Feminismus zu Felde ziehen, den es noch gar nicht gibt. Das Wort ist zum Schimpfwort geworden, noch ehe jemand den Sinn des Wortes versteht, wird es in Flüchen gebraucht" (Lipovskaja 1992, 72). Die Forscherin Christa Ebert benutzt die gleiche Bezeichnung – Schimpfwort – und meint, dass „[m]it der Rede von Feminismus und Gender [...] ein westlicher Diskurs in einen Boden implantiert [wurde], der sozial- und kulturgeschichtlich dafür nicht vorbereitet war" (Ebert 2004, 13). Laut Ebert liegt das Problem in der politischen Vergangenheit des Landes: In der Sowjetunion spielte die Frauenfrage eine geringere Rolle als in Europa und wurde dort ganz anders besprochen. Im postsowjetischen Russland spielen die Fragen des Feminismus immer noch eine untergeordnete Rolle, und das Land ist zu so einem starken Paradigmenwechsel in diesem Bereich nicht bereit (Ebert 2004, 12–14). Der Feminismus diskreditierte sich also, noch ehe er in Russland bekannt wurde.

Savkina analysiert in ihrem Artikel *Irritating Factors: The Reception and Discussion of Feminist Criticism and Gender Studies in the Russian Context*, welche Gründe es für diese Inakzeptanz geben könnte, und nennt folgende: Der Feminismus ist aus dem Ausland ‚importiert'; er ist nicht orthodox; er ist neoglobalistisch (und hebt somit die nationale Spezifik auf); er ist mehr auf das Körperliche als auf das Geistige fokussiert; er ist zu abstrakt (Savkina 2009, 82–83). Generell lässt es sich sagen, dass Feminismus als etwas Fremdes wahrgenommen wird, etwas, was aus dem Westen nach Russland gebracht wurde und mit dem traditionellen wissenschaftlichen Paradigma bricht.

Somit entsteht eine interessante Situation: Forscher*innen wie Zemskaja, Kitajgorodskaja und Rozanova, die in einem neuen und auch aus dem Westen kommenden Bereich der Genderlinguistik arbeiten, lehnen gleichzeitig die feministische Kritik der Sprache ab, da sie ihnen fremd und nicht vertrauenswürdig vorkommt. Diese Entscheidung mag als paradox vorkommen, da die Verbindung zwischen der Genderlinguistik und dem Feminismus ziemlich eng ist: Wie in Abschnitten 1.1.2. – 1.1.4. beschrieben, wird die Entstehung und die Entwicklung der Genderlinguistik im Westen oft mit verschiedenen Wellen des Feminismus verbunden.

Dabei waren die Konsequenzen dieser Entscheidung manchmal sehr negativ. Die Forscher*innen arbeiteten somit nicht interdisziplinär, sondern versuchten, die Genderlinguistik lediglich als einen Teil der Linguistik zu sehen und sie in die bereits existierende wissenschaftliche Tradition einzubetten, was im Falle der Genderlinguistik schwer machbar ist. Das Material wurde nur nach linguistischen Kategorien analysiert und die Ergebnisse betrafen dann ausschließlich das Sprachsystem und ließen keine weiteren Schlüsse über die ursächlichen gesellschaftlichen Mechanismen zu.

So analysieren Zemskaja, Kitajgorodskaja und Rozanova anhand von Fragmenten aus Auszeichnungen und Niederschriften von Alltagsgesprächen das geschlechtsspezifische Gesprächsverhalten. Sie stellen zum Beispiel fest, dass es für

Männer charakteristisch ist, mehr terminologische und berufliche Lexik sowie Metaphern und Vergleiche aus den Feldern Technik, Sport und Beruf zu benutzen, darüber hinaus verwenden Männer öfter exakte Benennungen. Außerdem kommen in der männlichen Sprache Wörter aus der unteren stilistischen Schicht der Lexik öfter vor. Für die weibliche Sprache sei das häufige Benutzen expressiver lexikalischer Mittel kennzeichnend, wie zum Beispiel Hyperbeln und Interjektionen (wie *och, ach, oj*). Die von Frauen benutzten Metaphern gehören, im Unterschied zu den von Männern verwendeten, zu den Feldern Natur, Alltag, Lebewesen usw. (vgl. Zemskaja, Kitajgorodskaja, und Rozanova 1993, 120–32).

Hier wird deutlich, dass im Beitrag die Stereotype über Männer und Frauen nicht dekonstruiert und kritisch hinterfragt, sondern reproduziert werden. Die Beschreibungen der Forscherinnen entsprechen in vieler Hinsicht den typischen Vorstellungen über die beiden Geschlechter: der über Technik und Sport sprechende Mann und die über die Natur sprechende expressive Frau. Der nächste Schritt, nämlich zu fragen, warum es solche Unterschiede zwischen Männer- und Frauensprache gibt und was sie über die Gesellschaft aussagen, wird von den Autorinnen nicht gemacht und somit bleibt die Forschung sehr empirisch und intuitiv. Die Gültigkeit der Ergebnisse ist dementsprechend kaum nachweisbar. Die Autorinnen bemerken das vermutlich auch und entschuldigen sich für die ‚Oberflächlichkeit' der Erkenntnisse:

> Наши наблюдения носят эмпирический и, возможно, несколько поверхностный характер. [...] многие из представленных здесь явлений выражены в виде расхожих мнений, высказываний, поговорок и отражают некоторое представление наивных носителей языка о мужской и женской речи (Zemskaja, Kitajgorodskaja, und Rozanova 1993, 103). [Unsere Betrachtungen haben einen empirischen und möglicherweise oberflächlichen Charakter. [...] viele von den hier vorgestellten Phänomenen sind in Form von verbreiteten Meinungen, Äußerungen, Sprichwörtern ausgedrückt und [die Phänomene] spiegeln eine gewisse Vorstellung von naiven Muttersprachlern über männlichen und weiblichen Sprachgebrauch.]

Die Arbeit von Zemskaja, Kitajgorodskaja und Rozanova ist im gewissen Sinne mit dem Werk *Language and woman's place* von Lakoff vergleichbar, da es sich hier auch um etwas stereotypisierte Beschreibung der Frauen- und Männersprache handelt. Und, wie Lakoff, sind die Autorinnen die Vorreiter'*innen in diesem neuen und in Russland noch unbekannten Bereich. Deswegen bekamen sie etwas mehr Verständnis seitens des Lesepublikums. So schreibt später Baur, dass die Untersuchungen von Zemskaja, Kitajgorodskaja und Rozanova trotz allem „anderen Forschern bei der Behandlung gleicher oder ähnlicher Fragestellungen bis heute oft als einzig verfügbare Datenbasis" dient (Baur 2004, 21).

Ein anderes Beispiel für eine Arbeit aus dieser Zeit, in der maskuline und feminine Personenbezeichnungen nach rein linguistischen Kategorien betrachtet wurden, ist der Beitrag von Maksim Krongauz *SEXUS, ili Problema pola v russkom jazyke* (1996), in dem der Autor die Bezeichnungen für Personen und Tiere in der russischen Sprache analysiert und wie ihr grammatisches Genus (*rod*) mit dem biologischen Geschlecht (*pol*) korreliert. Kennzeichnend ist, dass der Begriff Gender im Artikel nicht vorkommt und stattdessen das Wort Geschlecht (*pol*) benutzt wird. So schreibt Krongauz über die Assoziationen und Verhaltensmuster, die in der Gesellschaft den beiden Geschlechtern zugeschrieben werden, gleichzeitig schreibt er aber auch, dass Geschlecht eine natürliche Kategorie sei (vgl. Krongauz 1996, 510). Daraus wird klar, dass zwischen den Begriffen Geschlecht und Gender nicht differenziert wird. Die Ergebnisse sind überwiegend in linguistischen Kategorien beschrieben: Laut Krongauz kann in einem Wort die Semantik des Genders unterschiedlich intensiv markiert werden.[26]

Gapova schreibt in diesem Bezug über „Feminologie" (*feminologija*), „Genderistik" (*genderistika*) oder „falsche Genderforschung" (*ložnye gendernye issledovanija*) (Gapova 2010, 80). Damit meint sie die Situation, wenn die neuen Begriffe in den alten Disziplinen verwendet werden, ohne dass inhaltlich etwas verändert wird. Die Forscherin äußert sich sehr kritisch und sagt, dass die alten Theorien die neuen ‚kolonisieren' und die neuen Begriffe benutzt werden, um das alte Wissen zu vermitteln (vgl. Gapova 2010, 81). Das ist zwar eine kritische Aussage über die Genderforschung in Russland, aber sie kann auf jeden Fall als ein Anzeichen wahrgenommen werden, dass der Übergang zum ‚neuen Wissen' und das Implementieren der ‚ausgeliehenen' Gendertheorie in das bereits existierende wissenschaftliche System den russischen Forscher*innen in den 90en Jahren schwerfiel.

Allerdings gab es auch in der ersten Entwicklungsphase der russischen Genderlinguistik ziemlich viele Forscher*innen, die sich für die Genderlinguistik interessierten und die Gendertheorie in ihren Arbeiten intensiv und erfolgreich verwendeten. Zu diesen Forscher*innen zählt zum Beispiel Alla Kirilina, die als eine der ersten sich mit den Fragen des Genders und der Sprache beschäftigte und die viel über die Grundlagen der Genderlinguistik auf Russisch schrieb (vgl. Kirilina 1998a, 1998b). Im Artikel *‚Mužestvennost'' i ‚ženstvennost'' s točki zrenija lingvista* (Kirilina 1998a) beschreibt sie ‚Männlichkeit' und ‚Weiblichkeit' als postmodernistische Kategorien, die von der Gesellschaft mit vielen Assoziationen überladen sind. Diese Beschreibung bildet eine Opposition zu den anderen Forschungen, in denen Männlichkeit und Weiblichkeit meistens als bereits vorgegebene Kategorien dargestellt werden.

Im Jahre 1999 veröffentlichte Kirilina die Monografie *Gender: lingvističeskie aspekty* (1999), in der sie systematisch über die Entwicklung der

[26] Bemerkenswert ist, dass Maksim Krongauz 20 Jahre später eine neuere Version von diesem Artikel veröffentlicht hat, in dem der Begriff Gender eingeführt wurde – vgl. Krongauz 2016.

Genderforschung und Genderlinguistik generell und spezifisch in Russland schreibt. In der ersten Hälfte des Buches werden die bedeutendsten Konzepte, Begriffe und Methoden der Genderforschung beschrieben – von *doing gender* bis zum Biodeterminismus. Es wird auch auf die Methodologie der Genderforschungen in Russland eingegangen. So bemerkt Kirilina, dass die russische Genderlinguistik nicht ‚ideell engagiert' und nicht mit dem Feminismus verbunden ist. Außerdem werden in den russischen Forschungen nicht immer postmodernistische Methoden benutzt, was zu einem eher traditionellen Zugang führt (vgl. Kirilina 1999, 60).

Im letzten Kapitel der Monografie steht die von der Forscherin durchgeführte Analyse im Mittelpunkt. Es wurden die Genderaspekte in der deutschen und russischen Phraseologie (konkret – Parömiologie) betrachtet und verglichen. Wesentlich ist, dass als Material die Phraseologie gewählt wurde, was in der russischen Genderlinguistik häufig vorkommt (vgl. Ermolaeva 2011; Samarina 2010; Vas'kova 2006), aber hier wird es ausreichend begründet: Laut Kirilina sind in der Phraseologie und insbesondere in der Parömiologie die Stereotype des Volkes eingeprägt. Es wurden sowohl Ähnlichkeiten (die Frau wird grundsätzlich negativer bewertet als der Mann, die Frau ist oft ein Objekt und der Mann ein Subjekt der Tätigkeit usw.) als auch Unterschiede (größere Anzahl von phraseologischen Einheiten im Russischen, die Frau wird in verschiedenen Rollen dargestellt) zwischen der Darstellung der Geschlechter in den deutschen und russischen Sprichwörtern gefunden.

Zusammenfassend lässt es sich sagen, dass diese Monografie von Kirilina eines der ersten Bücher auf Russisch ist, das genderlinguistische Studien aus Russland und Europa systematisierte und die beschriebenen Theorien direkt in einer Analyse überprüfte. Im Kontext von diesem Überblick kann die Monografie *Gender: lingvističeskie aspekty* symbolisch als eine Zusammenfassung der ersten Etappe der genderlinguistischen Forschungen in Russland wahrgenommen werden. Hier werden der westliche, ‚fremde' Feminismus und seine Rolle in der Genderforschung anerkannt.[27] Die Untersuchungen werden nicht mehr anhand eigener Wahrnehmungen durchgeführt, sondern es wird bei der Analyse eine Methodologie benutzt.

Parallel dazu gab es auch in Europa und in den USA intensive Forschungen zur russischen Genderlinguistik. So veröffentlichte im Jahr 1997 Karin Tafel die Monografie *Die Frau im Spiegel der russischen Sprache*. Das war eine der ersten Veröffentlichungen, in der die Repräsentation des Genders (in diesem Fall hauptsächlich die Repräsentation der Frauen) in der russischen Sprache systematisch analysiert wurde. Tafel untersucht das Sprachsystem und beschreibt den Reflex

---

[27] So schreibt Kirilina im Abschnitt über die feministische Linguistik, dass diese ein „starker Impuls" für die Genderlinguistik war, nennt aber später auch die Nachteile dieser Bewegung. (Kirilina 1999, S. 24–29).

von Gender auf allen Ebenen der gegenwärtigen (zum Zeitpunkt der Veröffentlichung) russischen Sprache. Besonders viel Aufmerksamkeit wird der Frage gewidmet, welche Sprachmittel für die Kommunikation über Frauen zum Einsatz kommen. So wird oft über die Tendenz zur ‚semantischen Kongruenz' geschrieben, wenn das Geschlecht der Person nicht durch das Substantiv, sondern durch die Verb- oder Adjektivendung markiert wird, zum Beispiel in Ausdrücken wie *директор пришла* ‚Direktor$^{masc.}$ kam$^{fem.}$' (Tafel 1997, 109).

Zu den weiteren Vorteilen der Monografie zählt, dass sie sich keineswegs nur auf linguistische Fragestellungen begrenzt. In der Einleitung gibt es einen Abschnitt über das russische Gesellschaftssystem und die Situation der Frauen in der modernen russischen Gesellschaft (Tafel 1997, 6–11). Somit setzt Tafel die Situation in der Sprache und die Situation in der Gesellschaft in eine direkte Verbindung. Die Schlussfolgerungen, zu denen die Autorin kommt, und ihre Interpretation der Sprachfakten basieren nicht nur auf linguistischen, sondern auch auf extralinguistischen Tatsachen. So schreibt Tafel, dass die Kommunikation über Frauen in der Sprache grammatikalisch nicht immer geregelt wird („in einer sprachlichen und normativen ‚Grauzone'" ist), was die Forscherin durch die Veränderungen in der Gesellschaft erklärt, „da die im Zusammenhang mit der Kommunikation über Frauen stehenden Probleme vornehmlich in öffentlichen Kontexten auftreten" (Tafel 1997, 191). Tafel kommt zur Schlussfolgerung, dass Benachteiligung und Sexismus generell nicht in der Sprache zu suchen sind, sondern bei den Sprechenden: „Nicht die Sprache (das System, die Grammatik) ist sexistisch, sondern gegebenenfalls die Grammatik*beschreibung*, die […] bislang ‚fest in Männerhand' war" (Tafel 1997, 195).

Da das Buch vor über 20 Jahren erschien, können die (zweifellos wertvollen) wissenschaftlichen Befunde aus Tafels Monografie beim Verfassen der genderlinguistischen Werke heute nicht immer direkt übernommen werden. So benutzt Tafel eine ganz andere Terminologie. Das Wort *Gender* kommt in der Monografie gar nicht vor, stattdessen wird der Ausdruck ‚soziales Geschlecht' benutzt. Tafel unterscheidet zwischen zwei Richtungen der feministischen Linguistik: einer betont feministischen, die für die Veränderung des Sprachsystems plädiert, und der objektiven, ‚wissenschaftlichen' Richtung (Tafel 1997, 34–35). Tafel ordnet sich dieser zweiten Richtung zu und generell behauptet sie, beim Verfassen ihrer Monografie nicht politisch oder ideologisch engagiert zu sein (Tafel 1997, 5).

Kennzeichnend ist, dass die Fokussierung auf Frauen immer noch eine Besonderheit der russischen Genderlinguistik darstellt. Obwohl der Begriff ‚Maskulinität' von den Forscher*innen gelegentlich erwähnt wird, bleibt die Frau das Objekt des Forschungsinteresses, und die Ergebnisse beziehen sich meistens auf Frauen. So heißt Tafels Monografie *Die Frau im Spiegel der russischen Sprache* und nicht zum Beispiel *Das Gender im Spiegel der russischen Sprache*.[28] Es gab zu dem Zeitpunkt nur wenige Studien über die Maskulinität, Männersprache usw. Eine eher unerwartete Ausnahme bildete das Werk von Emil' Draitser *Making war, not love: gender and sexuality in Russian humor*, in dem der russische Humor in verschiedenen Situationen und zu verschiedenen Themen analysiert wird. Die Forschung zeigte, dass die Witze im Russischen überwiegend aus männlicher Sicht erzählt werden, und somit wird Draitsers Monografie zu einer Studie der russischen Maskulinität: „What is constant in my study is the context of the jokes and their point of view, almost all, throughout this text, a male one. [...] Therefore, this work is a study of Russian masculinity as it expresses itself through numerous venues" (Draitser 1999, 6–7). Dass Studien zu Männern eine Seltenheit sind, ist dem Autor auch bewusst: „While there is a growing literature on masculinity in gender studies [...] there has been very little research done on Russian masculinity“ (Draitser 1999, 7). Obwohl es eine Studie zur Maskulinität ist, hat der Autor genug Möglichkeiten, um über die (Macht-)Verhältnisse zwischen den beiden Geschlechtern zu schreiben, was diese Monografie zu einer Genderstudie im echten Sinne macht: „While most humor in this study is male-centric and indicative of the male dominance in Russian culture, this humor not only asserts such dominance but also deals with dominance anxiety as well as other issues of gender hierarchy in a distinctly masculine culture“ (Draitser 1999, 7).

Die letzte umfangreiche Veröffentlichung zur russischen Genderlinguistik, die der ersten Phase der Forschungsentwicklung in der russischen Genderlinguistik zugeordnet werden kann, ist der Sammelband *Slavic gender linguistics* (1999a) von Margaret Mills. Im Sammelband wurden Beiträge von verschiedenen Autor*innen zum Thema slavische Genderlinguistik veröffentlicht, wobei die russische Sprache stark dominiert: Von den elf Beiträgen beschäftigen sich acht mit dem Russischen, jeweils einer mit dem Polnischen und Tschechischen und einer mit den slavischen Sprachen allgemein. Wesentlich ist, dass das Buch eine der ersten Möglichkeiten darstellte, dass die russischen Forscher*innen zusammen mit den europäischen veröffentlicht wurden.

Zentral für den Band ist die Idee, dass Männer und Frauen ein unterschiedliches Sprachverhalten haben (*speech behaviour* (M. H. Mills 1999a, xi)). Die Einleitung der Herausgeberin Margaret H. Mills ist fast komplett dieser Frage gewidmet. Basierend auf dem oben beschriebenen Artikel von Zemskaja, Kitajgorodskaja und Rozanova (Zemskaja, Kitajgorodskaja, und Rozanova 1993)

---

[28] Diese Situation wurde später von Dennis Scheller-Boltz kritisiert: „If scholars of gender linguistics focus too much on women – something which they do frequently in Slavonic gender linguistics – one can get the impression that gender linguistics is a kind of 'women's linguistics'. Looking at current Slavonic gender linguistics, it seems to be the primary aim to deal with the question of how women can be made visible in and throughout language. [...] one should not forget that gender linguistics is neither a research area of or for women nor is it a discipline to favour or to privilege women." (Scheller-Boltz 2016b, S. 22).

schreibt Mills über Fonetik und Sprachmuster (*conversational structures* (M. H. Mills 1999a, xii)) von Männern und Frauen. Am Ende stellt sich Mills die Frage, inwiefern die Sprache an sich sexistisch sein kann und ob sie ihre Sprecher*innen beeinflussen kann (M. H. Mills 1999a, xviii). Somit geht sie von der Theorie des Genderlekts zu der Erforschung der eigentlichen Sprachstruktur über.

Die Beiträge im Sammelband lassen sich in zwei Gruppen einteilen. So schreiben Zaitseva (1999), Yokoyama (1999), Andrews (1999), Grenoble (1999), Mills (1999b) und Sharonov (1999) über das Sprachverhalten von Männern und Frauen in verschiedenen Kontexten (zum Beispiel im Klassenzimmer (Mills) oder in Kinderbüchern (Yokoyama)). Demgegenüber gehen Urtz (1999) und Mozdzierz (1999) auf die Sprachstruktur an sich ein.

So analysiert Grenoble in ihrem Beitrag *Gender and conversational management in Russian* die von ihr in Russland aufgenommenen Gespräche und Interviews, um herauszufinden, ob das Sprachverhalten von Männern und Frauen sich unterscheidet. Dabei überprüft (und bestätigt) Grenoble die These, dass Frauen im Gespräch unterstützender (‚supportive') sind und mehr mit anderen interagieren als Männer: Sie benutzen häufiger Fragen, insbesondere Bestätigungsfragen (‚tag questions'), und wenn sie jemanden unterbrechen, dann sind sie tendenziell höflicher (Grenoble 1999, 126). Allerdings ist die Autorin sich selbst nicht sicher, was die Interpretation dieser Ergebnisse anbelangt. Im Abschnitt ‚Methodology' schreibt sie über die Schwierigkeiten bei der Analyse: Die Interpretation ist oft subjektiv und zum Beispiel können die ‚tag questions' auf verschiedene Weise interpretiert werden – als Zeichen der Interaktion, aber auch der Unsicherheit. Karin Tafel hat in ihrer Monografie einige Probleme aufgelistet, die für die Analyse von männlichem und weiblichem Sprachverhalten typisch sind (vgl. Tafel 1997, 61), und einige davon kommen auch in Grenobles Untersuchung vor: geringe Anzahl der Proband*innen, mangelnde Beachtung von anderen Faktoren, die das Sprachverhalten beeinflussen können, wie Alter, Beruf, Herkunft usw. Es kann also gesagt werden, dass die Forscher*innen in der russistischen Genderlinguistik früher oder später auf die gleichen Probleme stießen, wie ihre westlichen Kolleg*innen, die im Rahmen des ‚modernen' Zugang zu Genderlinguistik arbeiteten (vgl. Abschnitt 1.1.2.).

1.2.2. Die zweite Entwicklungsphase: Die russistische Genderlinguistik in den 2000er Jahren

Im Jahre 2003 schrieb Kirilina:

> Труды последних лет позволяют сделать вывод, что от общей теории гендера […] гендерные исследования постепенно переходят к состоянию, которое прежде всего характеризуется более глубокой, нежели ранее, сосредоточенностью на установлении возможностей гендерного подхода в конкретных

> частнонаучных областях, «вписывании» его в ту или иную идеологию [...] Таким образом, наметился новый этап исследований: отечественные ученые перешли к решению специфических задач, решение которых требует применения лингвистических методов (Kirilina 2003, 117–18). [Die Werke der letzten Jahre lassen zum Schluss kommen, dass die Genderforschung von [dem Erforschen] der allgemeinen Gendertheorie [...] zum Zustand kommt, der vor allem durch tieferen als zuvor Fokus auf der Feststellung der Möglichkeiten des Gender-Zugangs in den konkreten einzelnen wissenschaftlichen Bereichen, [durch Fokus] auf das ‚Reinschreiben' von ihm [Gender-Zugang] in eine oder andere Methodologie charakterisiert wird. [...] Es hat sich also eine neue Forschungsetappe definiert: Die russischen Forscher kommen dazu, die konkreten wissenschaftlichen Fragen zu lösen, was das Anwenden der konkreten wissenschaftlichen Methoden verlangt.]

Also spricht die Forscherin von einer neuen ‚Etappe' der russischen Genderlinguistik, die mit der Jahrhundertwende anfängt, nachdem in den 90er Jahren das ‚Kennenlernen' stattgefunden hat.

Eine Anwendung der Gender Theory in konkreten wissenschaftlichen Bereichen gab es zum Beispiel in dem von Kirilina herausgegebenen Sammelband *Gender kak intriga poznanija* (2000a), in dem ihr Artikel *Gendernye aspekty massovoj kommunikacii* (2000b) zusammen mit den Artikeln von neun anderen Forscher*innen erschien. Die Themen der Beiträge waren breit gefächert: Gender in der Lexikografie (Popov 2000), Gender-Aspekt bei der Übersetzung (Burukina 2000) oder Gender in einzelnen Genres wie Heiratsanzeigen (Bazylev 2000). Das Ziel, das die Herausgeberin verfolgte, war es, die akademische Welt mit den Forschungsergebnissen vertraut zu machen und die Aufmerksamkeit auf die neue Forschungsrichtung zu lenken (Kirilina 2000a, 4).

In gewisser Weise kann zu diesem Zeitpunkt von einer Verbreitung und Bekanntmachung der Gender Theory in der russischen Sprachwissenschaft gesprochen werden. Die Teildisziplin der russischen Genderlinguistik wurde allmählich in verschiedenen Regionen Russlands bekannt und wurde oft zum Thema von Qualifikationsarbeiten (vgl. Adonina 2007; Dzaseževa 2006; Gricenko 2005; Kiuru 2000; Vandyševa 2007).

Gender und Genderforschung wurden in solchen Arbeiten unterschiedlich wahrgenommen und daher blieb dieses Feld der Wissenschaft, nach wie vor, stark inhomogen. So analysiert beispielsweise Dzaseževa das Konzept von ‚Frau' in der russischen, englischen und kabardinischen Sprache. Dabei schreibt sie aber wenig über den kulturellen Kontext dieser Sprachen. Sie begrenzt sich auf einzelne Bemerkungen wie:

> Для эстетических идеалов адыгских (черкесских) народов отличительной чертой является то, что в них подлинная красота, понятие красивого «дахэ» подразумевает не только форму, внешний облик предметов, явлений,

человека, но и их внутреннюю сущность, их содержание, их значение для человека, для общества (Dzaseževa 2006, 17). [Die Besonderheit der ästhetischen Idealen der adygeischen (tscherkessischen) Völker ist, dass für sie die echte Schönheit, das Konzept des Schönen nicht nur die Form, das Äußere von Gegenständen, Ereignisse und dem Menschen bedeutet, sondern auch ihr inneres Wesen, ihr Inhalt, ihre Bedeutung für den Mensch und die Gesellschaft.]

Die Konzepte von Geschlecht und Gender werden nicht getrennt, und Geschlecht wird als ein biosoziokulturelles Phänomen verstanden (vgl. Dzaseževa 2006, 3).

Des Weiteren gab es mehrere Konferenzen und Sammelbände zum Thema russische (oder slawische) Genderlinguistik, in denen Beiträge von russischen Forscher*innen zusammen mit solchen von ihren Kolleg*innen aus Europa und den USA veröffentlicht wurden. So erschienen 2002 und 2003 zwei Sammelbände, einer von Jiřina van Leeuwen-Turnovcová und einer von Jiřina van Leeuwen-Turnovcová zusammen mit Uta Röhrborn (van Leeuwen-Turnovcová 2002; van Leeuwen-Turnovcová und Röhrborn 2003).

In beiden Büchern gab es Beiträge von Autor*innen, die bereits viel zum Thema russische Genderlinguistik geforscht und veröffentlicht hatten, wie zum Beispiel Karin Tafel mit ihrem Artikel über das Konzept von Freundschaft bei Männern und Frauen in der russischen Sprache (Tafel 2002a), Alla Kirilina mit dem Beitrag über Gender-Stereotype in den Zeitschriften (Kirilina 2002) und Ol'ga Yokoyama mit zwei Artikeln über Genderlekt (Ol'ga T. Yokoyama 2002, 2003).

Allerdings gab es auch neue Namen und neue Zugänge. So analysiert Anke Levin-Steinmann das Konzept von Gender im Russischen und Polnischen und die damit verbundenen Stereotype. Sie kommt zur Schlussfolgerung, dass die Unterschiede im Sprachverhalten von Männern und Frauen meistens auf Stereotypen beruhen (vgl. Levin-Steinmann 2003, 163–65). Somit polemisiert sie mit vielen Wissenschaftler*innen, die die Idee von Genderlekt unterstützten (vgl. Goroško 2002; Potapov 2002).

Als problematisch sieht das Konzept von Genderlekt auch Baur in ihrer Monografie *Russische Frauensprache: feministisches Postulat oder Wirklichkeit? Empirische Untersuchung anhand russischer Talkshows* (Baur 2004). Obwohl im Titel der Begriff ‚Frauensprache' vorkommt, versteht Baur darunter nicht eine ‚geschlechterexklusive' Sprache, sondern eher die Sprachpräferenzen von Frauen. Dabei fokussiert sie sich primär auf die Wortebene und nicht auf die Fonetik (vgl. Baur 2004, 10). Für Baur ist es notwendig, die Probleme, die oft bei der Analyse von Männer- und Frauensprache auftreten, zu überwinden. Dazu gehören das zu heterogene Datenmaterial, nicht ausreichend präzise definierte Analysekriterien, das Ignorieren von den anderen Einflussfaktoren außer dem Gender sowie der Einfluss der traditionellen Vorstellungen über Mann und Frau auf die Interpretation der Ergebnisse (vgl. Baur 2004, 55–61). Als Voraussetzungen für eine objektive Studie sieht Baur eine umfangreiche Materialbasis sowie ein homogener kommunikativer Kontext, der es ermöglicht, das Sprachverhalten unter gleichen Bedingungen zu untersuchen (vgl. Baur 2004, 11). Im Schlusskapitel listet Baur die Unterschiede zwischen der Männer- und Frauensprache auf, die eher als Tendenzen formuliert werden statt als kategorisierende Merkmale.

Im Jahr 2001 erscheint der Beitrag von Doleschal und Schmid *Doing gender in Russian* (2001a), in dem die Repräsentation der Gender in der russischen Sprache beschrieben wird. Das ist eines der ersten Werke, in dem, wie aus dem Titel folgt, das Konzept von *doing gender* im russischen Kontext eingesetzt wurde.

Der Artikel erschien in der Buchreihe *Gender across languages* (Hellinger und Bußmann 2001, 2002, 2003; Hellinger und Motschenbacher 2015). Das Ziel der Buchreihe war, die Repräsentation von Männern und Frauen in möglichst vielen Sprachen systematisch zu untersuchen und zu beschreiben (vgl. Bußmann und Hellinger 2015, 2). So werden im Beitrag von Doleschal und Schmid verschiedene Aspekte von Gender im Russischen beschrieben: Gender im Sprachsystem, Gender in der Lexik, generisches Maskulinum sowie Gender in Sprichwörtern. Es wird nicht über die Konzepte der Männer- und Frauensprache gesprochen, stattdessen wird das Gender als etwas verstanden, was beim Sprechen konstruiert wird (was also dem Konzept von *doing gender* entspricht). Das wird anhand von Sprichwörtern und Idiomen gezeigt, die ein bestimmtes Bild der Frau konstruieren, diese wird nämlich als oberflächlich, stur und unberechenbar dargestellt (vgl. Doleschal & Schmid, 2001a, S. 271–273). Die Autorinnen stellen fest, dass die meisten Sprichwörter aus männlicher Perspektive erzählt und an Männer gerichtet sind (vgl. Doleschal und Schmid 2001a, 270). Laut Doleschal und Schmid ist es notwendig, in den zukünftigen Forschungen zu überprüfen, in welchem Zusammenhang diese Sprachstereotype mit der Realität stehen, denn „[...] the relationship between perception and actual (sociological) facts, between gender-specific cognitive representations and their social correlates, are far from clear“ (Doleschal und Schmid 2001a, 277).

Eine andere Forschung, in der das Konzept von doing gender eingesetzt wird, ist die Monografie *Untersuchungen zum weiblichen Diskussionsstil am Beispiel von Gesprächen russischer, ukrainischer und polnischer InteraktionspartnerInnen* von Nadine Thielemann (2010). Gender wird laut Thielemann im Gespräch konstruiert und ist keine intrinsische Eigenschaft von Individuen, sondern eine Aktivität (vgl. Thielemann 2010, 16–17). In ihrer Arbeit analysiert Thielemann die Diskussionsstile von Frauen aus der Ukraine, Russland und Polen, aber im Gegensatz zu den vorherigen Arbeiten werden in Thielemanns Forschung neben Gender auch die anderen Faktoren berücksichtigt. Das Gesprächsverhalten ist fast immer kulturspezifisch – es gibt Unterschiede zwischen dem west- und osteuropäischen weiblichen Gesprächsverhalten sowie zwischen dem Gesprächsverhalten von Frauen aus einzelnen Ländern. Mithilfe von doing gender Konzept interpretiert Thielemann die Merkmale des weiblichen Diskussionsstils als die „interaktionale Inszenierung von kultureller Identität bzw. von

Geschlechteridentität" (Thielemann 2010, 427). Früher haben manche Forscher*innen die Unterschiede zwischen Männer- und Frauensprache gesucht, ein bestimmtes Gesprächsverhalten als ‚männlich' oder ‚weiblich' bezeichnet, wobei die Kategorien von Männlichkeit und Weiblichkeit als etwas schon Vorgegebenes wahrgenommen wurden. Im Gegensatz dazu sieht Thielemann diese Kategorien als etwas, was in der Interaktion aktiv konstruiert wird, was ihre Forschung von den früheren Arbeiten unterscheidet.

Somit kann in der zweiten Entwicklungsphase der russischen Genderlinguistik ein Richtungswechsel beobachtet werden. Die Popularität der Idee, dass es Unterschiede zwischen Männer- und Frauensprache gibt, nimmt ab. Nach zahlreichen Versuchen, diese Unterschiede mithilfe von Tonaufnahmen (Ol'ga T. Yokoyama 2002) oder sogar klassischen Literaturwerken (Tafel 2002b) zu finden, haben manche Forscher*innen zum einen die Probleme von diesem Zugang anerkannt (geringes Material, Einfluss von anderen Faktoren), und zum anderen haben sie zugegeben, dass die Unterschiede zwischen Männer- und Frauensprache zu gering waren (vgl. Tafel 1997, 36). Statt der Differenz-Hypothese werden andere Zugänge gewählt, wie zum Beispiel *doing gender* (vgl. Kotthoff 2002). Dieser Richtungswechsel ist nicht identisch, aber vergleichbar mit dem Paradigmenwechsel zwischen ‚modernen' und ‚postmodernen' Zugängen in der westlichen Genderforschung, allerdings wurden viele Erkenntnisse aus dem ‚postmodernen' Forschungszugang in der russistischen Genderlinguistik erst im nächsten Jahrzehnt eingesetzt.

1.2.3. Die dritte Entwicklungsphase: Die russistische Genderlinguistik ab 2010

Für die jüngste Entwicklungsphase der russistischen Genderlinguistik sind die interdisziplinäre Arbeitsweise sowie der kritische Umgang mit der Kategorie ‚Gender' charakteristisch. Gender wird nicht mehr als etwas Vorgegebenes und Selbstverständliches aufgefasst, sondern es wird noch einmal dekonstruiert und hinterfragt. Während die Forschungen früher eher eine Antwort auf die Frage gesucht haben, wie Männer und Frauen in bestimmten Kontexten repräsentiert werden (vgl. Goroško 2004; Sedakova 2002; Smirnova 2010; Vladimirova und Skrebcova 2010), wird jetzt eher gefragt, was genau Gender ist, wie und wo es konstruiert wird und ob es eine binäre Kategorie ist.

Ein Beispiel für diese neue Arbeitsweise kann in den Werken von Aleksandr Peršaj gefunden werden. Seine Monografie *Semantics of Gender: On Gender Stratification in Idiomatic Expressions* (2014b) widmet er der Phraseologie. Dieses Thema wurde im Bereich der russistischen Genderlinguistik bereits erforscht, allerdings distanziert sich Peršaj von den anderen Forscher*innen:

> […] многие исследователи проводят сопоставительный анализ фразеологизмов из разных языков, что часто ограничивается описанием языкового материала и не предлагает непосредственно гендерного анализа фразеологических оборотов, пословиц и поговорок (Peršaj 2014b, 14). [[…] viele Forscher führen eine Vergleichsanalyse von Phraseologismen aus verschiedenen Sprachen durch, was sich oft nur auf die Beschreibung des Sprachmaterials begrenzt und keine direkte Genderanalyse der Phraseologismen, Sprichwörter und Redewendungen bietet.]

Laut Peršaj besteht das echte Ziel der Genderforschung darin, die in der Sprache übertragenen Machtbeziehungen, Subordination und sozialen Strukturen zu analysieren (vgl. Peršaj 2014b, 14). Außerdem beschreibt der Autor die Unterschiede zwischen der Genderlinguistik in Europa und jener im postsowjetischen Raum. Die postsowjetischen Forscher*innen sind mit den westlichen Theorien oft wenig vertraut (wie Differenz-Hypothese, Defizit-Hypothese usw.) und vermischen verschiedene Konzeptionen miteinander. Außerdem gibt die westliche Genderlinguistik oft Anregungen für die öffentliche Diskussion, während die postsowjetische Genderlinguistik selten die akademischen Kreise verlässt (vgl. Peršaj 2014b, 11–12).

Interessanterweise ist Peršaj einer der wenigen Forscher*innen, die mit den Beiträgen zum Gender-Thema häufig in nicht akademischen Medien veröffentlicht werden (Peršaj 2014a, 2015). Insbesondere muss hier die im Online-Magazin *makeout* veröffentlichte Diskussion mit der Linguistin Ol'ga Andreevskich und der Transgenderaktivistin Jana Kirej-Sitnikova (Peršaj 2017a) erwähnt werden. Die Diskussion hat einen stark praxisbezogenen Charakter: Es werden konkrete Strategien der Sprachveränderung besprochen, wie Gender-Gap, was für die russische Genderlinguistik untypisch ist.

Eine andere aktive Figur im Bereich russische Gender- und Queere Linguistik in den letzten Jahren ist Dennis Scheller-Boltz, der sowohl eigene Werke verfasst als auch Sammelwerke herausgibt. So muss, zum Beispiel das Sammelband *New approaches to gender and queer research in Slavonic studies […]* (2016b) erwähnt werden. Das ist ein der ersten Werke, wo der Fokus nicht nur auf Gender-, sondern auch auf Queere Linguistik liegt. Die Themen sind breit gefächert, gemeinsam ist aber die Interdisziplinarität der Forschung (vgl. Scheller-Boltz 2016b, 15).

So hat im Einklang mit diesen Ideen Kirilina für diesen Sammelband ein neues Thema gewählt: Während sie sich früher primär auf Gender in der Sprache konzentrierte, schreibt sie dieses Mal über Semiotik und benutzt viele Methoden, um die Repräsentation der Gender im post-sowjetischen Russland zu beschreiben (Kirilina 2015). So analysiert sie Texte und Kommentare aus den Zeitschriften und aus dem Sprachkorpus. Oft kommen die Beispiele aus dem Alltag, wobei

Kirilina introspektiv alles fixierte, was ihr neu vorkam und eine emotionale Reaktion hervorrief (vgl. Kirilina 2015, 34). Die Schlussfolgerungen im Artikel betreffen nicht nur Gender in der Sprache, sondern das „moderne[s] Gendermodell in Russland" (Kirilina 2015, 47). Kirilina stellt zwei widersprüchliche Tendenzen fest: die Tendenz, die Gender-Differenzen zu beseitigen, sowie die Tendenz, die Genderasymmetrie und Gender-Differenzen zu verstärken (vgl. Kirilina 2015, 34). Dieses Paradox erklärt die Autorin dadurch, dass die moderne Gesellschaft pluralistisch ist und es einen Kampf zwischen den Globalisten und den Fundamentalisten gibt (vgl. Kirilina 2015, 48).

Die Forschungsergebnisse, die Dennis Scheller-Boltz in seiner Monografie *The discourse on gender identity in contemporary Russia: an introduction with a case study in Russian gender linguistics* (2017b) beschreibt, sagen viel nicht nur über die Entwicklungen in der Sprache, sondern auch über die Entwicklungen in der russischen Gesellschaft aus. Anhand von Beiträgen und Kommentaren zum Eurovision Song Contest und Conchita Wurst in den russischen Medien analysiert Scheller-Boltz, was Identität im heutigen Russland bedeutet, welche Rolle Gender in der Konstruktion der Identität spielt und wie sich das in der Sprache manifestiert.

Die Diskussion um Conchita Wurst benutzt Scheller-Boltz als Case-Study, um herauszufinden, wie Maskulinität und Feminität im heutigen Russland konstruiert werden, denn die Reaktionen und die Diskussionen über die Sängerin findet der Autor symptomatisch:[29]

> In particular, Conchita Wurst brought to the surface an issue which is central to any discussion on gender: what do Russian men and women have, what do men and women have to be like generally in order for us to recognise them us men and women? The discussions that followed were closely linked to debates on sexual identities as well as issues concerning the question of what having a right or wrong gender and sexual identity means for the nation *per se* (Scheller-Boltz 2017b, 117).

Die Sprache ist dementsprechend ein Instrument, womit die Konzepte von Männlichkeit und Weiblichkeit entwickelt werden. Dafür werden verschiedene sprachliche Mittel eingesetzt, wie eine bestimmte Wortwahl, Wortbildung, Metaphern usw. (vgl. Scheller-Boltz 2017b, 118). Das heißt, Dennis Scheller-Boltz wählt in seiner Forschung einen anderen Ausgangspunkt und wechselt somit die Richtung seiner Forschung. Die anderen Forscher*innen hielten die Konzepte von ‚Mann' und ‚Frau' oft für selbstverständlich und untersuchten, wie diese Konzepte in der Sprache repräsentiert werden. Scheller-Boltz betrachtet die Sprache (vor allem die Sprache in den öffentlichen Diskussionen) und kann erst nach dieser

[29] Vgl. auch Scheller-Boltz, 2016b; Scheller-Boltz & Althaler, 2016.

Beobachtung formulieren, wie Gender in der russischen Sprache (und in der Gesellschaft) konstruiert wird.

Laut Scheller-Boltz soll der Fokus stärker auf die Queere Linguistik und somit auf den dekonstruktivistischen Zugang gelegt werden. Das bedeutet, dass die Begriffe ‚Mann' und ‚Frau' nicht als zwei hermetische und voneinander abgetrennte Kategorien verstanden werden müssen.[30] Die Binarität und die Heteronormativität des Gender-Paradigmas in der Sprache müssen in Frage gestellt werden – und genau damit beschäftigt sich die Queere Linguistik (vgl. Scheller-Boltz 2017b, 205).

Queere Linguistik in Bezug auf das Russische ist zurzeit kaum erforscht. Als Grund nennt Dennis Scheller-Boltz den mangelnden Diskurs über Antidiskriminierung, politische Korrektheit und Antisexismus in Russland (vgl. Scheller-Boltz 2017a, 663). Die Idee, dass die Sprache jemanden unterrepräsentieren und diskriminieren könnte, setzte sich in Russland wenig durch und dementsprechend gibt es wenig Bewusstsein für genderkorrekte Sprache.

Ein weiterer Grund ist möglicherweise die generelle Intoleranz in der russischen öffentlichen Diskussion gegenüber den Ideen, die aus Europa und den USA kommen. Diese Ablehnung kann mit der Reaktion auf den Feminismus verglichen werden, der als ‚westliches Wissen' stigmatisiert wurde (siehe Abschnitt 1.2.1.). Bei der Queer Theory ist mit einer noch größeren Inakzeptanz zu rechnen, da diese Theorie nicht nur die traditionellen Genderrollen in Frage stellt, sondern auch das gesamte Gendersystem.

Abgesehen von der überschaubaren Anzahl der wissenschaftlichen Beiträge zu diesem Thema gibt es auch einige Artikel außerhalb des akademischen Bereichs (vgl. Fatychova 2015). Besonders prominent sind in diesem Kontext die Aufsätze der Transaktivistin Jana Kirej-Sitnikova, die viel über die Nicht-Binarität des Genders schreibt (vgl. Kirej-Sitnikova 2016, 2018). Dabei sind die Artikel nicht als wissenschaftliche Beiträge zu lesen: Zum einen weisen sie zahlreiche Ungenauigkeiten auf, und zum anderen drückt Kirej-Sitnikova ihre subjektive Meinung offen aus. Allerdings zählen ihre Artikel zu den wenigen, in denen diskutiert wird, inwieweit die Umwandlung der russischen Sprache in eine gender-neutrale und inklusive Sprache realisierbar wäre. So führte Kirej-Sitnikova im Jahre 2018 eine Umfrage unter Menschen durch, die sich den Feminist*innen oder der LGBT-Community zuordnen. Dabei war das Ziel, herauszufinden, welche sprachlichen Mittel sie benutzen, um ihre Sprache gender-neutraler zu machen[31]. Laut Kirej-Sitnikova ist es notwendig, mehr über dieses Thema zu schreiben, sei es im wissenschaftlichen Kontext oder außerhalb (vgl. Kirej-Sitnikova 2016, 6).

Somit ist zu sagen, dass die dritte Entwicklungsphase der russischen Genderlinguistik durch den Fokus auf die Methodologie der Forschung charakterisiert

---

[30] Ähnliche Kritik übt auch Peršaj aus, vgl. A. M. Peršaj, 2017b, S. 75.

[31] Die Ergebnisse der Umfrage werden in Kapitel 2 detaillierter beschrieben.

werden kann. Gender wird jetzt im Rahmen der dekonstruktivistischen Theorie kritisch hinterfragt. Statt ‚Mann' und ‚Frau' als von der Natur vorgegebene Konzepte wahrzunehmen, werden sie von manchen Forscher*innen als Produkt des binären und heteronormativen Gendersystems verstanden. Generell gibt es eine methodologische Vielfalt: Neben der Queer Theory und dem poststrukturalistischen Zugang gibt es Forschungen, in denen die Analyse anhand des Strukturalismus oder des Konzeptes von *doing gender* (Graf 2015) durchgeführt wird. Verschiedene Ansätze werden in den zahlreichen Haus- und Diplomarbeiten zum Thema russische Genderlinguistik demonstriert (vgl. Gluščenko und Prudnikova 2013; Karabel'nik 2014; Krupina 2013; Macyšina 2012; Pavliščeva 2014; Rozova 2016; Scheller-Boltz 2016a; Schinnerl 2015). Obwohl Gender dort manchmal etwas vereinfacht verstanden wird, ist allein die große Anzahl solcher Arbeiten ein Zeichen für das herrschende Interesse an diesem Thema.

1.2.4. Drei Jahrzehnte der russistischen Genderlinguistik: Probleme und Perspektiven

Zum Zeitpunkt ihrer Entstehung hatte die russistische Genderlinguistik als Disziplin keine leichte Aufgabe vor sich: Sie musste nämlich den Vorsprung der analogen westlichen Disziplinen aufholen und die bereits entwickelten Theorien und Methoden auf das russische Material anwenden. Die Situation wurde durch die ständig wechselnde politische Situation, die Unzugänglichkeit der fremdsprachigen Literatur und die negative gesellschaftliche Einstellung zum Feminismus erschwert. Die russistische Genderlinguistik entwickelt sich aber dynamisch und wird von internationalen Forschenden mitgestaltet.

In den dreißig Jahren, die seit den ersten Artikeln zum Gender in den 90er Jahren vergangen sind und die hier in drei Etappen aufgeteilt wurden, durchlief die russistische Genderlinguistik vor allem methodologisch eine große Entwicklung. Während in den 90er Jahren Gender oft mit dem biologischen Geschlecht gleichgesetzt wurde und die Forschungen in diesem Bereich sich meistens den Unterschieden zwischen der Männer- und Frauensprache gewidmet haben, liegt der Fokus der gegenwärtigen Genderforschungen woanders: Die ‚Männlichkeit' und ‚Weiblichkeit' verstehen die Wissenschaftler*innen als von der Gesellschaft konstruierte Konzepte, die sich in der Sprache manifestieren.

Trotz aller dieser positiven Tendenzen gibt es einige Probleme, mit denen die russistische Genderlinguistik konfrontiert ist, wie die starke Inhomogenität in der Disziplin. Das bedeutet, dass es keinen Wissensaustausch zwischen den Universitäten und Studiengängen gibt. Als Konsequenz wird die Entwicklung der Disziplin verlangsamt, da die Wissenschaftler*innen ihre Forschungen nicht auf den vorherigen wissenschaftlichen Befunden aufbauen, sondern das bereits Erforschte immer wieder aufs Neue entdecken.

So behauptet Korotkova in ihrem Artikel *Vlijanie gendernogo faktora na rečevoe povedenie* (2015), den modernen Zustand der Genderforschungen in der Sprache zu beschreiben. Das Konzept des Genderlekts und die Forschungen, die das Sprachverhalten von Männern und Frauen analysieren, listet sie als moderne Forschungen auf und kommt zum Schluss, dass die Unterschiede zwischen der Männer- und Frauensprache zweifellos sehr groß sind und alle Niveaus des Sprachsystems betreffen (Korotkova 2015, 130). Dabei erwähnt Korotkova aber nicht, dass manche Forscher*innen das Konzept des Genderlekts kritisieren und als stereotypisch bezeichnen (vgl. Baur 2004, 55–61; Levin-Steinmann 2003, 163–65; Tafel 1997, 36). Die meisten Literaturquellen stammen aus den 90er oder vom Anfang der 2000er Jahre, was für einen Artikel, der den modernen Forschungszustand beschreibt, eher untypisch ist.

Das Problem der ungleichen Qualität der Forschung knüpft gleichzeitig an ein anderes Problem an: Es gibt keinen Korpus an Texten zur russistischen Genderlinguistik. Die Anzahl der Artikel und Konferenzbeiträge, die einen Überblick über die russische Genderlinguistik geben, ließ in den letzten Jahren stark nach (vgl. Kirilina 2000b, 2000c; Lunjakova 2007; Ušakin 2000; Žerebkina u. a. 2005).

Kennzeichnend für die russische Genderlinguistik ist auch die Inhomogenität, mit der verschiedene Themen erforscht wurden. So wurde, obwohl mit dem Begriff ‚Gender' *alle* Gender mitgemeint werden, in den russischen Forschungen der Akzent deutlich auf das weibliche Gender gesetzt. Oft wird das schon aus dem Titel klar, wie zum Beispiel *Die Frau im Spiegel der russischen Sprache* (Tafel 1997). Manchmal kommt es sogar vor, dass ausschließlich über die Frau in der Sprache berichtet wird, obwohl im Beitragstitel das Wort ‚Gender' benutzt wurde, zum Beispiel im Artikel *Gendernye roli čerez prizmu jazyka* (Dmitrieva 2002; vgl. auch Ermolaeva 2011). Dabei gibt es wenig Forschungen, die sich mit dem Konzept der Maskulinität auseinandersetzen (vgl. Šaburova 2005). Das bedeutet, dass die Gender-Problematik auf die Frauen-Problematik reduziert wird.

Es wurde außerdem unterschiedlich oft über einzelne Themen geschrieben. So gab es häufig Forschungen zum Thema ‚Gender in der Phraseologie' (vgl. Ermolaeva 2011; Peršaj 2014a; Samarina 2010; Vas'kova 2006), aber es gibt nur einzelne Beiträge zu den Aspekten ‚Gender in der Lexikografie' (vgl. Popov 2000) oder ‚Gender in der Übersetzung' (vgl. Burukina 2000) usw.[32]

Somit kann gesagt werden, dass sich in der russischen Genderlinguistik verschiedene Tendenzen finden lassen. Diese Übersicht ist dementsprechend notwendig, damit es möglich ist, das russische Sprachmaterial zu analysieren, während der Analyse Nachschlagewerke zu benutzen und die Ergebnisse in den Bereich der russischen Genderlinguistik einzuordnen.

---

[32] Eine größere Liste von Themen und Bereichen, die in der slawischen Genderlinguistik noch erforscht werden müssen, gibt es in Scheller-Boltz, 2014.

2. Gender und Sprachpolitik

Sprache wird oft metaphorisch als ein Lebewesen beschrieben[33], als ein System, das sich von alleine entwickelt, oder als eine naturgegebene Fähigkeit der Menschheit (Scheller-Boltz 2020, 72–73), die keinen Eingriff duldet und keiner Planung bedarf. Vor allem wird diese Ansicht von den ‚naiven' Sprachnutzer*innen vertreten, die sich nicht genau mit sprachwissenschaftlichen Fragen auseinandersetzen.[34]

Je mehr sich eine Person mit der Sprache beschäftigt, desto klarer wird allerdings, dass die Verbreitung und die Entwicklung von verschiedenen Sprachen manchmal weder von innersprachlichen Gründen abhängen noch eine zufällige Konsequenz historischer Ereignisse sind, sondern das Ergebnis gezielter Maßnahmen. Die Festlegung der Grenze zwischen Standardsprache und Dialekt, die Modernisierung des Rechtschreibens sowie der Rechtsstatus der lokalen Sprachen – all das sind meistens sprachpolitische Akte. Heiko Marten schreibt in der Einleitung zu seiner Monografie *Sprach(en)politik: eine Einführung*, dass die sprachpolitischen Fragen in Deutschland Teil des Alltags sind (Marten 2016, 11). Der Forscher Radoslav Katičić ist ähnlicher Meinung. Laut Katičić ist die Sprachpolitik auch ein Bestandteil der Sprachforschung, und die Sprachpolitik ist in irgendeiner Form immer in der Forschung vorhanden, obwohl manche Forscher*innen das nicht zugeben möchten: „Wenn nicht anders, dann in der Wahl des Gegenstandes sprachwissenschaftlicher Forschung. Die Auswahl der Sprache, die erforscht werden soll, zollt entweder einer anerkannten Autorität Tribut, oder aber sie versucht, eine solche durch eine andere zu ersetzen" (Katičić 1999, 74). Wie später deutlich zu sehen sein wird, ist dieses Argument auch auf alle kritischen Bemerkungen gegen gendergerechte Sprachreformen anwendbar, da diese letztens oft als ‚ideologisch' und ‚politisch engagiert' bezeichnet wurden. Als Folge der Sprachpolitik können sich die Sprachen einer Sprachgruppe (wie zum Beispiel Russisch und Ukrainisch) oder sogar die gleiche Sprache in verschiedenen Ländern (wie Deutsch in Deutschland, Österreich oder in der Schweiz) unterschiedlich entwickeln (Vgl. Coulmas, 2012, p. 78).

Ein relevanter Teil der modernen Sprachpolitiken sind die Maßnahmen, die ergriffen werden, um den Sprachsexismus zu beheben und eine gendergerechte Sprache zu schaffen. Zweifellos sind diese Maßnahmen eine politische Aktion: Inspiriert (oder gefordert) von der feministischen Bewegung, werden sie in verschiedenen Ländern in unterschiedlichem Ausmaß eingeführt – abhängig von der politischen Situation im jeweiligen Land. Diese Maßnahmen erscheinen oft

---

[33] Vgl. den Titel des klassischen Werks von Čukovskij: *Živoj kak žizn'* – [Lebendig wie das Leben] (Čukovskij 2001).

[34] Vgl. die Fußnote 11.

explizit als Richtlinien und Leitfäden und regulieren hauptsächlich die Sprache im öffentlichen und nicht im privaten Bereich (Vgl. Albrecht 2000, 13).

In diesem Kapitel wird die Sprachpolitik bezüglich Sprachsexismus sowie die in manchen europäischen Ländern ergriffenen Maßnahmen, um eine genderkorrekte Sprache zu erreichen, beschrieben. Der Fokus wird dabei auf folgende Aspekte gelegt:

- Welche Gemeinsamkeiten gibt es in der europäischen Sprachpolitik und was ist spezifisch für jedes Land?
- Wie sah die öffentliche Diskussion aus, als die Maßnahmen vorgestellt wurden (bzw. wie sieht sie jetzt aus, falls die Sprache immer noch im Wandel ist)?
- Welche Ziele wurden erreicht? / Welchen Einfluss hatte das auf die Sprache generell (am Beispiel von konkreten Studien)?

Im darauffolgenden Abschnitt wird die sprachpolitische Situation bezüglich genderkorrekter Sprache für das Russische (nicht ausschließlich, aber primär in Russland) beschrieben. Die gegenwärtige öffentliche Diskussion über die russische Sprache wird am Beispiel von YouTube-Kommentaren analysiert.

2.1. Sprachpolitische Ansätze für eine genderkorrekte Sprache: Beispiel Europa

2.1.1. Sexismus in der Sprache

In Kapitel 1 wurde bereits dargelegt, wie sich die Genderlinguistik in Westeuropa, in den USA und im russischsprachigen Raum entwickelte. Bis jetzt standen allerdings die theoretischen Voraussetzungen der Genderlinguistik und ihre Entwicklung als wissenschaftliche Disziplin im Fokus der Beschreibung. Dahingegen wird in diesem Kapitel ein anderer relevanter Aspekt betrachtet, nämlich die Tatsache, dass die Forschung zu Sprache und Geschlecht konsistent mit der öffentlichen Diskussion und mit der Tätigkeit der feministischen Aktivist*innen verbunden ist.

Seitdem die Gendertheorie existiert und die genderlinguistische Forschung sich entwickelte und zunehmend auf Interesse stieß, war diese Forschungsrichtung nie abstrakt, sondern oft konkret und praxisbezogen. Die Sprache wurde in solchen Kategorien wie Sprachsexismus und Sprachdiskriminierung beschrieben und das Ziel der genderlinguistischen Forschung oder, wie diese Forschungsrichtung oft bezeichnet wird, der feministischen Sprachkritik war es, diesen Sexismus zu beheben.

Da unter Sexismus in der Regel „die ideologische Grundlage für individuelle oder kollektive Diskriminierung und Unterdrückung auf Grund des Geschlechts, insbesondere des weiblichen durch das männliche Geschlecht“ (Kegyesné Szekeres 2005, 25) verstanden wird, ist die Sprache somit ein Instrument, wodurch Sexismus und Diskriminierung übertragen und reproduziert werden. So schreibt Marlis Hellinger, dass die Sprache kein neutrales Instrument ist, sondern zur Konstruktion, Aufrechterhaltung oder Änderung der Ideologien und Stereotype beiträgt. Die Sprache kann somit eine zerstörende oder aufbauende Wirkung haben: „Language is used to perform acts of inclusion and exclusion, and is therefore invested with the potential to protect or disrupt social relations” (Hellinger 2010, 565). Laut Bierbach und Hellinger ist eine Sprache sexistisch, wenn sie

> […] Frauen und ihre Leistungen ignoriert; sie ist sexistisch, wenn sie Frauen in Abhängigkeit von oder Unterordnung zu Männern beschreibt und wenn sie Frauen nur in stereotypen Rollen zeigt; sie ist sexistisch, wenn sie Frauen durch herablassende Ausdrücke demütigt und lächerlich macht (Hellinger und Bierbach 1993, 4).

Das Ziel der feministischen Sprachkritik ist, die Mechanismen der sprachlichen Diskriminierung zu beschreiben und die Gesellschaft auf diese Ungleichheit aufmerksam zu machen. Das heißt, dass als Reaktion auf die gesellschaftlichen Probleme ein neues Forschungsfeld entstand. Solch einen Zusammenhang bemerkt auch der Forscher Jürgen Erfurt, der in den 80ern Jahren schreibt, dass die Zahl der Publikationen zur feministischen Sprachkritik und Sprachpolitik deutlich stieg. Als einen Grund dafür sieht er die Tätigkeit der Frauenbewegung in den USA und Europa, in der „sich der Wille artikuliert, die soziale und, darin eingeschlossen, die sprachliche Diskriminierung von Frauen aufzudecken und zu beseitigen“ (Erfurt 1988, 706).

Das Ziel geht aber über eine reine Beschreibung der Sprachdiskriminierung hinaus: Der nächste Schritt ist, sie zu ‚beseitigen‘, also die Sprache so zu modernisieren, dass sie alle Geschlechter gleich repräsentiert und somit nicht mehr sexistisch ist. Hier muss bemerkt werden, dass die feministische Sprachplanung in vieler Hinsicht anders ist als die ‚traditionelle‘ Sprachpolitik. Wie Beate Schräpel argumentiert, werden mit sprachplanerischen Maßnahmen oft politische Interessen verfolgt, wie zum Beispiel die Schaffung einer nationalen Identität. Dahingegen fokussiert sich die feministische Sprachveränderung auf die Interessen der Frauen, da sie es ihnen ermöglicht, eine Sprache zu schaffen, die nicht sexistisch ist und die Realität aus der Perspektive der Frauen beschreibt. In gewissem Sinne ist die feministische Sprachpolitik übernational, was eine Seltenheit ist, da die Sprachpolitik häufig der Bewahrung der nationalen Kultur und Identität dient (Schräpel 1985, 224).

Um diese neue Sprache zu schaffen, werden konkrete Vorschläge und Richtlinien zum genderkorrekten Sprachgebrauch formuliert, sodass die Sprache den neuen Standards entspricht. Diese Tendenz beschrieb Jürgen Erfurt bereits 1988: „Linguistinnen wurden sprachkritisch aktiv und haben Vorschläge zur

Veränderung tradierter, unter den konkreten gesellschaftlichen Bedingungen als sexistisch betrachteter Sprachmuster erarbeitet“ (Erfurt 1988, 706).

Kennzeichnend ist, dass die Geschlechterverhältnisse oft als Machtverhältnisse interpretiert werden (vgl. Scheller-Boltz 2020, 75). Durch Sprachsexismus kommen männliche Dominanz und die im patriarchalen System untergeordnete Lage der Frauen zum Ausdruck. In diesem Kontext wird oft von sprachlicher Gewalt gesprochen: Sprachlicher Sexismus ist dann eine Form von Gewalt durch Sprache.

Die Forscherin Erika Kegyesné Szekeres nennt fünf Typen der Interaktionen, in denen sprachliche Gewalt vorkommt (Kegyesné Szekeres 2005, 28):

- Personale Gewalt, die in der privaten Kommunikation vorkommen kann, wenn zum Beispiel Männer im Gespräch dominieren und Frauen nicht ausreden lassen,
- psychische Gewalt, die sich in sprachlichen Beleidigungen, Beschimpfungen und in der Missachtung von Frauen äußert,
- sublime sprachliche Gewalt, die bemerkbar ist, wenn sprachlich in vielfacher Weise nur für den Mann Partei ergriffen wird, die Vorherrschaft des Mannes in Redewendungen und mit anderen sprachlichen Mitteln deklariert wird,
- strukturelle sprachliche Gewalt, die sich in den Eigenschaften des Sprachsystems äußert (mehr darüber unten) und
- sexistische Gewalt, die sich in der bewussten Bevorzugung der Mittel und der Formen der personalen, psychischen, sublimen und strukturellen Gewalt äußert, mit dem Ziel, die existierenden gesellschaftlichen Machtverhältnisse aufrechtzuerhalten.

Aus dieser Auflistung wird deutlich, dass sowohl der Sprachgebrauch als auch das Sprachsystem an sich sexistisch sein können (vgl. Scheller-Boltz 2020, 76). Das Problem liegt also nicht nur darin, wie die Sprache gebraucht wird und welche Redewendungen benutzt werden, sondern manchmal im Sprachsystem an sich (vgl. Kegyesné Szekeres 2005, 27). Das heißt, dass der Sprache hier sowohl eine kausale als auch eine supplementäre Rolle zugesprochen wird: Im Sprachsystem sind oft stereotypische Machtverhältnisse von Mann und Frau verfestigt, die immer reproduziert werden, und umgekehrt kommen die Ungleichheiten im Sprachgebrauch zum Ausdruck.

Die Sprache ist also kein neutrales Medium, sondern sie trägt zur Konstruktion, aber auch zur Änderung der Stereotype bei (vgl. Hellinger 2010, 565). Sie ist sogleich auch ein Symptom oder eine Widerspiegelung der ungleichen sozialen Lage der Frauen und sie vereint somit Ursache und Wirkung in sich.

Zugleich gilt es, zu verstehen, dass das Sprachsystem und der Sprachgebrauch eng miteinander verbunden sind. Das Sprachsystem ist kein von der Natur vorgegebenes Konzept, sondern das Produkt des Sprachgebrauchs. Das heißt, dass auch das Sprachsystem nicht als ein abstraktes Mittel der Diskriminierung aufzufassen ist, da es von den Sprechenden geschaffen wird. Dazu schreibt der Forscher Dennis Scheller-Boltz, dass die Sprache „an sich weder diskriminierend noch unterdrückend [ist], da Sprache von sich heraus weder Macht hat noch Macht ausüben kann. Erst der Umgang mit Sprache [...] macht sie zu einem Diskriminierungsmedium“ (Scheller-Boltz 2020, 76). Roswitha Kersten-Pejanić unterstreicht, dass die Sprache nicht als eigenständige Größe gesehen werden soll, die verbessert und ‚bereinigt‘ werden muss, sondern als „Teil aktiven Handelns im gesamten Bemühen um gleichstellungsschaffende Praktiken und Mittel“ (Kersten-Pejanić und Rajilić 2010, 29).

In den Arbeiten zur feministischen Sprachkritik werden von vielen Wissenschaftler*innen oft konkrete Manifestationen von Sprachsexismus beschrieben. Dabei handelt es sich hauptsächlich um drei Fälle:

Weibliche Unsichtbarkeit (*female invisibility* (Hellinger 2010, 566)) als erster Fall resultiert oft aus der Verwendung des generischen Maskulinums. Das generische Maskulinum (manchmal auch *pseudogenerisches Maskulinum* genannt oder *false generics*) wird in den traditionellen Grammatiken als eine korrekte Weise beschrieben, jemanden anzusprechen, dessen Geschlecht unbekannt oder nicht spezifiziert ist (vgl. Mucchi-Faina 2005, 193). Die maskulinen Personenbezeichnungen werden dabei als neutral wahrgenommen und werden benutzt, „to designate generic classes of human beings“ (Liddicoat 2011, 2), wenn zum Beispiel mit Wörtern wie *man* oder *homme* die Menschen generell bezeichnet werden. Ein anderer Fall ist, wenn gemischtgeschlechtliche oder sogar reine Frauengruppen mit einem Maskulinum im Plural angesprochen werden: *Liebe Studenten!*

Das führt dazu, dass die Frauen in der Sprache nicht reflektiert werden. Obwohl den traditionellen Grammatiken zufolge diese Praktik nicht sexistisch ist, da die Frauen dabei ‚mitgedacht‘ und ‚mitgemeint‘ werden, gibt es Indizien dafür, dass das generische Maskulinum von den Sprechenden und Hörenden nicht als neutral wahrgenommen wird.[35] Sally McConnell-Ginet schreibt in diesem Kontext über „presumptive leaps“, bei denen aufgrund vom Nomen im generischen Maskulinum auch das männliche Geschlecht der Person angenommen wird (McConnell-Ginet 2013, 27).

Ein bekanntes, obwohl etwas künstliches Beispiel ist das Rätsel mit dem Jungen, seinem Vater und Chirurgen.[36] Dass das generische Maskulinum nicht

---

[35] Im Abschnitt 2.1.3. werden mehrere Perzeptionsstudien zu diesem Themabeschrieben.

[36] „A young boy was rushed to the hospital from the scene of an accident in which his father was killed and prepped for emergency surgery. The surgeon walked in, took one look, and said “I can’t operate on him – that’s my son” (McConnell-Ginet, 2013, p. 27). Da viele Sprachnutzer*innen beim Wort *surgeon* an einen Mann denken, erschien diese Situation unmöglich, worin auch das Rätsel bestand.

neutral ist, zeigt sich auch in der Tatsache, dass die maskulinen Bezeichnungen nicht in allen Kontexten benutzt werden können – in manchen Kontexten werden kontinuierlich feminine und maskuline Personenbezeichnungen verwendet. Ein Beispiel hierfür sind die Verwandtschaftsbenennungen: So kann das Wort ‚Onkel' nicht als Oberbegriff benutzt werden, der auch ‚Tanten' einschließt (vgl. Kersten-Pejanić und Rajilić 2010, 35).

Semantische Asymmetrie ist eine weitere Manifestation des Sprachsexismus. Darunter wird die Situation verstanden, in der maskuline und feminine Ausdrücke unterschiedliche denotative und konnotative Bedeutungen haben. So konstatiert Jürgen Erfurt: „Die femininen Formen enthalten vielfach einen depreziativen Wert oder einen niedrigeren Rang als die Maskulina" (Erfurt 1988, 707). Liddicoat nennt hier die englischen Wörter *bachelor* und *spinster*, die beide unverheiratete Personen benennen, entweder männliche oder weibliche. Allerdings sind "the connotations [are] very different with the former connoting, among other things, availability while the latter implies rejection – there are *eligible bachelors* but not *eligible spinsters*" (Liddicoat 2011, 2).

Häufig äußert sich die Asymmetrie durch das Male-As-Norm-Prinzip, das die Situation beschreibt, wenn die maskuline Bezeichnung als neutral und die feminine als markiert gilt.[37] Hellinger veranschaulicht dieses Phänomen mit den Beispielen *Frauenfußball* und *lady philosopher* (Hellinger 2010, 566). Bei diesen Begriffen ist das weibliche Geschlecht markiert, während die maskulinen Varianten lediglich *Fußball* und *philosopher* lauten.

Ein weiterer Fall der Asymmetrie sind die lexikalischen Lakunen, was bedeutet, dass für bestimmte Frauen- und Männerbezeichnungen die Begriffe fehlen. So existiert auf Spanisch kein maskulines Äquivalent für das Wort *ama de casa* [Hausfrau] (Liddicoat 2011, 2). Viel häufiger gibt es allerdings die umgekehrte Situation: Die feminine Variante fehlt oder hat eine ganz andere Bedeutung.

Die dritte Manifestation des Sprachsexismus ist die *Stereotypisierung*. Hier sind verschiedene Redewendungen und Sprachmuster gemeint, die die traditionellen Frauen- und Männerrollen unterstreichen: *delegates and their wives*, *Ärzte und Krankenschwestern*, *das schwache Geschlecht* (Hellinger 2010, 366).

Um diese Manifestationen des Sprachsexismus in der Sprache zu beheben, werden meistens zwei Strategien angewendet: Feminisierung und Neutralisierung. Beide Strategien haben ihre Vor- und Nachteile und können nicht pauschal bei allen Sprachen gleich angewendet werden.

---

[37] In vorliegender Arbeit wird bei Bezeichnungen 'markiert' – 'unmarkiert' das von Lakoff beschriebene Konzept vom Markiertheit („markedness") gemeint: „In general, markedness is a term used by linguists to describe a kind of prototype effect – an asymmetry in a category, where one member or subcategory is taken to be somehow more basic than the other (or others). Correspondingly, the unmarked member is the default value – the member of the category that occurs when only one member of the category can occur and all other things are equal" (G. Lakoff 1991, 60–61).

Feminisierung bedeutet im Prinzip, dass die Frauen in der Sprache sichtbar gemacht werden. Erreicht wird das vor allem durch die Meidung vom generischen Maskulinum und Gender-Stereotype sowie durch die symmetrische Gender-Markierung.

Für diese Strategie werden diverse Techniken der symmetrischen Gender-Markierung eingesetzt. So wird vor allem für die Beidnennung plädiert, so dass beide Geschlechter erwähnt werden: *Lehrerinnen und Lehrer.* Eine populäre Technik ist das Splitting. Dabei handelt es sich um eine Schreibweise, in der beide Geschlechter zum Ausdruck kommen, die aber ‚ökonomischer' als die Beidnennug ist, bei der die beiden Formen ausgeschrieben sind. Dabei werden das maskuline Nomen und die Endung oder Suffix der femininen Nomina häufig durch einen Schrägstrich getrennt: *Lehrer/innen.* Allerdings sind auch andere Varianten möglich, wie zum Beispiel die Klammerform: *Lehrer(innen).* Eine alternative Technik ist das Binnen-I, wenn der groß geschriebene Buchstabe I kenntlich macht, dass Personen beider Geschlechter mitgemeint sind: *LehrerInnen.*

Eine alternative Strategie ist die *Neutralisierung* oder *Inklusion* (Mucchi-Faina 2005, 195). Im Gegensatz zur Feminisierung wird mit der Neutralisierung nicht das Ziel verfolgt, die Frau sichtbar zu machen, sondern den Unterschied zwischen den Geschlechtern unsichtbar zu machen und möglichst genderneutrale Formen zu benutzen. Statt *Lehrerin* oder *Lehrer* kann zum Beispiel der neutrale Ausdruck *Lehrkraft* verwendet werden. Manchmal werden für diese Strategie auch neue Formen konstruiert (wie das Binnen-I für die Feminisierungsstrategie), zum Beispiel x-Form: *Studierx* (vgl. hornscheidt 2015).

Die parallele Existenz von diesen zwei Strategien stellt keinen Widerspruch dar, weil beide Strategien eigene Vor- und Nachteile haben und je nach Sprache in unterschiedlichem Ausmaß eingesetzt werden. Die Wahl der jeweiligen Strategie hängt immer von den Besonderheiten der Sprache sowie von der Sprachgemeinschaft ab, oder, wie Hornscheidt es formuliert: „The strategy chosen is partly dependent on the different conventionalized possibilities to linguistically interpellate people within the different language communities" (A. L. Hornscheidt 2011, 581).

So muss eine Sprache mehrere Voraussetzungen erfüllen, damit die Feminisierungsstrategie dort erfolgreich funktionieren kann: Im jeweiligen Sprachsystem müssen die Genuskategorien Maskulinum und Femininum stark ausgeprägt sein, wobei die maskulinen Ausdrücke nicht geschlechtsneutral sind. Zudem ist ein etabliertes Wortbildungsmuster erforderlich, um die femininen Nomina zu bilden (vgl. Erfurt 1988, 707).

Anhand dieser Kriterien lässt es sich sagen, dass sich Sprachen unterschiedlich gut für die Feminisierungsstrategie eignen können. So wäre die Feminisierung zum Beispiel eine passende Wahl für die deutsche Sprache, in der das System der Genera stark ausgeprägt ist und ein produktives Suffix (*-in*) für feminine Movierungen vorhanden ist. Die englische Sprache hat weder das eine noch das andere, infolgedessen sich die Feminisierungsstrategie in dieser Sprache nur begrenzt anwenden lässt. Teilweise kann die übermäßige Feminisierung im Englischen sogar eine andere Wirkung haben. Wie Hellinger bemerkt, können solche Beispiele wie *woman driver, lady philosopher* oder *authoress* sogar als markierte Ausnahmen von der (männlichen) Norm wahrgenommen werden (Hellinger 2010, 575).

Ein weiterer Vorwurf an die Feminisierungsstrategie kommt seitens der Queer Theory. Diese Strategie unterstreiche die Binarität des Gendersystems: Alle solchen Formen, von Klammerformen bis Binnen-I, implizieren, dass es nur zwei Geschlechter gibt, wodurch die Menschen, die sich keinem dieser beiden Geschlechter zuordnen, ausgeschlossen werden. Diese Formen reproduzieren die in der Gesellschaft etablierten heteronormativen Modelle der zwei Geschlechter, was als weitere Diskriminierung wahrgenommen werden kann: „Jegliche Benennungsformen, in denen und durch die Androgenderung, Zweigenderung, Cisgenderung, Reprogenderung und Heteragenderung als Voraussetzung und Realisierung re_produziert wird, erlebe ich als sexistische Diskriminierungen" (L. Hornscheidt 2011a, 130).

Statt maskuliner und femininer Formen werden alternative genderneutrale Vorschläge entwickelt, wie zum Beispiel der dynamische Unterstrich, der an einer beliebigen Stelle im Wort platziert werden kann und auch Raum für nicht binäre Identitäten schafft (vgl. L. Hornscheidt 2011a, 130). Die Neutralisierungsstrategie ermöglicht es außerdem, vom Modell ‚Male as Norm' wegzugehen, wonach das männliche Geschlecht ein Standard ist, mit dem alles abgeglichen wird. Das äußert sich zum Beispiel dadurch, dass die meisten femininen Personenbezeichnungen vom männlichen Stamm mit einem femininen Movierungssuffix gebildet werden. Zum Beispiel ist es an den Klammerformen gut sichtbar, dass die maskuline Variante auch die ‚normale' Variante ist, während die feminine nur eine Abbildung, eine Modifikation darstellt: *Student(in)*.

Die Neutralisierungsstrategie ermöglicht es, diese Binarität zu überwinden und eine neutrale Form zu benutzen, zum Beispiel *Studierende*. Allerdings ist die Verwendung dieser Strategie nicht in sämtlichen Sprachen immer möglich. Nicht alle Wörter in den Sprachen mit ausgeprägtem Genus-System lassen sich ersetzen und absolut neutral umformulieren. Hier eignet sich, anders als bei der Feminisierungsstrategie, Englisch besser als Deutsch. Statt *workman* wird der Begriff *worker* benutzt, und statt *fireman* – *firefighter*. Dies bedeutet, dass Begriffe, die auf -*er* enden, im gegenwärtigen Englischen als neutral wahrgenommen werden (Kastovsky und Dalton-Puffer 2002, 286–87), was im Deutschen zum Beispiel nicht der Fall ist. Nach dem Vergleich von Englisch und Deutsch kommen die Forscher*innen Dalton-Puffer und Kastovsky zu dem Schluss, dass beide Sprachen danach streben, sexistischen Sprachgebrauch zu beseitigen, aber sie nehmen dafür verschiedene Wege, was historisch bedingt ist: „In both languages, there have been attempts over the last decades at eliminating what is regarded by many as sexist language [...] The strategies used in the two languages to achieve this goal, however, have been rather different due to completely different historical conditions" (Kastovsky und Dalton-Puffer 2002, 295).

In der Rede werden beide Strategien auf unterschiedliche Weise gemischt. In der Broschüre *Mehr Frauen in die Sprache. Leitfaden zur geschlechtergerechten Formulierung* wird nach der Beschreibung der Feminisierungs- und Neutralisierungsstrategien resümiert: „In der Praxis findet meist eine Mischung beider Prinzipien statt, da einerseits Feminisierung in einem Text mit gehäuften Personenbezeichnungen nicht problemlos durchgehalten werden kann und andererseits nicht für jede Personenbezeichnung neutralisierte Varianten bereitstehen" (Braun 2000, 10). In einer der ersten deutschsprachigen Richtlinien *Eine Sprache für beide Geschlechter - Richtlinien für einen nicht-sexistischen Sprachgebrauch* werden für einen sexistischen Ausdruck immer mehrere genderkorrekte Varianten angeführt, zum Beispiel *jeder Lehrer – jede Lehrerin und jeder Lehrer; jede Lehrkraft; alle Lehrpersonen* (Hellinger und Bierbach 1993, 7). Grundsätzlich gilt also, dass jeder Gedanke bzw. jeder Satz unterschiedlich formuliert werden kann – je nach Intention der Sprechenden und nach der gewählten Form des gendergerechten Sprachgebrauchs (vgl. Kolek 2019a, 3).

Eine Strategie, die sich jedoch für jede Sprache eignet, ist die Vermeidung von Stereotypen (Avoidance of Stereotyping (Hellinger 2010, 577–78)): Unabhängig von der Strategie, die gewählt wird, um eine gendergerechte Sprache zu erreichen, sollten in der Sprache stereotype Ausdrücke über Mann und Frau vermieden werden. So schreibt Hellinger über die häufige Situation, wenn als Lob für die Leistungen der Frauen ein Vergleich mit den Männern verwendet wird: She was a second Einstein. Oft kommen stereotype Vorstellungen in den Berufsbezeichnungen vor: Sekretärinnen und ihre Chefs; Professoren, Putzfrauen und Pförtner (Hellinger 2010, 577). Solche Ausdrücke unterstreichen auch die Genderstereotype und sind daher in einer genderkorrekten Sprache unzulässig.

2.1.2. Politik für eine gendergerechte Sprache im europäischen Vergleich

Die oben beschriebenen Strategien für eine gendergerechte Sprache blieben jedoch einige Zeit eher Theorie und wurden nicht direkt in die Praxis umgesetzt. So wird es am Beispiel von Europa deutlich, dass die aktiven politischen Maßnahmen zur Gleichstellung von Männern und Frauen generell sowie konkret zur Entwicklung einer gendergerechten Sprache erst seit den letzten Jahren ergriffen werden. Auch erfolgt dies nicht in jedem Land im gleichen Ausmaß. So schreibt Roswitha Kersten-Pejanić bezüglich des deutschsprachigen Raums, dass „explizite Benennung von Frauen im öffentlichen Raum […] lange Zeit keine Selbstverständlichkeit [war] und […] sich erst in den letzten Jahrzenten und auch nur mühsam innerhalb der schriftlichen Verwaltungssprache (wieder) durchgesetzt zu haben [scheint]" (Kersten-Pejanić und Rajilić 2010, 39). In der Broschüre *Mehr*

Frauen in die Sprache. Leitfaden zur geschlechtergerechten Formulierung wird auch dargelegt, dass erst in den 90ern Jahren die ersten Gesetze in Kraft traten und Maßnahmen für eine gendergerechte Sprache getroffen wurden – davor gab es nur Diskussionen: „[S]eit über zwanzig Jahren wird in Deutschland über ‚nichtsexistische Sprache' diskutiert, seit zehn Jahren gilt in Schleswig-Holstein die Bekanntmachung des Innenministers zur sprachlichen Gleichstellung in der Rechts- und Verwaltungssprache, und vor neun Jahren ist die erste Ausgabe dieser Broschüre erschienen" (Braun 2000, 3).

Für manche Länder mit mehreren Amtssprachen bot die gendergerechte Sprachveränderung zusätzliche Probleme, da mehrere Sprachen parallel reformiert werden sollen, die alle ihre eigenen Sprachsysteme haben und dementsprechend unterschiedliche Richtlinien für den genderkorrekten Sprachgebrauch benötigen. Ein Beispiel für eine solche Situation ist Schweiz, wo die Amtssprachen Deutsch, Französisch, Italienisch und Rätoromanisch sind. Die Schweiz, die Urs Albrecht als „Sonderfall" bezeichnet (Albrecht 2000, 12), veranschaulicht auch eine umgekehrte Situation, die die beschriebenen Sprachveränderungen mit sich bringen kann. Es geht darum, dass dieselbe Sprache in mehreren Ländern gesprochen wird, sich aber die politischen Bestrebungen für eine genderkorrekte Sprache in diesen Ländern nicht synchron entwickeln. Laut Albrecht sind die Bemühungen der Schweizer Regierung, Frauen in den jeweiligen Sprachen sichtbar zu machen, weiter fortgeschritten und auffälliger als in den Nachbarländern, in denen diese Sprachen auch gesprochen werden, was der Wissenschaftler mit bildhaften Beispielen illustriert:

> Wer im Pendolino von Mailand Richtung Brig fährt, vernimmt kurz vor Domodossola per Lautsprecher, dass sich das italienische Zugpersonal von den *Signori* verabschiedet […]. Nach den Zollformalitäten meldet sich bei Iselle die Schweizer Crew in der Durchsage mit *Signore e Signori*. Und während sich in Frankreich Anfang der 90er-Jahre Edith Cresson noch standhaft als *Madame le premier ministre* bezeichnen ließ […], wurde im Kanton Jura ein weibliches Regierungsmitglied bereits selbstverständlich als *Madame la ministre* angeredet (Albrecht 2000, 13).

Abgesehen von diesen Sonderfällen gibt es einzelne Länder, in denen die Gender-Diskussion wenig Unterstützung findet, wozu unten noch mehr gesagt wird. Viele Forscher*innen beschreiben aber zum heutigen Zeitpunkt die Verbreitung der feministischen Ideen und die Entwicklung der sprachpolitischen Maßnahmen zur Etablierung einer gendergerechten Sprache als eine Erfolgsgeschichte. So äußert sich Jacqui True wie folgt: „Ideas originating in women's movements and feminist theory are becoming part of the practices and institutions of global governance. It is clear that they are having political effects beyond academic disciplines and the western feminist community" (True 2003, 387). Allerdings stand die

Europäische Union vor keiner leichten Aufgabe, als sie die Richtlinien für die Genderpolitik festlegen musste.

Die europäischen Richtlinien für die Gleichstellung von Mann und Frau entwickelten sich über mehrere Jahrzehnte und die Schwerpunkte veränderten sich mit der Zeit. Ursprünglich stand die Gleichstellung in der Berufswelt im Fokus der Aufmerksamkeit. Die erste gleichstellungspolitische Maßnahme in der Europäischen Union betraf den gleichen Lohn für gleiche Arbeit für Männer und Frauen und ist im Artikel 119 der europäischen Grundverträge festgeschrieben (Kersten-Pejanić und Rajilić 2010, 46). Inzwischen hat sich das Wirkungsfeld der Gleichberechtigungsmaßnahmen vergrößert: Es geht nicht mehr nur um den wirtschaftlichen Aspekt, und die Gleichstellung von Mann und Frau wurde zu einem Grundrecht in der Europäischen Union (Kersten-Pejanić und Rajilić 2010, 47).

Als eine Strategie, die helfen soll, dass die Gleichberechtigung in mehreren Sphären des Lebens eine Priorität wird, wurde in vielen europäischen Ländern das Gender-Mainstreaming übernommen. Das Gender Mainstreaming wurde im Amsterdamer Vertrag 1996 festgelegt und wurde somit für ganz Europa verpflichtend. Der Europarat (1998) gibt folgende Definition von Gender Mainstreaming:

> GM besteht in der (Re-)Organisation, Verbesserung, Entwicklung und Evaluation von Entscheidungsprozessen mit dem Ziel, dass die an politischer Gestaltung beteiligten Akteure und Akteurinnen den Blickwinkel der Gleichstellung zwischen Frauen und Männern in allen Bereichen und auf allen Ebenen einnehmen (Europarat 1998).

Unmüßig und Allroggen bemerken, dass Gender Mainstreaming der Diskriminierung sowohl im privaten als auch im öffentlichen Raum entgegenwirken soll. Gleichzeitig soll es helfen, *gender blindness* zu überwinden, das heißt, Frau in solchen Bereichen wie zum Beispiel der Politik sichtbar zu machen (Unmüßig und Allroggen 2006, 58–59). Diese Ziele des Gender Mainstreamings wurden in Europa sowohl durch Gesetze als auch durch verschiedene andere Maßnahmen erreicht, wie internationale Projekte und Projektförderungen, Rahmenprogramme usw. (Kersten-Pejanić und Rajilić 2010, 48).

Laut Stiegler ist Gender Mainstreaming eine Strategie, die sich aus den Erfahrungen der Frauen entwickelte und die „gleichzeitig immer auch in der Kritik stand und steht“ (Stiegler, 2008, p. 933). Der zweite Teil der Aussage beschreibt die Reaktion auf die Gender Mainstreaming-Politik ziemlich zutreffend, denn diese Strategie stieß nicht in allen europäischen Ländern auf eine große Akzeptanz (vgl. Walby 2005, 467). Im Kontext dieser Forschung ist es bemerkenswert, dass es Unterschiede zwischen West- und Osteuropa gibt oder, konkreter formuliert, zwischen den ‚alten‘ EU-Staaten (die auch vor der im Jahre 2004 stattgefundenen Erweiterung der EU Mitglieder waren) und den neuen Staaten, bei denen es sich vor allem um ehemals sozialistische Staaten handelt.

Im Abschnitt 1.2.1. wurde im Kontext der Entwicklung der russischen Genderlinguistik schon beschrieben, dass Feminismus und die ‚westliche' Gleichberechtigung in Russland unbeliebt sind. Das Gleiche gilt auch für die anderen osteuropäischen Staaten und über die allgemeine Ablehnung der westlichen Gleichstellungspolitik im Osten berichten viele Autor*innen. So schreibt Cieszkowski in Bezug auf die polnische Genderlinguistik die folgende Passage, die manchen Aussagen der russischen Genderlinguist*innen ziemlich ähnlich ist:

> Feministische Ideen [...] haben zunächst wenig Resonanz unter polnischen LinguistInnen gefunden. Die Ursache liegt vermutlich zum Teil in der negativen Konnotierung, die dem Begriff von Anfang an im medialen Diskurs in Polen verliehen wurde [...] (Cieszkowski 2011, 24).

Laut Jiřina Šmejkalová-Strickland unterscheiden sich die ehemaligen Sowjetländer in der Art und Weise, wie sie ihre Vergangenheit reflektieren und wie sie sich die Zukunft vorstellen, allerdings ist ihnen eine aggressive Reaktion auf Feminismus gemeinsam (Šmejkalová-Strickland 1995, 1004). Die Frage nach der Herkunft dieser Aggression kann nicht eindeutig beantwortet werden. Möglicherweise gibt es hier ein Zusammenspiel aus mehreren Gründen. Als Erstes können das grundsätzliche Misstrauen und die Ablehnung jeglicher ‚westlichen' Ideologie genannt werden, was sich als ein Überbleibsel aus der sowjetischen Vergangenheit interpretieren lässt. Feminismus ist ein ‚importiertes' Wissen, was auch die Richtung der Kommunikation bestimmt: Im Dialog zwischen den ost- und westeuropäischen Forscher*innen sind die Ersten immer in der Position der ‚Schüler*innen'; sie sind immer die empfangende Seite, die von den im Thema erfahreneren Forscher*innen aus Westeuropa belehrt wird. Diese Situation kann Frustration und Enttäuschung verursachen. Šmejkalová-Strickland beschreibt die ‚typischen' Forschungen, die von den westeuropäischen Forscher*innen in Osteuropa durchgeführt wurden, wie folgt: „And there we read a report on ‚our' world, full of misspelled names, misunderstood points, unconfirmed information, and rarely any insight" (Šmejkalová-Strickland 1995, 1001).

Das heißt, dass die genderlinguistische Forschung in Osteuropa oft aus der Fremdposition geführt wird und es einige Zeit dauert, bis die gleiche wissenschaftliche Tradition auch vor Ort entsteht. Dazu kommt noch, dass in den postsowjetischen Ländern oft die Meinung vertreten wird, dass die Gleichberechtigung bereits in der Sowjetzeit erreicht wurde.

In der Tat spielte in vielen Ländern die Frauenemanzipation in der Sowjetzeit eine große Rolle (vgl. Ajvazova 1998; Neusüß und Chołuj 2004). Viel wurde vor allem durch die Propaganda erreicht: Zum Beispiel wurde dadurch in den Zeitschriften ein Bild der Frau geschaffen, die Arbeit und Familie kombiniert – statt wie früher nur Hausfrau zu sein (vgl. Gewinner 2014). Manche Zahlen bestätigen, dass die Frauen im osteuropäischen Arbeitsmarkt emanzipierter sind als in

Westeuropa. So ist die Frauenerwerbsquote in den Beitrittsstaaten höher als in den ‚alten' EU-Mitgliedsstaaten (Unmüßig und Allroggen 2006, 57).

Die Kombination aus diesen Faktoren verursachte in Osteuropa einen ‚Antifeminismus' (Jalušič 1998, 468) und bestärkte die Ansicht, dass die Emanzipation im Osten schon stattgefunden habe und Feminismus dem Osten nichts bieten könne. Allerdings ist das eine zu vereinfachte Ansicht, der viele Tatsachen widersprechen. Die sowjetische Emanzipation kann nicht eindeutig bewertet werden und neben den zweifellosen Erfolgen gab es auch Probleme. Die Frauen wurden erwerbstätig, aber das Familienmodell blieb unverändert und um die Kinder kümmerten sich immer noch primär die Frauen. Somit wurden die Frauen doppelt belastet – als Arbeitnehmerinnen und als Mütter. Außerdem, obwohl die Frauen jetzt arbeiten konnten, gab es nur bedingt Möglichkeiten, Karriere zu machen. So schreiben Neusüß and Chołuj über Polen, dass es kaum Frauen in der Partei gab und es in den 40 Jahren der Parteiherrschaft nur eine Frau ins Politbüro schaffte (Neusüß und Chołuj 2004, 184–85).

Dazu kommt noch, dass die hohe Frauenerwerbsquote nach der Wende in den ehemaligen sowjetischen Ländern ziemlich stark zurückging, weil eine Rückkehr zu den traditionellen Rollen zu beobachten war, was die Ergebnisse der sowjetischen Frauenemanzipation deutlich verringerte (Ajvazova 1998). In Polen zum Beispiel endete „[...] unter anderem die Selbstverständigkeit von Vollzeitberufstätigkeit von Frauen" nach der Wende (Neusüß und Chołuj 2004, 185). Laut Baer und Hoheisel sind Frauen in den europäischen Beitrittsstaaten oft diejenigen, die die meiste Last während der Transformation vom sozialistischen zum kapitalistischen System tragen mussten (Baer und Hoheisel 2008, 11).

Zusammenfassend lässt es sich sagen, dass nicht nur der Arbeitsmarkt, sondern auch andere Faktoren berücksichtigt werden müssen, um ein objektives und umfassendes Bild zu bekommen. Wenn auch andere Kriterien ausgewertet werden, dann erscheint die Gegenüberstellung von Frauenemanzipation im Osten und Feminismus im Westen gar nicht so eindeutig:

> Politische Teilhabe, Schutz auch für Frauen am Rande der Gesellschaft, die Situation der potentiellen Mütter berücksichtigende Abtreibungsregelungen etc. sind ebenfalls von nicht zu unterschätzender Bedeutung. Hier jedoch wird das Bild schon etwas differenzierter, und die Möglichkeit, in den Kategorien Ost und West zu denken, erschweren sich noch einmal (Kersten-Pejanić und Rajilić 2010, 52).

Einen anderen Blick bietet Silke Steinhilber. Im abschließenden Beitrag zum Band *Between success and disappointment: gender equality policies in an enlarged Europe* schreibt sie, dass es trotz der Unterschiede doch mehr Gemeinsamkeiten zwischen den neuen und den alten EU-Staaten gibt. Beispielsweise hatten alle Länder Probleme mit der Institutionalisierung von Gender Mainstreaming im öffentlichen Bereich und mit der Teilhabe der Frauenorganisationen an demokratischen Prozessen (Steinhilber 2008, 269–70).

Die Aktivitäten der Gender-Mainstreaming-Politik betreffen zu einem wesentlichen Teil den Bereich der Sprache, da „die sprachliche Gleichstellung der Geschlechter eine wichtige Domäne der allgemeinen gesellschaftlichen Gleichstellung der Geschlechter bildet“ (Kegyesné Szekeres 2005, 34). Die praktische Realisierung von dieser Einstellung geschieht in Form von verschiedenen Dokumenten, in denen die Regeln des gerechten sprachlichen Umgangs mit Frauen, Männern sowie mit Menschen außerhalb des binären Geschlechtersystems vorgeschrieben und festgelegt werden. Diese Dokumente werden für einzelne Länder, Regionen sowie Institutionen erstellt. So wurde in Österreich auf nationaler Ebene vom Bundesministerium für Bildung, Wissenschaft und Kultur ein Rundschreiben zum Unterrichtsprinzip zur Gleichstellung von Frauen und Männern verfasst (Kegyesné Szekeres 2005, 35). Auf regionaler Ebene wurde beispielsweise die in Schleswig-Holstein erschienene Broschüre *Mehr Frauen in die Sprache. Leitfaden zur geschlechtergerechten Formulierung* (Braun 2000) verteilt und für die institutionelle Ebene sind als Beispiel die *Richtlinien für die sprachliche Gleichbehandlung von Frauen und Männern in der externen und internen Kommunikation an der Universität Passau* (2013) zu nennen.[38]

Francine Wattmann Frank beschreibt die ungefähre Struktur solcher Richtlinien: „The great majority of the guidelines take the form of short booklets which include a general introduction, specific examples of offensive usage accompanied by brief explanations or comments, and suggested non-sexist alternatives” (Wattman Frank 1985, 242). Wie die deutschsprachigen Beispiele zeigen, ist diese Beschreibung ziemlich treffend. Die ersten Richtlinien für die deutsche Sprache erschienen noch am Ende des letzten Jahrhunderts, wie die *Richtlinien zur Vermeidung sexistischen Sprachgebrauchs* (Hellinger u. a. 1980) und *Eine Sprache für beide Geschlechter – Richtlinien für einen nicht-sexistischen Sprachgebrauch* (Hellinger und Bierbach 1993). Die Autor*innen analysierten als die Ersten das deutsche Material und formulierten konkrete Vorschläge und Beispiele für nicht sexistische Formulierungen.

Das Dokument *Eine Sprache für beide Geschlechter – Richtlinien für einen nicht-sexistischen Sprachgebrauch* passt in das von Wattmann Frank beschriebene Schema. Am Anfang gibt es eine kurze Einleitung, in der dargelegt wird, was Sexismus in der Sprache ist und wie er sich äußert (vor allem handelt es sich hier um die Personenbezeichnungen und das Prinzip *Male as Norm*). Es werden auch die Prinzipien eines gendergerechten Sprachgebrauchs formuliert: Vor allem sind das die sprachliche Sichtbarmachung (die Frauen kommen sprachlich zum

---

[38] Für einen detaillierten Überblick über ähnliche Dokumente für weitere europäische Länder siehe Mucchi-Faina, 2005; Tolstokorova, 2010.

Ausdruck) und die sprachliche Symmetrie (Frauen und Männer werden sprachlich gleich behandelt).

Dieser zweiseitigen Einleitung folgen die Tabellen mit den Beispielen des alten Sprachgebrauchs und mit den neuen Formulierungen sowie mit den Kommentaren der Autorinnen. Die Vorschläge betreffen verschiedene Bereiche des Sprachgebrauchs: Anredeformen, Berufsbezeichnungen, allgemeine Personenbezeichnungen sowie diverse Pronomen (zum Beispiel werden Wege beschrieben, das Pronomen *man* zu vermeiden). Am Ende des Dokuments gibt es Textbeispiele, die den Gebrauch von Personenbezeichnungen im Zusammenhang zeigen. Diese Texte werden auf eine genderkorrekte Weise umformuliert. Dabei werden verschiedene Alternativen benutzt: Neben Splitting gibt es neutrale Pluralformen (*die Erwachsenen, die Erwerbstätigen*), das Passiv oder neutrale Pronomen (wie *niemand*). Auf diese Weise zeigen die Autorinnen, dass es verschiedene Wege gibt, einen Text genderkorrekter umzuformulieren. Gleichzeitig reagieren sie damit auf den (implizierten) Vorwurf, dass eine genderkorrekte Sprache nur mehrfaches Splitting benutzt und dadurch unelegant klingt (Hellinger und Bierbach 1993, 12–13). Die Autorinnen kommen zu dem Schluss, dass gerade diese Vielfalt der Methoden helfen wird, geschlechtergerechten Sprachgebrauch zu verbreiten.

Die Vorschläge von Hellinger und Bierbach können teilweise als moderat bezeichnet werden. So äußerte Pusch einige viel radikalere Vorschläge, wie zum Beispiel den kompletten Austausch des Pronomens *man* gegen *frau* (Pusch 1985, 29–31) sowie Neubildungen wie *jedefrau* (Pusch 1985, 31), *freundinlich* (Pusch 1985, 42). Hellinger und Bierbach lassen die zusammengesetzten oder abgeleiteten Wörter in der Regel unverändert (zum Beispiel *Arbeiterbewegung, staatsbürgerliche Pflichten*) (Hellinger und Bierbach 1993, 11)[39].

Allerdings sind die meisten Richtlinien aus einer heteronormativen Position geschrieben und gehen oft von einer Gender-Binarität aus. Aus der Sicht der Queeren Linguistik bedarf es auch neuer Vorschriften und Regeln, die helfen, einen nicht heteronormativen Sprachgebrauch zu etablieren, und auch für Personen außerhalb des dualen Gendersystems Ausdrucksmöglichkeiten vorsehen.

Motschenbacher teilt die heutige Sprachpolitik, die sich für eine Sprache ohne Diskriminierung einsetzt (‚verbal hygiene'), in drei Richtungen auf: non-sexistische, LGBT-freundliche und non-heteronormative Sprachpolitik. Die erste Art sind die ‚traditionellen' Richtlinien, die auf der zweiten Welle des Feminismus basieren und für die sprachliche Gleichbehandlung von Männern und Frauen plädieren (Motschenbacher 2014, 248).

Die Richtlinien, die zu der LGBT-freundlichen Richtung zugeordnet werden können, beschäftigen sich in erster Linie mit der Vermeidung von sprachlicher

---

[39] Interessanterweise geht die Wirklichkeit manchmal weiter als die Erwartungen. So schlagen Hellinger und Bierbach vor, das Wort *Studentenwerk* als ein zusammengesetztes Wort unverändert zu lassen, aber verschiedene Städte Deutschlands entschieden sich für die Umbenennung in Studierendenwerk, was eine starke Diskussion auslöste (vgl. Kolek 2008).

Stigmatisierung und Ausgrenzung von LGBT-Vertreter*innen. Hauptobjekt der Kritik ist die sogenannte Hassrede, vor allem homophobische und heterosexistische Ausdrücke (Motschenbacher 2014, 249).

Die dritte Art der sprachpolitischen Maßnahmen, die Motschenbacher beschreibt, ist die non-heteronormative Sprachpolitik, die mit der Entwicklung der Queeren Linguistik verbunden ist. Das Ziel hier ist, die dominierenden Diskurse zu Gender und Sexualität sichtbar zu machen und zu kritisieren. Da diese Richtung auch die jüngste ist, gibt es für sie weniger institutionelle Unterstützung als für die beiden anderen (Motschenbacher 2014, 249–50). Diese Art der sprachpolitischen Maßnahmen unterscheidet sich stark von den anderen. Während die anderen Zugänge eher strukturalistisch sind und versuchen, diskriminierende, verletzende Wörter und Ausdrucke zu verändern, sieht die non-heteronormative Sprachpolitik die Sprache als ein Medium, das von den Menschen mit verschiedenen ideologischen Ansichten benutzt wird. Dementsprechend ist das Ziel der non-heteronormativen Sprachpolitik nicht, das Sprachsystem zu reformieren, sondern die traditionellen Diskurse zu Gender und Sexualität zu überprüfen und herauszufordern, vor allem indem alternative Diskurse geschaffen werden. Signifikant ist auch, dass dabei unterstrichen und klar gemacht wird, dass alle Diskurse, und auch der ‚traditionelle' Sprachgebrauch, ideologisiert sind (Motschenbacher 2014, 257). Das heißt, es gibt keine ‚perfekte' Sprache: Die non-heteronormative Sprachpolitik ist "not a modernist attempt to construct a 'perfect' language, but a postmodernist attempt to dramatize the impossibility of such a language" (Cameron 2012, 155–56).

2.1.3. Negative Reaktionen auf die Sprachveränderungen: ‚Genderismus' und typische Argumentationsmuster

Die vorgeschlagenen Sprachreformen sowie Gender Studies und Feminismus generell lösten erwartungsgemäß nicht nur positive Reaktionen aus. Schon seit dem Entstehen des Feminismus in der zweiten Hälfte des 20. Jahrhunderts gab es Stimmen, die sich gegen solche Veränderungen äußerten – sowohl aus politischen Kreisen als auch von Menschen, die sich außerhalb der Politik und Sprachpolitik befanden. Diese Stimmen wurden mit der Zeit nicht weniger – auch heutzutage ist die anti-feministische Stimmung, insbesondere im Rahmen der neokonservativen Bewegung, stark, was Thomas Gesterkamp als „Geschlechterkampf von rechts" bezeichnet (vgl. Gesterkamp 2010).

In diesem Abschnitt wird der Frage nachgegangen, was die Gründe für so eine starke Ablehnung feministischer Sprachreformen sowie Gender Studies und Feminismus im Allgemeinen sind. Anschließend werden anhand einer Literaturrecherche die typischen Argumentationsmuster und Kritikpunkte gegen die gendergerechte Sprache aufgelistet sowie Perzeptionsstudien präsentiert, in denen die Kritik teilweise widerlegt und die Relevanz der gendergerechten Sprache nachgewiesen wird. Diese Argumentationsmuster dienen als Grundlage für die Analyse der Kommentare zu russischsprachigen Videos über die gendergerechte Sprache.

Während Feminismus in Russland und in Osteuropa, wie bereits erwähnt wurde, oft als ein fremdes Konzept ‚vom Westen' galt (vgl. Chołuj 2015, 219), wurde er gleichzeitig auch im Westen – also in Westeuropa und in den USA – von manchen Gruppen in der Gesellschaft abgelehnt. Die Autor*innen der Monografie *Anti-Genderismus: Sexualität und Geschlecht als Schauplätze aktueller politischer Auseinandersetzungen* sind der Meinung, dass die Gründe dieser Ablehnung universal sind (Ganz und Meßmer 2015). Deswegen ist es von großer Relevanz, sie hier aufzulisten, da sie auch auf das russische Material übertragbar sind.

Vor allem handelt es sich um die Bewahrung der strukturellen Stabilität der Gesellschaft (vgl. Hark und Villa 2015, 27). Hark und Villa schreiben über die Alltagstheoreme der Zweigeschlechtlichkeit, die auf dem Alltagswissen basieren, dass es nur zwei von der Natur vorgegebene Geschlechter gibt, die im Laufe des Lebens unverändert bleiben und zu denen alle Personen ausnahmslos gehören (Hark und Villa 2015, 28–29). Nach diesem Wissen ist die Gesellschaft bis heute noch im Wesentlichen organisiert, und wenn dieses System mit Genderforschung in irgendeiner Weise aus dem Gleichgewicht gebracht wird, kann somit die ganze alte Weltordnung aus den Fugen geraten. Wenn also klar wird,

> dass jene asymmetrisch organisierte inverse Strukturierung von Männlich-Universalem und Weiblich-Besonderem sowie die Alltagstheoreme der Zweigeschlechtlichkeit bis in unsere Gegenwart hinein wesentlich die politische, kulturelle, soziale und symbolische Architektur moderner Gesellschaften bestimmten, wird ersichtlich, was und wie viel hier auf dem Spiel steht (Hark und Villa 2015, 29).

Für das traditionelle System ist es also notwendig, die Geschlechter voneinander zu trennen und die ‚von Natur aus' existierenden Unterschiede zu bewahren. Die Geschlechter sollen dann auf keinen Fall gleich sein, was in der Kulturanthropologie als ‚sameness taboo' bezeichnet wird (Hark und Villa 2015, 29). Herrmann schreibt in dieser Hinsicht, dass Akteur*innen der Anti-Gender-Diskussion und Akteur*innen aus den Genderstudies diametral unterschiedliche Ziele haben: Während Erstere Geschlecht, Begehren und Sexualität *begrenzen* wollen, streben Letztere danach, sie zu *entgrenzen* (Herrmann 2015, 79).

Die Gegner*innen der Gender Theory nennen den ganzen Diskurs über Gender *Genderismus*. Viele Forscher*innen wollen allerdings die Begriffe *Genderismus* sowie *Anti-Genderismus* nicht verwenden, um somit diese Ausdrücke nicht diskursiv zu reproduzieren (Wimbauer, Motakef, und Teschlade 2015, 42). Diese Position wird auch in dieser Forschung geteilt.

Um das bestehende System zu bewahren, wird die Gender Theory mit verschiedenen Mitteln angegriffen. So wird oft in Bezug auf die Gender-Diskussion gesagt, dass sie ideologisch sei (Hark und Villa 2015, 20). Dabei wird selten erklärt, was genau an der Genderforschung ideologisch ist und was eine Ideologie ist. Oft wird ‚gesunder Menschenverstand' als einziges Kriterium genannt. Interessant ist, dass hier automatisch davon ausgegangen wird, dass die eigene Position (Anti-Gender) objektiv ist, was alleine die Leidenschaft, mit der die Vorwürfe gegen die Gender Studies erhoben werden, unglaubwürdig macht. „Wer so engagiert den Ideologie-Vorwurf schwingt, soll nicht von Interessen motiviert sein?" – fragen rhetorisch die Autor*innen des Dokumentes *Gender, Wissenschaftlichkeit und Ideologie. Argumente im Streit um Geschlechterverhältnisse* (Frey, Gärtner, und Scheele 2014, 42). Sie kommen zu dem Schluss, dass der Ideologie-Vorwurf gar nicht dafür da ist, um einzelne Teile der Genderforschung zu kritisieren, sondern er ist ein Mittel, die gesamten Gender Studies abzulehnen (Frey, Gärtner, und Scheele 2014, 44).

Ähnlich verhält es sich bei einem weiteren Vorwurf. Der Genderforschung wird oft vorgeworfen, dass sie unwissenschaftlich sei. Hier geht es auch um ein allgemeines, ‚alltägliches' Verständnis der Genderforschung (Frey, Gärtner, und Scheele 2014, 52). Genderforschung sei unwissenschaftlich und subjektiv, denn eine Wissenschaft soll, wie Hark und Villa es formulieren, die „Überprüfung von an sich-so-seienden (gerne: natürlichen) Tatsachen" sein (Hark und Villa 2015, 20–21). Diese Überprüfung soll für alle gleichermaßen nachvollziehbar sein, und da dies bei der Genderforschung nicht immer der Fall ist, wird ihr auch die Wissenschaftlichkeit abgesprochen.

Oft kommen auch andere Mittel zur Anwendung, nämlich die Mittel der sprachlichen Gewalt. Als die häufigsten nennt Herrmann Demütigung, Kränkung und Diffamierung (Herrmann 2015, 79). Demütigung funktioniert in der Achse von Über- und Unterlegenheit, und die Kränkung – in der Achse der In- und Exklusion, was bedeutet, dass die Gegner*innen als unterlegen dargestellt und aus der Diskussion exkludiert werden. Diffamierung zielt darauf ab, die Meinung des Anderen unbedeutend zu machen, zum Beispiel indem eine Person der Lüge bezichtigt wird. Insgesamt dienen diese Strategien dazu, „die Protagonist_innen einer emanzipativen Geschlechterbewegung dadurch aus der politischen Arena auszuschließen, dass die Autorität ihrer Rede untergraben und ihr politisches Anliegen zum Verstummen gebracht wird" (Herrmann 2015, 86).

Laut Gesterkamp kommen die antifeministischen Ideen häufig aus dem rechten politischen Spektrum. Die Akteur*innen der antifeministischen Bewegung setzen sich aus einer breiten Mischung der Männerrechtler*innen (Maskulinist*innen), die der Meinung sind, dass im Zuge des Feminismus inzwischen die Männer diskriminiert werden, fundamentalistischen Christ*innen, konservativen Journalist*innen und Publizist*innen aller Art sowie sogar Teilen politischer Parteien zusammen (Gesterkamp 2010, 6; Wimbauer, Motakef, und Teschlade 2015, 42).

Für die vorliegende Forschung ist besonders relevant, dass diese Kritik und Argumentationsmuster auch spezifisch auf die Kritik an der gendergerechten Sprache übertragbar sind.

Die bereits erwähnten Richtlinien für die gendergerechte Sprache verursachten schnell Reaktionen in der Gesellschaft, wovon nicht alle positiv und unterstützend waren. Hellinger sammelte die ersten Reaktionen in ihrem Artikel *Reaktionen auf die ‚Richtlinien zur Vermeidung sexistischen Sprachgebrauchs‘* (1985). Von großem Interesse ist ihre Analyse des Artikels *Erfraupazion* aus der *Zeit*, in dem die *Richtlinien* auf eine ironische, wenn nicht feindliche Weise kritisiert werden. Bei der Analyse bestimmt sie vier Strategien der Kritik, die weitgehend mit den oben genannten Mitteln der Kritik an der Genderforschung übereinstimmen: *Ignorieren*, *Beschwichtigen*, *Herabsetzen* und *Abraten*.

Ignorieren ist eine Strategie, bei der die Richtlinien oder behördliche Regelungen einfach nicht befolgt werden. Oft wird dabei ein längst überholter Diskussionsstand eingenommen. So fragte der Autor im Artikel aus der *Zeit*, ob jetzt *Frau* oder *Fräulein* eine korrekte Anrede sei, obwohl in den *Richtlinien zur Vermeidung sexistischen Sprachgebrauchs* ‚Frau‘ bereits als eine korrekte Anrede festgelegt wurde. Somit müssen die Sprachaktivist*innen die alten Argumente wiederholen und die Diskussion von vorne anfangen. Oft wird dabei geleugnet, dass Sexismus in der Sprache überhaupt existiere, und gesagt, dass die maskulinen Ausdrücke geschlechtsneutral seien (Hellinger 1985, 255–56).

Beim *Beschwichtigen* wird an der Notwendigkeit des Sprachwandels gezweifelt – vor allem weil nicht an den Zusammenhang zwischen Sprache und Gesellschaft geglaubt wird. Sprachaktivismus wird dabei als eine triviale und wirkungslose Initiative dargestellt (Hellinger 1985, 256).

Der Kern des *Herabsetzens* besteht im Lächerlichmachen, was mit verschiedenen Mitteln erreicht wird – zum Beispiel werden die Wörter wie ‚Efrauzipation‘ aus dem Kontext gerissen (Hellinger 1985, 256–57). Hier gibt es eine gewisse Verbindung mit der von Herrmann beschriebenen sprachlichen Gewalt: Die in der Diskussion benutzten Strategien und Argumentationsmuster dienen nicht dazu, die eigene Position zu beweisen, sondern dazu, die andere Partei kleinzumachen.

Abraten, was aus dem Namen folgt, ist die Situation, in der von der Verwendung der gendergerechten Sprache abgeraten wird. Meistens wird damit argumentiert, dass diese Sprache unökonomisch und unschön sei (Hellinger 1985, 257).

Das Ökonomie-Argument beschreibt auch Beate Schräpel. Es wird oft behauptet, dass gendergerechte Formen, wie zum Beispiel Splitting, einen höheren Konzentrations- und Zeitaufwand verlangen und somit die Kommunikation verlangsamen würden. Ein anderer Grund der Kommunikationsstörung ist die Ambiguität, die zum Beispiel im Englischen bei *singular they* entsteht. Diese Argumente, die auf den ersten Blick linguistisch und somit berechtigter erscheinen als beispielsweise die Strategie des Lächerlichmachens, widerlegt Schäpel mit der Bemerkung, dass die gleichen Anforderungen der Sprachökonomie und der

Präzision nicht an die Sprache insgesamt gestellt werden. Zum Beispiel sei es nicht ökonomisch, zwei Anredeformen, *Frau* und *Fräulein*, zu benutzen (Schräpel 1985, 218–19). Deswegen lassen sich sogar diese linguistischen Argumente auf eine politische Motivation zurückführen.

Laut Wattman Frank sind negative Reaktionen zu erwarten. Wie jede Neueinführung werden die Vorschläge für eine gendergerechte Sprache zuerst abgelehnt, da sie die bereits existierende Ordnung zu ändern drohen: „It is clear that, for some people, the guidelines represent a threat to established values as well as to traditional language usage" (Wattman Frank 1985, 244). Ein weiterer Grund für eine solche Reaktion ist die Tatsache, dass die Entscheidung für mehr Gendergerechtigkeit in der Sprache politischer Natur ist, und solange die Mehrheit der Gesellschaft die Aufhebung der Frauendiskriminierung nicht unterstützt, wird sich die gendergerechte Sprache auch nicht durchsetzen (Schräpel 1985, 220).

Kennzeichnend ist aber, dass die Argumente, die gegen die nicht sexistische Sprache geäußert werden, nicht nur in Deutschland vorkommen und meistens überhaupt nicht landesspezifisch sind. Der erste Versuch, die typischen Argumente der Gegner*innen der gendergerechten Sprache zu klassifizieren, unternahm Blaubergs in ihrem Artikel *An analysis of classic arguments against changing sexist language* (1980). Nach der Analyse der Literatur bestimmte die Forscherin acht Arten der Argumente:

- *The 'cross-cultural' arguments.* Wenn es Sexismus in der Sprache gibt, dann kann erwartet werden, dass es in den Ländern mit einer weniger sexistischen Sprache auch weniger Sexismus in der Gesellschaft gib (was aber nicht immer stimmt).
- *The 'language is a trivial concern' arguments.* Die Sprachveränderung ist nicht das wesentlichste Problem, das es auf dem Weg zur Gleichberechtigung in der Gesellschaft zu bekämpfen gibt. Dieses Argument ist ähnlich mit der von Hellinger beschriebenen Strategie des Beschwichtigens (Hellinger 1985, 256).
- *The 'freedom of speech/unjustified coercion' arguments.* Die Anhänger*innen der Sprachveränderung zwingen die Anderen, ihre Sprache zu verändern, was dem Prinzip der Redefreiheit widerspricht.
- *The 'sexist language is not sexist' arguments.* Die Leute, die generisches Maskulinum benutzen, meinen es nicht sexistisch bzw. die maskulinen Formen sind neutral, weil damit auch Frauen gemeint werden, und nur Sprachaktivist*innen würden hier Sexismus erkennen. Dieses Argument kann mit der Strategie des Ignorierens aus dem Artikel von Hellinger in Verbindung gebracht werden (Hellinger 1985, 255–56).
- *The 'word-etymology' arguments.* Die sexistischen Ausdrücke sind nicht sexistisch, da ihre Etymologie nicht sexistisch ist. So sei es, zum Beispiel, nicht sexistisch, auf Englisch das Wort *man* zu benutzen, um die Menschen

generell zu bezeichnen, weil dieses Wort ursprünglich nicht nur Männer, sondern Menschen beider Geschlechter bedeutete.

- *The 'appeal to authority' arguments.* Die Sprachveränderungen sind von den Linguist*innen bestimmt und werden in Wörterbüchern fixiert. Dabei ist die normative Sprache hauptsächlich die Männersprache, in der sexistische Ansichten verfestigt und reproduziert werden.
- *The 'change is too difficult, confusing, inconvenient, impractical or whatever' arguments.* Es wird zwar zugegeben, dass Sexismus in der Sprache existiert, aber die Sprachveränderung ist unmöglich, da sie zu kompliziert sei oder die Sprachnutzer*innen verwirren würde.
- *The 'it would destroy historical authenticity and literary works' arguments.* Sollte eine gendergerechte Sprache eingeführt werden, dann sollten auch die klassischen Literaturwerke umgeschrieben werden, was ihre Authentizität zerstören würde.

Nach dieser Auflistung der Argumente resümiert Blaubergs, dass es in der Gesellschaft häufig Spott und Feindlichkeit gegen Feminismus gibt und solche Argumente sogar als eine Manifestation interpretiert werden können, dass Sexismus noch weitgehend akzeptiert wird. Allerdings zeigt auch die Vehemenz, mit der diese Argumente angeboten werden, dass sich in der Gesellschaft Veränderungen vollziehen (Blaubergs 1980, 145).

Dass diese Argumente nicht an Aktualität eingebüßt haben, wird dadurch klar, dass immer noch viele Artikel zum Thema erscheinen. So wurde 18 Jahre später ein Artikel von Parks und Roberton veröffentlicht, in dem Blaubergs Argumente erneut untersucht wurden (1998).

Die Autorinnen analysierten die Reaktionen der Studierenden in einer Diskussion zur gendergerechten Sprache. Dabei stellte sich heraus, dass die Mehrheit von Blaubergs Argumenten auch in den 90ern Jahren aktuell war. Nur das Argument *word etymology* kam in der Forschung nicht vor, was die Autorinnen auch nicht wundert, weil dieses Argument in der Regel fundiertes Fachwissen über die Sprache verlangt, was eher von Sprachwissenschaftler*innen zu erwarten ist als von Studierenden (Parks und Roberton 1998, 457–58).

Generell bemerkten Parks und Robertson bei den Studierenden eine Spannung zwischen dem Wunsch, alte Traditionen zu bewahren (wie zum Beispiel die Texte von Eheversprechen), und dem Verständnis, dass die Gesellschaft sich verändert und dafür eine neue Sprache notwendig ist (Parks und Roberton 1998, 458).

In der Studie kamen auch vier neue Argumente vor, und somit entwickelten die Autor*innen ein Schema mit insgesamt zwölf Argumenten: acht aus der Forschung von Blaubergs und vier neue (Parks und Roberton 1998, 452–53).

Die vier neuen Argumente sind:

- *Sexism is Acceptable*: Männer sind den Frauen überlegen und die Sprache ist korrekt, wie sie ist.
- *Hostility and Ridicule toward the Proponents of Change*: Die Sprachveränderung ist lächerlich und absurd und diejenigen, die sich damit beschäftigen, sind verachtenswert (dieses Argument ist auch vergleichbar mit der Strategie des Herabsetzens aus dem Artikel von Hellinger (1985, 256–57)).
- *Tradition*: Die maskulinen Nomina existierten in der Gesellschaft seit langer Zeit und sind jetzt ein Teil der Tradition.
- *Lack of Knowledge or Understanding*: Viele Leute wissen nichts über die gendergerechte Sprache und benutzen sie deswegen nicht.

Die ersten drei dieser Argumente stützen sich auf die existierenden kulturellen Normen und Genderrollen und belegen, dass Leute bereit sind, eine Tradition zu bewahren, selbst wenn sie sexistisch ist. Das letzte Argument zeigt das Gleiche auf eine subtilere Weise: Es stellt eine harmlose Entschuldigung für die Sprecher*innen dar, die weiterhin eine sexistische Sprache benutzen (Parks und Roberton 1998, 459).

Kennzeichnend ist, dass diese neuen Argumente möglicherweise darum erschienen, weil die Studierenden in der Diskussion viel offener waren als die Akademiker*innen, deren Werke Blaubergs in ihrem Artikel analysierte (Parks und Roberton 1998, 459). Das ist im Kontext dieser Forschung relevant, da im Abschnitt 2.3. die Kommentare auf YouTube analysiert werden, die auch von ‚einfachen' Sprachnutzer*innen in einer inoffiziellen Situation geschrieben werden und nicht von Akademiker*innen.

Hellinger beschreibt im Artikel *Guidelines for Non-Discriminatory Language Use* ähnliche Argumente, allerdings mit eigenen Modifizierungen (2010, 570–71). Dabei gibt es auch neue Punkte. So geht sie auf ein Diskussionsmuster ein, wonach die Sprache die Wirklichkeit widerspiegelt und sich mit der Veränderung der Gesellschaft ebenfalls automatisch verändert – also muss sich zuerst die Gesellschaft wandeln. Ein anderes Argument ist, dass versucht wird, die maskulinen Nomina durch feminine zu ersetzen, wodurch wieder eine Ungleichheit entstehen könnte.

Es folgten auch zahlreiche Artikel, in denen versucht wurde, die Argumente spezifisch für das deutsche Material zu sammeln. Hier werden nur die markantesten und die für diese Forschung relevantesten Werken beschrieben.

Im Jahr 2011 sammelte Hornscheidt die Argumente gegen eine gendergerechte Sprache in einer unkonventionellen Form. Im Artikel *Sie fragen – Prof. Dr. H. antwortet. FAQs zu Sprache, Diskriminierung und Feminismus* tritt Hornscheidt in einen (realen oder imaginären) Dialog mit Student*innen, Freund*innen sowie Zuhörer*innen und beantwortet ihre Fragen zur nicht sexistischen Sprache. In den Fragen verstecken sich oft Argumente gegen eine nicht sexistische Sprache, infolgedessen die Antworten Einwände gegen diese Argumente darstellen. So gibt es eine Frage, die eine ähnliche Idee ausdrückt wie das *language is a trivial concern*-Argument: „Schließlich muss es doch vor allem um gesellschaftliches Unrecht gehen [...] Wie können Sie sich da so stark mit Sprache beschäftigen?" (L. Hornscheidt 2011b, 162). Außerdem gibt es Fragen, die mit den Argumenten *freedom of speech/unjustified coercion* (2011b, 178), *sexist language is not sexist* (2011b, 175), *appeal to authority* (2011b, 173) und *change is too difficult, confusing, inconvenient, impractical or whatever* (2011b, 172) Übereinstimmungen haben.

Allerdings gibt es auch neue Argumente gegen eine nicht sexistische Sprache, die in der Form von Fragen präsentiert werden. So spricht eine Frage das Thema der Unverständlichkeit an: „Wenn ich feministische Sprachformen benutze, versteht mich meine Oma/Mutter/Schwester/Frisörin/Nachbarin/Therapeutin/Schildkröte nicht mehr [...]" Darauf wendet Hornscheidt ein, dass die Sprache sich ständig verändert und in allen sprachlich hergestellten Kommunikationen fortlaufend neue Formen verwendet werden, um die neuen Inhalte auszudrücken und neue kreative Ausdrucksformen zu schaffen (L. Hornscheidt 2011b, 174).

Ingeborg Ohnheiser analysiert Diskussionen in Österreich, Tschechien und Russland[40]. Neben den bereits erwähnten Argumenten (wie zum Beispiel *tradition* (vgl. Ohnheiser 2015, 329) oder *language is a trivial concern* (vgl. Ohnheiser 2015, 331)) gibt es auch neue Argumente, vor allem in den österreichischen Medien: Appellation an die traditionelle Rolle der Frau in der Gesellschaft und sogar Verschwörungstheorien. Laut der Argumentation soll die Frau sich auf ihrer Rolle als Ehefrau und Mutter konzentrieren und nicht mit den Männern um Gerechtigkeit kämpfen – so wird sich die Gesellschaft viel besser entwickeln. Die Anhänger*innen der Verschwörungstheorie spekulieren, dass das Einführen des Binnen-I ein Plan sei, um die österreichische Kultur zu vernichten (Ohnheiser 2015, 331).

Claudia Posch analysiert die Argumente, die in den Debatten um die Möglichkeit einer nicht diskriminierenden Sprache in Österreich benutzt werden. Konkret bezieht sie sich auf den Open Letter – einen Brief gegen den nicht sexistischen Sprachgebrauch, der von Wissenschaftler*innen und Prominenten geschrieben und unterstützt wurde (Posch 2015, 340). Dort gibt es wiederum Argumente, die bereits erwähnt wurden, wie zum Beispiel *appeal to authority*, denn es wird auf den Expertenstatus der Wissenschaftler*innen, die den Brief verfassten, hingewiesen: Wenn sie sich im Bereich der Linguistik auskennen, dann müssen sie auch die gendergerechte Sprache richtig beurteilen können (was, wie Posch unterstreicht, gar nicht der Fall ist) (Posch 2015, 341–42).

Allerdings fokussiert sich Posch in ihrem Artikel eher nicht auf die spezifischen Argumente, die konkret gegen eine nicht sexistische Sprache verwendet werden,

---

[40] Für eine detaillierte Übersicht der Argumente gegen eine nicht sexistische Sprache bezüglich des Russischen siehe Abschnitt 2.2.2.

sondern auf die allgemeinen Argumentationstechniken, die in diesem Kontext vorkommen. Das heißt, sie interessiert sich nicht nur für die konkreten Inhalte, die kritisiert werden, sondern für die Argumenttypen im Allgemeinen. Dabei stützt sie sich zum Beispiel auf die Argumentationsanalyse von Kienpoitner (1992) und Walton (1992).

Nach ihrer Analyse findet sie in der österreichischen Diskussion zum Beispiel das *slippery slope argument*, das nach der Definition von Walton ein Argument ist, in dem eine gefährliche Konsequenz einer Handlung übertrieben und hervorgehoben wird. Dies ist dann ein Grund, von dieser Handlung abzusehen (Walton 1992, 1). So könne zum Beispiel die Einführung einer gendergerechten Sprache potentiell die gesamte Struktur der deutschen Sprache zerstören und sollte deswegen nicht stattfinden (Posch 2015, 344–45). Ein anderes Argument, das Posch aus den österreichischen Diskussionen zur gendergerechten Sprache herauskristallisiert, ist *poisoning the well*, wenn die Position der Anhänger*innen der feministischen Sprache falsch widergegeben und auf dieser Grundlage kritisiert wird (Posch 2015, 342–43).

Diese Übersicht der Beiträge zum Thema ‚Argumentation gegen gendergerechte Sprache' zeigt, dass immer wieder neue Argumente und neue Zugänge zur Analyse von diesen Argumenten erscheinen, obwohl es einige Tendenzen und Ähnlichkeiten gibt. Die Argumente, die verschiedene Wissenschaftler*innen aus ihrer Datenanalyse gewinnen konnten, hängen von verschiedenen Faktoren ab: dem analysierten Material, den Teilnehmer*innen an der Diskussion (Alter, beruflicher Status, Herkunft, Geschlecht usw.) sowie dem politischen und gesellschaftlichen Kontext. Das macht die vorliegende Untersuchung am russischen Material höchst aktuell.

Es gibt noch eine ganz andere Art von Kritik gegen gendergerechte Sprache, die seitens der Queeren Linguistik kommt.[41] Konkret wird die Strategie der Feminisierung oft kritisiert, da sie stark die Binarität der Geschlechter unterstreicht. Die anderen Strategien, vor allem die Neutralisierung der Sprache, sind hier angemessener, da dadurch Ausdrucksmöglichkeiten für alle Geschlechter entstehen. Als Beispiel könnten hier die von Hornscheidt vorgeschlagenen dynamischen Unterstrichformen genannt werden, bei denen, wie aus dem Namen folgt, ein Unterstrich dynamisch im Wort platziert werden kann (im Gegensatz zum Unterstrich, der zwischen dem Wortstamm und dem femininen Movierungssuffix platziert wird, zum Beispiel *Politiker_in*). Das Ziel des dynamischen Unterstrichs ist „nicht Zweigenderung zu re_Produzieren, sondern [...] sie durch und in die Dynamik

---

[41] Außerdem kritisiert Cameron diverse Richtlinien für gendergerechten Sprachgebrauch aus feministischer Position und wirft ihnen vor, dass in solchen Texten Sprachsexismus zu oberflächlich und formal verstanden wird: „I've always been ambivalent about language guidelines because of the risk that they will be applied in a totally mechanical way, without the thought and reflection which I would define as the key point in any truly progressive linguistic practice" (Cameron 2002b, 162).

herauszufordern“ (L. Hornscheidt 2011a, 130). Ferner kritisiert Hornscheidt die Genderlinguistik sowie die feministische Sprachkritik in einem anderen Artikel diesbezüglich, dass diese Wissenschaft sich auf eine Art der Diskriminierung fokussiert und sich dabei für weiße, heteronormative Personen mittleren Alters aus der Mittelschicht einsetzt. Das heißt, dass andere Aspekte der Diskriminierung unbeachtet bleiben und es der Genderlinguistik dementsprechend an Intersektionalität mangelt (A. L. Hornscheidt 2011, 587–88).

Diese Debatten, die meistens schriftlich passieren, wurden direkt in der Gesellschaft aufgenommen. Mucchi-Faina schreibt über die in der Öffentlichkeit verbreiteten stereotype Bezeichnungen der Parteien, die an den Diskussionen zur gendergerechten Sprache teilnehmen: PC-Crusader (Person, die die politisch korrekte Sprache aktiv unterstützt) und PC-Basher (Person, die sich zu aktiv gegen die politisch korrekte Sprache einsetzt) (Mucchi-Faina 2005, 200). Dabei glauben die Vertreter*innen der jeweiligen Seite an das ‚entgegengesetzte‘ Stereotyp. So glauben die Mitglieder der diskriminierten Gruppen (Feminist*innen, Homosexuelle) eher an das PC-Basher-Stereotyp und andersrum – Leute mit konservativen politischen Ansichten glauben eher an das PC-Crusader-Stereotyp (Mucchi-Faina 2005, 200)[42].

Es existieren zahlreiche Studien, in denen die realen Auswirkungen der Genderpolitik ausgewertet werden, vor allem wird die Frage gestellt, ob es Veränderungen in der Sprache und in der Wahrnehmung der Sprache durch die Sprachnutzer*innen gibt.[43] So untersuchten Rubin und Greene, wie Personen unterschiedlichen Genders und Alters die gendergerechte Sprache wahrnehmen (Rubin und Greene 1991). Grundlegend für diese Studie ist der Gedanke, dass es wesentlich ist, herauszufinden, was die einzelnen Sprachnutzer*innen denken und wovon bzw. wie konkret ihre Sprachnutzung beeinflusst wird, obwohl die

---

42 Allerdings gibt es feinere Instrumente, um die Einstellung zur nicht sexistischen Sprache zu erfassen. So beschreiben Parks und Robertson in ihrem Artikel den *Inventory of Attitudes Toward Sexist/Nonsexist Language* (IASNL) (Parks und Roberton 2000). Der Fragebogen untergliedert sich in drei Kategorien: Meinung und Gedanken der Befragten zur gendergerechten Sprache, ihre Fähigkeit, sexistische Sprache zu erkennen; ihr Gebrauch von der gendergerechten Sprache bzw. ihre Bereitschaft, inklusive Sprache zu benutzen. Das Ziel des Fragebogens war, die Einstellungen zur gendergerechten Sprache aus verschiedenen Perspektiven zu erforschen.

43 Interessanterweise können die Argumente für eine gendergerechte Sprache bei den Sprechenden die Bereitschaft wecken, ihren eigenen Sprachgebrauch gendergerechter zu gestalten. Das beweist die Studie von Koeser und Sczesny (Koeser und Sczesny 2014). Die Wissenschaftlerinnen präsentierten in verschiedenen Texten Argumente jeweils für eine gendergerechte Sprache und für das generische Maskulinum und maßen, ob die Einstellung der Befragten zur gendergerechten Sprache sich änderte. Es wurde beweisen, dass die Argumente für die inklusive Sprache die Sprechenden motivierten, ihren Sprachgebrauch zu verändern, während das generische Maskulinum keine Wirkung hatte.

Gender-Sprachpolitik und die Maßnahmen für eine gendergerechte Sprache institutionalisiert werden.

In diesem Sinne führten Rubin und Greene zwei Studien durch, in denen sie die Teilnehmenden jeweils mündlich und schriftlich zu ihren Einstellungen gegenüber der gendergerechten Sprache befragten. Dabei gab es folgende kennzeichnende Ergebnisse:

- Obwohl Frauen öfter die Standardsprache benutzen und Dialektausdrücke sowie Slang normalerweise vermeiden, sind sie hier mehr an der Sprachveränderung interessiert. Sie benutzten gendergerechte Sprache häufiger und in unterschiedlicheren Kontexten (Rubin und Greene 1991, 402)(Rubin & Greene, 1991, S. 402).
- Die fragende Person spielte eine große Rolle: Die von einer Frau interviewten Teilnehmenden zeigten grundsätzlich mehr Interesse an der gendergerechten Sprache.
- Allerdings nutzten die Teilnehmenden laut den Angaben in beiden Studien maximal die Hälfte der in der Umfrage aufgelisteten 16 Sprachtechniken für eine gendergerechte Sprache.

Das bedeutet, dass bei der Benutzung der genderkorrekten Sprache viele Faktoren eine Rolle spielen: das Geschlecht der Personen und der Gesprächspartner*innen, die Situation und der Kontext des Gesprächs sowie persönliche sprachliche Besonderheiten der einzelnen Individuen. Für die vorliegende Studie bedeutet dies, dass die Kommentare und Reaktionen im russischsprachigen Internet auch heterogen und teilweise inkonsequent sein können.

In der Studie von Braun et al. wird auf das Argument eingegangen, dass die gendergerechte Sprache die Verständlichkeit erschwert und aus diesem Grund die Texte im generischen Maskulinum formuliert werden sollen (Braun u. a. 2007). Im Rahmen der Studie lasen Teilnehmende drei verschiedene Versionen einer fiktiven Packungsbeilage eines Medikaments. Die drei Varianten der Formulierungen waren das generische Maskulinum, die Beidnennung mit Neutralisierung und das Binnen-I. Die Teilnehmenden hatten danach bei allen drei Texten keinerlei Probleme mit dem Verständnis sowie mit der Erinnerungsleistung, was ein Beweis dafür ist, dass es keine Gründe gibt, für eine bessere Verständlichkeit das generische Maskulinum zu benutzen.

Vervecken und Hannover untersuchten für die deutsche Sprache, wie die Sprechenden wahrgenommen werden, abhängig davon, ob sie in ihrer Sprache Formen für beide Geschlechter oder das generische Maskulinum benutzen (Vervecken und Hannover 2012). Im Rahmen von zwei Experimenten mussten sich die Teilnehmenden Audioaufnahmen anhören, in denen entweder eine genderkorrekte Sprache oder das generische Maskulinum benutzt wurde. Dabei stellte sich heraus, dass die Personen, die in ihrer Rede die Formen für beide Geschlechter benutzen, als kompetenter und weniger sexistisch wahrgenommen werden.

Allerdings sind die Ergebnisse solcher Studien kulturspezifisch und nicht auf jedes Land übertragbar. In Übereinstimmung mit der oben beschriebenen Diskussion zu den Unterschieden zwischen west- und osteuropäischen Ländern in Bezug auf Gender-Mainstreaming gibt es auch Unterschiede zwischen Ost und West in Bezug auf die Wahrnehmung der genderkorrekten Sprache.

Eine gute Illustration dafür ist die Arbeit von Formanowicz et al. (2015). In dieser Forschung wurde untersucht, wie in Österreich und in Polen die gendergerechte Sprache die Unterstützung für soziale Initiativen beeinflusst. Dafür veröffentlichten die Forscherinnen auf polnischen und österreichischen Webseiten (jeweils auf Polnisch und auf Deutsch) Beschreibungen von sozialen Initiativen und benutzten dabei entweder eine gendergerechte Sprache oder das generische Maskulinum. Dabei heben die Autorinnen die Tatsache hervor, dass die gendergerechte Sprache in Polen relativ neu ist, während sie sich in Österreich bereits etabliert hat.[44] Damit erklären sie auch die Ergebnisse: In Polen bewerteten die Teilnehmenden die gendergerecht geschriebenen Texte insgesamt schlechter, während in Österreich solche Texte mehr Akzeptanz und Unterstützung bekamen. Die Forscherinnen kommen zu dem Fazit, dass die Etablierung und die Akzeptanz der gendergerechten Sprache ein langer Prozess sind, der mehrere Stufen durchläuft (Formanowicz u. a. 2015, 8).

Ein anderes Beispiel einer Gesellschaft, in der sich der gendergerechte Sprachgebrauch noch nicht entwickelt hat, ist Griechenland, wie der Artikel von Lampropoulou und Georgalidou zeigt (2017). Die Forscherinnen analysierten die Sprache der griechischen offiziellen Dokumente und kamen zu einem eher enttäuschenden Schluss: In den untersuchten Dokumenten wurde für die Personenbezeichnungen fast ausschließlich das Maskulinum benutzt, auch wenn nur Frauen gemeint waren. Das Maskulinum wird im Griechischen mit der Standardsprache, mit der korrekten Sprache assoziiert und deswegen sei es nicht leicht, die ersten Schritte zu unternehmen, um Frauen in der Sprache sichtbar zu machen (Lampropoulou und Georgalidou 2017, 55). Gleichzeitig bemerkten die Autorinnen, dass die Assoziation des Maskulinums mit grammatischem Standard auch als sexistisch anerkannt und kommentiert wird, was Hoffnung geben kann (Lampropoulou und Georgalidou 2017, 56).

Generell lässt sich also sagen, dass die gendergerechte Sprache sich bis jetzt nur in manchen Ländern etablierte, während sie in anderen – vor allem in ost- und südeuropäischen – auf starke Kritik stößt. Viel mehr Widerstand gibt es allerdings gegen die Maßnahmen, die eher zur Queer Theory gehören. Diese zielen darauf ab, nicht nur das weibliche Geschlecht in der Sprache sichtbar zu machen, sondern auch Ausdrucksmöglichkeiten für alle Geschlechter zu schaffen. So analysierte

---

[44] Vgl. für das Tschechische Kolek, 2019.

Vit Kolek die negativen Reaktionen, die in den deutschsprachigen Medien zum Gendersternchen und zur Umbenennung von Studentenwerk in Studierendenwerk geäußert wurden (Kolek 2008, 2019b). Beide Entwicklungen werden als Möglichkeit interpretiert, von der Gender-Binarität wegzukommen und „neben Männern und Frauen auch Menschen mit anderer geschlechtlichen Identität miteinzubeziehen und sichtbar zu machen" (Kolek 2019b). Der Wissenschaftler fasst Pro- und Contra-Argumente für Gendersternchen zusammen, wobei immer diese neue Nicht-Binarität im Fokus steht. So wird es in manchen Medien als ein positiver Zug thematisiert, dass es die Möglichkeit gibt, „alle Geschlechter zugleich anzusprechen" (Kolek 2019b, 123). Genau das wird in Beiträgen der anderen Medien zum Problem. Der Genderstern soll ‚Genderwirrwarr' verursachen, und die Autor*innen wissen nicht mehr, „wie man diskriminierungsfrei formulieren soll" (Kolek 2019b, 128). Der Genderstern zerstöre die Sprache, aber die Tatsache, dass diese ‚Zerstörung' durch Frauen und Menschen mit nicht binären Gender-Identitäten passiert, wird auch problematisiert, was ironisch in folgender Aussage formuliert wird: „Und zerstören lassen können wir uns unser Deutsch nicht. Schon gar nicht durch Weiber oder Leute, die nicht mal genau wissen, welchem Geschlecht sie sich zuordnen lassen" (Kolek 2019b, 127–28). Ansonsten gibt es viele Gemeinsamkeiten mit den oben beschriebenen Gender-Debatten. So werden auch solche Argumentationsmuster benutzt wie *tradition* (*argumentum ad antiquitatem*), *slippery slope* und *appeal to authority* (zum Beispiel Duden) (Kolek 2019b, 131–32). In der Diskussion zur Umbenennung von Studentenwerk in Studierendenwerk findet Kolek auch die altbekannten Argumente und Strategien, wie zum Beispiel *Herabschauen* und *Lustigmachen* (vgl. Hellinger 1985), was vor allem durch die Verwendung von solchen Bezeichnungen wie ‚Gender-Wahn' und ‚Gender-Wahnsinn' erfolgt (Kolek 2008, 201–2).

Ein neues Argument oder, wie Kolek das nennt, Topos sind die für die Umbenennung anfallenden Kosten. In den Artikeln zu diesem Thema werden die Kosten oft übertrieben und es wird häufig suggeriert, dass das Geld ‚sinnvoller' investiert werden könnte (Kolek 2008, 199–200).

2.1.4. Zwischenfazit: Sprachpolitische Ansätze für die gendergerechte Sprache in Europa

Diese Übersicht zeigt, dass es noch zahlreicher Anstrengungen bedarf, obwohl für die Einführung einer gendergerechten Sprache in Europa schon einiges gemacht wurde. Gewisse Maßnahmen werden negativ wahrgenommen und inkonsequent durchgeführt. Manchmal gibt es eine Kluft zwischen den Vorschriften aus den Richtlinien und dem realen Sprachgebrauch. Ein gutes Beispiel in diesem Zusammenhang ist das bereits erwähnte Griechenland: Obwohl die griechischen Richtlinien, nämlich *The Guide for the Use of Non-sexist Language in Public Documents* (Gasouka u. a. 2014), bereits 2014 veröffentlicht wurden, existieren immer noch sprachliche Asymmetrien und das generische Maskulinum dominiert im öffentlichen Sprachgebrauch (vgl. Lampropoulou und Georgalidou 2017).

Zweifellos müssen die Richtlinien für jedes Land und für jede Sprache speziell geschrieben werden, denn jede Sprache ist unterschiedlich und für verschiedene Sprachen eignen sich jeweils andere Strategien, wie zum Beispiel Feminisierung oder Neutralisierung. Sogar wenn es sich um die gleiche Sprache handelt, gibt es momentan Unterschiede im Sprachgebrauch und in der Sprachpolitik, zum Beispiel für die deutsch Sprache in Deutschland und in der Schweiz (vgl. Albrecht 2000; Kersten-Pejanić und Rajilić 2010, 40).

Die Einführung einer gendergerechten Sprache ist und bleibt ein kontroverser Prozess. Es gibt eine aktive Argumentation dagegen und es wird noch eine gewisse Zeit dauern, bis die gendergerechte Sprache akzeptiert wird. Allerdings wird die gendergerechte Sprache mit der Zeit allmählich zur Norm. Diese Tendenz lässt sich in den Studien zu diesem Thema erkennen. Im Jahr 1980 beschreibt Blaubergs die Argumente gegen die gendergerechte Sprache (1980), aber bereits 1991 stellen Rubin und Greene (1991) erhöhtes Interesse an der gendergerechten Sprache fest.

Im Jahr 1985 schreibt Hellinger über die negativen Reaktionen zu den deutschsprachigen *Richtlinien*, aber 2012 bestätigen Vervecken und Hannover, dass Personen durch die Verwendung der gendergerechten Sprache kompetenter wirken (Vervecken und Hannover 2012). In der Studie von Formanowicz et al. wird die deutsche Sprache bereits der polnischen Sprache entgegengestellt, für die die Maßnahmen für eine gendergerechte Sprache viel später eingeführt wurden. Möglicherweise wird das Ergebnis einer gleichen Studie in einigen Jahren anders aussehen und mit der Zeit wird sich die Akzeptanz für eine gendergerechte Sprache auch in den Ländern entwickeln, in denen eine solche Sprache zurzeit kritisiert und abgelehnt wird.

Hornscheidt schreibt, dass in jedem Land die feministische Sprachpolitik vier Phasen durchläuft: *fact-finding stage, strategy proposal stage, stage of implementation*, und *stage of evaluation* (A. L. Hornscheidt 2011, 575). Ziele der ersten Phase sind das Auffinden und die Präsentation der Fakten der sprachlichen Diskriminierung und erst in den weiteren Phasen, wie aus den Namen folgt, werden die Sprachveränderungen vorgeschlagen, eingeführt und implementiert. Momentan befinden sich nicht alle Sprachen in der gleichen Phase der feministischen Sprachpolitik. Während einige westeuropäische Sprachen dafür bereit sind, feministische Sprachmaßnahmen einzuführen und zu evaluieren, stehen manche Sprachen bzw. Länder ganz am Anfang dieses Prozesses.

Obwohl die Veränderungen sich nicht in allen Ländern im gleichen Tempo vollziehen und selbst in den Ländern, in denen die gendergerechte Sprache relativ weit verbreitet ist, es immer noch heftige Diskussionen gibt,[45] ist Folgendes unbestreitbar: Die Änderungen sind präsent und eine Sprachveränderung ist möglich. Geschlechtergerechte Formulierungen werden zunehmend zur sprachlichen Realität (vgl. Braun u. a. 2007, 184).

2.2. Russisch als eine gendergerechte Sprache: zwischen europäischer Erfahrung und Sprachaktivismus

2.2.1. Sprachpolitik in Russland nach dem Zerfall der Sowjetunion

Wenn der Zustand der feministischen Sprachpolitik und der politischen Korrektheit in Russland betrachtet und mit anderen Ländern verglichen wird, wird ziemlich schnell klar, dass die Entwicklung der gendergerechten Sprache sich dort in der Anfangsphase befindet. Nach Hornscheidts Klassifizierung handelt es sich womöglich um die Stufe 1 (*fact-finding stage*)(L. Hornscheidt 2011b, 575). Die gendergerechte Sprache wird hauptsächlich durch den Sprachaktivismus, das heißt durch die engagierten Bemühungen einzelner Leute, entwickelt.

Zwar wird von manchen Wissenschaftler*innen festgestellt, dass für die slawischen Sprachen sowie für Osteuropa generell eine Abneigung gegenüber Feminismus und ‚westlicher' politischer Korrektheit charakteristisch ist (vgl. Cieszkowski 2011, 24; Šmejkalová-Strickland 1995, 1004), doch die russische Sprache scheint besonders unwillig zu sein, jegliche Maßnahmen für einen gendergerechten Sprachgebrauch umzusetzen. Scheller-Boltz gibt in seiner Monografie *Grammatik und Ideologie: Feminisierungsstrategien im Russischen und Polnischen aus Sicht der Wissenschaft und Gesellschaft* einen Überblick über die sprachlichen Maßnahmen in den postsozialistischen Staaten, die zur politischen Korrektheit beitragen sollen, wobei er zeigt, dass sich in diesen Staaten das Verständnis und die Akzeptanz von politischer Korrektheit nicht gleichmäßig entwickelten (Scheller-Boltz 2020, 180–87). Zum Schluss schreibt der Wissenschaftler über die russische Sprache: „Das Russische hält größtenteils an traditionellen Sprachstrukturen fest und zeigt wenig Offenheit in Bezug auf einen geschlechtsneutralen oder geschlechtergerechten Sprachgebrauch" (Scheller-Boltz 2020, 186–87).

Zum heutigen Zeitpunkt gibt es in der russischen Sprache viele Formen des Sprachsexismus. Wenn also die drei Manifestationen des Sprachsexismus, die bereits für europäische Sprachen beschrieben wurden (vgl. Hellinger 2010, 567), auf

---

[45] Vgl. *Normungsinstitut will Binnen-I verbannen*, 2014, https://www.derstandard.at/story/1392688451600/binnen-i-norm-gegen-geschlechtergerechte-sprache. Zuletzt geprüft am 26.08.20.

das Russische angewendet werden, dann wird deutlich, dass diese Sprache nicht frei von Sprachsexismus ist.[46]

Konkret sind in der russischen Sprache folgende Manifestationen von Sprachsexismus anzutreffen:

Weibliche Unsichtbarkeit

Für die russische Sprache ist es üblich, das generische Maskulinum zu verwenden und somit die Frauen ‚unsichtbar' zu machen: *Дорогие студенты!* [Liebe Studenten!] (vgl. Peršaj 2015, 33) Weiss spricht hier über Neutralisierungen. Damit meint er Situationen nach dem Prinzip: „Mann vertritt (besser: verdrängt) die Frau" (Weiss 1985, 324). Diese bildhafte Formulierung bezieht sich auf das generische Maskulinum, also die Situation, wenn zum Beispiel gemischtgeschlechtliche Gruppen mit maskulinen Substantiven angesprochen werden. Es handelt sich hier sowohl um generische als auch um nicht generische Referenzen. So geht es im Satz *Москвичи – честные люди* [Moskauer sind ehrliche Menschen] um die Bewohner*innen der Stadt Moskau allgemein, während im Satz *Приехали киевляне* [Die Kiewer kamen] konkrete Menschen gemeint sind (Weiss 1985, 324).

Eine gute Illustration dafür, dass das maskuline Genus im Russischen als ‚default' Genus wahrgenommen wird, ist die Funktion des Wortes *человек* [Mensch]. Viele Wissenschaftler*innen analysierten dieses Wort in der Sprache und kamen zu dem Schluss, dass es trotz der vermutlich neutralen Semantik in zahlreichen Fällen dem Wort *мужчина* [Mann] gleichgestellt werden kann. So untersuchte Weiss die Funktion des Wortes *человек* in der russischen Sprache und fand einige Tendenzen, die als sexistisch interpretiert werden können. Es gibt zwar Fälle, in denen *человек* nicht referentiell und nicht sexistisch verwendet wird, zum Beispiel:

> Ира зря орала. Но если у человека нет чувства юмора, то ничего не попишешь! (Weiss 1988, 422). [Ira hat umsonst geschrien. Aber wenn der Mensch keinen Sinn für Humor hat, was kann man machen!]

Allerdings gibt es auch Situationen, in denen es eine klare sexistische Gleichung Mensch=Mann gibt, wie in den folgenden Beispielen:

> Спроси у этого человека дорогу!
> На улице лежал полумертвый человек с разбитыми очками и огромной ссадиной на лбу (Weiss 1988, 419). [Frag diesen Menschen nach dem Weg! Auf der Straße lag ein halbtoter Mensch mit gebrochener Brille und einer großen Verletzung auf der Stirn.]

---

[46] Eine detailliertere Beschreibung des Genussystems im Russischen gibt es auch im Abschnitt 3.1.

Weiss schließt daraus, dass von den Sprachnutzer*innen automatisch angenommen wird, dass es sich um einen Mann handelt, solange es nicht konkret um eine Frau geht und der Kontext neutral ist. Es „scheint bei der Neuetablierung eines Referenten durch ‚čelovek', solange keine zusätzlichen Hinweise aus dem Kontext gegeben sind, die Assoziation ‚männlich' vorprogrammiert" (Weiss 1988, 419). Ein weiterer Beweis für diese These ist der russische phraseologische Ausdruck *молодой человек* [junger Mensch], der ausschließlich als eine Referenz für Männer benutzt wird (Weiss 1988, 416). Somit ist das maskuline Genus in der russischen Sprache das neutrale, während das feminine in dieser Opposition die markierte Seite darstellt. Ein indirekter Beweis dafür ist auch die Tatsache, dass das Wort *мужчина* laut dem Frequenzwörterbuch viel seltener vorkommt als die Wörter *человек* [Mensch], *женщина* [Frau], *люди* [Leute]. Möglicherweise kann das dadurch erklärt werden, dass die spezifische Bedeutung 'Person männlichen Geschlechts im Gegensatz zur Person weiblichen Geschlechts' viel seltener benötigt wird und in dieser Bedeutung oft die Wörter *человек* und *люди* benutzt werden (vgl. Nilsson 1999, 101).

Das Lexem *человек* kann also unter gewissen Umständen nicht auf Frauen referieren (vgl. Weiss 1999, 87)[47]. Archanhel's'ka schreibt in diesem Kontext über die starken und die schwachen Positionen. Die starke Position ist die Situation, in der das männliche und das weibliche Geschlecht maximal unterschieden und einander gegenübergestellt werden. In der schwachen Position wird die Geschlechtssemantik deaktualisiert, denn sie spielt keine Rolle. Viel relevanter wird dann die Semantik ‚der Mensch allgemein'. Die Situationen, in denen die Wörter *Mensch* und *Mann* gleichgestellt werden, sowie die Verwendung des generischen Maskulinums sind nach der Meinung der Forscherin nichts Anderes als die schwachen Positionen, in denen das Geschlecht irrelevant ist (Archanhel's'ka 2011, 46).

Somit kann gesagt werden, dass die Gleichstellung von *Mensch* und *Mann* in der russischen Sprache ein anerkanntes und weit erforschtes Phänomen ist. Allerdings wird es nicht von allen Forscher*innen als sprachliche Diskriminierung interpretiert. So sieht Archanhel's'ka hier lediglich eine verbreitete Sprachbesonderheit:

> Слово *человек* с древнейших времен применялось для обозначения человека вообще и может употребляться в специальном значении ‚мужчина' – эта закономерность касается всех естественных постпатриархатных языков (Archanhel's'ka 2011, 27). [Seit Urzeiten wurde das Wort Mensch verwendet, um den Menschen allgemein zu bezeichnen, aber es kann auch in der speziellen

[47] Übrigens ist die Situation nicht so eindeutig, wenn die anderen Lexeme in der russischen Sprache betrachtet werden, die ein menschliches Wesen benennen können – *лицо, личность, особа* usw (vgl. Weiss, 1999).

Bedeutung von ‚Mann' benutzt werden – dieses Muster betrifft alle natürlichen postpatriarchalen Sprachen.]

Semantische Asymmetrie

Wie bereits angesprochen, ist die Opposition von ‚männlich' und ‚weiblich' im Russischen asymmetrisch markiert. Das betrifft nicht nur das Lexem ‚Mensch', sondern auch das gesamte Sprachsystem. Unter Gender-Asymmetrie in der Sprache werden in der russischsprachigen sowie in der westlichen Literatur die Fixierung der Ungleichheit zwischen den Männern und der Frauen sowie die Herabsetzung des soziokulturellen Status der Letzteren verstanden (vgl. Efremov 2009, 141).

Die sprachliche Gender-Asymmetrie äußert sich durch mehrere Aspekte. Beispielsweise dadurch, dass die femininen Personenbezeichnungen in der russischen Sprache in den meisten Fällen vom maskulinem Stamm moviert werden (vgl. Archangel'skaja 2014, 28). Das heißt, das maskuline Nomen ist die Basis und das feminine – eine Modifikation. Die Semantik von diesen Paaren ist auch asymmetrisch. Das maskuline Genus repräsentiert nicht nur einen Mann, sondern auch eine Person allgemein, das feminine dahingegen nur die Frau. Das wird bei Wortpaaren erkennbar, die für Berufsbezeichnungen stehen, wie zum Beispiel *учитель – учительница* ‚Lehrer' – ‚Lehrerin', wo das erste Element nicht nur den männlichen Lehrer bezeichnet, sondern den Beruf generell, und das zweite nur konkret die weibliche Lehrerin (vgl. Archangel'skaja 2014, 26).

Es gibt auch andere Arten der semantischen Asymmetrie zwischen den femininen und den maskulinen Personenbezeichnungen. So hat die feminine Variante oft weniger Bedeutungen als die maskuline. In diesem Zusammenhang gibt Archangel'skaja eine ganze Reihe von Beispielen, bei denen die denotative Semantik der femininen Nomina enger ist als die der maskulinen, wie beim Wort *лучник* ‚Bogenschütze': „*лучник* 1. Ист. «Воин, вооружённый луком». 2. «Спортсмен, занимающийся стрельбой из лука» → *лучница* «Женск. к лучник (во 2 знач.)»" (Archangel'skaja 2014, 30) [Bogenschütze 1. Historisch ‚Mit Bogen bewaffneter Krieger'. 2. ‚Bogensportler' → Bogenschützin ‚Die weibliche Variante zu Bogenschütze (in der 2. Bedeutung).]. Ein weiteres interessantes Beispiel ist das Wortpaar *работник – работница* [Arbeiter – Arbeiterin]. Die beiden Wörter bedeuteten ‚Mitarbeitende in einer Fabrik'. Allerdings wurde das erste Wort durch *рабочий* ersetzt, während *работник* die neue Bedeutung von ‚Mitarbeiter', ‚Angestellter' bekam. Dadurch, dass das Wort *работница* seine ursprüngliche Bedeutung beibehielt, entstand in diesem Wortpaar eine semantische Asymmetrie, was Weiss etwas polemisch wie folgt zusammenfasst: „Die Botschaft ist klar: Aufstieg ja, aber nicht für Frau" (Weiss 1985, 321). Oft sind die femininen Formen umgangssprachlich wie bei *врач – врачиха* ‚Arzt' – ‚Ärztin' oder beinhalten noch die alte Bedeutung ‚die Ehefrau von der mit dem maskulinen Nomen bezeichneten Person', vgl. „*министр* «Член правительства, возглавляющий министерство» → *министерша* прост. «Жена министра»“ (Archangel’skaja 2014, 31) [Minister ‚Regierungsmitglied, das ein Ministerium leitet‘ → Ministerin ugs. ‚Frau des Ministers‘]. Häufig ist die maskuline Variante prestigeträchtiger, selbst wenn die feminine nicht direkt zur Umgangssprache gehört (vgl. Dembska 2008, 3).

Dieses Phänomen, dass für die Benennung einer Frau maskuline Substantive benutzt werden, obwohl feminine Personenbezeichnungen in der Sprache existieren, heißt Maskulinisierung. Für die russische Sprache ist kennzeichnend, dass die maskulinen Bezeichnungen auch in den Fällen verwendet werden, in denen es feminine Pendants gibt und auch in der inoffiziellen Kommunikation:

> Сами женщины, склонны употреблять существительные мужского рода даже в неофициальной обстановке в условиях непринужденного общения, о себе говорят: «Я воспитатель, диспетчер, преподаватель» (Puzyrenko 2008, 220). [Die Frauen neigen selbst dazu, selbst im inoffiziellen Kontext, in der spontanen Interaktion die maskulinen Nomina zu benutzen; sie sagen über sich: ‚Ich bin Erzieher, Dispatcher, Lehrer‘.]

Eine andere Art der Asymmetrie ist die Situation, dass die femininen Movierungen komplett fehlen. Grundsätzlich hat das Russische weniger feminine Movierungen als andere slawische Sprachen (vgl. Archangel’skaja 2014, 28). Viele Wissenschaftler*innen unterstreichen die ‚Weigerung‘ der russischen Sprache, sowohl die bereits existierenden Feminativa zu benutzen als auch neue zu schaffen (vgl. Scheller-Boltz 2020, 190; Weiss 1985, 318). Die Gründe, warum die femininen Varianten zu manchen Nomen fehlen, bleiben oft unklar (vgl. Krongauz 2015, 170). Ein formaler Grund ist zum Beispiel, dass es in der Sprache ‚Quasigender‘-Paare gibt, wie *грибник* [Pilzsammler] – *грибница* [Mycel]. Dies erweist sich aber als ein formaler Grund, denn okkasionell können hier feminine Nomen entstehen[48]:

> Правда, наша мама, весьма опытная грибница, не всех их признала за белые. Тут много ложных. [А. И. Пантелеев. Наша Маша (1966)] (Nacional’nyj korpus russkogo jazyka o. J.) . [Allerdings hat unsere Mutter, eine erfahrene Pilzsammlerin, sie nicht alle als Steinpilze erkannt. Es gibt viele giftige hier.]

Eine weitere asymmetrische Praxis sind die Personennamen. In den russischsprachigen Ländern ist es üblich, dass die Frau den Nachnamen ihres Mannes übernimmt, während eine umgekehrte Situation eher selten ist.[49] Die Nachnamen an

---

[48] Für Homonymie zwischen Feminativa und anderen Nomina siehe auch Fufaeva, 2021, S. 28–33.

[49] Weiss findet außerdem die ambigenen Appelativa frauenfeindlich. Dazu gehören Nachnamen, die keine explizite feminine und maskuline Form haben (Zaliznjak, Belous) und

sich stammen häufig von Männervornamen mit den Possessivsuffixen *-ов, -ев* und *-ин*, was die Zugehörigkeit zum Familienstamm bedeutete (vgl. Archangel'skaja 2014, 64). Dementsprechend kommen in der russischen Sprache Familiennamen von Männernamen viel häufiger vor: *Иванов* – der Sohn von Ivan, *Ильина* – die Tochter von Il'ja. Viel seltener ist die Situation, dass der Nachname von einem Frauennamen hergeleitet wird (zum Beispiel *Анненский*). Das könnte passieren, wenn zum Beispiel der Mann gestorben ist (vgl. Archangel'skaja 2014, 63).

Dazu kommt noch der Vatersname (*отчество*), der (mit wenigen Ausnahmen) obligatorisch im Pass angegeben wird, dessen Ziel auch war, zu identifizieren, wessen Sohn oder Tochter eine Person ist. In der Geschichte gab es auch Muttersnamen (*матчество*), wie zum Beispiel *Марфин, Аннушкин* usw. (vgl. Archangel'skaja 2014, 60–63). Manchmal wird explizit auf die Vatersnamen verzichtet (vgl. Scheller-Boltz 2020, 190), allerdings bleibt der Verzicht auf den Vatersnamen oder seine Änderung (beispielsweise zum Muttersnamen) zum heutigen Zeitpunkt ein Akt einzelner, konkreter Personen.[50]

Stereotyping

In der russischen Sprache sind viele stereotypische und sexistische Vorstellungen von Mann und Frau anzutreffen, die zum Beispiel durch Phraseologismen, feste Ausdrücke und Sprichwörter übertragen werden. In dieser Hinsicht scheint es kein Zufall zu sein, dass die Parömiologie so häufig zum Forschungsobjekt der Genderlinguistik wird, denn in diesem Feld präsentieren sich die russischen Genderstereotype bunt und kontrastreich:

> Наиболее интенсивно гендерные коннотации языка проявляются во фразеологии, пословицах и сленге. […] Фразеологический фонд […] отображает и закрепляет в языке национальные, культурные стереотипы того или иного народа, а также через воспроизведение базовых шаблонов определенной языковой картины мира выражает в целом менталитет лингвокультурной общности (Pavliščeva 2014, 65). [Am intensivsten äußern sich die Gender-Konnotationen der Sprache in der Phraseologie, den Sprichwörtern und dem Slang. […] Der phraseologische Fonds […] widerspiegelt und verfestigt in der Sprache die nationalen, kulturellen Stereotype von dem einen oder anderen Volk, und

geschlechtsneutrale Vornamen (*Ženja* für *Evgenij* und *Evgenija*). Laut Weiss kommt hier „der weibliche Sexus durch Indeklinabilität zum Ausdruck" und somit gerät die Frau „in die Nachbarschaft von Tier- und Sachbezeichnungen fremder Herkunft mit vokalischem Auslaut" (wie Kolibri oder Kakadu) (Weiss, 1985, pp. 322–323).

50 So äußerte sich der russische Designer Artemij Lebedev zur Änderung von seinem Vatersnamen Andreevič zum Muttersnamen Tat'janovič. https://www.youtube.com/watch?v=b9i0tWSuSac&t=3717s Zuletzt geprüft am 27.08.20.

außerdem wird durch die Reproduzierung des Basismusters von einem bestimmten sprachlichen Weltbild die gesamte Mentalität einer sprachkulturellen Gemeinschaft ausgedrückt.]

Peršaj bezeichnet die durch Phraseologie ausgedrückten Stereotype zusammen mit anderen Aspekten, wie sprachlicher Asymmetrie und generischem Maskulinum, als eines der Hauptmerkmale des Sprachsexismus (vgl. Peršaj 2015).

Kirilina analysiert die russische Phraseologie in ihrer Monografie *Gender: lingvističeskie aspekty* und bildet eine Gruppe von Phraseologismen, die formal auf eine weibliche Referentin verweisen, aber an sich für beide Geschlechter anwendbar sind: *базарная баба* ([Marktweib] – über eine laute, unhöfliche Person), *кисейная барышня* (buchstäblich [Gaze-Fräulein] – über eine empfindliche, infantile Person) (Kirilina 1999, 71). Die Mehrheit der Ausdrücke dieser Art hat negative Konnotationen, was als eine sprachliche Asymmetrie interpretiert werden kann. Jedoch schreibt die Autorin, dass es in der Phraseologie generell mehr negativ konnotierte Einheiten gibt (Kirilina 1999, 71–72). Samarina findet in der russischen Parömiologie ein anderes Stereotyp (2010, 19). Nach ihrer Analyse stellt sie fest, dass die Frau in den russischen Sprichwörtern oft als Mutter und Hauswirtin dargestellt wird (vgl. auch Weiss 1988, 415–16)[51]. Generell kann aber gesagt werden, dass die russische Phraseologie die Welt aus männlicher Sicht zeigt (vgl. Doleschal und Schmid 2001a, 273).

Außer Phraseologismen gibt es auf Russisch zahlreiche Ausdrücke und Wortbildungen, die stereotype Geschlechterrollen reproduzieren: *секретутка* ['Sekretuierte'], gebildet aus *секре(т)[арша] + [прости](т)утка*, *кофе-леди* oder *бизнес-леди* [‚Geschäftsfrau', buchstäblich ‚Kaffee-Lady' oder ‚Business-Lady'] (vgl. Scheller-Boltz 2020, 191), *сильный пол* [‚starkes Geschlecht'] und *слабый пол* [‚schwaches Geschlecht'], *прекрасный пол* [‚schönes Geschlecht'].

Gluščenko und Prudnikova analysierten stereotype Bilder von Mann und Frau in der russischen Sprache und vertreten die Meinung, dass viele stereotype Vorstellungen ihren expliziten sprachlichen Ausdruck in den Sprachsentenzen finden. So beschreiben die Autorinnen in ihrem Werk klischierte Ausdrücke zum Thema ‚Mann und Frau' (Gluščenko und Prudnikova 2013, 126). Sie untersuchten Beiträge in Internet-Foren und fanden zahlreiche Aussagen zum Charakter und Benehmen der Frauen: *Женское нет означает да.* [Ein *Nein* von einer Frau heißt ein *Ja*.] *Женщины не умеют хранить секреты.* [Frauen können keine Geheimnisse bewahren.] *Место женщины на кухне.* [Eine Frau gehört in die Küche.]

Zusammenfassend kann gesagt werden, dass die russische Sprache androzentrisch ist und Gender-Stereotype dort bewahrt bleiben (vgl. Scheller-Boltz 2020, 190). Kennzeichnend für die russische Sprache ist aber die Tatsache, dass diese sprachlichen Asymmetrien und Androzentrismus häufig nicht als Sexismus oder

---

[51] Ein ähnliches Bild ergibt auch die Analyse der russischen Folklore, vgl. Karabel'nik, 2014.

überhaupt als Problem anerkannt werden. So schreiben zum Beispiel Doleschal und Schmid: „The semantics of gender and the resulting privileged position of men are not recognized as a problem" (Doleschal und Schmid 2001a, 277). Auch schlussfolgern am Ende ihres Beitrags Zemskaja, Kitajgorodskaja und Rozanova, dass die von ihnen beschriebenen Besonderheiten der Frauen- und Männersprache in keinerlei Weise zur Frauendiskriminierung führen (Zemskaja, Kitajgorodskaja, und Rozanova 1993, 94). Oft erlauben sich die Wissenschaftler*innen nur eine vorsichtige Bemerkung, dass es eine Verbindung zwischen der realen und der sprachlichen Diskriminierung gibt:

> Тот факт, что в качестве единственного маркированного гендера чаще (хотя и необязательно) выступает женский, может служить своего рода феминистическим упреком русскому языку. Впрочем, подобный факт характерен для большинства естественных языков (Krongauz 2015, 171). [Die Tatsache, dass Femininum das einzige markierte Gender ist (obwohl nicht immer), kann als eine Art feministischer Vorwurf an die russische Sprache dienen. Allerdings ist diese Tatsache für die meisten natürlichen Sprachen charakteristisch.]

Die Intention vieler Wissenschaftler*innen ist es, eine Bewertung möglichst zu meiden und hauptsächlich deskriptiv zu arbeiten. Es geht also darum, das Gender und Genderstereotype in der Sprache nur zu beschreiben, aber keine Einschätzung der geschilderten Phänomene zu geben und keine Sprachveränderung vorzuschlagen. Deswegen sind solche Ausdrücke wie *sprachlicher Sexismus* und *feministische Sprachkritik* meisten unbeliebt:

> На наш взгляд, применение понятия сексизм в научном описании может быть заменено более нейтральным термином гендерная асимметрия, под которым подразумеваются особенности отражения в языке лиц мужского и женского пола, полоролевых стереотипов и т.д., так как понятие сексизм предполагает как бы намеренную дискриминацию, в то время как намерение — и тем более злое — у языка, разумеется отсутствует (Kirilina 2000d, 22). [Aus unserer Sicht kann die Verwendung des Begriffs ‚Sexismus' in der wissenschaftlichen Beschreibung durch den neutraleren Terminus ‚Gender-Asymmetrie' ersetzt werden; darunter verstehen wir die Besonderheiten der sprachlichen Repräsentation der männlichen und weiblichen Personen, Geschlechterstereotype usw., denn der Begriff ‚Sexismus' suggeriert quasi absichtliche Diskriminierung, wohingegen eine Absicht – geschweige denn eine böse – in der Sprache selbstverständlich nicht vorhanden ist.]

In solchen Aussagen wird verdeutlicht, dass die Autor*innen die feministische Sprachkritik zwar nicht komplett ablehnen, sich aber von ihr distanzieren.

Dahingegen reagieren manche andere Forscher*innen negativ auf die feministische Sprachkritik und auf die Vorschläge für feministische Sprachveränderungen. So schreibt Efremov, dass die feministische Kritik nichts Anderes sei als eine mechanische Einmischung in die Entwicklung der Sprache, und dass die Versuche, Feminativa zu benutzen, nur dazu führen, dass die Standardsprache mit Okkasionalismen und umgangssprachlichen Ausdrücken überfüllt wird (Efremov 2009, 150). Manchmal ist die negative Einstellung gegenüber der feministischen Kritik sogar ziemlich polemisch formuliert (vgl. Archanhel's'ka 2011; Šarov 2010).

Die Tatsache, dass die sprachliche Diskriminierung in den russischsprachigen Forschungen oft nicht als Problem anerkannt wird, könnte die Entwicklung dieser Forschungsrichtung potentiell verlangsamen. Nach Hornscheidts Schema werden in der zweiten Phase der feministischen Sprachpolitik, der *strategy proposal stage* (A. L. Hornscheidt 2011, 575), schon konkrete Vorschläge zur Sprachveränderung formuliert, was aber in der heutigen Situation der Ablehnung feministischer Kritik unmöglich ist. Außerdem werden die diskriminierenden Ausdrücke immer wieder reproduziert und toleriert; sie finden weiterhin Akzeptanz in der Gesellschaft, da sie selbst von den Sprachwissenschaftler*innen als normal und akzeptabel anerkannt werden (vgl. Scheller-Boltz 2020, 191).

Es gibt mehrere Gründe für diese Distanzierung von der feministischen Kritik in den russistischen (aber vor allem russischsprachigen) Forschungen im Bereich der Genderlinguistik. Beispielsweise sehen viele Forscher*innen die feministische Sprachkritik als ideologisiert und nicht den Kriterien der objektiven Wissenschaft entsprechend. So schreiben etwa Dobrovol'skij und Kirilina im Artikel *Feministskaja ideologija v gendernych issledovanijach i kriterii naučnosti* ‚Feministische Ideologie und Kriterien der Wissenschaftlichkeit', dass Feminismus auch eine Ideologie ist, und dass es keine Garantie gibt, dass sie der Entwicklung der Wissenschaft nützt. Die negative Wirkung der Ideologien auf die Wissenschaft sahen die Wissenschaftler*innen am Beispiel des Marxismus (Kirilina 2000a, 11). Generell sind solche Forderungen nach Objektivität und Ideologielosigkeit in der Literatur zur russischen Genderlinguistik häufig anzutreffen (vgl. Archanhel's'ka 2011, 99; Levin-Steinmann 2003, 165).

Der Ideologie-Vorwurf ist eines der klassischen Argumente gegen den Feminismus und die gendergerechte Sprachreformen, wie im Abschnitt 2.1.3 bereits gezeigt wurde. Diesbezüglich kann eingewendet werden, dass es keine Mittel gibt, eine ‚ideologisierte' und eine ‚objektive' Position in dieser Kollision zu bestimmen. In *Gender, Wissenschaft und Ideologie* schreiben die Autor*innen, dass in solchen Diskussionen oft auf einen „gesunden Menschenverstand" verwiesen wird – und „eine noch deutlicher kontext- und zeitgebundene Kategorie lässt sich kaum finden" (Frey, Gärtner, und Scheele 2014). Vergleichbare Kategorien lassen sich auch in den russischsprachigen Werken der Gegner*innen der feministischen Sprachkritik finden. So spricht Archanhel's'ka von *языковой вкус* [Sprachgefühl] (Archanhel's'ka 2011, 155). Davon gibt es keine konkrete Definition, also bleibt nur zu vermuten, was genau gemeint wird und nach welchen objektiven Kriterien das Sprachgefühl sich definieren lässt.

Laut Scheller-Boltz symbolisiert das (russische) Sprachsystem an sich im aktuellen Zustand die vorherrschende Ideologie, wonach alles Nicht-Männliche unsichtbar gemacht wird und ‚Nicht-Männer' diskriminiert, marginalisiert und ausgeschlossen werden (Scheller-Boltz 2020, 76). Wie weiter gezeigt werden wird, unterstützt die antifeministische Position die heutige Politik in Russland, was eine indirekte Bestätigung der Tatsache ist, dass die Forschungen, die gegen die feministische Sprachkritik gerichtet sind, selber nicht ideologiefrei sind.

Vorerst muss aber noch ein Grund der Ablehnung der feministischen Sprachveränderungen genannt werden, der eher intralinguistischer Natur ist, nämlich der hohe Grad der Normativität der russischen Sprache. Viele Forscher*innen schreiben in Bezug auf die neuen Sprachformen und feministischen Sprachveränderungen (insbesondere die neuen Feminativa) über eine Liberalisierung oder Pluralisierung der Norm, was ein Indiz dafür ist, dass die Norm früher konservativ und invariabel war. So führt Archangel'skaja aus:

> Феномен активизации фемининного словообразования возник как реакция на более глобальную и мощную тенденцию языкового развития славянских языков последнего времени, связанную с процессами демократизации языков в целом и либерализации (плюрализации) их нормы (Archanhel's'ka 2011, 113). [Das Phänomen der femininen Wortbildung entstand als eine Reaktion auf eine globalere und kraftvollere Tendenz der Sprachentwicklung der slawischen Sprachen in der letzten Zeit, die mit den Prozessen der Sprachdemokratisierung generell und mit der Liberalisierung (Pluralisierung) ihrer Norm verbunden ist.]

Das heißt, dass es jetzt mehrere Varianten der Norm gibt und die Grenzen zwischen den falschen und den richtigen Sprachformen verschwommen sind, was mehr Raum für den individuellen Sprachausdruck der einzelnen Person lässt. In diesem Zusammenhang muss gesagt werden, dass sich beim Russischen generell eine besondere Einstellung zu den Sprachnormen zeigt. So wird in der Einleitung zum klassischen Grammatikwerk der russischen Sprache (*Russkaja grammatika: fonetika, fonologija, udarenie, intonacija, slovoobrazovanie, morfologija*) die Norm als ein historisches gesellschaftliches Phänomen beschrieben. Kennzeichnend ist, dass die Sprachnorm auch als etwas Objektives reflektiert wird: „[...] норма - это одно из проявлений законов языка, и законы эти существуют объективно" (Natalja Ju. Švedova 1980, 10) [[...] die Norm ist eine der Manifestationen der Sprachgesetze und diese Gesetze existieren objektiv].

Dennoch wird dort auch der komplexe Charakter der Norm beschrieben: Sie ist historisch und stabil und dennoch verändert sie sich mit der Zeit. Jede Abweichung von der Norm wird von der Gesellschaft negativ wahrgenommen, aber manchmal sind diese ‚Abweichungen' neue Ereignisse, die später auch zur Norm werden. Laut Švedova gibt es zwei Arten der Reaktionen auf neue

Sprachtendenzen: Zum einen die Reaktionen von denjenigen, die die Sprache gut verstehen und gut fühlen sowie die Gesetze und Entwicklungstendenzen kennen – diese Reaktionen seien in der Regel objektiv und richtig. Zum anderen die Reaktionen von denjenigen, die sich immer an der Norm der Vergangenheit orientieren, die zu puristisch sind oder zu anspruchslos – solche Einschätzungen stellen sich im Laufe der Zeit als subjektiv und falsch heraus (Natalja Ju. Švedova 1980, 10). Interessanterweise wird hier auch das Sprachgefühl angesprochen, aber dieses Mal wird es dem Sprachpurismus und dem übertriebenen Konservatismus gegenübergestellt. Genau dieser Sprachpurismus wird aber oft von den Sprachwissenschaftler*innen demonstriert, die im Kontext neuer Feminativa von der ‚Verunreinigung' der Sprache sprechen und an die Kriterien des Ästhetischen appellieren (vgl. Efremov 2009).

Scheller-Boltz argumentiert, dass die neu gebildeten Feminativa als normativ eingestuft werden können. Sie sind systemkonform, da sie mithilfe von bereits existierenden Sprachmitteln gebildet werden; weiterhin sind sie auch funktional, da sie im System existierende Benennungslücken schließen. Dennoch werden sie oft kritisiert, wobei häufig Vorwürfe eingewendet werden, dass die neu gebildeten Wörter ‚unschön' oder ‚nicht russisch' klingen (Scheller-Boltz 2020, 88–91). Daraus kann geschlossen werden, dass die Sprachnormen nicht allein auf der Objektivität beruhen.

Paradoxerweise werden die Ideologie-Argumente und die Appellation an das Ästhetische oft von den gleichen Autoren direkt nebeneinander benutzt (vgl. Archanhel's'ka 2011; Efremov 2009), obwohl diese Einwände in einem direkten Widerspruch zueinander stehen. Die Autor*innen, die für die Freiheit von jeglicher Ideologie und für eine komplette Objektivität plädieren, beurteilen in den gleichen Texten die neuen Feminativa nach dem Kriterium ‚schön – unschön', was subjektiv ist.

Dies ist ein zusätzlicher Beweis dafür, dass keine Position komplett ideologiefrei ist. Eine weitere Erklärung, warum die gendergerechte Sprache in der russistischen Genderlinguistik so häufig kritisiert wird, scheint extralinguistischer Natur und mit der Geschlechterpolitik[52] in Russland generell verbunden zu sein.

Die russische Geschlechterpolitik erlebte seit dem Anfang des 21. Jahrhunderts tiefgreifende Veränderungen. Seit Mitte der 2000er Jahre gibt es seitens der russischen Regierung ein erhöhtes Interesse für die sexuellen und reproduktiven Rechte der Bevölkerung (vgl. Stella, Nartova, und Reynolds 2016, 17). Die Politik, die anfänglich die Steigerung der Geburtenrate und die Überwindung der demografischen Krise als Hauptziel hatte, artete im letzten Jahrzehnt in einer Politik aus, die die nationale Identität bestimmt und wodurch sich Russland direkt von

---

52 Der Begriff ‚Genderpolitik' schien hier inkorrekt zu sein, da alleine das Konzept von Gender in den russischen konservativen Kreisen starke Proteste verursachte. (Temkina and Zdravomyslova, 2014, p. 263) Da die Regierung momentan einen konservativen Kurs verfolgt, wäre die Bezeichnung der Regierungspolitik als ‚Genderpolitik' an sich widersprüchlich.

Europa abhebt. Manche Forscher*innen sprechen in diesem Kontext von einem ‚biopolitical turn' in Putins Politik: Nach Jahren des Desinteresses wurde den Fragen in Zusammenhang mit Familie, Elternrollen, Kindern und Geschlechterrollen immer mehr Aufmerksamkeit gewidmet (vgl. Garstenauer 2017, 127).

Der Wendepunkt war die Einführung eines Mutterschaftskapitals im Jahre 2007. Dabei handelt es sich um einen Geldbetrag, der der Mutter nach der Geburt vom zweiten (und weiteren) Kind einmalig ausbezahlt wird.[53] Diese Initiative wurde von Feminist*innen kritisiert, da sie ineffizient war und sich nur an Mütter richtete, während die Väter nicht erwähnt wurden. Gleichzeitig wurden dadurch die Mütter aus dem Arbeitsmarkt ausgeschlossen (vgl. Temkina und Zdravomyslova 2014, 262).

Darauf folgten weitere Gesetze und andere Maßnahmen, denen gemeinsam ist, dass sie das traditionelle Familienmodell und die Zweigeschlechtlichkeitsformel (vgl. Ganz und Meßmer 2015, 29) unterstützen. So deklarierte der russische Präsident Vladimir Putin 2008 als das Jahr der Familie und führte den Tag der Familie, Liebe und Treue am 8. Juli ein, wobei in den Kampanien zu diesem Tag das traditionelle heteronormative Familienmodell präsentiert wurde: Männer als Beschützer und Frauen als die Beschützten (vgl. Johnson und Saarinen 2013, 549). Dieses Familienmodell ist generell oft in den Medien anzutreffen. Es wird das Bild von der Frau als guter Ehefrau und Mutter reproduziert (vgl. Puškareva 2010, 190). Die neuesten Entwicklungen in der russischen Geschlechterpolitik gehen in die gleiche Richtung. So wurden im Sommer 2020 Änderungen an der russischen Verfassung vorgenommen. Eine von den Änderungen ist die in Artikel 72 eingetragene Formulierung von der Ehe als einer ‚Vereinigung von Mann und Frau', was einem faktischen Verbot der gleichgeschlechtlichen Ehe entspricht. Die neue Verfassung soll dem ‚Schutz der Institution der Ehe' dienen.[54]

An der Einführung des Tages der Familie, Liebe und Treue, der auch als Tag von Peter und Fevronia, den orthodoxen Heiligen, gefeiert wird, zeigt sich noch eine Tendenz, nämlich die starke Verbindung der Geschlechterpolitik mit der russischen orthodoxen Kirche und die steigende Macht der Letzteren. Der orthodoxe Glaube wird oft als ein Symbol der nationalen Identität benutzt (vgl. Stella, Nartova, und Reynolds 2016, 22) und die öffentlichen Diskussionen werden oft im Einklang mit den Werten und Regeln der orthodoxen Kirche geführt. Ein prominentes Beispiel ist die aktive Anti-Abtreibungs-Diskussion (vgl. Stella, Nartova, und Reynolds 2016, 24; Temkina und Zdravomyslova 2014, 263).

Eine weitere Rhetorik ist die Diskussion über die traditionellen Werte in Russland und die Gegenüberstellung von Russland und Europa. Nachdem in Russland

---

53 http://www.pfrf.ru/info/order/mother_fam_capital/ Zuletzt geprüft am 02.10.2020.

54 https://www.bpb.de/politik/hintergrund-aktuell/312075/verfassung-russland Zuletzt geprüft am 02.10.2020.

das Gesetz gegen ‚Homosexuellen-Propaganda' in Kraft trat[55], wurde das in Medien vor allem mit Europa verglichen, wo (in manchen Ländern) gleichgeschlechtliche Ehen erlaubt sind:

> The meaning of national 'traditional family relations' is also buttressed in relation to what is 'non-traditional', foreign and alien through the pages of Rossiiskaia Gazeta, often by juxtaposing Russia to a sexually and morally decadent Europe. Indeed, most of RG's articles focusing on LGBT issues discuss other European countries rather than the domestic context and the introduction of the 'gay propaganda' laws (Stella, Nartova, und Reynolds 2016, 30).

Die aktuellsten Diskussionen gehen auch in die gleiche Richtung. So wurde in den Medien aktiv der neue Gesetzesentwurf von Elena Mizulina besprochen, wonach es Transgender Personen verboten werden soll, offizielle Ehen zu schließen und das Geschlecht im Ausweis zu ändern.[56]

Das heißt, dass in der offiziellen russischen Geschlechter-Diskussion vor allem die Unterstreichung der Gender-Differenz und der traditionellen Geschlechterrollen sowie die Distanzierung vom Westen und von der westlichen Genderpolitik (die sich zum Beispiel durch die Unterstützung des Feminismus und einer gendergerechten Sprache charakterisiert) zu beobachten sind. Diese Tendenzen widerspiegeln sich auch in den Texten der Gegner*innen einer gendergerechten Sprache (vgl. Šarov 2010).

2.2.2. Russisch als gendergerechte Sprache: die ersten Ansätze

Trotz der oben beschriebenen gesellschaftlichen Tendenzen gibt es vereinzelte Ansätze, Russisch als gendergerechte Sprache zu gestalten. Sie sind zwar nur marginal und werden hauptsächlich von (Sprach-)Aktivist*innen und einzelnen Linguist*innen unternommen, aber sie existieren und stellen einen Beweis dar, dass die Maßnahmen für eine gendergerechte Sprachveränderung auch auf die russische Sprache anwendbar sind.

Diese Tendenz beobachtet auch Tolstokorova. Laut ihr wird der linguistische Aspekt der Gendergerechtigkeit im postsowjetischen Raum nur sporadisch besprochen und spiegelt oft nur die individuellen Positionen einzelner Autor*innen wider (Tolstokorova 2010, 103). Sie ermutigt die Autor*innen der potentiellen

---

[55] Siehe zum Beispiel: https://www.auswaertiges-amt.de/de/newsroom/130612-mrhhb-russland/256294; https://sputniknews.com/society/201306111181618460-Russian-Anti-Gay-Bill-Passes-With-Overwhelming-Majority/. Zuletzt geprüft am 02.10.2019.

[56] Siehe zum Beispiel: https://meduza.io/cards/transgendernym-lyudyam-hotyat-zapretit-ne-tolko-zaklyuchat-braki-no-i-menyat-pol-v-dokumentah-chto-pridumali-v-sovete-federatsii; https://www.dw.com/ru/vrachi-kritikujut-vozmozhnyj-zapret-brakov-dlja-transgenderov/a-54637312. Zuletzt geprüft am 01.09.2020.

Reformen aber, die Änderungen nicht auf einmal, sondern schrittweise einzuführen und diese den kulturellen und grammatischen Besonderheiten der Sprache anzupassen (Tolstokorova 2010, 104–5).

Die Relevanz der Sprachbesonderheiten ist bei den Sprachreformen tatsächlich nicht zu unterschätzen. Das Thema wird von der Linguistin Ol`ga Andrevskich, dem Linguisten Aleksandr Peršaj und der Transaktivistin Jana Sitnikova besprochen. Sitnikova, die sich persönlich für die Sprachveränderung interessiert, aber keine Sprachwissenschaftlerin ist, schlägt eine von Sanskrit inspirierte Idee vor:

> Идея состоит в использовании придыхания конечного согласного основы с прибавлением -а или -и (ед. или мн. число). Например: «я/ты сказалха», «активистхи», «учителхи», «союзникхи» и т.д. (Peršaj 2017a, 2). [Die Idee besteht im Benutzen von einer Aspiration vom Endkonsonanten im Wortstamm und dem Hinzufügen [der Wortendung] -a oder -i (Singular oder Plural). Zum Beispiel: ‚ja/ty skazalha' (ich sagte/du sagtest), ‚aktivisthi' (Aktivist*innen), ‚učitelhi' (Lehrer*innen), ‚sojuznikhi' (Verbündeten) usw.]

Problematisch an diesem Vorschlag ist die Tatsache, dass es im russischen phonetischen System keine aspirierten Konsonanten gibt. Deswegen können sie auch nicht als ein distinktives Merkmal dienen, um die grammatischen Formen zu unterscheiden. Dass es entscheidend ist, nur bereits im Sprachsystem vorhandene Elemente zu benutzen, um neue Formen zu bilden, sagen auch Sitnikovas Gesprächspartner*innen:

> Если наша цель — долговременные и прочные изменения как в языке, так и социуме, работать придется с учетом особенностей русского языка как славянского и синтетического и с учетом особенностей социальных механизмов на постсоветском пространстве (Peršaj 2017a, 9). [Wenn unser Ziel langfristige und stabile Veränderungen sowohl in der Sprache als auch in der Gesellschaft sind, dann müssen wir unter Berücksichtigung der Besonderheiten der russischen Sprache als einer slawischen und synthetischen Sprache und unter Berücksichtigung der Besonderheiten der sozialen Mechanismen im postsowjetischen Raum arbeiten.]

Zurzeit gibt es keine offiziellen Richtlinien, die auf einer nationalen oder zumindest lokalen Ebene verbreitet werden. Dafür gibt es einzelne Vorschläge und Überlegungen einiger Autor*innen, die teilweise keinen systematischen Charakter haben, jedoch als erste Ansätze für das Russische als eine gendergerechte Sprache wertvoll sind.

So verfasste die oben erwähnte Autorin Kirej-Sitnikova den Artikel *Approximating gender neutrality in Russian* (o. J.), in dem sie ihre Überlegungen zu verschiedenen Schreibweisen der genderneutralen Sprache und ihre Anwendbarkeit im Russischen darlegt. So schreibt Kirej-Sitnikova über die folgenden Optionen:

- Die feminine Endung in Klammern: *osvoil(a)* [erlernt m(f)], *aktivist(k)am* [den Aktivist(innen)]. Die Nachteile dieser Schreibweise sind, dass dadurch die subordinierte Position der Frauen gezeigt wird und dass Menschen mit nicht binärer Genderidentität nicht inkludiert werden.
- Schrägstrich: *sotrudniki/-cy* oder *sotrudnicy/- ki* [Mitarbeiter/innen]; in der zweiten Variante kommt die feminine Endung vor der maskulinen. Diese Form zeigt die Gleichheit zwischen den Geschlechtern, ist aber auch binär und in anderen Fällen schwerer anwendbar, vgl. Dativ: *aktivistam/-kam* [den Aktivist/innen].
- Neutrum für die nicht binären Identitäten: *sdelal/a/o* [hat gemacht m/f/n]. Allerdings wird das Neutrum in der russischen Sprache oft als abwertend wahrgenommen und mit wenigen Ausnahmen für unbelebte Objekte benutzt.
- Gender-Gap: *aktivist_ka* [Aktivist_in]. Diese Schreibweise kann auch nicht immer angewendet werden, da die Wortendungen und teilweise sogar die Wortstämme sich in verschiedenen Fällen verändern: *aktivistok* [der Aktivistinnen] Gen., aber *aktivistov* [der Aktivisten Gen.].
- Meidung der gegenderten Formen. Diese Strategie wird vor allem in der mündlichen Sprache benutzt, insbesondere in solchen Situationen, in denen die Sprechenden ihre Transidentität nicht offenbaren möchten. So werden die Endungen manchmal ‚geschluckt' und undeutlich ausgesprochen, es werden Pluralformen der Verben benutzt, Passiv usw.

Insgesamt kommt Kirej-Sitnikova zu dem Schluss, dass keine der Formen komplett neutral ist und sich in der Sprache unproblematisch anwenden lässt. Vermutlich würden einige Forscher*innen an dieser Stelle vorschlagen, mehrere Formen zu kombinieren, um eine gendergerechte Sprache zu schaffen. Aber Kirej-Sitnikova äußert sich etwas radikaler und schreibt, dass eine grundsätzliche Änderung der Sprache notwendig ist, um die Genuskategorie zu eliminieren. Allerdings gibt sie zu, dass „the more radical reform is proposed, the less likely it is to find its way into everyday speech" (Kirej-Sitnikova o. J., 5).

Kennzeichnend ist, dass Kirej-Sitnikova versucht, eine komplett genderneutrale Sprache zu erarbeiten, in der alle Formen neutral und nicht binär sind, weswegen für sie die Bildung neuer Feminativa nicht in Frage kommt. Andere Sprachaktivist*innen sehen das nicht so und wären bereit, die Strategie der Feminisierung zu benutzen. So schrieb 2014 die Bloggerin *aloevrukava* eine Anleitung mit dem Titel *Jazykovoe tvorčestvo protiv diskriminacii: kak pridumyvat' novye slova i pravila* [Sprachkreativität gegen Diskriminierung: Wie denkt man neue Wörter und Regeln aus?] (2014), in der ein Abschnitt der Schöpfung von neuen Feminativa gewidmet ist. Signifikant ist, dass hier die Hauptregel darin besteht, nach der

Sprachintuition zu handeln. Für die Schöpfung eines neuen Wortes kann eines der femininen Movierungssuffixe benutzt werden, die in der Sprache bereits existieren (produktiv und unproduktiv). Die Hauptsache ist, dass das Ergebnis bequem (zum Beispiel gut aussprechbar) ist und der Person selbst gefällt.

Für die Vermeidung des generischen Maskulinums wird neben den bereits erwähnten Methoden Gender-Gap und Schrägstrich auch die Beidnennung der Geschlechter vorgeschlagen (*граждане и гражданки* [Bürger und Bürgerinnen]) sowie der Genderstern, der aber hauptsächlich als Symbol der Zugehörigkeit zur Trans-Community interpretiert wird.

Die Bloggerin kommt zu einer ganz anderen Schlussfolgerung als Kirej-Sitnikova. Sie gibt zwar zu, dass es bestimmt Situationen und grammatische Regeln gibt, die sie nicht beschrieb und für die sie noch keine gendergerechte Alternative vorschlagen kann, aber auch das betrachtet sie optimistisch. Sie schreibt: „[...] главное, что нужно помнить, когда вы в борьбе с языковой дискриминацией берете на вооружение языковое творчество, — это что ваша сила в свободе творчества" [Die Hauptsache, die ihr euch merken müsst, wenn ihr euch im Kampf gegen die Sprachdiskriminierung mit der Sprachkreativität bewaffnet, ist, dass eure Stärke in der Freiheit von dieser Kreativität liegt].

Das Dokument, das auf Russisch verfasst ist und den offiziellen Richtlinien am nächsten kommt, ist der auf der Webseite der Organisation der Vereinten Nationen (UN) veröffentlichte *Rukovodstvo po učëtu gendernoj specifiki v ustnoj in pis`mennoj reči* [Leitfaden für die Berücksichtigung der Genderspezifik in der mündlichen und schriftlichen Sprache' (o. J.)]. Solche Leitfäden wurden für alle UN-Sprachen verfasst, allerdings erfolgte dies halbautonom. Das bedeutet, dass diese Anweisungen nicht automatisch aus irgendeiner Sprache übernommen wurden, sondern individuell für jede Sprache geschrieben wurden, wobei die Besonderheiten der einzelnen Sprachen im Vordergrund standen (Predposylki i celi o. J.).

Dieser Leitfaden entstand als Teil der systemweiten Strategie zur Erreichung der Genderparität. Momentan gibt es aber nur eine begrenzte Anzahl an Dokumenten, die speziell für die russische Sprache verfasst wurden: Der bereits erwähnte *Rukovodstvo po učëtu gendernoj specifiki v ustnoj in pis`mennoj reči* und die *Metodičeskie materialy po učëtu gendernoj specifiki v reči (na russkom jazyke)* [Methodische Materialien für die Berücksichtigung der Genderspezifik in der Sprache (auf Russisch)], die hauptsächlich aus einem Online-Kurs zum Selbstlernen und zur Selbstprüfung bestehen (o. J.).

Im Leitfaden werden die Hauptprinzipien skizziert, denen UN-Mitarbeiter*innen bei der internen und externen Kommunikation folgen sollten, und die helfen könnten, die Genderspezifik in der Sprache zu berücksichtigen. Der Leitfaden passt ungefähr in das von Wattmann Frank beschriebene Schema der Richtlinien für eine genderkorrekte Sprache (Wattman Frank 1985, 242): Einer kurzen

Einleitung folgen die Beispiele für nicht sexistische Formulierungen sowie Kommentare der Verfasser*innen der Richtlinien.

So sollen die UN-Mitarbeiter*innen sich von den folgenden Faktoren leiten lassen: Kontext, Zielgruppe und Ziel des jeweiligen Textes oder mündlichen Vortrags, Lesbarkeit und Verständlichkeit des Textes oder mündlichen Vortrags sowie Flexibilität bei der Wahl und Benutzung von verschiedenen Strategien in der mündlichen und schriftlichen Sprache.

Es werden drei verschiedene Strategien vorgeschlagen, die helfen sollen, die Sprache gendergerechter zu gestalten:

1. Diskriminierende und negative Ausdrücke sind zu vermeiden (zum Beispiel Genderstereotype, wie ‚schwaches Geschlecht' oder ‚Frauenlogik').
2. Wenn der Kontext es verlangt, das Gender der Person anzugeben, soll es explizit benannt werden (zum Beispiel durch die Benutzung von Pronomen von beiden Geschlechtern: *он или она, его или ее* [er oder sie, sein oder ihr].
3. Wenn das Gender im bestimmten Kontext irrelevant ist, dann sollen die unnötigen Verweise darauf gemieden werden (zum Beispiel durch die Verwendung von Plural, Passiv oder verschiedenen unpersönlichen Konstruktionen).

Diese drei Punkte können bedingt als die drei Strategien für die gendergerechte Sprache interpretiert werden: Vermeidung von Stereotypen, Feminisierung und Neutralisierung. Allerdings werden diese Strategien hier etwas inkonsequent angewendet. So werden die Vorschläge für die gendergerechte Sprache an einigen Stellen mit Beispielen in Tabellen veranschaulicht, wobei es schlechter und besser gelungene (aus der Sicht der Genderdiskriminierung) Formulierungen gibt. Jedoch ist das genaue Ziel der Verbesserungsvorschläge manchmal schwer ersichtlich, denn ab und zu wird eher das Gegenteil erreicht und die Sätze zeigen sogar mehr Genderdiskriminierung als zuvor. Beispielsweise wird vorgeschlagen, den Satz *Председатель получил (получила) письмо, в котором…* [Der Vorsitzende empfing *m* (empfing *f*) einen Brief, in dem…] in den Satz *В письме, которое было получено Председателем…* [In dem Brief, der von dem Vorsitzenden empfangen wurde…] zu ändern. Während es im ersten Satz zumindest einen Hinweis darauf gibt, dass die vorsitzende Person potenziell weiblich oder männlich sein könnte, ist der zweite Satz ein Beispiel für das generische Maskulinum, weil das maskuline Nomen als ein neutrales benutzt wird und es keinerlei Hinweise auf die anderen Gender gibt.

Von besonderem Interesse ist die Einstellung, die im Leitfaden zu Feminativa und Schreibweisen für den non-binären Genderausdruck geäußert wird. Diese Einstellung kann als vorsichtig und eher konservativ charakterisiert werden. Grundsätzlich wird im Leitfaden die Meinung vertreten, dass die maskulinen

Berufsbezeichnungen, für die es keine femininen Varianten gibt, geschlechtsneutral sind (wie *президент* [Präsident], *посол* [Botschafter], *министр* [Minister]). Manche Berufsbezeichnungen haben eine feminine Variante, die in informellen Situationen zulässig sind, allerdings nicht in offiziellen Texten. Als Beispiele werden die Wörter *руководительница* [Leiterin], *заместительница* [Stellvertreterin] und *заведующая* [die Vorsitzende] genannt. Dabei bleibt unklar, warum diese Wörter für offizielle Texte unpassend sind, da von diesen Wörtern nur das Wort *заместительница* [Stellvertreterin] in den Wörterbüchern als umgangssprachlich markiert wird (vgl. Kolesnikov 2014; Kuznecov 1998). Der Schrägstrich, Gender Gap und Genderstern werden als ‚typografische Methoden' bezeichnet. Sie seien in manchen Fällen in den E-Mails erlaubt, aber in den offiziellen UN-Dokumenten unzulässig.

Generell lässt es sich sagen, dass auf der UN-Webseite viel weniger russischsprachige Materialien vorhanden sind als in anderen Sprachen. So gibt es auf Englisch nicht nur den Online-Kurs zum Selbstlernen, sondern auch Online-Webinare, Unterrichte mit Nachhilfe sowie zahlreiche Links auf die englischsprachigen UN-Quellen.

Der russische Online-Kurs zum Selbstlernen umfasst einige Texte, die die Lernenden auf eine gendergerechte Weise korrigieren sollen. Im Anschluss können sie ihre Varianten mit den vorgeschlagenen Lösungen vergleichen. Es gibt konkrete Hinweise, auf welchem Punkt aus dem Leitfaden jeder einzelne Lösungsvorschlag basiert. Wie im Leitfaden sind auch hier einige Inkonsequenzen festzustellen. So wird vorgeschlagen, dass es korrekter ist, statt nur *представители* [Vertreter] *представители и представительницы* [Vertreter und Vertreterinnen] zu schreiben, aber das Wort *руководители* [Leiter, *pl.*] wurde unverändert gelassen. Außerdem wurde die Reihenfolge, zuerst das maskuline und dann das feminine Nomen, nie in Frage gestellt: *представители и представительницы* [Vertreter und Vertreterinnen], *участников и участниц* [Teilnehmer und Teilnehmerinnen, *Gen.*].

Selbst diese Vorschläge werden auf der Webseite nicht durchgehend umgesetzt. So kann auf der Seite vom fünften Ziel für nachhaltige Entwicklung, der ‚Gleichstellung der Geschlechter', folgender Satz gefunden werden: *Женщины играют непропорциональную роль в реагировании на этот вирус, выступая в том числе в качестве медицинских работников первичного звена* [Die Frauen spielen eine überproportionale Rolle in der Reaktion auf diesen Virus, indem sie unter anderem als medizinische Arbeiter in der Ersten Hilfe dienen] (Cel' 5: Obespečenie gendernogo ravenstva i rasširenie prav i vozmožnostej vsech ženščin i devoček o. J.) Da es in diesem Satz speziell um die Frauen geht, wäre es zu erwarten, dass anstelle von *работники* [Arbeiter] zumindest ein genderneutraler Begriff benutzt wird. Wie in der vorliegenden Arbeit bereits besprochen, ist zwar beim Wortpaar *работник – работница* [Arbeiter – Arbeiterin] eine semantische Asymmetrie festzustellen, aber für diesen Satz gäbe es auch die Möglichkeit, neutrale Alternativen zu benutzen, wie zum Beispiel *медицинский персонал* [medizinisches Personal].

Es kann also gesagt werden, dass die bis jetzt vorgeschlagenen Sprachveränderungen eher unstrukturiert sind und einen sporadischen Charakter aufweisen. Die Diskussion zur gendergerechten Sprache bleibt somit auch am Rande der öffentlichen Wahrnehmung und wird in der wissenschaftlichen Literatur wenig thematisiert.

So beschreibt Ohnheiser die Debatten zur genderkorrekten Sprache in Österreich, Tschechien und auch in Russland (Ohnheiser 2015). Obwohl es im Artikel keine systematische Übersicht der Argumente gegen die feministische Sprachveränderung gibt, werden einige Tendenzen aufgelistet. So werden die neu gebildeten Feminativa oft dafür kritisiert, dass sie ‚unschön' sind und umgangssprachlich klingen. Ein weiteres Argument dagegen wird von Ohnheiser als Verschwörungstheorie bezeichnet. Damit werden Argumentationsmuster beschrieben, in denen die Vorschläge zur gendergerechten Sprachveränderung verzerrt werden und die Konsequenzen von solchen Maßnahmen übertrieben und grotesk dargestellt werden. Als Beispiel nimmt Ohnheiser den Artikel von Šarov (2010), in dem der Autor die feministischen Sprachveränderungen mit Neusprech von Orwells Roman *1984* vergleicht. Dieses Argumentationsmuster ist dem *slippery slope-Argument* recht ähnlich: Die Konsequenzen jeder einzelnen Handlung werden übertrieben und als sehr gefährlich dargestellt.

Im Jahr 2018 wurde von Kirej-Sitnikova eine Umfrage zum Thema *Otnošenie k feminitivam i genderno nejtral'nym formam v russkom jazyke: Rezul'taty oprosa feministok i LGBT-ljudej* [Einstellung zu Feminativa und genderneutralen Formen in der russischen Sprache: Ergebnisse der Umfrage von Feministinnen und LGBT-Personen] (2018) durchgeführt. In der Umfrage, deren Zielgruppe hauptsächlich Feminist*innen und LGBT-Personen waren (wie die Autorin das begründet, sind das die Gruppen, die an den Sprachreformen am ehesten interessiert sind), wird die Meinung der Befragten zur feministischen Sprachreformen und zu verschiedenen Schreibweisen der Feminisierung und Genderneutralisierung erfragt. So interessierte es Kirej-Sitnikova, ob die Sprachveränderung den Befragten zufolge helfen wird, die Sprachdiskriminierung zu eliminieren. In den frei formulierten Antworten wurden im Prinzip verschiedene Argumente für und gegen die Sprachveränderung aufgelistet. So schrieben die Befragten einerseits, dass sich zuerst die Gesellschaft verändern sollte, dass solche Veränderungen eine Art Sprachgewalt und unnatürlich seien und dass sie unschön klingen würden. Andererseits gab es gegenteilige Argumente, dass die Sprachveränderungen die gesellschaftlichen Veränderungen antreiben könnten und dass die Feminativa nicht unschön, sondern nur ungewöhnlich klingen würden, was mit der Zeit vergeht. Einige wählten die dritte Option und äußerten sich gegen die Feminisierung der Sprache und für die Neutralisierung, sodass Gender komplett aus der Sprache eliminiert würde.

Ohnheisers und Kirej-Sitnikovas Werke gehören zu den wenigen, in denen versucht wird, die russischsprachige öffentliche Diskussion zu feministischen Sprachveränderungen zu erfassen. Deswegen bedarf es einer breiteren Forschung und einer strukturierten Auflistung der Argumente, die gegen die feministischen Sprachveränderungen in der russischen Sprache benutzt werden. All das macht die Analyse im Abschnitt 2.3. aktuell.

Ein weiteres Feld, in dem Forschungsbedarf besteht, sind die Perzeptionsstudien. Es gibt zwar einige Forschungen zur Wahrnehmung der Frauen- und Männersprache, auf die bereits im Abschnitt 1.2. eingegangen wurde, allerdings gibt es bis jetzt nur einzelne Umfragen zur Wahrnehmung der gendergerechten Sprache.

Scheller-Boltz veröffentlichte Ergebnisse einer solchen Umfrage in seiner Monografie *Grammatik und Ideologie: Feminisierungsstrategien im Russischen und Polnischen aus Sicht der Wissenschaft und Gesellschaft* (2020). Das Ziel der Umfrage war, herauszufinden, wie Maskulina von den Muttersprachler*innen wahrgenommen werden, ob sie tatsächlich neutral sind und ob die Frauen dabei immer ‚mitgemeint' werden. Dafür gab es verschiedene Aufgaben: Lückentexte, in die feminine oder maskuline Personal- oder Possessivpronomina eingefügt werden mussten, sowie Sätze mit Berufsbeschreibungen, denen weibliche oder männliche Namen zugeordnet werden mussten. Die Ergebnisse der Umfrage zeigten, dass bei den maskulinen Nomina nur in wenigen Fällen femininen Pronomina und Namen eingefügt werden. So wurden im Satz *В последнем выпуске женского журнала «Лиза» оба журналиста __________ и __________ дали очень странные советы из области моды и косметики* [In der letzten Ausgabe des Frauenmagazins ‚Liza' gaben die beiden Journalisten __________ und __________ sehr seltsame Ratschläge aus dem Bereich der Mode und Kosmetik] nur 14 Mal die weiblichen Namen in die Lücken hineingeschrieben gegenüber 42 männlichen Namen. Dabei stellt dies noch die maximale Anzahl dar, denn in den anderen Sätzen war das Verhältnis der männlichen und weiblichen Namen noch unausgeglichener. Dies ist ein Indiz dafür, dass das maskuline Genus in der russischen Sprache von den Sprechenden nicht als neutral wahrgenommen wird, sondern durchaus mit dem männlichen Geschlecht assoziiert wird.

Zusammenfassend kann gesagt werden, dass die Diskussion zur gendergerechten Sprache bezüglich des Russischen derzeit noch am Anfang steht – sowohl in öffentlichen als auch in akademischen Kreisen. Die konkreten Vorschläge zur gendergerechten Sprachreformen haben einen pragmatischeren Charakter. Dies setzt aktive Handlungen und Sprachveränderungen voraus, wozu vermutlich weder die russischsprachige Wissenschaft noch die russische Gesellschaft bereit ist. Die Gründe für dieses Zögern können hauptsächlich in der heutigen russischen Politik gefunden werden. Bemerkenswert ist aber, dass das Thema ‚gendergerechte Sprache' in der russischsprachigen Forschungsliteratur präsent ist. Es erschienen einige Werke auf Russisch zum Thema ‚genderkorrekter

Sprachgebrauch' in der deutschen (vgl. Antropova 2016; Mackevič und Flaksman 2016) und englischen Sprache (vgl. Bondareva 2014; Pavliščeva 2014) oder über die Besonderheiten der Übersetzung von genderkorrekter Lexik ins Russische (vgl. Puzakov und Slugina 2016). Die Hoffnung ist, dass sich als Nächstes das Interesse für die eigene Sprache entwickelt.

2.3. Öffentliche Diskussion zur gendergerechten Sprache in den russischsprachigen Kommentaren auf YouTube

2.3.1. Studiendesign

Wie bereits im Kapitel 2.2.2 erwähnt, gibt es kaum Studien zur öffentlichen Diskussion zu der gendergerechten Sprache von den Russisch Sprechenden. Allerdings ist die Relevanz der öffentlichen Meinung nicht zu unterschätzen, denn die ,naiven' Sprachnutzer*innen sind schließlich diejenigen, die die Sprache gestalten und die möglichen Änderungen unterstützen oder ablehnen können:

> With this explicit orientation towards language in everyday life and in particular the problems and concerns of the language users, anyone working in AL [Applied Linguistics] is forced to consider beliefs, views and opinions of the language user as a non-linguist and to take those views seriously (Wilton und Stegu 2011, 2).

Aus diesem Grund erscheint es als notwendig, in der vorliegenden Arbeit eine Analyse der öffentlichen Diskussion in den russischsprachigen YouTube-Kommentaren durchzuführen. Das Ziel ist dabei, die Ergebnisse der zweiten Analysephase (Analyse der Repräsentation von Gender durch die Verwendung der Personenbezeichnungen in verschiedenen Sprachstilen) in einen breiteren Kontext zu stellen, um sie besser interpretieren zu können und dabei nicht nur von den eigenen empirischen Einschätzungen auszugehen. In anderen Worten soll diese Y-ouTube-Analyse helfen, eine Vorstellung über die genderkorrekte Sprache in Russland zu bekommen. Vor allem sollen dabei folgende Fragen beantwortet werden:

- Wie ist die Einstellung zur genderkorrekten Sprache in Russland?
- Sind die Argumente gegen und für die genderkorrekte Sprache spezifisch für Russland und für die russische Sprache oder gibt es ,universelle' Argumente, die auch in den Diskussionen über die anderen Sprachen vorkommen bzw. vorkamen? (vgl. Kapitel 2.1.3)

Als Material für die Analyse werden die Kommentare zu den russischsprachigen YouTube-Videos zum Thema ,genderkorrekte Sprache/Feminativa' benutzt. YouTube wurde aus den existierenden sozialen Medien sowie Webseiten generell aus mehreren Gründen ausgewählt. So ist YouTube heutzutage eine der meistbesuchten Webseiten (vgl. Murthy und Sharma 2019, 192; Song, Jeong, und Kim 2015, 2580; Thelwall, Sud, und Vis 2012, 616). Momentan wird die Webseite immer mehr im Rahmen von verschiedenen Forschungen analysiert, vor allem in der Soziologie. Dabei werden häufig der Inhalt der Videos, die Interaktion und das Verhalten der Nutzer*innen sowie die Art und der Inhalt der Kommentare untersucht (vgl. Madden, Ruthven, und Mcmenemy 2013, 696).

Die Kommentare sind ein signifikanter Aspekt der Kommunikation auf YouTube und bieten vielfältiges Material für die Forschungen: „YouTube's popularity, and the ease with which comments can be left, has created a large repository of user-generated information which may be mined for studies on communication, information seeking and sociology" (Madden, Ruthven, und Mcmenemy 2013, 696). Obwohl die Kommentare im Vergleich zu den Videos ein relativ kleiner Teil von YouTube sind, bilden sie insgesamt trotzdem ein großes Textmassiv und haben große Signifikanz, denn YouTube hat viel Zuschauer*innen (vgl. Thelwall, Sud, und Vis 2012, 617). Dementsprechend kann die Analyse der Kommentare helfen zu verstehen, was in der Öffentlichkeit als kontrovers wahrgenommen wird und was eine Diskussion anregt.

Kennzeichnend ist auch, dass die Kommentare oft anonym sind, da die Nutzer*innen häufig ein Pseudonym oder Nickname benutzen. Diese Anonymität scheint sie von den sozialen Normen zu befreien. Grobe Sprache oder sogenanntes Flaming (Aussagen, die die anderen Nutzer*innen provozieren sollen) treten daher häufig auf (vgl. Chambers und Bichard 2012, 5; Murthy und Sharma 2019, 192; Thelwall, Sud, und Vis 2012, 616). Laut Lange und Fellow sehen die Nutzer*innen aber diese Situation nicht unbedingt als problematisch. Viele betrachten das als eine Besonderheit von YouTube, da die Webseite eine freie Plattform ist und von einer Moderation und Regelungen möglicherweise nicht profitieren wird: „Participants often wish to preserve an aura of free speech and promote self-expression that may not be possible in certain in-person contexts. A particular concern is that limiting comments may discourage helpful feedback" (Lange und Fellow 2007, 5). Francesconi bezeichnet die Kommunikation auf YouTube als einen Dialog zwischen mehreren Personen, da die Kommentare in verschiedenen Sprachen von verschiedenen Autor*innen in verschiedenen Stilen verfasst werden (Francesconi 2018, 38).

Ein Thema, das in Bezug auf YouTube breit erforscht wurde und im Kontext von dieser Untersuchung von großem Interesse ist, stellt die Repräsentation von Gender auf der Webseite dar. Viele Forscher*innen analysierten Videos von männlichen und weiblichen Produzent*innen, die Kritik, die sie bekamen, sowie die Interaktion der Nutzer*innen und kamen dabei zu dem Schluss, dass Frauen auf YouTube unterrepräsentiert sind und die Plattform zum Teil als frauenfeindlich bezeichnet werden kann (vgl. Döring und Mohseni 2019a, 2019b; Morcillo u. a. 2019; Thelwall und Mas-Bleda 2018; Veletsianos u. a. 2018; Wotanis und

Mcmillan 2014). Es ist allerdings nicht klar, ob diese Situation spezifisch für YouTube ist oder ob das Internet oder manche Arten von Webseiten generell diskriminierend für Frauen sind. Womöglich liegt der Ursprung dieser Feindlichkeit sogar viel tiefer. Molyneaux et al. schreibt, dass Internet den Frauen wenig Gelegenheit zur Verfügung stellt, gehört zu werden: „[…] women's voices are not being created by the new technology of the internet – […] instead the internet is following earlier patterns of technology, whereby women's voices did not become reality" (Molyneaux u. a. 2008, 3). Jedoch soll dieser Faktor bei der Analyse und Auswertung der Ergebnisse in Kauf genommen werden.

Für diese Studie wurden die Kommentare von zwei YouTube-Videos analysiert: *Maksim Krongauz: Začem nužny feminitivy?* [Maksim Krongauz: Wofür braucht man Feminativa?][57] und *Komu i začem nužny feminitivy?* [Wer braucht Feminativa und wofür?][58]. Das erste Video hatte zum Beginn der Analyse 1405 Kommentare, das zweite 1411 Kommentare.[59]

Maksim Krongauz: Začem nužny feminitivy? ist im Rahmen eines Video-Podcasts erschienen. Bei diesem Video handelt es sich um ein Gespräch mit dem Linguisten Maksim Krongauz, der die Fragen der Moderatoren zu verschiedenen Ereignissen und Tendenzen in der russischen Sprache beantwortet – unter anderem, zu Feminativa.

Komu i začem nužny feminitivy? ist ein kurzes Video der Internetzeitung Meduza, dessen Ziel es ist, kurz die Geschichte der Feminativa in der russischen Sprache zusammenzufassen.

Auswahlkriterien waren der Inhalt der Videos, die neutrale Position der Autoren (beide Kanäle sind auf Nachrichten und Unterhaltung spezialisiert) sowie ein großes Auditorium und mindestens 1000 hinterlassene Kommentare. Nicht einbezogen wurden Videos, die auf anti- oder pro-feministischen Kanälen veröffentlicht wurden, da sie in den Ergebnissen ein verzerrtes Bild gezeigt hätten.

Die Kommentare wurden mithilfe einer qualitativen Inhaltsanalyse überprüft und anschließend in Kategorien *Argumente gegen eine gendergerechte Sprache* (neun Argumente) und *Argumente für eine gendergerechte Sprache* (sieben Argumente) aufgeteilt. Unter der qualitativen Inhaltsanalyse wird hier eine Forschungstechnik verstanden, bei der eine fixierte (in diesem Fall – schriftliche) Kommunikation systematisch, regelgeleitet und theoriegeleitet analysiert wird, wobei es das Ziel ist, Rückschlüsse auf bestimmte Aspekte der Kommunikation zu ziehen (vgl. Mayring 2015, 13).

Es gab bis jetzt schon einige Studien, in denen mithilfe der qualitativen Inhaltsanalyse die Kommentare klassifiziert wurden, wie zum Beispiel im Artikel *A classification scheme for content analyses of YouTube video comments* (Madden,

---

[57] https://www.youtube.com/watch?v=9arsAqNZ8tU Zuletzt geprüft am 23.09.2020.
[58] https://www.youtube.com/watch?v=Q48UTjNA698 Zuletzt geprüft am 23.09.2020.
[59] Die Kommentare von beiden Videos wurden am 08.01.2020 erfasst.

Ruthven, und Mcmenemy 2013). Allerdings wurde dort versucht, ein klassifizierendes Schema für alle Kommentare auf YouTube zu entwerfen (vgl. Madden, Ruthven, und Mcmenemy 2013, 701–3). In der vorliegenden Arbeit wurden aus den Kommentaren die Argumente gegen und für die gendergerechte Sprache herauskristallisiert. Dabei wurden die Ergebnisse mit den Ergebnissen aus den Artikeln von Blaubergs (1980) sowie Parks und Roberton (1998) verglichen.

Mayring nennt in seinem Buch *Qualitative Inhaltsanalyse: Grundlagen und Techniken* verschiedene Aufgaben dieser Analysetechnik, und nach seinem System ist das Hauptziel der vorliegenden Analyse eine Klassifizierung: Die „Ordnung eines Datenmaterials nach bestimmten, empirisch und theoretisch sinnvoll erscheinenden Ordnungsgesichtspunkten, um so eine strukturierte Beschreibung des erhobenen Materials zu ermöglichen“ (Mayring 2015).

Die Analyse erfolgte nach dem folgenden Ablaufmodell:

- Anhand einer Stichprobe wurde das Kategoriensystem erstellt.
- Die Analyseeinheiten wurden bestimmt. In diesem Fall sind das die Sätze oder Textabschnitte, die eine Idee (ein Argument für oder gegen die gendergerechte Sprache) ausdrücken. Ein Kommentar kann mehrere Argumente beinhalten und in diesem Fall wird jedes Argument als eine selbstständige Analyseeinheit markiert (siehe Abbildung 1):

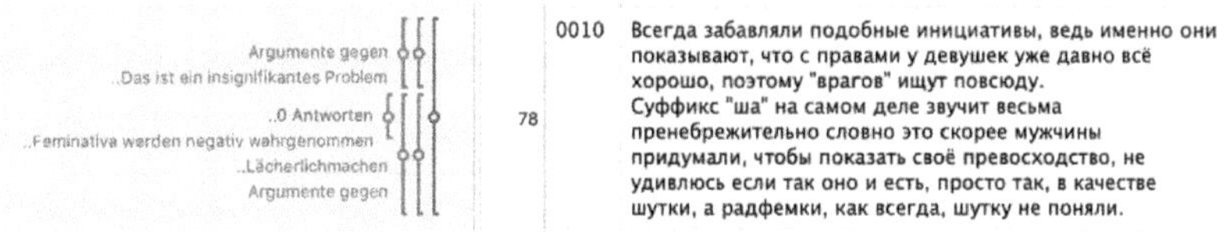

Abbildung 1: Ein Kommentar mit drei Argumente – ‚Das ist ein insignifikantes Problem‘, ‚Feminativa werden negativ wahrgenommen‘ und ‚Lächerlichmachen‘[60]

- Das gesamte Material wurde kodiert, das heißt, den Textabschnitten mit Argumenten für oder gegen die gendergerechte Sprache wurden Kategorien zugeordnet.
- Das Kategoriensystem wurde angepasst: Manche Kategorien wurden hinzugefügt, umbenannt, zusammengeführt beziehungsweise in Subkategorien unterteilt. Dieser Schritt wurde besonders sorgfältig durchgeführt, da das Kategoriensystem zugleich ein zentrales Instrument sowie das Ziel der Analyse ist.

[60] Alle Abbildungen in diesem Band sind von mir selbst erstellt.

Kennzeichnend ist, dass es sich hier um eine induktive Kategoriendefinition handelt, was bedeutet, dass die Kategorien direkt aus dem Material abgeleitet werden, indem das Material verallgemeinert wird (vgl. Mayring 2015). Es gab kein vorher theoretisch konzipiertes Kategoriensystem, und obwohl die Klassifizierungen von Blaubergs (1980) sowie Parks und Roberton (1998) als Orientierung dienten und die Ergebnisse damit verglichen werden, stand bei der Analyse das Material im Vordergrund.

- Danach erfolgte die zweite Runde des Kodierens – diesmal mit dem angepassten Kategoriensystem. Das war für die Überprüfung notwendig, da die gesamte Kodierung und Auswertung der Ergebnisse durch eine Person erfolgten.
- Der letzte Schritt bestand in der Auswertung und der Interpretation der Ergebnisse.

Am anschaulichsten kann der gesamte Ablauf an folgendem Prozessmodell gezeigt werden (angepasstes Modell von Mayring 2015, 86, siehe Abbildung 2):

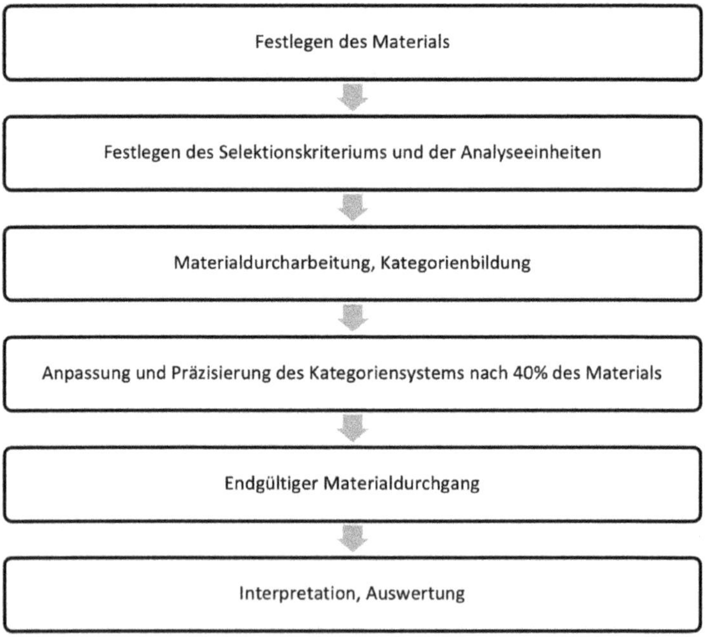

Abbildung 2: Prozessmodell der Analyse

Dabei muss beachtet werden, dass nicht alle Kommentare kodiert wurden, sondern nur diejenigen, die irgendeine Meinung oder Anmerkung zur gendergerechten Sprache oder konkret zu Feminativa beinhalteten. Manche Kommentare wurden zu einem anderen Thema verfasst oder waren ohne vollständige Aussage. Solche Kommentare wurden aus der Analyse ausgeschlossen.

Die Kategorien schließen einander nicht aus. In einem Kommentar konnte eine Aussage vorkommen, die in mehrere Kategorien fällt. So ist es möglich, dass eine Person sich über die gendergerechte Sprache lustig macht und das als die einzige Argumentationsstrategie gegen die Sprachveränderung benutzt. Eine Person kann aber auch ein anderes Argument einwenden und sich dabei über die gendergerechte Sprache lustig machen.

Es wurden während der Analyse keine Daten der Nutzer*innen erhoben, was zum Teil auch gar nicht möglich gewesen wäre. Viele Kommentierende benutzen Nicknames, wodurch sich zum Beispiel das Geschlecht nicht feststellen lässt. Weitere Daten, wie Alter oder Wohnort, werden eher selten in Profilen auf der Webseite angegeben. Ein zusätzliches Problem ist die Zuverlässigkeit dieser Daten, da solche Informationen von den Nutzer*innen selbst angegeben werden und nicht zusätzlich verifiziert werden (vgl. Chambers und Bichard 2012, 11).

Die Kommentare wurden mithilfe der *Computer-Assisted Qualitative Data Analysis Software* (CAQDAS) MAXQDA 2020 analysiert, wobei vor allem die Kodierung erfolgte.[61]

2.3.2. Analyseergebnisse

Durch die Analyse entstanden insgesamt 16 Kategorien: neun für die Argumente gegen die gendergerechte Sprache und sieben für die Argumente dafür. Manche von diesen Argumenten hatten auch Unterkategorien. Eine Zusammenfassung dieser Argumente wird in den Tabellen 1 und 2 dargestellt. In der linken Spalte werden kurz die Argumente formuliert und in der rechten Spalte werden die Bedeutungen von diesen Argumenten erklärt. Diese Bedeutungen wurden, genauso wie die Argumente selbst, induktiv aus dem Material abgeleitet. Die genaue Beschreibung von allen Argumenten befindet sich in den Abschnitten 2.3.3. (Argumente gegen die gendergerechte Sprache) und 2.3.4. (Argumente für die gendergerechte Sprache).

[61] Zum Kodieren in MAXQDA siehe Kuckartz and Rädiker, 2019, pp. 69–70.

Tabelle 1: Argumente gegen die gendergerechte Sprache

Argument	*Bedeutung*
Das ist ein insignifikantes Problem (101 kodierte Einheiten) Subkategorie: *Es gibt signifikantere Probleme* (18 kodierte Einheiten)	Dieses Problem hat keine Bedeutung für die Gesellschaft; Feminativa sind sinnlos. Es gibt dringendere Aufgaben, mit denen sich die Gesellschaft und speziell Feminismus beschäftigen soll.
Feminativa sind unästhetisch (79 kodierte Einheiten) Subkategorien: *Feminativa haben eine andere Bedeutung* (4 kodierte Einheiten) *Feminativa werden negativ wahrgenommen* (18 kodierte Einheiten)	Feminativa klingen ‚unschön' und beschädigen die Sprache. Feminativa bzw. feminine Movierungssuffixe haben eine eigene ursprüngliche Semantik. Feminativa haben negative oder abwertende Konnotationen.
Sprachveränderungen sind unbequem oder unmöglich (66 kodierte Einheiten) Subkategorien: *Einzelne Personen können die Sprache nicht verändern* (8 kodierte Einheiten) *Tradition* (4 kodierte Einheiten)	Die Sprachveränderungen sind zu umständlich, um sie umzusetzen. Nur die gesamte Gesellschaft kann die Sprache verändern und nicht die einzelnen Feminist*innen oder Linguist*innen. Die Sprache war schon immer so und soll deswegen nicht verändert werden.
Aggressivität gegenüber Veränderungen (49 kodierte Einheiten) Subkategorien: *Lächerlichmachen* (25 kodierte Einheiten)	Dieses Thema ist absurd und sogar gefährlich. Die gendergerechte Sprache und ihre Befürworter*innen sind lächerlich.

Argument	*Bedeutung*
Aggressivität gegenüber Feminismus (10 kodierte Einheiten)	Feminismus ist sinnlos und heutzutage überflüssig, deswegen sind auch die von ihm inspirierten Maßnahmen sinnlos.
Maskulina sind neutral (40 kodierte Einheiten) Subkategorie: *Gender ist irrelevant* (17 kodierte Einheiten)	Maskulina haben eine neutrale Bedeutung und stehen für Männer und für Frauen. Es geht um den Beruf bzw. die Funktion und nicht um das Geschlecht.
Neutralität statt Feminisierung (29 kodierte Einheiten)	Idealerweise soll alles geschlechtsneutral sein; Feminativa unterstreichen nur die Genderdifferenz.
Zuerst muss die Gesellschaft verändert werden (14 kodierte Einheiten)	Zuerst soll Genderdiskriminierung in der Gesellschaft eliminiert werden, dann werden die Feminativa von allein entstehen.
Männer sind überlegen (8 kodierte Einheiten)	Frauen sind in der Sprache weniger vertreten, weil sie weniger Leistung erbringen.
Die Sprache hat genug Mittel, um das Gender anzugeben (6 kodierte Einheiten)	Es gibt in der Sprache verschiedene andere Mittel, das Geschlecht auszudrücken.

Tabelle 2: Argumente für die gendergerechte Sprache

Argument	*Bedeutung*
Sprache ist diskriminierend (40 kodierte Einheiten)	Die Sprache ist in ihrem heutigen Zustand diskriminierend und soll deswegen verändert werden.
Feminativa zeigen Anerkennung und Respekt für Frauen (35 kodierte Einheiten) Subkategorie: *Feminativa helfen, die Gesellschaft zu verändern* (15 kodierte Einheiten)	Feminativa sind ein Zeichen der Anerkennung von Frauen in verschiedenen Berufen. Wenn die Feminativa mehr benutzt werden, dann werden stereotype Vorstellungen über Frauen bekämpft.

Argument	*Bedeutung*
Feminativa sind nicht unschön bzw. sie sind ungewöhnlich (31 kodierte Einheiten) Subkategorie: *Feminativa sind nicht schlechter als Slang oder Umgangssprache* (7 kodierte Einheiten)	Feminativa sind gewöhnungsbedürftig und ihre Schönheit ist subjektiv. Wenn es Slang und umgangssprachliche Ausdrücke gibt, die aktiv benutzt werden, dann sollen auch Feminativa niemanden stören.
In anderen Sprachen existieren Feminativa (19 kodierte Einheiten)	Wenn Feminativa in anderen Sprachen funktionieren, dann können sie es auch in der russischen Sprache.
Feminativa sind das natürliche Ergebnis der sozialen Veränderungen (18 kodierte Einheiten)	Feminativa entstehen als Konsequenz der wachsenden Rolle der Frauen in der Gesellschaft.
Feminativa helfen, Missverständnisse zu vermeiden (8 kodierte Einheiten)	Feminativa haben eine präzisere Semantik als das generische Maskulinum und zeigen immer an, dass es sich um eine weibliche Person handelt.
Feminismus hat mehrere Aufgaben (7 kodierte Einheiten)	Die Einführung der Feminativa bedeutet nicht, dass die anderen Aspekte der Genderdiskriminierung nicht beachtet werden.

Manche von den Gegenargumenten stimmen mit den Argumenten, die in Studien von Blaubergs (1980) sowie Parks und Roberton (1998) genannt werden, überein. Demgegenüber ist die Auflistung von Argumenten, die Feminismus unterstützen, ein Novum und kann daher mit keinen vorherigen Werken verglichen werden. Die Auflistung solcher Argumente erschien allerdings als notwendig, da, wie bereits erwähnt, die russische öffentliche Diskussion zur gendergerechten Sprache eher begrenzt ist, es keine Richtlinien gibt und die Stimmen für eine gendergerechte Sprache eine Seltenheit sind. Deswegen erschien es von besonderem Interesse, diese Meinungen zu sammeln und zu analysieren. In den weiteren Abschnitten wird auf die einzelnen Argumente der beiden Seiten detaillierter eingegangen.

2.3.3. Argumente gegen eine gendergerechte Sprache

Insgesamt gab es 355 Elemente, die als Gegenargumente kodiert wurden.[62] Daraus wurden neun Kategorien gebildet, wovon fünf auch Unterkategorien haben. Jede (Unter-) Kategorie entsprach einem Argument. Diese Kategorien werden hier in absteigender Reihenfolge der Häufigkeit aufgelistet.

Das ist ein insignifikantes Problem. Diese Kategorie entspricht ungefähr dem Argument *language is a trivial concern* aus den Studien Blaubergs (1980) sowie Parks und Roberton (1998). Die Hauptthese ist dabei, dass die Feminativa insignifikant sind, keinen Einfluss auf die Realität haben und daher keinen Nutz bringen. Häufig wird von den Kommentierenden behauptet, dass dieses Problem ‚aus den Fingern gesaugt wird' oder dass ‚Feminist*innen nichts zu tun haben':

> Когда заняться больше нечем, занимаются вот такой вот ерундой. Проблема высосана из пальца.[63] [Wenn es nichts mehr zu tun gibt, dann beschäftigt man sich mit diesem Quatsch. Das Problem ist aus den Fingern gesaugt.]

Oft wird radikal gesagt, dass niemand Feminativa und Feminismus braucht, wobei der Tonfall manchmal aggressiv ist:

> Никому и даром не сдались феминитивы. Ну, кроме поехавших. [Niemand braucht Feminativa. Naja, außer die Bescheuerten.]

Eine typische Formulierung und daher eine Unterkategorie (*Es gibt signifikantere Probleme*) ist der Einwand, dass es dringendere Fragen gibt, mit denen sich die Gesellschaft und konkret der Feminismus beschäftigen soll. Dabei wird Feminismus als etwas Erschöpfbares vorgestellt, weswegen er die Aufgaben priorisieren muss. Grundsätzlich sind diese Argumente aber weniger aggressiv formuliert, da in diesen nicht der Feminismus komplett abgelehnt wird, sondern nur die Signifikanz der Feminativa angezweifelt wird:

> В России дискриминация по половому признаку и мужской шовинизм процветают. Сначала с этим нужно разобраться, а уж потом феминитивами увлекаться. [In Russland florieren die Diskriminierung aufgrund des Geschlechts und männlicher Chauvinismus. Zuerst muss das geklärt werden und erst dann kann man sich mit Feminativa beschäftigen.]

> Бесправие женщин в мусульманских странах, существование секс-рабства, религиозное притеснение (запрет абортов) ВОТ те проблемы которые

[62] Die gesamte Liste der kodierten Elemente befindet sich im Anhang.

[63] Es wurde bei allen Kommentaren die originale Schreibweise beibehalten und Rechtschreibfehler, fehlende Satzzeichen, Groß- und Kleinschreibung etc. übernommen.

> реально существуют и требуют решений! [Die Rechtlosigkeit der Frauen in muslimischen Ländern, die Existenz von sexueller Sklaverei, religiöse Unterdrückung (Abtreibungsverbot). DAS sind die Probleme, die wirklich existieren und Lösungen benötigen!]

Feminativa sind unästhetisch. In der zweithäufigsten Kategorie wird ausgedrückt, dass die Feminativa unästhetisch sind. Die Nutzer*innen sagen in diesem Zusammenhang aus, dass die neuen Feminativa ‚unschön' oder ‚unnatürlich' bzw. ‚künstlich' oder ‚lustig' klingen. Typisch ist dabei die Rhetorik, dass diese Wörter die Sprache beschädigen, verschlechtern oder sogar ‚vergewaltigen':

> Абсурд — это изнасилование всевозможными суффиксами названий профессий. [Absurd – das ist die Vergewaltigung der Berufsbezeichnungen durch verschiedene Suffixe.]

> Господи зачем уродовать язык? Я позитивно отношусь к феминизму, но уродство русского языка меня коробит и оскорбляет больше даже, чем мужское доминирование. [Gott, warum muss man die Sprache verunstalten? Ich bin dem Feminismus gegenüber positiv eingestellt, aber die Verunstaltung der russischen Sprache lässt mich schaudern und beleidigt mich sogar mehr als die männliche Dominanz.]

Die Kritik an einzelnen Wörtern und Suffixen kam bereits in der wissenschaftlichen Diskussion vor. Interessanterweise wurde früher das Suffix *-ša* kritisiert (vgl. Ohnheiser 2015, 334), während in den Kommentaren oft das Suffix *-ka* auf Ablehnung stößt:

> Я слышал "докторша" и "профессорша", но ваши "докторки" и "профессорки" это просто издевательство над языком. [Ich habe ‚doktorša' und ‚professorša' [Doktorin und Professorin] gehört, aber eure ‚doktorki' und ‚professorki' sind einfach eine Quälerei der Sprache.]

Einige Kommentierende verweisen auf ihre professionelle Erfahrung und bezeichnen sich als Philolog*innen, was das Ziel hat, dem Kommentar mehr Gewicht und Autorität zu verleihen:

> Мне, как филологу, вся эта дичь с суффиксами попросту режет уши. Отвратительно звучит. [Ich bin Philologe und dieser Unsinn mit Suffixen ist einfach widerlich für das Ohr. Das klingt furchtbar.]

Eine Unterkategorie von diesem Argument ist *Feminativa werden negativ wahrgenommen.* Sie ist zwar mit der vorherigen Kategorie eng verwandt, aber hier gibt es vor allem Verweise auf die negative Wahrnehmung der Feminativa bei den

Anreden oder auf die negativen Konnotationen dieser Wörter (nicht prestigeträchtig, salopp, umgangssprachlich, respektlos usw.):

> Если начать фигачить везде это '-к-', вангую, образованные слова сразу же или со временем приобретут пренебрежительно-шутливое значение. [Wenn man anfängt, dieses [Suffix] *-k* überallhin anzuhängen, dann prophezeie ich, werden die neu gebildeten Wörter sofort oder mit der Zeit eine abschätzige und scherzhafte Bedeutung bekommen.]

Es wird aber nicht gesagt, dass die Wörter an sich hässlich sind oder dass sie die Sprache beschädigen. Typisch sind hier die Aussagen, dass feminine Bezeichnungen, die verschiedene Gruppen benennen, von den Vertreter*innen der jeweiligen Gruppen nicht unterstützt wären.

Eine kleine Unterkategorie *Feminativa haben eine andere Bedeutung* bilden die Aussagen, dass die Feminativa nicht gut klingen, weil die Feminativa bzw. die Suffixe ursprünglich eine andere Semantik hatten. So wurde das Suffix *-ša* früher benutzt, um die Bedeutung ‚Frau von jemandem' auszudrücken[64]:

> докторша-жена доктора, а профессорша-жена профессора. Женщина-профессор не перестаёт быть профессором изза того что она женщина. Просто Профессор. А Директорша-жена директора, да. [doktorša ist die Frau des Doktors und professorša ist die Frau des Professors. Frau-Professor hört nicht auf, ein Professor zu sein, nur weil sie eine Frau ist. [Sie ist] einfach Professor. Und direktorša ist die Frau vom Direktor, ja.]

In gewissem Sinne zeigt sich hier eine Verwandtschaft mit der Kategorie *word etymology* von Blaubergs (1980) sowie Parks und Roberton (1998), denn auch hier wird auf die ursprüngliche Bedeutung der Wörter zurückgegriffen, um die eigene Position gegen Feminativa zu untermauern. In diesem Fall wird aber die ursprüngliche Semantik der Suffixe benannt und in der Argumentation benutzt.

Sprachveränderungen sind unbequem oder unmöglich. Das ist die dritthäufigste Kategorie, die ungefähr dem Argument *change is too difficult* von Blaubergs (1980) sowie Parks und Roberton (1998) entspricht. Hier geht es darum, dass das Schaffen und das Lernen der neuen Feminativa in der russischen Sprache entweder sehr umständlich oder sogar unmöglich ist. Dafür werden verschiedene Gründe genannt – von der morphemischen Homonymie über die Sprache der offiziellen Dokumente bis zum Unwillen, die neuen Wörter zu lernen:

> Потому что -к- можно ставить в профессиях только после -ист-, -аст- и в ещё некоторых случаях, иначе получается предмет. Директорка, например, неплохое название для какого-нибудь вида визитницы. [Denn das Suffix *-k* kann

[64] Siehe auch Abschnitt 3.1.1.

in Berufen [Berufsbezeichnungen] nur nach [den Suffixen] *-ist, -ast* und in noch einigen Fällen stehen, sonst bekommt man ein Objekt. Direktorka ist zum Beispiel eine gute Bezeichnung für irgendeine Art von Visitenkartenbox.]

У нас есть такая вещь как "профессиональный стандарт". Если в него вводить феминитив, то в системе профстандарта это уже другая профессия, причем сугубо для женского пола. [Es gibt bei uns so eine Sache wie ‚professionellen Standard'. Wenn da eine feminine Bezeichnung eingeführt wird, dann wird es ein anderer Beruf sein, und zwar nur für das weibliche Geschlecht.]

сколько слов надо будет выучить, чтобы не унижать женщин этих профессий [Wie viel Wörter muss man lernen, um die Frauen in diesen Berufen nicht zu demütigen]

Eine häufige Subkategorie ist *Einzelne Personen können die Sprache nicht verändern*. Hier verneinen die Nutzer*innen die Existenz der Sprachpolitik und die Möglichkeit von gezielten Sprachmaßnahmen bzw. halten die geplanten Sprachveränderungen für falsch und unnatürlich. Die Sprachveränderungen sollen von alleine passieren und ‚vom Volk' kommen:

Возможно, они и случались, но это не значит, что такие насаждаемые изменения — это хорошо. Я убежден, что это, напротив, плохо. Я верю в т.н. "мудрость толпы". [Vielleicht sind sie [gezielte Sprachmaßnahmen] schon mal passiert, aber das heißt nicht, dass solche künstlich eingepflanzten Veränderungen gut sind. Ganz im Gegenteil, ich bin überzeugt, dass sie schlecht sind. Ich glaube an die sogenannte ‚Weisheit der Menge'.]

Einige Argumente können in die Unterkategorie *Tradition* zusammengefasst werden. Hier wird der Akzent darauf gesetzt, dass es keine Änderungen geben soll, wenn im Sprachsystem keine Wörter für Frauen existieren. Hauptgrund ist dabei das Beibehalten der gesellschaftlich anerkannten Normen. Das ist anders als in der Hauptkategorie ‚Sprachveränderungen sind unbequem oder unmöglich', bei der hauptsächlich die Schwierigkeit der Veränderungen betont wurden. Manche Nutzer*innen sehen sogar eine Verbindung zwischen dem Sprachsystem, der Natur und der Philosophie:

Веками было то, что свойственно больше мужчине и то, что свойственно больше женщине, женственность и мужественность, что может существенно изменить эти придуманно-надуманные малополезные изменения (феминитивы), или кто-то от нечего делать хочет, чтобы не стало ни женщин и не мужчин [...] Есть мужское и женское начало, как инь и янь в китайской философии. [Seit Jahrhunderten gibt es das, was für Männer typisch ist, und was für Frauen typisch ist, Weiblichkeit und Männlichkeit, was können denn diese ausgedachten und weithergeholten wenig nützlichen Veränderungen (Feminativa)

> wesentlich verändern, oder jemand hat nichts zu tun und will, dass es weder Männer noch Frauen gibt [...] Es gibt das Männliche und das Weibliche, wie Yin und Yang in der chinesischen Philosophie.]

In der Aussage oben kann sogar ein gewisser Widerspruch gesehen werden: D*ie Autor*in schreibt, dass es Männlichkeit und Weiblichkeit gibt, die sich voneinander stark unterscheiden, jedoch werden hier Feminativa (die eine Möglichkeit bieten, Frauen von Männern sprachlich zu trennen) als „wenig nützliche Veränderungen" bezeichnet. Die Idee, dass das Weibliche und das Männliche sich in der Sprache stark unterscheiden sollte, entspricht den patriarchalen Ansichten, die zum Beispiel in den deutschen Grammatiken der Moderne vertreten wurden: Die Autor*innen der grammatischen Texte setzten sich für die Bildung von neuen Personenbezeichnungen ein, wie etwa *Beamtin* (vgl. Engel 1918, 96). Dahinter gab es aber keine feministische Motivation. Mit der konsequenten Einführung und Verwendung femininer Personenbezeichnungen sollte die Trennung und die Ungleichheit von Männern und Frauen unterstrichen werden, oder wie Doleschal es formuliert

> Frauen sollen nicht in männliche Domänen eindringen, was einfacher ist, wenn unter *alle Bürger* nur Männer verstanden werden können. Auch die Unterschiede in Entlohnung und Karrierechancen sind leichter zu begründen, wenn Arbeiter und Arbeiterin, Beamter und Beamtin "scharf voneinander getrennt" bleiben (Doleschal 2002a, 64).

In dem oben zitierten Kommentar auf YouTube geht es aber nicht um die tatsächliche sprachliche Tradition: Es werden keine grammatischen Werke oder wissenschaftliche Artikel zitiert. Vielmehr handelt es sich um die Vorstellungen der Schreibenden, was für die russische Sprache traditionell ist. Nach diesen Vorstellungen ist generisches Maskulinum ein traditioneller Weg in der russischen Sprache, um Personen zu bezeichnen, und Feminativa sind eine neue Erfindung, was nicht den Tatsachen entspricht (vgl. Futaeva 2021, 44–59). Allerdings wird hier, wie auch in vielen Argumenten, die im Rahmen dieser Analyse betrachtet werden, nicht mit den Fakten, sondern eher mit Emotionen und mit persönlicher Wahrnehmung argumentiert.

Bei Parks und Roberton (1998) wurde *tradition* als eine selbstständige Kategorie definiert, aber in der vorliegenden Analyse gab es nur vereinzelte Aussagen, die sich auf dieses Argument bezogen. Außerdem waren sie oft eng mit den anderen Argumenten aus dieser Kategorie verwandt.

Aggressivität gegenüber Veränderungen. Eine weitere Argumentationsstrategie ist, Aggressivität gegenüber Veränderungen und ihren Anhänger*innen zu zeigen. Diese Strategie ist ähnlich mit *hostility and ridicule* von Parks und Roberton (1998). Typisch für diese Kategorie ist die Verwendung von groben Ausdrücken gegenüber den Opponent*innen, was möglicherweise durch die Anonymität der Kommentare gefördert wird (vgl. Murthy und Sharma 2019, 192).

Streng genommen kann diese Kategorie kaum als Argument bezeichnet werden, da hier selten irgendwelche Gründe gegen Feminativa genannt werden, sondern meistens einfach Feminativa und ihre Befürworter*innen (in der Regel werden damit Feminist*innen gemeint) angegriffen werden. Oft werden dabei übertriebene Konsequenzen von der Einführung der Feminativa beschrieben – ähnlich wie beim *slippery slope*-Argument (vgl. Walton 1992):

> Совсем скоро за якобы неправильное произношение и написание таких слов-существительных будут привлекать по какой-нибудь статье а-ля ст. 282 УК РФ. Феминистки будут яростно кудахтать о том, что неправильное произношение неологизмов в их адрес ущемляет права и чувства женщин. [Bald werden wir für die angeblich falsche Aussprache und Schreibweise von diesen Nomen festgenommen werden, wie nach dem Artikel 282 des Strafgesetzbuchs der Russischen Föderation.[65] Die Feminist*innen werden gackern, dass diese falsche Aussprache von Neologismen in ihre Richtung die Rechte und Gefühle der Frauen verletzt.]

Bei solchen aggressiven Aussagen wird aktiv das Stereotyp des sogenannten PC-Crusader genutzt, also einer Person, die die politisch korrekte Sprache zu stark unterstützt (Mucchi-Faina 2005, 200).

Eine Unterkategorie ist *Aggressivität gegenüber dem Feminismus*. Hier wird Feminismus direkt angegriffen und als Grund aller Probleme gesehen. In diesem Zusammenhang werden besonders häufig Hate-Speech (vgl. Ganz und Meßmer 2015, 64) obszöne Lexik und sogenannter Mat (russische Vulgärsprache) benutzt. Dieses Argument entspricht auch der allgemeinen Tendenz der Frauenfeindlichkeit von YouTube (vgl. Döring und Mohseni 2019a, 2019b; Morcillo u. a. 2019; Thelwall und Mas-Bleda 2018; Veletsianos u. a. 2018; Wotanis und Mcmillan 2014). Oft wird angemerkt, dass Feminismus nicht mehr aktuell ist, da Frauen gar nicht mehr benachteiligt seien, was Gesterkamp als eine typische Trope in der rechtsfundamentalistischen Kritik des Feminismus sieht (Gesterkamp 2010, 6):

> Феминизм в 21 веке в развитых странах лишен всякого смысла [Feminismus ist im 21. Jahrhundert in den entwickelten Ländern absolut sinnlos.]

Eine weitere Unterkategorie ist das *Lächerlichmachen*. Diese Kategorie wird in verschiedenen Werken zu Argumentationsstrategien gegen eine gendergerechte

---

[65] Artikel 282 steht für ‚Schüren von Hass und Feindschaft sowie die Organisation einer extremistischen Vereinigung'. https://www.bpb.de/internationales/europa/russland/analysen/290953/analyse-die-anti-extremismus-politik-in-russland-neue-entwicklungen (zuletzt geprüft am 27.11.20).

Sprache häufig erwähnt (vgl. Frey, Gärtner, und Scheele 2014, 53). Nach Hellinger werden bei dieser Strategie „Einzelphänomene wie *Erfrauzipation* aus ihrem ursprünglichen Kontext herausgezogen und der Lächerlichkeit preisgegeben" (Hellinger 1985, 256–57). Die in dieser Kategorie gemachten Aussagen können teilweise als sprachliche Gewalt bezeichnet werden, da sie, ähnlich wie die Strategien der sprachlichen Gewalt, dazu dienen, „die Protagonist_innen einer emanzipativen Geschlechterbewegung dadurch aus der politischen Arena auszuschließen, dass die Autorität ihrer Rede untergraben und ihr politisches Anliegen zum Verstummen gebracht wird" (Herrmann 2015, 86). Im Kontext von YouTube-Kommentaren geht es zwar nicht direkt um einen politischen Kampf, aber durch das Lächerlichmachen werden dem Feminismus und den gendergerechten Sprachmaßnahmen deren Signifikanz und Relevanz aberkannt:

> если уж и требовать соблюдения прав женщин и феминизировать всё, что только можно, тогда в указанном примере необходимо говорить и писать следующим образом: 'врачэсса/врачиха вошла в кабинетку'. В женском роде должны быть употреблены все слова! [wenn man verlangt, dass die Frauenrechte beachtet werden und dass alles, was nur möglich ist, feminisiert wird, dann muss man in dem angeführten Beispiel folgendermaßen sagen und schreiben: ‚vračessa/vračicha [Ärztin] kam in *die Kabinettin rein'. Alle Wörter müssen im Femininum sein!]

Solche Beispiele ähneln auch weitgehend der *poisoning the well*-Strategie, wenn die Position der Gegner*innen falsch wiedergegeben (es wurde zum Beispiel nie von jemandem verlangt, dass alle Wörter im Femininum sind) und auf dieser Grundlage kritisiert wird (Posch 2015, 342–43).

Ein anderes Merkmal dieser Kategorie ist, dass sie sich gut mit anderen Kategorien kombinieren lässt und eine weitere semantische Ebene zu jedem Argument bildet oder noch deutlicher die negative Einstellung der Kommentierenden zu Feminativa und zur gendergerechten Sprache zeigt.

Maskulina sind neutral. Die Kommentare in dieser Kategorie unterstützen den Gedanken, dass das generische Maskulinum eigentlich neutral ist und bei der Verwendung vom generischen Maskulinum beide Geschlechter mitgemeint werden. Das Maskulinum wird als neutral wahrgenommen, wobei oft mit eigenen nicht wissenschaftlichen Theorien oder mit der eigenen Wahrnehmung argumentiert wird. Laut ihren Aussagen würden die Nutzer*innen sich bei manchen maskulinen Berufsbezeichnungen sogar eher eine Frau als einen Mann vorstellen oder die maskulinen Berufsbezeichnungen gehören zum ‚generischen' Geschlecht oder die maskulinen Berufsbezeichnungen kommen aus einer anderen Sprache und sind daher geschlechtsneutral usw. Alle diese selbst erfundenen Theorien dienen dazu, die Neutralität der Maskulina zu beweisen:

названия профессий вообще имеют нейтральный окрас ибо склоняются от слова *человек*. [Die Berufsbezeichnungen haben eine neutrale Bedeutung, denn sie werden von dem Wort *Mensch* dekliniert.]

Diese Kategorie entspricht dem Argument *sexist language is not sexist* von Blaubergs (1980) sowie Parks und Roberton (1998). Hier wird auch die Verantwortung von den Sprechenden auf die empfangende Seite verschoben. Wenn Sprachnutzer*innen das generische Maskulinum nicht sexistisch verwenden und nicht das Ziel haben, Frauen dabei zu diskriminieren, ist es das Problem der Empfänger*innen, wenn sie solche Ausdrücke als sexistisch missinterpretieren (vgl. Parks und Roberton 1998, 452).

Zu diesem Argument gibt es die Subkategorie *Gender ist irrelevant*. Die Kommentierenden äußerten sich dazu, dass es im professionellen Bereich irrelevant ist, welches Geschlecht bzw. Gender die Person hat. Da Feminativa das Geschlecht jedes Mal unterstreichen würden, soll weiterhin das generische Maskulinum verwendet werden:

Зачем обращать внимание на то, что по половому признаку, диктор, скорее всего, женщина? нам же ее функции как диктора нужны, а не как женщины. Диктор она и есть диктор. [Warum soll man die Aufmerksamkeit der Tatsache schenken, dass ein Sprecher, höchstwahrscheinlich, weiblichen Geschlechts ist? Wir brauchen doch ihre Funktionen als Sprecher und nicht als Frau. Ein Sprecher – sie ist doch ein Sprecher.]

Neutralität statt Feminisierung. Bei diesem Argument handelt es sich darum, dass die Strategie der Feminisierung die Unterschiede zwischen den Geschlechtern nur unterstreiche und offenbare, weswegen die Neutralisierung eine bessere Lösung sei. Laut den Nutzer*innen ist die Verwendung von einem Wort einfacher und universaler als die Einführung der Feminativa. Es wird allerdings nicht immer konkretisiert, wie genau diese Neutralisierung passieren soll und welche Sprachmittel dafür in Frage kommen. Die meisten Kommentator*innen auf YouTube begrenzen sich auf Aussagen wie „гендерно-нейтральные обозначения подошли бы лучше“ ‚Genderneutrale Bezeichnungen würden sich besser eignen [für eine gendergerechte Sprache]‘. Allerdings gibt es unter anderem auch radikalere Vorschläge, wie ein neues ‚unpersönliches‘ Genus einzuführen oder neue neutrale Wörter zu schaffen:

я скорей за то, чтобы в профессиях вообще не было рода (Пусть будут врачихо, профессионалло). [Ich bin eher dafür, dass es in Berufen [Berufsbezeichnungen] gar kein Geschlecht gibt (lass uns vračicho [*Arzt* Neutrum], professionallo [*Professional* Neutrum] haben.]

> Можно просто придумать какой нибудь другой род, например "безличный род", для обозначения слов, которые относятся ни к тому, ни к той, ни к чему. [Man kann irgendein anderes Genus ausdenken, zum Beispiel ‚unpersönliches Genus', um die Wörter auszudrücken, die nicht zu dem, nicht zu der, zu nichts gehören.]

Interessanterweise werden in dieser Kategorie Meinungen ausgedrückt, die den Ideen der Queeren Linguistik nahekommen. So wird in manchen Kommentaren die Idee der Feminativa kritisiert, da diese die Binarität der Geschlechter unterstreichen. Manchen Kommentierenden fehlte im Video die Erwähnung der nicht binären Identitäten:

> За весь ролик не было ничего сказано про другие гендеры, только про мужской и женский гендер. Получается вы признаете два гендера. [Im ganzen Video wurde nichts über die anderen Gender gesagt, [es ging] nur [um] männliches und weibliches Gender. Das bedeutet, ihr anerkennt nur zwei Gender.]

Zuerst muss die Gesellschaft verändert werden. Mit diesem Argument meinen die Nutzer*innen, dass die Feminativa erst dann in der Sprache entstehen und normal funktionieren werden, wenn in der Gesellschaft die Gleichberechtigung erreicht wird. Anders als beim Argument, dass es sich um ein insignifikantes Problem handle, haben die Kommentierenden hier meistens nichts gegen die Feminativa an sich, aber sie finden, dass es nicht der richtige Zeitpunkt dafür ist. Das Argument ist ähnlich mit dem Argumentationsmuster, das Hellinger in *Guidelines for Non-Discriminatory Language Use* beschrieb: „Change is unnecessary, since language is simply a reflection of reality. Language change will follow social change" (Hellinger 2010, 570).

Zuerst müssen die Frauen also große Leistungen bringen und im Beruf respektiert werden und erst dann werden die femininen Personenbezeichnungen gebildet und als prestigeträchtig wahrgenommen:

> Язык - живой организм и он сам подстроится под ситуацию. Будет у нас половина или больше женщин профессоров, так и сами по себе появятся феминитивы. [Die Sprache ist ein lebendiger Organismus und sie wird sich selbst der Situation anpassen. Wenn die Hälfte oder mehr als die Hälfte von Professoren weiblich sein wird, dann werden die Feminativa von alleine entstehen.]

Männer sind überlegen. In dieser Argumentationsstrategie wird behauptet, dass das generische Maskulinum eine logische Folge der männlichen Überlegenheit ist. Diese Kategorie entspricht dem Argument *sexism is acceptable* aus dem Artikel von Parks und Roberton (1998). Einige Kommentierende merken an, dass Frauen keine guten Mitarbeiterinnen sind und in der Geschichte weniger erreichten, infolgedessen sie auch in der Sprache weniger vertreten sind. Die Frauen sollen zunächst versuchen, das Gleiche zu erreichen wie Männer. Als Vergleich werden zum Beispiel die von Männern geschriebenen Meisterwerke herangezogen:

> Хотите переписать нормы такого ужасного патриархального языка? Ну для начала напишите нечто сравнимое по уровню с мужской литературной классикой, а там и поговорить можно будет. [Wollt ihr die Normen von dieser schlechten patriarchalen Sprache umschreiben? Schreibt zuerst etwas, was mit den männlichen klassischen Literaturwerken vergleichbar ist, und dann können wir reden.]

Die Sprache hat genug Mittel, um Gender anzugeben. In dieser Kategorie wird argumentiert, dass Feminativa gar nicht nötig sind, da es in der Sprache genug andere Mittel gibt, um das Geschlecht auszudrücken. In diesem Zusammenhang werden hauptsächlich Komposita genannt, wie *ženščina-vrač* [Frau-Arzt], oder die Endungen der Adjektive oder der Verben in der Vergangenheit wie *vrač skazala* [Arzt$^{masc.}$ sagte$^{fem.}$]. Deswegen sei die Einführung der zusätzlichen Sprachmittel, die das Geschlecht der Person anzeigen, überflüssig. Am häufigsten wird hier als Lösung das Benutzen des Vor- und Nachnamens zusammen mit der Berufsbezeichnung vorgeschlagen:

> Врач Петров и врач Петрова. Или режиссёр Иванов и режиссёр Иванова. И так далее. [Der Arzt Petrov $^{masc.}$ und der Arzt Petrova$^{fem.}$. Oder der Regisseur Ivanov $^{masc.}$ und der Regisseur Ivanova$^{fem.}$. Und so weiter.]

2.3.4. Argumente für eine gendergerechte Sprache

Es wurden insgesamt 158 Elemente markiert, die in sieben Kategorien unterteilt wurden. Im Folgenden werden diese Kategorien in absteigender Reihenfolge der Häufigkeit aufgelistet.

Sprache ist diskriminierend. Das Argument, das von den Kommentierenden am häufigsten benutzt wird, um die Notwendigkeit der Feminativa zu beweisen, lautet, dass die Sprache in ihrem heutigen Zustand diskriminierend ist. Dabei geht es um verschiedene Aspekte. So heben viele Nutzer*innen hervor, dass in den traditionell weiblichen Berufen Maskulina geschaffen werden, sobald da auch Männer tätig sind (wie zum Beispiel *медбрат* [*Krankenbruder]), während das Gegenteil nicht passiert. Wenn Frauen anfangen, in einem Beruf tätig zu sein, entsteht eine neue feminine Bezeichnung eher selten. Außerdem wird es von den Kommentierenden oft als ungerecht empfunden, dass eine feminine Bezeichnung für einen Mann eine Art Beleidigung ist, während eine maskuline Bezeichnung für eine Frau als neutral oder sogar prestigeträchtig wahrgenommen wird. Ein generisches Femininum wäre deswegen unvorstellbar:

мужской род не гендерно-нейтральный, а мужской. Давай тогда женский род объявим эталоном и появятся космонавтка Гагарин, крановщица Петров. Глупо звучит? Ну вот и наоборот тоже [das maskuline Genus ist nicht genderneutral, sondern es ist männlich. Lass uns dann das feminine Genus als Standard bezeichnen und dann gibt es Kosmonautin Gagarin, Kranführerin Petrov. Klingt dumm? Also umgekehrt genauso [dumm].]

представьте, что слова "учитель" не было бы и всех мужчин этой профессии называли бы "учительница". Вас бы это все устраивало? [Stellen Sie sich vor, es gäbe kein Wort für ‚Lehrer' und alle Männer in diesem Beruf würden ‚Lehrerin' genannt. Würde es Ihnen passen?]

Die sogenannte semantische Übereinstimmung, wenn das weibliche Geschlecht durch die Endung von einem Verb oder Adjektiv zusammen mit einem maskulinen Nomen ausgedrückt wird, die von einigen Kommentator*innen als eine Alternative zu Feminativa vorgeschlagen wurde (im Argument *Die Sprache hat genug Mittel, um Gender anzugeben*), sowie Komposita (wie *женщина-космонавт* [*'Frau-Kosmonaut]) sehen die Unterstützer*innen der Feminativa auch als diskriminierend:

Поэтесса-мужчина, дикторка-мужчина, гимнастка-мужчина, медсестра-мужчина, вам приятно такое? (обращение к мужчинам) А теперь подумаете какого женщинам, когда их обозначают - врач-женщина, художник-женщина (да, и такое бывает), лётчик-женщина. [Dichterin-Mann, Sprecherin-Mann, Gymnastin-Mann, Krankenschwester-Mann, gefällt euch so was? (ich wende mich an Männer) Und jetzt denkt daran, wie es Frauen geht, wenn sie so bezeichnet werden – Arzt-Frau, Maler-Frau (ja, so was kommt auch vor), Pilot-Frau.]

врач вошла в кабинет, ага) ни разу не насилие над языком, все правильно и красиво и четко и понятно [der Arzt kam^{fem} ins Kabinett herein, naja. Das ist keinesfalls eine Gewalt gegen die Sprache, alles ist richtig und schön und deutlich und verständlich.]

Häufig wird auch direkt die Vorstellung, dass Maskulina neutral seien, abgelehnt: Laut den Unterstützer*innen der Feminativa wird bei Maskulina vor allem an Männern gedacht, insbesondere, wenn als Beispiel nicht ‚typisch weibliche', sondern ‚typisch männliche' Berufe genommen werden:

Очень удобно брать для примера слово "учитель". Взять бы "футболиста". При словосочетании "День футболиста" вы представляете себе женщину-футболистку? [Es ist sehr bequem, das Wort ‚Lehrer' als Beispiel zu nehmen.

Würde man doch ,Fußballer' nehmen. Denkt ihr bei der Wortkombination ,Tag des Fußballers' an eine Frau-Fußballerin?]

Feminativa zeigen Anerkennung und Respekt für Frauen. Die Nutzer*innen, die sich dieser Argumentationsstrategie bedienen, sind der Meinung, dass die Verwendung von Feminativa ein Weg ist, Frauen Anerkennung zu zeigen und vor allem sie im Beruf und in der Gesellschaft generell sichtbar zu machen. Da die Feminativa derzeit selten benutzt werden, und wenn, dann oft ironisch oder beleidigend, entstand die Assoziation ,Frau = unprofessionell'. Indem die Feminativa öfter verwendet werden, auch in positiven Kontexten, soll diese Assoziation aufgehoben werden. Einige Nutzer*innen fragen dabei rhetorisch: 'Wenn es keine Rolle spielt, dann warum nicht Respekt zeigen?' Dabei beurteilen viele Kommentierende die Feminativa in diesem Fall durch die Linse der persönlichen Wahrnehmung:

> Почему я не могу называть себя профессионалом своего дела в женском роде? [Warum kann ich mich nicht als ein Professionelle in meinem Fach im femininen Genus bezeichnen?]

Eine Unterkategorie ist *Feminativa helfen, die Gesellschaft zu verändern.* Dieses Argument geht in eine andere Richtung als das vorherige: Die gesellschaftlichen Veränderungen sind noch nicht passiert, aber die Verwendung der gendergerechten Sprache und vor allem der Feminativa wird sie beschleunigen. Dabei geht es nicht nur um die Sichtbarkeit der Frauen (wie im Argument *Feminativa zeigen Anerkennung und Respekt für Frauen*), sondern um die Gleichstellung von Mann und Frau generell. Die Hauptthese ist, dass die Sprache die gesellschaftliche Denkweise definiert. So soll beispielsweise das Gesetz verändert werden, wonach bestimmte Berufe nicht von Frauen ausgeübt werden dürfen:

> женщинам в России на гос.уровне запрещено работать (загуглите "список запрещённых для женщин профессий" там в районе четырёхсот наименований) шахтёрами, машинистами и на многих других опасных и не очень профессиях. феминистки стараются это как раз исправить, потому, что женщины хотят там работать и могут, но государство против [Den Frauen in Russland ist es auf der staatlichen Ebene verboten (googelt mal ,Liste der für Frauen verbotenen Berufe'), als Minenarbeiter, Lokführer zu arbeiten und in vielen anderen gefährlichen und ungefährlichen Berufen tätig zu sein. Die Feministinnen wollen gerade das ändern, weil die Frauen dort arbeiten wollen und können, aber der Staat ist dagegen.]

Feminativa sind nicht unschön bzw. sie sind ungewöhnlich. Bei dieser Kategorie geht es darum, dass die Argumentation *Feminativa sind unästhetisch* ziemlich subjektiv ist. Feminativa, insbesondere die neu entstandenen (wie *авторка*

[Autorin]), sind für viele Sprachnutzer*innen ungewöhnlich und werden, wie es oft bei neuen Phänomenen der Fall ist, mit Misstrauen wahrgenommen. Einige Kommentator*innen vergleichen die heutige Situation mit jener am Anfang des 20. Jahrhunderts, als auch neue Feminativa eingeführt wurden, die jetzt als neutral gelten (wie *студентка* [Studentin]). Nach einiger Zeit werden Feminativa als ein natürlicher Teil des Sprachsystems wahrgenommen und kommen den Menschen nicht mehr ‚unschön' vor:

> меньше года читаю тексты с феминитивами и привыкла настолько, что их отсутствие воспринимаю как дикость [Ich lese Texte mit Feminativa seit weniger als einem Jahr und ich habe mich so daran gewöhnt, dass ich ihre Abwesenheit als etwas Bizarres wahrnehme]

> Непривычное часто кажется некрасивым, но это вопрос времени. Когда эти слова устоятся, они перестанут резать слух. Это естественное развитие языка [Das Ungewöhnliche kommt einem oft als unschön vor, aber das ist eine Frage der Zeit. Wenn diese Wörter gewöhnlich sein werden, dann sind sie nicht mehr unangenehm für das Ohr. Das ist natürliche Entwicklung der Sprache]

Bemerkenswert ist, dass es hier auch keine Einigkeit bezüglich der neuen Formen gibt. Manche finden bestimmte Suffixe besser für die feminine Movierung geeignet als andere. So empfinden einige Nutzer*innen *-ša* besser als *-ka* – und umgekehrt:

> Суффикс "-ша" подходит куда чаще, народу привычен и вовсе не означает "супруга кого-то". [Das Suffix *-ša* passt viel besser, er ist für die Leute gewöhnlich und bedeutet gar nicht ‚Ehefrau von jemandem'.]

> по мне, -ка- очень подходящий суффикс, и он и так очень широко используется в феминитивах: сосед – соседка, пенсионер – пенсионерка [Meiner Meinung nach ist *-ka* ein sehr passendes Suffix, da es bereits für Feminativa breit genutzt wird. *sosed* [Nachbar] – *sosedka* [Nachbarin], *pensioner* [Rentner] – *pensionerka* [Rentnerin]]

Eine Unterkategorie in dieser Gruppe lautet *Feminativa sind nicht schlechter als Slang oder Umgangssprache*. So meinen einige Kommentierende, dass es heutzutage viel Slang oder umgangssprachliche Ausdrücke gibt, die aber nicht so negativ wahrgenommen werden wie die Feminativa:

> Самое забавное то, что люди, которые с удовольствием употребляют в повседневной речи "лол", "кек", другие мемные словечки, а также иностранные неологизмы, при этом горят с обыкновенных феминитивов. [Das Lustigste ist, dass die Leute, die gerne in der Alltagssprache ‚lol', ‚kek' [Reaktionen auf etwas

Lustiges im Internet], andere Meme-Wörter sowie ausländische Neologismen benutzen, sich über die normalen Feminativa aufregen.]

In anderen Sprachen existieren Feminativa. Eine häufige Argumentationsstrategie ist der Vergleich des Russischen mit anderen Sprachen. Für eine Gegenüberstellung werden andere Sprachen genommen, in denen die Feminativa erfolgreich funktionieren: Hebräisch, Deutsch, Spanisch und Französisch. Am häufigsten werden aber slawische Sprachen genannt, wie zum Beispiel Tschechisch, Slowakisch, Polnisch oder Bulgarisch. Oft wird auch argumentiert, dass sich die Feminisierungsstrategie für die russische Sprache besser eignet als die Neutralisierung. Die Kommentierenden konnten aus der Erfahrung der anderen Sprachen schlussfolgern, dass in den Sprachen mit Genus in der Regel die Feminisierungsstrategie benutzt wurde, während die Neutralisierung eher bei den Sprachen ohne Genus vorkam:

> "На западе" много разных стран с разными гос. языками. Если язык не обладает ярко выраженным грамматическим делением на м. и ж. род, то профессии стремятся сделать нейтральными, а если обладает - ввести суффиксы / окончания / артикли / приставки. Русский язык обладает, поэтому решение очевидно. [‚Im Westen' gibt es viele verschiedene Länder mit verschiedenen Nationalsprachen. Wenn in der Sprache keine klar definierte grammatische Aufteilung in maskulines und feminines Genus vorhanden ist, dann wird danach gestrebt, die Berufe [Berufsbezeichnungen] neutral zu machen, und wenn doch, dann [wird danach gestrebt], Suffixe / Endungen / Artikel / Präfixe einzuführen. In der russischen Sprache ist [die Aufteilung in maskulines und feminines Genus] vorhanden, also ist die Lösung klar.]

Feminativa sind das natürliche Ergebnis der sozialen Veränderungen. Die Kommentierenden, die dieses Argument anwenden, halten die Bekämpfung der Feminativa für sinnlos, denn sie entstehen als natürliches Ergebnis der Veränderungen in der Gesellschaft, vor allem der professionellen Entwicklung der Frauen.

Die Sprachpolitik wird als eine verbreitete Art der Sprachentwicklung anerkannt, die schon oft in der Geschichte stattfand und die Sprachen stark beeinflusste, weswegen sie nicht als ‚unnatürlich' bezeichnet werden kann. Überdies wird oft behauptet, dass die Sprachnutzer*innen keine ‚Angst' vor Feminativa zu haben brauchen, denn die Sprache wird fremde Elemente sowieso mit der Zeit ablehnen:

> Русский язык эволюционирует, как бы его не пытались изменить, он естественным образом изменения либо впитает либо отвергнет, так что бояться за него не стоит. [Die russische Sprache entwickelt sich mit der Zeit weiter, so sehr man versucht, sie zu ändern, wird sie [die Sprache] diese Veränderungen auf

eine natürliche Weise entweder absorbieren oder ablehnen, also braucht man keine Angst um sie haben.]

Dieses Argument wird oft als eine Art Antwort auf den Einwand ‚Einzelne Personen können die Sprache nicht verändern‘ benutzt. Die Gegner*innen, wie oben erklärt, nehmen Sprachveränderungen von den einzelnen Aktivist*innen als unnatürlich wahr. Darauf meinen die Unterstützer*innen der gendergerechten Sprache, dass die Leute, die sich für Feminativa einsetzen, auch Teil der Gesellschaft seien und die von ihnen vorgeschlagenen Sprachveränderungen deswegen auch ein natürlicher Prozess seien:

> Вы предлагаете людям перестать бороться, а когда-нибудь потом оно само решится, само поменяется, само введётся, но то, что сейчас происходит, и есть «само»: общественное сознание изменяет язык. [Sie schlagen den Menschen vor, aufzuhören zu kämpfen, und alles wird sich irgendwann von alleine klären, sich von alleine ändern, sich von alleine einführen, aber das, was gerade passiert, ist auch ‚von alleine‘: Das gesellschaftliche Bewusstsein verändert die Sprache.]

Feminativa helfen, Missverständnisse zu vermeiden. Laut den Befürworter*innen erleichtern Feminativa die Kommunikation, da die Sprechenden nicht zusätzlich konkretisieren müssen, ob es sich um einen Mann oder eine Frau handelt. Sie haben eine präzisere Semantik als das generische Maskulinum, da sie es erlauben, in einem Wort den Beruf und das Geschlecht der Person gleichzeitig zu nennen. Aus diesem Grund hält Scheller-Boltz die Feminativa in der russischen und polnischen Sprache für normativ und systemkonform, da sie semantisch effektiv und eindeutig sind und „Benennungslücken schließen und bestimmte Bedeutungen, Bedeutungsnuancen und assoziative Merkmale freisetzen“ (Scheller-Boltz 2020, 88). Deswegen helfen die Feminativa, sich korrekter und kürzer auszudrücken:

> если мы знаем, какого пола повар/врач и т.д., и мы о нём/ней говорим кому-то - то феминитив может очень здорово сократить вашу речь. [Wenn wir wissen, welches Geschlecht ein Koch/Arzt hat, und wir jemandem über ihn/sie erzählen, dann kann eine feminine Bezeichnung unsere Aussage deutlich verkürzen.]

Außerdem sind die Feminativa in den Situationen notwendig, in denen die anderen Sprachmittel (wie die semantische Übereinstimmung) nicht ausreichend sind, zum Beispiel bei undeklinierbaren Nachnamen (vgl. Weiss 1985, 322–23), wie ‚Krongauz‘, ‚Petrenko‘ usw.

Feminismus hat mehrere Aufgaben. Dieses Argument wird meistens als eine Antwort auf die Gegenargumente ‚Es gibt signifikantere Probleme‘ und ‚Zuerst muss die Gesellschaft verändert werden‘ benutzt. Die Vertreter*innen von diesem Argument behaupten, dass Feminismus nicht ‚erschöpfbar‘ ist und dass parallel mehrere Probleme gelöst werden können. Dahingegen ist es nicht die Aufgabe des Feminismus, sich um alle Weltprobleme zu kümmern, da die Probleme der Frauen hier Priorität haben:

> Феминизм борется за права женщин, а не против коррупции/терроризма/голода и т.д [Feminismus setzt sich für die Frauenrechte ein und nicht gegen Korruption/Terrorismus/Hunger usw.]

Allein die Existenz von anderen Problemen ist aber kein Grund, sich nicht für Feminativa einzusetzen. Selbst wenn die Sprachprobleme für die Gesellschaft weniger akut sind, existieren sie trotzdem:

> Да это проблема менее масштабная чем насилие, противники абортов и многое другое но она все равно есть. [Ja, dieses Problem ist weniger groß als die Gewalt, Abtreibungsgegner und vieles Andere, aber es existiert trotzdem.]

2.3.5. Zusammenfassung und Diskussion

Insgesamt gab es mehr als doppelt so viele kodierte Elemente mit Argumenten gegen die gendergerechte Sprache als mit Argumenten dafür (355 kodierte Elemente gegen 158). Vermutlich gibt es mehrere Gründe dafür. Einerseits kann von einer negativen Einstellung zum Feminismus und zur gendergerechten Sprache die Rede sein, was der gegenwärtigen Politik in Russland entspricht (vgl. Johnson und Saarinen 2013) und durch die Kommentare, in denen Feminismus kritisiert wird, bestätigt wird:

> Феминизм в чистом его проявлении. Отобрать как можно прав у мужчин, и нахапать как можно больше льгот женщинам. Ничего нового. [Feminismus in seiner reinen Form. Den Männern möglichst viele Rechte wegnehmen und möglichst viele Vorteile für Frauen kriegen. Nichts Neues.]

> В очередной раз убедился, что "современный феминизм" — это болезнь логики [Ich habe wieder einmal festgestellt, dass ‚moderner Feminismus' eine Krankheit der Logik ist.]

Andererseits wurde von vielen Forscher*innen angemerkt, dass negative Kommentare, Kritik und die sogenannte Hassrede auf YouTube ein verbreitetes Phänomen sind (vgl. Lange and Fellow, 2007; Chambers and Bichard, 2012). Thelwall behauptet, dass die negativen Kommentare generell die Diskussion stärker anregen, und deswegen ist das Verhältnis der negativen und positiven Aussagen meistens unausgeglichen, wobei die Ersteren deutlich in der Überzahl sind (Thelwall, Sud, und Vis 2012). Das bedeutet aber nicht unbedingt, dass die Videoinhalte vom gesamten Publikum negativ wahrgenommen wurden. Indirekt wird das durch die Anzahl von Likes und Dislikes bei beiden Videos bestätigt, also durch die direkten Reaktionen der Nutzer*innen auf die Videos: Bei *Maksim Krongauz: Začem nužny feminitivy* machen die Likes 98 % der Reaktionen aus und bei *Komu i začem nužny feminitivy?* 88 %.[66]

Mit der vorliegenden Analyse wurden zwei Ziele verfolgt. Es sollen nicht nur die gängigen Argumente für und gegen die Feminativa und die gendergerechte Sprache in der russischsprachigen öffentlichen Diskussion definiert werden, sondern diese auch mit den Argumenten in den anderen Forschungen abgeglichen werden. Damit lässt sich die Frage beantworten, ob solche Argumente einen universalen Charakter tragen oder landes- bzw. sprachspezifisch sind.

Nach der Analyse kann gesagt werden, dass die Antwort in der Mitte zwischen diesen beiden Optionen liegt. Von den neun Gegenargumenten aus der vorliegenden Arbeit stimmen fünf mit der Klassifikation von Parks und Roberton (1998) überein: *Das ist ein insignifikantes Problem* (entspricht *language is a trivial concern*), *Sprachveränderungen sind unbequem oder unmöglich* (entspricht *change is too difficult*), *Aggressivität gegenüber Änderungen* (entspricht *hostility and ridicule*), *Maskulina sind neutral* (entspricht *sexist language is not sexist*) sowie *Männer sind überlegen* (entspricht *sexism is acceptable*). Außerdem sind zwei Unterkategorien den Argumenten von Parks und Roberton ähnlich: *Tradition* (ähnlich mit *tradition*) und *Feminativa haben eine andere Bedeutung* (ähnlich mit *word etymology*).

Von diesen fünf übereinstimmenden Argumenten sind auch drei in der Studie von Blaubergs (1980) vorhanden: *Das ist ein insignifikantes Problem*, *Sprachveränderungen sind unbequem oder unmöglich* sowie die Unterkategorie *Feminativa haben eine andere Bedeutung*. Bei diesen übereinstimmenden Kategorien sind einige Tendenzen zu beobachten. So merken Parks und Roberton bezüglich mancher der übereinstimmenden Kategorien (bzw. Unterkategorien) an:

> The first three new categories—Sexism is Acceptable, Hostility and Ridicule toward the Proponents of Change, and Tradition—are closely linked to existing cultural norms, values, and gender roles. These arguments suggested that maintenance of tradition is desirable, even if it is sexist, and that people who want to change the language are deviant (Parks und Roberton 1998, 459).

Das heißt, dass ein großer Teil der Argumente, die gegen die gendergerechte Sprache gerichtet sind, stark mit der Bewahrung der gesellschaftlichen Normen und der traditionellen Genderrollen verbunden ist. Das entspricht der generellen politischen Entwicklungsrichtung in Russland in den letzten Jahren, die von manchen Forscher*innen als ‚biopolitical turn' bezeichnet wurde (Garstenauer 2017, 127). Temkina und Zdravomyslova schreiben über den konservativen Diskurs, der sich

[66] Zum 8. Januar 2020.

in Russland seit dem Ende der 2000er Jahre entwickelte und der sich gegen die Gleichstellung der Geschlechter richtet und die ‚traditionellen' Genderrollen unterstützt (Temkina und Zdravomyslova 2014, 262–63). In diesem Kontext kommt es nicht als überraschend vor, dass die Argumente *Aggressivität gegenüber Änderungen*, *Männer sind überlegen* und *Tradition* auch im russischen Kontext erscheinen.

Außerdem entspricht diese Argumentation einem allgemeineren Muster, das nicht nur für Russland typisch ist, nämlich dem Alltagstheorem der Zweigeschlechtlichkeit (Hark und Villa 2015, 28–29). Die Einführung einer gendergerechten Sprache widerspricht der traditionellen Organisation der Gesellschaft, die darauf basiert, dass es zwei Geschlechter mit bestimmten ‚von der Natur vorgegebenen' Rollen gibt. Der Versuch, das stabile System zu verändern, trifft auf starken Widerstand.

Es gibt auch einige Argumente, die in den Studien von Blaubergs und / oder Parks und Roberton vorkommen, aber in der vorliegenden Arbeit fehlen. So fanden sich zum Beispiel im analysierten Material keine Kommentare, die als Argument *freedom of speech/unjustified coercion* klassifiziert werden konnten. Aussagen zu diesem Thema fehlen aber nicht komplett, sondern sie sind oft mit anderen Argumenten verknüpft und kommen zu selten vor, um als eine selbstständige Kategorie behandelt zu werden. Ein Beispiel ist der bereits zitierte Kommentar aus der Kategorie *Lächerlichmachen*, in dem die Möglichkeit, irgendwelche Ausdrücke gesetzlich zu verbieten, ironisiert wird:

> Совсем скоро за якобы неправильное произношение и написание таких слов-существительных будут привлекать по какой-нибудь статье а-ля ст. 282 УК РФ. [Bald werden wir für die angeblich falsche Aussprache und Schreibweise von diesen Nomina festgenommen werden, wie nach dem Artikel 282 des Strafgesetzbuchs der Russischen Föderation.]

Es kann also nur vermutet werden, dass die gendergerechte Sprache derzeit nicht als eine Kraft wahrgenommen wird, die die Rechte von jemandem tatsächlich einschränken kann. Die Idee, dass es Konsequenzen und Bestrafungen für die Verwendung der sexistischen Sprache geben wird, wird von den Autor*innen der YouTube Kommentare nicht seriös wahrgenommen.

Das Argument *historical authenticity*, wonach die Sprachveränderung auch eine Anpassung der klassischen Literaturwerke und der festen Redewendungen verlangen würde, kommt auch nicht vor. Möglicherweise ist hier die Situation ähnlich wie bei der vorherigen Kategorie. Es wurde in keinem Kommentar ernsthaft die Möglichkeit besprochen, dass die literarischen Werke in eine gendergerechte Variante der Sprache umgeschrieben werden können, denn diese Idee scheint zu diesem Zeitpunkt der Entwicklung der gendergerechten Sprache für die russischen Sprachnutzer*innen weit entfernt zu sein. Es fanden bis jetzt keine solchen Umschreibungen im Sinne der genderkorrekten Sprache statt, weder in der russischen Literatur noch in den russischen Übersetzungen der ausländischen Literatur.

Das Argument *appeal to authority* kommt in dieser Analyse in einer interessanten Form vor. Während bei Blaubergs sowie Parks und Roberton damit die Autorität der Linguist*innen und der anderen in der Gesellschaft bedeutenden Personen gemeint wird, wird in den russischen YouTube-Kommentaren von manchen Nutzer*innen manchmal auf die eigene Erfahrung als Linguist*innen verwiesen. Dies soll als zusätzliches Argument dafür dienen, dass die Feminativa unästhetisch sind:

> Лично мне, как филологу, весь этот бред с феминитивами в русском просто режет уши. [Ich als Philologe finde diesen Quatsch mit Feminativa einfach widerlich für das Ohr.]

Dahingegen haben Linguist*innen und generell einzelne Personen in den Augen der Kommentierenden kein Recht, die Sprache zu verändern. Die Initiative der einzelnen Personen wird als unnatürlich bezeichnet, da die Sprache nur von der gesamten Gesellschaft verändert werden kann:

> Так решило общество. Нам остается только согласиться, ведь язык определяется не в кабинетах и не в пабликах феминисток [So hat die Gesellschaft beschlossen. Uns bleibt nichts anderes übrig, als zuzustimmen, denn die Sprache wird nicht in den Kabinetten und in den feministischen Gruppen in den sozialen Netzwerken definiert.]

Es gibt außerdem keine Aussagen, die den Argumenten *cross-cultural* und *lack of knowledge/understanding* zugeordnet werden können. Während es nicht ausgeschlossen ist, dass diese Argumente in einem größeren Materialkorpus vorkommen könnten, gibt es einige Gründe, die die Abwesenheit von diesen beiden Argumenten erklären könnten. In den analysierten Kommentaren wurde über andere Kulturen meistens nur in absolut positiven oder absolut negativen Kategorien gesprochen. So werden die westlichen Länder entweder für ihre übertriebene politische Korrektheit ausgelacht oder sie werden als Länder mit einer gendergerechten Sprache gelobt. Es kann vermutet werden, dass der Westen oft eher als ein Symbol der (übertriebenen) Toleranz dient denn als ein realer Ort mit komplexen Zusammenhängen zwischen der gendergerechten Sprache und der gesellschaftlichen Gerechtigkeit, was die Abwesenheit von dem *cross-cultural* Argument erklärt. Dies wird an den folgenden Beispielen mit polaren Meinungen über die deutsche Sprache klar:

> Я вспомнил видос, где немецкий политик несколько минут говорит приветствие, типа: дамы и господа, трансгендеры женщины и трансгендеры

> мужчины, андрогины мужчины и андрогины женщины... [Ich habe mich an das Video erinnert, wo ein deutscher Politiker für mehrere Minuten eine Begrüßung ausspricht, etwa: Damen und Herren, Transgender Frauen und Transgender Männer, Androgyne Männer und Androgyne Frauen…]

> В немецком практически каждая профессия отдельно для мужчин, отдельно для женщин. И врач, и врачиха так сказать. И при обращении нужно обязательно упомянуть, к примеру дорогие коллеги мужчины, дорогие коллеги женщины. [In der deutschen Sprache gibt es fast jeden Beruf [Berufsbezeichnung] speziell für Männer und speziell für Frauen. Sowohl ein Arzt als auch eine Ärztin, sozusagen. Und bei der Anrede soll unbedingt erwähnt werden [dass es zwei Geschlechter gibt], zum Beispiel liebe Kollegen [*Kollegen-Männer], liebe Kolleginnen [*Kollegen-Frauen].]

Was das Argument *lack of knowledge/understanding* angeht, kann sein Fehlen dadurch erklärt werden, dass die Kommentierenden meistens von ihren Erfahrungen und von ihrer Wahrnehmung sprechen, ohne zu versuchen, über die Denkweise der Anderen zu theoretisieren. Viele Aussagen – das haben die Argumente für und gegen die gendergerechte Sprache gemeinsam – beschreiben die persönliche Einstellung des Individuums zu Feminativa aus subjektiver Sicht:

> Для меня использование феминитивов это способ протеста или же просто возможность заявить о себе [Für mich ist die Verwendung der Feminativa eine Art Protest oder die Möglichkeit, ernst genommen zu werden]

> я против того чтобы меня называли инженеркой, инженериней или инженерессой. [ich bin dagegen, dass ich inženerka, inženerinja, inženeressa [Ingenieurin] genannt werde]

Dazu kommt noch, dass es im analysierten Material neue Argumente gibt, die in den Studien von Blaubergs sowie Parks und Roberton nicht vorkamen. So ist das Argument *Feminativa sind unästhetisch* neu und es gibt dazu kein vergleichbares Argument in den anderen Werken, die typische (negative) Reaktionen und Argumente gegen die gendergerechte Sprache beschreiben. Einer der wenigen Fälle, in dem die Sprachveränderungen für eine gendergerechte Sprache auch als eine ‚Zerstörung der Sprache' bezeichnet wurden, ist in der deutschsprachigen Diskussion zum Gendersternchen anzutreffen (vgl. Kolek 2019b, 127).

In den russischen YouTube-Kommentaren ist aber die Meinung, dass die Feminativa ‚hässlich' und ‚schlecht klingend' sind und die russische Sprache zerstören, stark ausgeprägt. Oft werden Feminativa als eine fremde Neueinführung dargestellt, die die sonst perfekte Sprache verdirbt:

> феминитивы - отвратные опухоли на теле любимого языка, в котором всё красиво и благозвучно [Feminativa sind widerliche Tumore auf dem Körper meiner Lieblingssprache, in der alles schön und wohlklingend ist]

Möglicherweise gibt es zwei Gründe, die dieses Bedürfnis erklären könnten, die Sprache vor der ‚fremden' Invasion zu schützen. Zunächst liegt das Problem in den Feminativa an sich. Bis jetzt gibt es keine unifizierten Formen, sondern es existieren parallel mehrere feminine Movierungen mit verschiedenen Movierungssuffixen (wie *vračicha* und *vračinja*). Dazu kommt noch, dass einige von diesen Suffixen eine eigene Bedeutung haben bzw. hatten (wie *-ša* – ‚Ehefrau von der mit dem maskulinen Nomen bezeichneten Person'). Diese Pluralität wirkt auf die Sprachnutzer*innen verwirrend und verursacht die Negativität und die Ablehnung. Das ist eng mit dem zweiten Grund verbunden, nämlich mit der für die russischen Sprachnutzer*innen spezifischen Beziehung zur Sprachnorm (vgl. Scheller-Boltz 2020, 81–92). Die Norm wird von vielen Muttersprachler*innen als etwas von der Natur Vorgegebenes und Unveränderbares wahrgenommen, was seinen Ursprung auch in der russischen Linguistik findet. Oft wird in den Grammatiken die Idee vermittelt, dass die Sprachnormen ein objektives und unabhängig von der Gesellschaft existierendes Phänomen sind (vgl. Natalja Ju. Švedova 1980, 10). Die Versuche von einzelnen Menschen, die Sprachnormen zu verändern, um die eigene Position auszudrücken, werden von der Sprachgemeinschaft daher negativ wahrgenommen. Die damit entstehende Normvarietät widerspricht dem Konzept der Norm als einer strengen ausnahmslosen Regelung.

Das Argument *Die Sprache hat genug Mittel, um Gender auszudrücken* benennt konkrete Sprachmittel, die zumal für die slawischen Sprachen typisch sind, wie das Anzeigen des Genders durch die femininen oder maskulinen Endungen bei den Adjektiven oder bei den Verben in der Vergangenheit. Da dieses Argument auf den Besonderheiten der Sprache basiert, ist es nicht überraschend, dass es kein universales Argument ist und dass es in den anderen Studien nicht vorkommt. Allerdings bleibt noch zu überprüfen, ob ein ähnliches Argument in den entsprechenden Diskussionen über andere slawische Sprachen vorkommt.

Das Argument *Zuerst muss die Gesellschaft verändert werden* aus dem russischen Material ist auch neu. Die Aussagen dieser Kategorie werden manchmal durch Beispiele aus dem 20. Jahrhundert illustriert:

> язык подстраивается под свое время, подождите, и новые нормы сами появятся в случае реальной необходимости, как появлялись в 20-м веке, а если нет - то значит нет и потребности у общества в специальных феминитивах [Die Sprache passt sich an ihre Zeit an, und die neuen Normen werden von alleine erscheinen, wenn sie wirklich nötig sind, wie sie im 20. Jahrhundert erschienen sind, und wenn nicht, dann heißt das, dass die Gesellschaft die speziellen Feminativa nicht braucht]

Tatsächlich wurden Feminativa im 19. Und 20. Jahrhundert in Russland aktiv gebildet, was die großen gesellschaftlichen Veränderungen widerspiegelte (vgl. Ajvazova 1998; Fufaeva 2021, 93–138). Diese russische Erfahrung ist einzigartig. In den ‚westlichen' Ländern entwickelten sich der Feminismus und die gendergerechte Sprache auf eine andere Weise. Möglicherweise ist dieses Argument eng mit der Erfahrung aus dem 20. Jahrhundert verknüpft und ist deswegen spezifisch für das russische Material.

Ein neues und für das russische Sprachmaterial unerwartetes Argument ist *Neutralität statt Feminisierung*. Die Aussagen, die zu dieser Kategorie gehören, entsprechen teilweise den Ideen der Queer Theory: Die Feminisierungsstrategie wird kritisiert, weil sie die Binarität der Geschlechter hervorhebt, und es wird angeboten, neutrale Formen zu benutzen, um alle Menschen gleich anzusprechen. Interessanterweise verursachten solche Kommentare keine negativen Reaktionen, die gegen Menschen mit nicht binärer Genderidentität gerichtet wären (vgl. für die deutsche Diskussion Kolek 2019b).

Allerdings gibt es keinen Konsens, wie genau diese neuen neutralen Formen aussehen sollen. Viele Kommentierende vertreten die Idee, dass die maskulinen Personenbezeichnungen auf irgendeine Weise zu ‚neutralen' oder ‚universalen' Formen umgewandelt werden können:

> проще универсализировать название профессий в мужском роде. Тем более это требование идет в разрез с современными фем стадиз, опрокидывающих бинарную систему гендерной дифференциации. [Es ist leichter, die Berufsbezeichnungen im Maskulin zu universalisieren. Zumal geht diese Anforderung [Feminativa einzuführen] gegen moderne Fem. Studies, die das binäre System der Genderdifferenzierung umkippen.]

Das heißt, dass die Vertreter*innen dieser Position zwar vermuten, dass das generische Maskulinum zum heutigen Zeitpunkt keine neutrale Form ist (im Gegenteil zu den Vertreter*innen des Arguments *Maskulina sind neutral*), aber sie schlagen vor, dass es in der Zukunft zur neutralen Form wird. Es kann vermutet werden, dass dieses Argument teilweise auch auf den Tendenzen aus der Sowjetzeit beruht, zum Beispiel auf der genderneutralen Anrede *tovarišč*, die Männer und Frauen unifizieren sollte.

Allerdings ist dieses Argument signifikant, denn es zeigt mit Deutlichkeit, dass die Teilnehmer*innen an der öffentlichen Diskussion ziemlich heterogen sind und verschiedene Einstellungen zur gendergerechten Sprache haben, die viel komplexer sind als eine einfache Akzeptanz oder Ablehnung. Das verleiht der Diskussion eine weitere Dimension und zeigt eine Chance auf eine polyphone Besprechung dieses Themas in der Gesellschaft. Es muss also noch einmal festgehalten werden, dass verschiedene Argumente von verschiedenen Sprachnutzer*innen kommen und diese sich deswegen teilweise widersprechen können und einen unterschiedlichen Grad der negativen bzw. positiven Einstellung zur gendergerechten Sprache demonstrieren.

Ein weiteres Merkmal, das vor allem im Format von YouTube-Kommentaren sichtbar wird, ist die Tatsache, dass die (Gegen-)Argumente häufig im Dialog entstanden sind. Im Gegensatz zu den Argumenten in den Studien von Blaubergs sowie Parks und Roberton, in denen die Aussagen meist aus wissenschaftlichen Artikeln oder aus Fragebögen kommen, sind die Aussagen in der vorliegenden Analyse ein Teil der Diskussion, die nicht nur aus dem Argumentieren besteht, sondern auch aus dem emotionalen Austausch, Nachfragen, der Bestätigung der eigenen Position usw.[67]

Das zeigt sich vor allem in der Struktur der Argumente, die die gendergerechte Sprache unterstützen. Erwartungsgemäß gibt es einige Argumente, die den Zielen der genderkorrekten Sprache entsprechen (vgl. Braun 2000, 6–8): Frauen sichtbar zu machen, Diskriminierung aufzuheben und gesellschaftliche Veränderungen voranzutreiben. Daneben existieren aber auch viele Argumente, die die Feminativa vor den Angriffen der anderen Nutzer*innen ‚rechtfertigen'. Sie stellen eine direkte Antwort auf die negativen Kommentare dar, wie zum Beispiel *Feminativa sind nicht unschön bzw. sie sind ungewöhnlich* (Antwort auf *Feminativa sind unästhetisch*) und *Feminismus hat mehrere Aufgaben* (Antwort auf *Es gibt signifikantere Probleme*). Das heißt, dass in der gesamten Struktur der Diskussion die Gegner*innen der gendergerechten Sprache oft eine eher angreifende Position einnehmen und die Vertreter*innen eher eine verteidigende.

Die Kommentare von den Unterstützer*innen der gendergerechten Sprache sind teilweise inkonsequent, vor allem was die Verwendung der einzelnen Sprachmittel angeht. So wird zum Beispiel in ihren Kommentaren manchmal das generische Maskulinum benutzt (hier fett markiert):

> Да это проблема менее масштабная чем насилие, *противники* абортов и многое другое но она все равно есть. [Ja, dieses Problem ist weniger groß als die Gewalt, *Abtreibungsgegner* und vieles Andere, aber es existiert trotzdem.]

Das kann dadurch erklärt werden, dass die Feminativa sich in der Sprache noch nicht etabliert haben. In der Studie von Rubin und Greene wurde gezeigt, dass die Verwendung der genderkorrekten Sprache oft von vielen Faktoren abhängt, wie dem Geschlecht der Sprechenden und der Gesprächspartner*innen, der Situation

[67] Vgl. die Beschreibung der typischen Diskussion auf YouTube von Murthy und Sharma: „The trading of insults alongside attempts of a 'purposeful' discussion makes it almost impossible to disentangle 'constructive' and 'non-constructive' dialogue in the comments above. Nonetheless, it is productive to consider that these modes of interaction can mutually co-exist, and is symptomatic of protean 'trolling cultures' of exchange on YouTube" (Murthy and Sharma, 2019, p. 206).

und dem Kontext des Gesprächs sowie den persönlichen sprachlichen Besonderheiten der einzelnen Individuen (Rubin und Greene 1991).

Vor über 20 Jahren fragten Parks und Roberton im Abschlussteil ihres Artikels rhetorisch, warum nach so langer Zeit nach wie vor ein Widerstand gegen die nicht sexistische Sprache besteht. Das Gleiche kann heute über die russische Gesellschaft gesagt werden, wo die Meinungen zu diesem Thema immer noch gespalten bleiben. Die Argumente, die benutzt werden, um die jeweiligen Positionen zu unterstützen, sind sowohl ‚international' als auch spezifisch für die russische Sprache. Allerdings kann in Anlehnung an Blaubergs Position behauptet werden, dass alleine die Intensität, mit der die Diskussion sich entwickelt, ein Zeichen dafür ist, dass die Sprachveränderungen die heutige Realität sind und die Gesellschaft stark beeinflussen:

> The vehemence and continued offering of the arguments against change can be interpreted as one indication that change has occurred and is continuing to occur both in idiolectal usage and in statements of the appropriateness of the usage of nonsexist language (Blaubergs 1980, 145).

3. Gender und Sprachpraxis

In Kapitel 1 wurden die theoretischen Grundlagen der Genderlinguistik in Europa bzw. Russland besprochen und in Kapitel 2 wurde die öffentliche Diskussion um die genderkorrekte Sprache thematisiert. Demgegenüber wird in diesem Kapitel eine Analyse vorgestellt, mit der diese theoretischen und gesellschaftlichen Voraussetzungen empirisch überprüft werden. Außerdem soll herausgefunden werden, wie verschiedene Gender tatsächlich in der gegenwärtigen russischen Sprache repräsentiert werden.

Wenn in der vorliegenden Arbeit über die Repräsentation von Gender in der Sprache die Rede ist, dann sind damit verschiedene Aspekte dieses Themas gemeint. So geht es um die unterschiedlichen sprachlichen Mittel, die benutzt werden, um die Gender zu bezeichnen. Es werden in Abschnitt 3.1. verschiedene Arten von Personenbezeichnungen in der russischen Sprache, die Korrelation zwischen grammatischem Geschlecht (Genus), natürlichem Geschlecht (Sexus) und sozialem Geschlecht (Gender) sowie die Diskussionsfragen der letzten Jahre beschrieben. Die gesellschaftlichen Tendenzen in Russland, die die Entwicklung der gendergerechten Sprache verhindern, wurden bereits ausführlich in Kapitel 2 besprochen. Es existieren aber auch rein grammatikalische Besonderheiten der russischen Sprache, die die Bildung von Feminativa oder die Verwendung von Splitting und sonstigen graphischen Mitteln des genderkorrekten Sprachgebrauchs erschweren.

Allerdings sind die Kontexte, in denen einzelne Personenbezeichnungen erscheinen oder aus denen sie ausgeschlossen wurden, nicht weniger aussagekräftig als die grammatikalischen Besonderheiten, die diese Personenbezeichnungen prägen. Gender wird in der Sprache ständig konstruiert, auch wenn es nicht explizit das Thema des jeweiligen Textes ist. Neben den expliziten Aussagen über Männer und Frauen (sowie andere Gender) in der Sprache gibt es zahlreiche implizite Mechanismen, die dazu dienen, die Vorstellungen über Genderrollen zu prägen. Darüber schreibt Ortner in ihrem Artikel *Is Female to Male as Nature Is to Culture?* Dass Frauen sich Männern unterordnen, identifiziert sie als universelles kulturelles Modell. Dabei findet Ortner mehrere Niveaus dieses Problems: Neben den expliziten Ideologien und Aussagen, die Frauen abwerten, schreibt die Forscherin über implizite Mittel, mit denen eine Ungleichheit der Gender hergestellt und bewahrt wird (das betrifft insbesondere die Frauen). Unter diesen Mitteln versteht Ortner „[s]pecific ideologies, symbolizations, and social structural arrangements pertaining to women which vary widely from culture to culture" (Ortner 1972, 6–7). Nur die Analyse eines großen Konvoluts authentischer, von verschiedenen Sprachnutzer*innen produzierter Texte kann helfen, diese impliziten Mittel in der Sprache aufzudecken. In Bezug auf diese Arbeit kann folgende Gegenüberstellung gemacht werden: Während Internetnutzer*innen in YouTube-Kommentaren, die in Kapitel 2 analysiert wurden, bewusste (und explizite) Aussagen zur

Repräsentation von Gender in der Sprache machten, kann durch die Analyse in diesem Kapitel überprüft werden, wie diese Repräsentation in den Texten aussieht, in denen es nicht explizit um Gender geht. In anderen Worten ausgedrückt geht es um folgende Frage: Inwiefern stimmt das, was Leute über die Sprache sagen, damit überein, wie in der Tat gesprochen wird?

Um eine Einseitigkeit des Materials zu vermeiden, wurden dafür zwei Sprachkorpora erstellt: ein Korpus des publizistischen Stils und ein Korpus der feministischen Internetforen. Diese beiden Korpora stellen zwei unterschiedliche kommunikative Situationen dar. Während die Texte im Korpus des publizistischen Stils die konventionalisierte Sprache repräsentieren, stellen die Texte im Korpus der feministischen Internetforen eher den marginalisierten Sprachgebrauch dar. Während in publizistischen Texten ein rigider Rahmen für Genderrollen geschaffen wird, sind die feministischen Foren eine Art ‚safe space' für Internetnutzer*innen, wo sie ihre Gedanken und Erfahrungen frei teilen können (vgl. Harcourt 2000, 26–28).

Bei der Analyse wurde ein breites Spektrum von Fragen angegangen – von rein quantitativen bis qualitativ-interpretatorischen:

- Wie hoch ist der Anteil von maskulinen und femininen Personenbezeichnungen? Welche Möglichkeiten gibt es, eine Person zu benennen, ohne ihr Gender kenntlich zu machen? Wie häufig werden diese Optionen benutzt?
- Welche Besonderheiten weisen einzelne Funktionalstile im Hinblick auf die Repräsentation der Gender auf? Welche Unterschiede gibt es?
- In welchen Kontexten treten jeweils maskuline und feminine Personenbezeichnungen bzw. Personenbezeichnungen, die Gender nicht klar definieren (zum Beispiel substantivierte Partizipien im Plural), auf? Zu welchen semantischen Gruppen gehören sie?
- Wie oft stimmen das grammatikalische Genus und das Gender der Person (nicht) überein? Wie häufig und in welchen Kontexten kommt das sog. generische Maskulinum vor?
- Wie und mit welchen sprachlichen Mitteln werden Feminativa gebildet? Wie viele davon werden von maskulinen Personenbezeichnungen gebildet und wie viele suppletiv?

In anderen Worten werden verschiedene Aspekte der Repräsentation von Gender betrachtet – von der Wortbildung bis zu einem breiteren Kontext, um die Situation umfassend zu beschreiben.

3.1. Genus und Sexus in der russischen Sprache

Russisch ist eine Genussprache. Hellinger und Bußmann definieren Genussprachen (im Original ‚Gender Languages') folgendermaßen:

> These languages have only a very small number of "gender classes", typically two or three. Nouns do not necessarily carry markers of class membership, but, of course, there is (obligatory) agreement with other word classes, both inside and outside the noun phrase (Bußmann und Hellinger 2015, 5).

All diese Merkmale sind auf die russische Sprache anwendbar. Sämtliche Nomina verfügen über das morphologische Merkmal des Genus (russ. *rod*) und gehören einem der drei Genera an: Maskulinum, Femininum oder Neutrum.[68]

Es gibt grundsätzlich keine klaren Regeln, die helfen, das Gender des Wortes in der Grundform aufgrund seiner Flexion mit absoluter Genauigkeit zu bestimmen: „Because so many different elements are involved, each with its own morphophonemic constraints, it is difficult for languages to exploit similarity and apply straightforward formal principles like 'all masculines are zero-marked' or 'all feminines end in -a'" (Akhutina u. a. 1999, 696).

Das Genus zeigt sich unter anderem durch die Deklination des Nomens. Im Russischen gibt es drei Deklinationsklassen, allerdings existiert keine absolute Übereinstimmung zwischen dem Genus des Wortes und seiner Deklinationsklasse. Die Tabelle unten gibt einen Überblick über die Deklinationsklassen.

---

[68] Nach der Meinung von manchen Forscher*innen verfügen im Russischen auch andere Wortarten über die Genuskategorie, vor allem Adjektive und Verben in den Vergangenheitsformen (vgl. Neščeretova 2015, 91). Nach der Meinung der Anderen können diese Wortarten lediglich das Genus des Nomens widerspiegeln, besitzen aber an sich kein Genus: „[…] other word classes in a language that includes gender, such as adjectives, verbs, articles, pronouns, and so on, do not have a gender per se, but can reflect, in their inflectional morphology, the gender of the words that do" (Grosjean u. a. 1994, 590). Eine ähnliche Meinung wird auch im Artikel *The linguistic representation of women and men* vertreten, wonach das Genus des Nomens die Zustimmung der anderen Wortarten definiert: „[…] grammatical gender is an inherent property of the noun which controls agreement between the noun (the controller) and some (gender-variable) satellite element (the target), which may be an article, adjective, pronoun, verb, numeral or preposition" (Bußmann und Hellinger 2015, 7). Diese Ansicht wird auch in der vorliegenden Arbeit vertreten: Es werden primär die Nomina betrachtet, während die anderen Wortarten nur in Zusammenhang mit ihrer Kongruenz mit Nomina in Betracht gezogen werden.

Tabelle 3: Russische Deklinationsklassen und Genusklassifikation[69]

	I. Deklination		II. Deklination	III. Deklination	
	Mask.	Neut.	Fem. / Mask.	Fem.	Neut.
Nom. Sg.	-KØ/ -K(+pal.)Ø	-o	-a	-K(+pal.)Ø	-K(+pal.)a
Gen. Sg.	-a	-a	-i/-y	-i	-eni

Aus der Tabelle wird ersichtlich, dass alle drei Genera jeweils in mehreren Deklinationsklassen auftreten: Maskulinum wird zwischen der I. und II. Deklinationsklasse verteilt, Femininum – zwischen der II. und III. sowie Neutrum – zwischen der I. und III. Außerdem macht die Tabelle deutlich, dass andersherum das Genus des Wortes nicht eindeutig aus dessen Flexionsmorphemen in der Grundform definierbar ist: So können Wörter mit Ø-Endung und mit palatalisiertem Konsonanten sowie Wörter mit der Endung *-a* im Nom. Sg. sowohl maskulin als auch feminin sein (obwohl die II. Deklination nur belebte Maskulina sowie einige wenige mit dem Suffix -ina inkludiert, vgl. Doleschal 2004, 22).[70] Es können also keine maskulinen oder femininen Flexionen von Nomina für die russische Sprache definiert werden, obwohl eine Korrelation zwischen dem Genus und der Deklination in der russischen Sprache existiert. So fasst Doleschal diese ambivalente Situation zusammen:

> In manchen Fällen wird sogar von maskuliner oder femininer Flexion gesprochen […]. Diese Terminologie halte ich für ungenau, da es zwar eine prototypische Indizierung des Genus durch die Deklination gibt, die einzelnen Endungen jedoch in bezug auf Genus mehrdeutig sind. Dennoch symbolisieren meiner Meinung nach die Numerus-Kasusendungen auch das Genus: Erstens erfolgt die Zuordnung zu einem Genus bei allen semantische nicht motivierten Fällen auf Grund der Deklination […], zweitens gibt es Minimalpaare des Typs *kar'er* ‚Steinbruch' – *kar'era* ‚Karriere', bei denen die Genusopposition aus den Flexionsendungen eindeutig ersichtlich ist (Doleschal 2004, 20).

Das Genus des Wortes wird also typischerweise durch den Kontext ausgedrückt (aus den Endungen der Adjektive, Pronomen und Vergangenheitsformen der Verben, was auch der oben zitierten Definition von Bußmann und Hellinger

---

[69] Die Tabelle wurde basierend auf Angaben von Doleschal, 2005a, S. 21–22; Švedova, 1980, S. 481–491; Tafel, 1997, S. 76 erstellt.

[70] Zur Gender-Zuordnung in der russischen Sprache siehe auch Corbett, 1982, 1991, S. 34–43; Doleschal, 2001b; Kempe et al., 2010, S. 128 .

entspricht, vgl. Bußmann & Hellinger, 2015, S. 5)[71]. Das wird auch durch die Definition vom Genus der Nomina in der *Russkaja grammatika: Fonetika, fonologija, udarenie, intonacija, slovoobrazovanie, morfologija* (weiter – *RG-80*) bestätigt:

> Категория рода существительного — это несловоизменительная синтагматически выявляемая морфологическая категория, выражающаяся в способности существительного в формах ед. ч. относиться избирательно к родовым формам согласуемой (в сказуемом — координируемой) с ним словоформы: *письменный стол, большое дерево; Вечер наступил, Девочка гуляла бы; Окно открыто; Ночь холодная* (Natalja Ju. Švedova 1980, 463). [Die Genuskategorie des Nomens ist eine nicht flektierende, syntagmatisch bestimmbare morphologische Kategorie, die sich in der Fähigkeit des Nomens ausdrückt, sich in den Singularformen selektiv auf die Genusformen der kongruierenden (im Fall eines Prädikats – rektierten) Wortformen zu beziehen: *письменный стол* [Schreibtisch, buchstäblich schriftlicher^{mask}. Tisch]; *большое дерево* [großer Baum]; *Вечер наступил* [Der Abend kam$^{mask.}$]; *Девочка гуляла бы* [Das Mädchen würde spazieren$^{fem.}$]; *Окно открыто* [Das Fenster ist geöffnet$^{neut.}$]; *Ночь холодная* [Die Nacht ist kalt$^{fem.}$‘].

Ob das Genus daher eine morphologische Kategorie ist, die im Wort ‚inbegriffen‘ ist, oder eine syntaktische, die nur im Satz zum Ausdruck kommt, bleibt in der Sprachwissenschaft umstritten. Šachmajkin beschreibt die gängigen Hypothesen über die Natur des Genus: Die symbolisch-semantische Hypothese, die besagt, dass das Genus von jedem Wort durch extralinguistische Gründe (vor allem Sexus und metaphorische Übertragung vom Sexus auf unbelebte Objekte) motiviert wird, und die syntaktische Konzeption, wonach das Genus nur existiert, solange es in der Sprache eine syntaktische Kongruenz gibt und ein Nomen kein Genus isoliert vom Kontext haben kann (vgl. auch Doleschal 2014, 149; Nurullina 2017; vgl. Šachmajkin 1996).

Wenn Genus als eine syntaktische Kategorie verstanden wird, dann spielt der Begriff der Kongruenz eine große Rolle, als morphosyntaktischen Phänomens, mit dem das Genus in der Sprache definiert wird. Laut Zaliznjak liegt Genuskongruenz in einer Sprache dann vor, wenn zwei bestimmte Substantive in derselben grammatischen Form verschiedene Wortformen des von ihnen regierten attributiven Adjektivs verlangen (vgl. Zaliznjak 2002, 64). Demzufolge definiert Zaliznjak die Kongruenzklassen in der russischen Sprache:

> Согласовательным классом называется такая совокупность существительных, что любые два ее члена, будучи взяты в любой грамматической форме

[71] Vgl. auch die Definition von Hockett: „Genders are classes of nouns reflected in the behavior of associated words“ (vgl. Hockett 1965, 231).

(но в одной и той же для обоих), при согласовательной связи требуют одной и той же совокупности сегментов любого слова-атрибута (Zaliznjak 2002, 70). [Eine Kongruenzklasse ist eine Menge von Substantiven derart, dass zwei beliebige in ihre enthaltenen Glieder in einer beliebigen (aber jeweils gleichen) grammatischen Form innerhalb einer Kongruenzrelation eine und dieselbe Wortform eines beliebigen Kongruenzwortes verlangen oder die Auswahl einer solchen aus derselben Menge von Wortformen zulassen (Übersetzung nach: Hubenschmid 1993, 55).]

Die Anzahl der Kongruenzklassen in der russischen Sprache entspricht nicht der Anzahl der Genera, sondern sie ist mindestens doppelt so groß, denn jedes Genus wird auf zwei Kongruenzklassen mit jeweils belebten und unbelebten Nomina aufgeteilt (vgl. Zaliznjak 2002, 66–67). Zusätzlich wird auch die siebte Kongruenzklasse für *pluralia tantrum* definiert, denn zum einen können sie keinen der sechs anderen Kongruenzklassen zugeordnet werden und zum anderen untereinander keinen Unterschied in den Kongruenzregeln aufweisen (vgl. Zaliznjak 2002, 77).

Nach Zugang von Zalizniak ist Genus eine rein syntaktische Kategorie und er benutzt nur die formalen Kriterien, um Genus bzw. Kongruenzklasse des Nomens zu definieren. Kennzeichnend ist, dass seine Definition von Kongruenzklassen strenge Begrenzungen setzt: es müssen innerhalb von einer Kongruenzklasse alle Wortformen der einzelnen Glieder übereinstimmen. Dies lässt viele Fälle, wie zum Beispiel *genus commune*, semantische Kongruenz (Fälle wie *хорошая врач* [gute$^{fem.}$ Arzt])[72] ungeklärt oder schwer erklärbar.[73]

Corbett schlug eine neue überarbeitete Definition einer Kongruenzklasse, die weniger strenge Anforderungen beinhaltet:

> An agreement class is a set of nouns such that any two members of that set have the property that whenever
> (i) they stand in the same morphosyntactic form
> and
> (ii) they occur in the same agreement domain
> and
> (iii) they have the same lexical item as agreement target
> then
> their targets have the same morphological realization (Corbett 1991, 147).

---

[72] Mehr dazu im Abschnitt 3.1.2.

[73] Zaliznjak definiert Wörter wie *cupoma* [Waisenkind] wie homonyme Lexemen, die jeweils verschiedenen Kongruenzklassen angehören: *cupoma¹, cupoma²*. Semantische Kongruenz wird als Phänomen gesehen, das sich außerhalb von der Standard-Varietät der russischen Sprache befindet, und wird daher in den Zaliznjaks Ausführungen nicht berücksichtigt (vgl. Zaliznjak 2002, 68–69).

Corbett verlangt also nicht, dass zwei Substantive einer Kongruenzklasse sämtliche grammatischen Formen gemeinsam haben, wenn sie in demselben „agreement domain", also in der gleichen Umgebung, auftreten und wenn sie sich mit denselben Lexemen verbinden. Es sind laut Corbett nur sechs Kongruenzklassen in der russischen Sprache; *pluralia tantum* wird nicht als eine weitere Kongruenzklasse definiert. Da das Russische zwar die Belebtheit, aber nicht die Genera im Plural unterscheidet, reicht es aus, dass Lexeme in *pluralia tantum* als Plural und unbelebt gekennzeichnet werden. Es gibt laut Corbett keine ausreichenden Gründe für die Schaffung eines zusätzlichen Geschlechts und wenn es jedoch in einer bestimmten Theorie notwendig wäre, dass jedes Substantiv ein Geschlechtsmerkmal hat, dann könnte ein Lexem in *pluralia tantum* willkürlich einem beliebigen Geschlecht zugeordnet werden (vgl. Corbett 1991, 175). Außerdem betrachtet Corbett den Begriff *subgender*, der es ermöglicht, die Anzahl der Genera in der russischen Sprache auf drei zu begrenzen. Laut Corbett sind die Unterschiede in den Wortformen zwischen den belebten und unbelebten Nomina aus der gleichen Deklination nicht ausreichend, um diese Nomina in verschiedene Klassen aufzuteilen. Wörter wie *сестра* ‚Schwester' und *школа* [Schule] unterscheiden sich in ihrer Kongruenz nur durch den Akkusativ Plural des attributiven Modifikators (dasselbe gilt auch für das Relativpronomen). In ähnlicher Weise unterscheiden sich *чудовище* [Ungeheuer] und *вино* [Wein] nur in einer von zwölf Formen. In beiden Fällen gibt es laut Corbett ein Hauptgenus mit zwei Subgenera („main gender with two subgenders"). Bei *студент* [Student] und *дуб* [Eiche] gibt es zwei unterschiedliche Formen (Akkusativ Singular und Akkusativ Plural) von zwölf. Allerdings unterstreicht Corbett, dass die beiden Unterschiede denselben Fall und dieselbe Art von Synkretismus betreffen, was für ihr ein Grund ist, auch hier zwei Subgenera zu erkennen (vgl. Corbett 1991, 165).

Kennzeichnend ist, dass Corbett auch in den Sprachen, in denen Genus eine morphosyntaktische Kategorie ist (zu denen er Russisch zuordnet), die Relevanz der semantischen Komponente unterstreicht. Laut Corbett gibt es kein rein morphologisches System; die morphologischen Regeln ordnen die Substantive den Genera zu, wo die semantischen Regeln versagen. Außerdem können die morphologischen Regeln sich auch mit den semantischen Regeln überschneiden. Als Beispiel nimmt Corbett das Wortpaar *шотландец* [Schotte] – *шотландка* [Schottin]. Substantive, die mit dem Suffix *-ец* gebildet werden, sind maskulin; aber noch relevanter ist, dass *шотландец* maskulin ist, weil es einen Mann bezeichnet. Substantive, die mit *-ка* gebildet werden, sind feminin; *шотландка* ist also feminin, aber in erster Linie, weil es eine Frau bezeichnet (Corbett 1991, 34).

Die Frage nach der Rolle der Semantik im Genussystem der russischen Sprache ist komplex. In der Sprachsynchronie scheint das Genus von unbelebten Nomen in der russischen Sprache meistens nicht semantisch motiviert zu sein (vgl. Bragina 1981, 69; Brandner 2003, 13; Trager 1940, 303; Valencova 2011, 46; Vinogradov 1947, 59). Das zeigt sich vor allem daran, dass ein Wort mit der gleichen

Semantik in anderen Sprachen ein unterschiedliches Genus haben kann (vgl. Bußmann und Hellinger 2015, 3). Das Genus des Wortes kann auch in einer Sprache variieren: *канделябр — канделябра* [Kandelaber$^{mask.}$ – Kandelaber$^{fem.}$] (vgl. Marinova 2012, 316)[74]. Außerdem ist das Genus bei undeklinierbaren Nomen und Abkürzungen oft schwer zu identifizieren (vgl. Baranova 2016b, 2016a; Doleschal 2002c; Marinova 2010).

Anders verhält es sich aber bei den belebten Nomina, die auf Menschen, Tiere und verschiedene andere (zum Beispiel mythologische) Lebewesen referieren. Die Unterscheidung zwischen belebten und unbelebten Nomina bzw. die Kategorie der Belebtheit (rus. *одушевлённость* [Beseeltheit]) hat in der russischen Sprache (wie in allen slawischen Sprachen) eine Auswirkung auf die Deklination der Substantive und substantivierte Adjektive und Partizipien (vgl. Tafel 1997, 79). Hier überlappt sich das Genus des Nomens mit dem außersprachlichen Sexus (russ. *pol*) des referierten Subjekts (vgl. Bragina 1981, 69; Valencova 2011, 69), oder, wie es in der Klassifikation von Hellinger und Bußmann heißt, interagiert das grammatische Genus mit dem lexikalischen Gender des Wortes (Bußmann und Hellinger 2015, 7–8).

In der *RG-80* ist die Belebtheit eine lexikalisch-grammatische Kategorie (Natalja Ju. Švedova 1980, 458), die sich in der Paradigmatik der Nomen äußert: Bei den belebten maskulinen Nomen sind die Formen des Genitivs und des Akkusativs identisch, während bei unbelebten Nomen der Akkusativ mit dem Nominativ übereinstimmt: *нет брата, вижу брата* [[es gibt] keinen Bruder, ich sehe den Bruder]; *нужен карандаш, купил карандаш* [der Bleistift wird benötigt, [ich/du/er] hat den Bleistift gekauft]. Beim maskulinen Genus betrifft die Kategorie der Belebtheit die Nomina sowohl im Singular als auch im Plural: *нет братьев, вижу братьев* [[es gibt] keine Brüder, ich sehe die Brüder]. Bei femininen Nomina wird die Belebtheitskategorie nur im Plural ausgedrückt: Die Akkusativ- und Genitiv-Formen sind nur im Plural identisch (*нет сестёр, вижу сестёр* [[es gibt] keine Schwestern, ich sehe die Schwestern]), während im Akkusativ Singular bei allen femininen Nomina eine dritte Form auftritt, die weder mit dem Nominativ noch mit dem Genitiv identisch ist: *пришла сестра, нет сестры, вижу сестру* [die Schwester kam, [es gibt] keine Schwester, ich sehe die Schwester], *пришла телеграмма, нет телеграммы, вижу телеграмму* [das Telegramm kam, [es gibt] kein Telegramm, ich sehe das Telegramm]. Bei bei neutralen Nomina kommt die Belebtheitskategorie nur im Plural zum Ausdruck (*нет животных, вижу животных* [[es gibt] keine Tiere, ich sehe die Tiere]), während im Singular die Akkusativ-Form mit der Nominativ-Form übereinstimmt (*пришло животное, вижу животное* [das Tier kam, ich sehe das Tier])(vgl. Natalja Ju.

[74] Die Genusvariierung ist auch bei den belebten Nomen nicht ausgeschlossen, zum Beispiel *лебедь* [Schwan] (Chajrutdinova 2015, 103).

Švedova 1980, 461). Das bedeutet, dass es bei diesem Genus im Singular unmöglich ist, zwischen belebten und unbelebten Nomina zu unterscheiden.

Zum grammatischen Status der Belebtheitskategorie herrschen in der Wissenschaft unterschiedliche Meinungen. Während manche Forscher*innen die Belebtheit ohne Zweifel als eine grammatische Kategorie bezeichnen (vgl. Stankiewicz 1968, 36), sehen andere den Bedarf nach weiteren Präzisierungen. So wird die Belebtheit in der *RG-80*, wie bereits erwähnt, nicht als rein grammatische, sondern als eine lexikalisch-grammatische Kategorie bezeichnet. Das wird damit begründet, dass die Belebtheitskategorie primär durch die Semantik bestimmt wird, während die morphologischen Merkmale (zum Beispiel Besonderheiten in der Deklination) inkonsequent sind (Natalja Ju. Švedova 1980, 462–63). Diese Meinung teilt auch Lehmann, der die Belebtheitskategorie als eine lexikalisch-grammatische Kategorie definiert, da die in ihr enthaltenen Funktionen sowohl einen grammatischen als auch einen lexikalischen Status haben:

> Der grammatische Status kommt ihnen zu, wenn es maximal in der Wortart verteilte Funktionen sind, seien sie durch Derivation gekennzeichnet oder durch morphotaktische oder syntaktische Klassifikation. Gleichzeitig muss die Kategorie auch die Bedingung erfüllen, eine lexikalisch-semantische Kategorie zu sein. Dies besteht darin, dass sie die lexikalische Bedeutung der Wörter (also der lexikalischen Stämme) eine gemeinsame semantische Komponente haben müssen (Lehmann 2001, 115).

Die Kategorie der Belebtheit entspricht aber nicht direkt dem biologischen Verständnis von belebten und unbelebten Wesen. In der Gruppe der belebten Nomina finden sich zum Beispiel keine Pflanzen und Bäume (wie *дуб* [Eiche], *ромашка* [Kamille]) und es fehlen diverse Bezeichnungen von Menschengruppen (*войско* [Armee], *народ* [Volk]) (vgl. Natalja Ju. Švedova 1980, 461). Dafür werden manche Namen von Pilzen (*вижу боровика, рыжика* [ich sehe den Steinpilz, den Reizker]) und Spielkarten (*вижу валета, туза* [ich sehe den Buben, das Ass]) (vgl. Stankiewicz 1968, 30) sowie diverse Gegenstände als belebt identifiziert (*вижу кукол* [ich sehe die Puppen]) (vgl. Natalja Ju. Švedova 1980, 461–62).

Obwohl belebte Nomen bei allen Genera vorkommen, verlief die Entwicklung der Belebtheitskategorie nicht synchron und die Genera sind hier immer noch nicht gleichmäßig vertreten (vor allem sind belebte neutrale Nomina selten (vgl. Natalja Ju. Švedova 1980, 461)). Als Erstes entwickelte sich die Belebtheitskategorie bei maskulinen Nomina, die sozial höher stehende Personen bezeichnen. Dies passierte ursprünglich aus der Notwendigkeit heraus, das Objekt und das Subjekt im Satz zu unterscheiden, was durch die relativ freie Wortfolge in der russischen Sprache zum Teil problematisch war. Da Männer aus höheren Gesellschaftsschichten im Gespräch und in geschriebenen Texten öfter vorkamen, war diese Art von Lexik als erste betroffen. Die Reste der alten Kongruenz (bevor sich die Belebtheitskategorie durchsetzte) sind noch in manchen festen Ausdrücken zu beobachten: *выйти замуж* [heiraten, wörtlich ‚hinter den Ehemann gehen'], *извести в офицеры* [zum Offizier befördern] (vgl. Tafel 1997, 80). Danach wurde diese Kongruenz auf alle maskulinen belebten Nomina, inklusive männlicher Tiere, ausgeweitet.

Erst später entwickelte sich die Belebtheitskategorie für Femininum und Neutrum, allerdings nur im Plural. Da es bei den femininen Nomina im Singular eine eigene Flexion im Akkusativ gibt, ist die zusätzliche Abgrenzung zwischen Subjekt und Objekt nicht notwendig. Tafel macht in diesem Kontext auf Wörter wie *дядя* [Onkel] aufmerksam, die zur zweiten Deklination gehören, aber ein männliches Geschlecht haben. Bei diesen Wörtern kann die Belebtheitskategorie aber auch im Akkusativ Singular durch die kongruierenden Wortarten ausgedrückt werden: *Ирина любит вашего дядю.* [Irina liebt euren Onkel]. Das heißt, dass bei der Belebtheitskategorie das Geschlecht der Person ausschlaggebend ist. Da bei femininen und neutralen Nomen die Endungen im Akkusativ Singular und Genitiv Singular nie identisch sind (auch nicht bei Adjektiven), sind Frauen und Tiere im Singular aus der Kategorie der Belebtheit ausgeschlossen: „[...] Frauen und Tiere sind, überspitzt formuliert, zu den seelenlosen Sachen zu zählen" (Tafel 1997, 81).[75]

Aus den Darlegungen wird klar, dass selbst eine lexikalisch-grammatische Kategorie, die größtenteils semantisch motiviert ist, nicht immer mit dem biologischen Geschlecht der Person korreliert. Zwischen den sprachlich motivierten Kategorien und der außersprachlichen Realität gibt es demnach selten eine direkte Korrelation. Noch deutlicher wird das, wenn die Korrelation zwischen Genus und Sexus bei Personenbezeichnungen betrachtet wird.

An dieser Stelle muss erwähnt werden, dass Personenbezeichnungen in der russischen Sprache eine gesonderte Gruppe innerhalb der Belebtheitskategorie bilden. Vinogradov schlug vor, die Personenbezeichnungen als eine eigenständige grammatische Kategorie *lico* zu definieren, da diese Wortklasse durch die eigene Semantik und Besonderheiten in der Wortbildung (hier spricht der Wissenschaftler vor allem von maskulinen belebten Nomina) gekennzeichnet ist (Vinogradov 1947, 89–90). Die Diskussion über den grammatischen Status der Kategorie *lico* wird bis heute geführt. In der *RG-80* wird diese Kategorie nicht als grammatische Kategorie des Nomens erwähnt, sondern die Personenbezeichnungen werden lediglich als eine lexikalische Gruppe bezeichnet (vgl. Natalja Ju. Švedova 1980, 465). Allerdings erscheinen heute noch Artikel, in denen die Grammatikalisierung dieser Kategorie unterstützt wird (vgl. Lavrent'ev 2011). Im vorliegenden Werk wird die Meinung vertreten, dass die Personenbezeichnungen in der russischen Sprache eine lexikalische Gruppe bilden, die über eine gemeinsame Semantik und

[75] Eine Ausnahme bilden solche Fälle, wenn Frauen mit maskulinen Hypokoristika bezeichnet werden, wie *Лизок, Лизочек* (vgl. Doleschal und Schmid 2001b, 265).

einige morphologische Merkmale verfügt, aber nicht als grammatische Kategorie bezeichnet werden kann.

Zur Semantik der Personenbezeichnungen wird in der *RG-80* Folgendes gesagt: „Категория рода у одушевленных существительных — названий лиц имеет свою семантическую характеристику: слова мужского рода называют существа мужского пола, слова женского рода — существа женского пола“ [Die Genuskategorie bei den belebten Nomina – Personenbezeichnungen – hat ihre eigene semantische Charakteristik: Wörter maskulinen Genus benennen die Wesen männlichen Geschlechts, Wörter femininen Genus benennen die Wesen weiblichen Geschlechts]. Allerdings erscheint gleich im nächsten Satz ein Widerspruch: „В количественном отношении существительные мужского рода преобладают“ [Quantitativ überwiegen die maskulinen ‚Nomina] (Natalja Ju. Švedova 1980, 465). Es drängt sich also die Frage auf, wie es zu einer Überzahl der maskulinen Personenbezeichnungen kommen kann. Außer der Schlussfolgerung, dass für Männer eine größere Variation an Personenbezeichnungen zur Verfügung steht, lässt sich diese Frage damit beantworten, dass die Relation zwischen dem grammatischen Geschlecht (Genus), dem natürlichen Geschlecht (Sexus) und dem sozialen Geschlecht (Gender) nicht eindeutig ist (vgl. Archangel'skaja 2014, 56; Doleschal 2005, 3).[76] Generisches Maskulinum ermöglicht es, dass in der russischen Sprache Frauen mit den maskulinen Personenbezeichnungen benannt werden, was dazu führt, dass die maskulinen Personenbezeichnungen öfter im Text vorkommen und vielfältiger sind (weil viele maskulinen Personenbezeichnungen kein feminines Pendant haben) (vgl. Krongauz 2015).

Ein Beweis dafür, dass die Genera keine eindeutige Semantik haben (Maskulinum – männliches Geschlecht, Femininum – weibliches Geschlecht), ist die Tatsache, dass es in der russischen Sprache auch im Neutrum Personenbezeichnungen gibt. Unter den belebten neutralen Nomina, die meistens Lebewesen oder Gruppen von Lebewesen im Allgemeinen bezeichnen (*млекопитающее* [Säugetier], *существо* [Wesen]), gibt es auch einige Wörter, die nicht erwachsene Personen bezeichnen: *дитя, чадо* [Kind] (vgl. Natalja Ju. Švedova 1980, 461).

Das heißt, dass das Neutrum in der russischen Sprache bezüglich der belebten Nomina eine eigene Semantik hatte: Es drückt den nicht erwachsenen Status sowie die Semantik des ‚gemischten‘ oder ‚allgemeinen‘ Genders aus. Darauf wird in der *RG-80* nicht näher eingegangen, jedoch analysiert die gleiche Frage Weiss im Artikel *How many sexes are there? (reflections on natural and grammatical gender in contemporary Polish and Russian)* (1993). Unter anderem stellt der Forscher die Frage, welche Rolle das Neutrum für die Personenreferenz in der russischen und polnischen Sprache spielt. Er kommt zu dem Schluss, dass das Neutrum früher eine größere Rolle in den beiden Sprachen spielte und die

76 Bei Bezeichnungen von Tieren ist die Relation zwischen Genus und Sexus auch inkonsequent (vgl. Natalja Ju. Švedova 1980, 466–67).

Semantik der gemischten Gruppe oder der nicht erwachsenen Person ausdrücken konnte. Aber jetzt findet in den beiden Sprachen ein Prozess der Maskulinisierung statt, der im Russischen noch schneller vonstattengeht als im Polnischen. Das bedeutet, dass die Wörter das Geschlecht von Neutrum zu Maskulinum ändern, was vor allem durch den Morphemwechsel erfolgt:

> As for the category of non-adultness, apart from *ditja* and *detišče* [child] used only metaphorically and the archaic *čado* [child] utilized for joking or ironical purposes, there are no neuters left, which is mainly due to replacement of the former neuter suffix *-ja(t)*, corresponding to Polish – *ę(t)*, by the masculine *-onok* (cf. old Russian *jagnja* [lamb] → modern Russian *jagnenok*) (Weiss 1993, 97).

Das Neutrum verliert somit seine Relevanz und ist nicht mehr dafür geeignet, eine Geschlechtsabstraktion auszudrücken (vgl. auch Doleschal 2005, 5). Ein indirektes Indiz dafür ist, dass die Anzahl der Wörter mit dem Genus Neutrum in der russischen Sprache immer weniger wird (vgl. Akhutina u. a. 1999, 696; Stankiewicz 1968, 32; Weiss 1993, 100). Bezüglich der Belebtheitskategorie sieht hier Weiss die Erreichung eines höheren Abstraktionsgrades, in dem die Belebtheitskategorie nur in die Subkategorien männlich und weiblich unterteilt wird (Weiss 1993, 101). Mit anderen Worten wurde die dreiteilige Gliederung in männlich, weiblich und gemischtes bzw. irrelevantes Gender in der russischen Sprache zu einer zweiteiligen (weiblich und nicht weiblich). Dabei wird alles Nichtweibliche (gemischte Gruppen, abstrakte Personen oder junge Personen) mit Maskulinum ausgedrückt, das die Funktion des ‚Standard-Genders' übernimmt. Das Femininum ist somit die markierte Seite in dieser Opposition.[77] Das Maskulinum ist demgegenüber als die ‚schwache', nicht markierte Seite dafür geeignet, eine neutrale, ‚außerkategorische' Bedeutung zu bekommen. So kann der Satz *Каждый сам себе хозяин* [Jeder ist sein eigener Herr] eine allgemeine Bedeutung haben, während der Satz *Каждая сама себе хозяйка* [Jede ist ihre eigene Herrin] sich konkret auf Frauen beziehen würde (vgl. Šul'ga 1997, 26; vgl. auch Žorž 2018, 357–58). Jakobson schreibt, dass das Maskulinum in der russischen Sprache ein doppelt unmarkiertes Genus ist, da es weder auf die Genderlosigkeit des bezeichneten Wesens verweist (im Gegensatz zum Neutrum) noch eine Genderspezifikation in sich trägt (im Gegensatz zum Femininum):

> The masculine is a twice unmarked gender. Contrary to the neuter, it signals neither the asexual character of the entity named, nor, in contradistinction to the feminine, does it carry any specification of the sex; masculines like *vráč* [physician]

---

[77] Vgl. Višnjakova (2006, S. 19) für die weibliche Gender-Markiertheit in den russischen mythologischen Bezeichnungen sowie Lakoff für das Konzept der Markiertheit (1991, S. 59–61).

or *továrišč* [comrade] apply to both males and females (*továrišč Ivanova - stáršij vráč*) (Jakobson 1971, 184).

Die Transformationen in der Kategorie der Belebtheit in der russischen Sprache, die Weiss feststellte, werden im Schema unten veranschaulicht (siehe Abbildung 3).

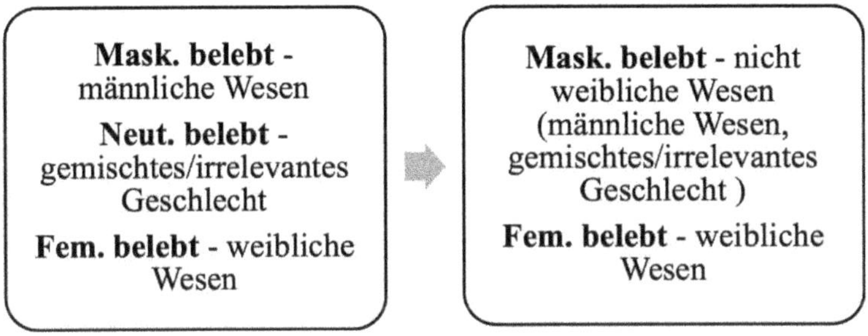

Abbildung 3: Transformationen in der Kategorie der Belebtheit in der russischen Sprache

3.1.1. Personenbezeichnungen in der russischen Sprache

Maskuline Personenbezeichnungen können sich in der russischen Sprache in bestimmten Situationen auf Frauen beziehen, wenn es sich um konkrete Personen handelt: *композитор Пахмутова* [Komponist Pachmutova] (Natalja Ju. Švedova 1980, 465). Es kann aber nicht in jeder Situation und nicht jede feminine Personenbezeichnung durch eine maskuline ersetzt werden. Bragina definiert in diesem Zusammenhang drei Gruppen von Personenbezeichnungen in der russischen Sprache: 1) nicht movierbare Bezeichnungen (russ. *неподвижные наименования*), zum Beispiel *отец – мать, сын – дочь* [Vater – Mutter, Sohn – Tochter]; 2) movierbare Bezeichnungen (russ. *подвижные наименования*), zum Beispiel *ткач – ткачиха, учитель – учительница* [Weber – Weberin, Lehrer – Lehrerin] und 3) *genus commune* (russ. *общий род*), zum Beispiel *сирота, плакса* [Waise, Heulsuse] (Bragina 1981, 69). Die maskulinen Bezeichnungen aus der ersten Gruppe können nie in allgemeiner Bedeutung benutzt werden und für beide Gender stehen. Die Semantik der Wörter aus dieser Gruppe verweist explizit auf nur männliche bzw. nur weibliche Personen. Typischerweise sind es Bezeichnungen der Verwandtschaft und solche Wörter wie ‚Mann', ‚Frau', ‚Mädchen' usw. Kennzeichnend ist auch, dass solche Wörter in der russischen Sprache oft suppletiv gebildet werden, das heißt, jedes Wort hat seinen eigenen Wortstamm und ist kein Derivat des jeweils anderen Wortes: *брат – сестра* [Bruder – Schwester], aber kein **братка* (vgl. Mozdzierz 1999, 167).

Die Lexeme aus der zweiten Gruppe sind Personenbezeichnungen mit unterschiedlicher Semantik: Berufsbezeichnungen, Titel oder Beschäftigungen. Die *RG-80* unterteilt die Wörter in zwei Subkategorien: a) maskuline Nomen, die ein Wortpaar mit dem femininen Nomen bilden und eine Person bezeichnen, zum Beispiel *делегат – делегатка, студент – студентка* [Delegat – Delegatin, Student – Studentin], und b) maskuline Nomen, die kein Wortpaar mit dem femininen Nomen bilden, zum Beispiel *вожак, воин, гений* [Anführer, Krieger, Genie], sowie maskuline Nomen, die ein Wortpaar mit dem femininen Nomen bilden, bei denen aber das feminine Nomen stilistisch markiert ist, zum Beispiel *бригадир – бригадирша, врач – врачиха, доктор – докторша* [Brigadier – Brigadierin, Arzt – Ärztin, Doktor – Doktorin] (Natalja Ju. Švedova 1980, 465).

Bei all diesen Nomina kann die maskuline Form für beide Gender benutzt werden. Allerdings ist auch die Gruppe der movierbaren Bezeichnungen ziemlich heterogen. Innerhalb von dieser Gruppe gibt es verschiedene lexikalische Subgruppen, bei denen die maskulinen Nomina eher selten für die weiblichen Personen benutzt werden. Dies betrifft zum Beispiel Nationalitäten und diverse Ethnonymen: *грузин – грузинка, москвич – москвичка* [Georgier – Georgierin, Moskauer – Moskauerin] (vgl. Bragina 1981, 69–70; Weiss 1988, 433).

Die femininen Personenbezeichnungen aus der Gruppe der ‚beweglichen Bezeichnungen' können nicht immer durch maskuline Personenbezeichnungen ersetzt werden. Die Möglichkeit, sie auszutauschen, hängt von mehreren sowohl stilistischen als auch semantischen Faktoren ab. So werden die femininen Movierungen mithilfe verschiedener Suffixe gebildet. Diese tragen eine unterschiedliche stilistische Semantik in sich, die sich auf die Derivate überträgt. Novikov und Priestly sprechen in diesem Kontext von drei morphologischen Prozessen: 1) Suffigierung von nicht suffigierten maskulinen Nomina (*пионер – пионерка* [Pionier – Pionierin]); 2) Suffigierung von suffigierten maskulinen Nomina (*писатель – писательница* [Schriftsteller – Schriftstellerin]); 3) Ersetzung von einem maskulinen Suffix durch ein feminines (*ударник – ударница* [Stoßarbeiter – Stoßarbeiterin]). Laut Novikov und Priestly kommen die zweite und die dritte Option öfter vor als die erste (Novikov und Priestly 1999, 249).

Die Suffixe, die für die Bildung der Feminativa benutzt werden, werden modifizierende Suffixe genannt, denn dadurch erhält das Ausgangswort die zusätzliche Semantik ‚weibliche Person'(vgl. Archangel'skaja 2014, 57)[78]. In der *RG-80* sind folgende modifizierende Suffixe mit der Semantik der Weiblichkeit aufgelistet:

[78] In der *RG-80* wird die modifizierende wortbildende Semantik folgendermaßen definiert: „Модификационное словообразовательное значение представляет собой некоторый дополнительный (модифицирующий, видоизменяющий) компонент значения, присутствующий в мотивированном слове и отсутствующий в мотивирующем"[Die modifizierende wortbildende Semantik ist eine zusätzliche (modifizierende, ändernde) Komponente der Semantik, die im motivierten Wort vorhanden ist und im motivierenden Wort fehlt] (Natalja Ju. Švedova 1980, 262).

-к(а), -иц(а), -ниц(а), -их(а), -ш(а), -|j|, -н(а), -ин(я), -есс(а), -ис(а) sowie der Null-Suffix (Natalja Ju. Švedova 1980, 197–201). Die Wahl des entsprechenden Suffixes wird meistens durch den Wortstamm bedingt (vgl. Brandner 2003, 15–16; Natalja Ju. Švedova 1980, 197–201). Wie bereits erwähnt, sind manche Suffixe stilistisch nicht neutral, zum Beispiel die Suffixe *-их(а) und -ш(а)*.

Das Suffix *-ш(а)* wurde vermutlich aus der niederdeutschen Sprache entlehnt, in der es benutzt wurde, um die Bezeichnung für die Ehefrau vom Beruf des Ehemanns abzuleiten: *Doctorsche*, *Generalsche* (vgl. Berkutova 2019, 5)[79]. Dieses Suffix bekam in der russischen Sprache zwei Bedeutungen: Es wurde für die femininen Berufsbezeichnungen benutzt sowie – in seiner ursprünglichen Semantik – für die Bezeichnungen der Ehefrauen. Obwohl manche Forscher*innen der Meinung sind, dass das Suffix *-ш(а)* in der russischen Sprache in der Bedeutung ‚Ehefrau von jemandem' fast nicht mehr benutzt wird (vgl. Berkutova 2019, 5), behielt das Suffix *-ш(а)* seine umgangssprachliche stilistische Markierung (vgl. Townsend 1975, 183). Wörter mit diesem Suffix werden oft in der gesprochenen Sprache benutzt und häufig werden damit Okkasionalismen gebildet: *экскурсоводша*, *искусствоведша* [Reiseführerin, Kunsthistorikerin] (vgl. Natalja Ju. Švedova 1980, 200). Allerdings gibt es feminine Personenbezeichnungen, bei denen sich das Suffix *-ш(а)* durchsetzte und die (beinahe) neutral benutzt werden, wie *секретарша* [Sekretärin], *маникюрша* [Maniküristin] (vgl. Prochorova 2012, 294). Diesbezüglich schreibt Berkutova: „[…] у суффиксов «-ш(а)» и «-их(а)» есть шансы на возвращение в область стилистически нейтрального литературного языка" [Die Suffixe *-ш(а)* und *-их(а)* haben die Chancen, in den stilistisch neutralen Bereich der Literatursprache zurückzukommen.] (Berkutova 2019, 9).

Das Suffix *-их(а)* gilt stilistisch auch als umgangssprachlich und salopp (vgl. Brandner 2003, 17). Dafür gibt es mehrere Ursachen: Zum einen hatte dieses Suffix auch die Semantik ‚Ehefrau von jemandem' (wie in den Wörtern *купчиха*, *мельничиха* [Kauffrau, Müllerin])[80]. Zum anderen ist *-их(а)* laut *RG-80* zurzeit

---

[79] Für eine detailliertere Beschreibung der Geschichte des Suffixes *-ш(а)* siehe Fufaeva, 2021, S. 82–86.

[80] Es gibt eine Hierarchie zwischen den Suffixen *-ш(а)* und *-их(а)*: „Уже в XIX в. лингвистами было обращено внимание на тот факт, что жены мужей имеющих высокое звание, в русском языке называются лексемами с суффиксом -ш(а), в то время как жены мужей низкого звания – лексемами с суффиксом -их(а): *мельничиха, дворничиха, слесариха,* но *губернаторша, генеральша, адмиральша.*"[Bereits im 19. Jahrhundert wurde von Linguisten die Tatsache bemerkt, dass die Ehefrauen von Ehemännern mit hohem Rang in der russischen Sprache mit Lexemen mit dem Suffix *-ш(а)* benannt werden, während die Ehefrauen von Ehemännern mit niedrigem Rang mit Lexemen mit dem Suffix *-их(а)* [benannt werden]: *мельничиха, дворничиха, слесариха* [Müllerin, Hausmeisterin, Schlosserin], aber *губернаторша, генеральша, адмиральша* [Gouverneurin, Generalin, Admiralin]] (Kulikova 2016, 104).

das einzige produktive[81] Suffix für Bezeichnungen von weiblichen Tieren: *волчиха, лосиха* [Wölfin, Elchkuh] (Natalja Ju. Švedova 1980, 199). Beide Faktoren zusammen führen dazu, dass dieses Suffix negative Konnotationen hat.

Das zurzeit unproduktive Suffix *-ин(я)* (oder *-ын(я)*) wird zwar im Wort *гусыня* ‚weibliche Gans' benutzt, um eine feminine Tierbezeichnung zu bilden, aber es bekam dadurch keine negative Konnotation und ist stilistisch neutral. Das Suffix wird für die Derivation femininer Titel sowie für die Bildung von femininen Personenbezeichnungen benutzt: *монахиня* [Nonne], *героиня* [Heldin], *графиня* [Gräfin], *герцогиня* [Herzogin] (vgl. Natalja Ju. Švedova 1980, 200). In der zweiten Hälfte des 20. Jahrhunderts wird dieses Suffix wieder produktiv und damit werden vor allem die Bezeichnungen für Spezialistinnen in verschiedenen Bereichen gebildet: *геологиня* [Geologin], *филологиня* [Philologin] (vgl. Brandner 2003, 17–18).[82]

Das Suffix *-к(а)* wird zwar auch für die Bezeichnungen von weiblichen Tieren benutzt (zum Beispiel *голубка* [weibliche Taube], *лебёдка* [weiblicher Schwan]), aber es bleibt trotzdem weitgehend stilistisch neutral (vgl. Berkutova 2019, 9). Das Suffix *-к(а)* ist in der modernen russischen Sprache das produktivste Suffix für die Bildung der Feminativa, das für verschiedene Bereiche der Lexik benutzt wird: *соседка* [Nachbarin], *пионерка* [Pionierin], *шпионка* [Spionin] (vgl. Natalja Ju. Švedova 1980, 197).

Häufig werden auch solche Suffixe wie *-иц(а)* und *-ниц(а)* oder *-щиц(а) und -чиц(а)* sowie weitere[83] benutzt (vgl. Sosnowski und Satoła-Staśkowiak 2019, 8–

---

[81] Unter Produktivität wird hier "[a]bility of word-forming elements to be used to form new linguistic expressions" verstanden (Bußmann, 1998, S. 949).

[82] Siehe auch Abschnitt 3.1.3.

[83] Zur Frage, ob *-щиц(а)* und *-чиц(а)* selbstständige Suffixe sind oder ob sie von *-иц(а)* abgeleitet sind, herrschen in der wissenschaftlichen Literatur unterschiedliche Meinungen. So werden die Suffixe *-щиц(а)* und *-чиц(а)* in der *RG-80* nicht unter den femininen Movierungssuffixen aufgelistet. Townsend zählt *-щиц(а)* und *-чиц(а)* zu den produktiven femininen Movierungssuffixen (Townsend 1975, 182). In der vorliegenden Arbeit wird die Meinung geteilt, dass *-щиц(а)* und *-чиц(а)* von *-иц(а)* abgeleitet sind, vgl. Vinogradov: „К личному суффиксу *-иц*(*а*) примыкает длинная цепь производных продуктивных суффиксов, также образующих названия лиц женского пола. […] *-ниц*(*а*) (соотносительно с мужским суффиксом лица *-ник*) […] *-щиц*(*а*) и *-чиц*(*а*) (соотносительно с *-чик* и *-щик*) […] *-льщиц*(*а*) [*-альщиц*(*а*), *-ильщиц*(*а*), *-ельщиц*(*а*)] соотносительно с мужским суффиксом *-льщик* (*-альщик*, *-ильщик*, *-ельщик*) […] *-тельниц*(*а*) (соотносительно с суффиксом *-тель*) […] Малопродуктивны *-овщиц*(*а*), *-евщиц*(*а*) (соотносительно с *-овщик*, *-евщик* при именной основе) […] Непродуктивен суффикс *-лиц*(*а*) […]" [An das Suffix der Personenbezeichnungen *-иц*(*а*) schließt sich eine lange Reihe der derivierten produktiven Suffixe an, die auch Personenbezeichnungen des weiblichen Geschlechts bilden. […] *-ниц*(*а*) (entspricht dem maskulinen Suffix der Personenbezeichnungen *-ник*) […] *-щиц*(*а*) und *-чиц*(*а*) (entsprechen *-чик* und *-щик*) […] *-льщиц*(*а*) [*-альщиц*(*а*), *-ильщиц*(*а*), *-ельщиц*(*а*)] entspricht dem maskulinen Suffix *-льщик* (*-альщик*, *-ильщик*, *-ельщик*) […] *-тельниц*(*а*) (entspricht *-тель)* […] Wenig produktiv sind *-овщиц*(*а*), *-евщиц*(*а*) (entspricht

9). Die Wortpaare, die mit diesen Suffixen gebildet werden, sind meistens stilistisch neutral (vgl. Mineeva 2020, 143): *однофамилица* [Namensvetterin], *свидетельница* [Zeugin], *начальница* [Vorgesetzte]. Allerdings wird selbst bei solchen stilistisch neutralen Wortpaaren in den offiziellen Kontexten (zum Beispiel in Stellenanzeigen) die maskuline Variante bevorzugt (vgl. Sosnowski und Satoła-Staśkowiak 2019, 9).

Die restlichen femininen Suffixe sind unproduktiv und werden nur begrenzt verwendet. So wird das Suffix *-н(а)* nur für die femininen Vatersnamen benutzt: *Петрович — Петровна, Владимирович — Владимировна*. Das Suffix -|*j*| kommt nur in einer begrenzten Anzahl von Wörtern vor: *болтунья* [Klatschtante], *прыгунья* [Springerin], *бегунья* [Läuferin] (vgl. Natalja Ju. Švedova 1980, 200).

Die Suffixe *-есс(а)* und *-ис(а)* werden nur für einen begrenzten Kreis von meistens entlehnten Wörtern benutzt, die verschiedene Titel und Berufe bezeichnen: *принцесса* [Prinzessin], *баронесса* [Baronin], *стюардесса* [Flugbegleiterin], *актриса* [Schauspielerin], *аббатиса* [Äbtissin] (vgl. Brandner 2003, 18). In den 1960er Jahren zeigten diese Suffixe, ähnlich wie das Suffix *-ин(я)*, begrenzt eine neue Produktivität, in dem sie für die Bildung der femininen Varianten für neue Berufe benutzt wurden: *критикесса, комикесса, редактриса* [Kritikerin, Komikerin, Redakteurin]. Allerdings sind diese Neubildungen überwiegend umgangssprachlich (vgl. Natalja Ju. Švedova 1980, 200).

Selten wird das Femininum nicht mit Suffixen, sondern lediglich mit Flexionen gezeigt. Dies ist für die russische Sprache eher eine Ausnahme: *раб – раба* [Sklave – Sklavin], *супруг – супруга* [Gemahl – Gemahlin]. Die Flexion dient auch in den substantivierten Adjektiven und Partizipien zur Genusmarkierung: *ведущий – ведущая* [Moderator – Moderatorin], *учащийся – учащаяся* [der Studierende – die Studierende].

Eine weitere Möglichkeit, Feminativa zu bilden, sind Appositionen. Dabei werden Wörter wie *женщина* [Frau] oder *девушка* [junge Frau, Mädchen] an die maskulinen Personenbezeichnungen angehängt. In der Regel haben diese maskulinen Personenbezeichnungen keine (stilistisch neutrale) feminine Variante, aber in manchen Fällen können durch Appositionen parallele Formen gebildet werden: *продавщица – женщина-продавец* [Verkäuferin – *Frau-Verkäufer]. Gelegentlich werden sogar zwei feminine Personenbezeichnungen kombiniert: *женщина-мать* [Frau-Mutter] (vgl. Crockett 1976, 105). Laut Martynyuk sind die Appositionen ein weiteres Sprachmittel, um Weiblichkeit in der Sprache auszudrücken – ähnlich wie die Movierungssuffixe:

-овщик, *-евщик* beim Nomen-Wortstamm) [...] Unproduktiv ist das Suffix *-лиц(а)* [...]] (Vinogradov 1947, 133–34).

> The word *ženščina* here performs functions similar to those of derivational suffixes and it usually goes with words admitting only the masculine form to identify the sex of the referent. Another possible reason for their use is making emphasis on the female sex of the speaker (Martynyuk 1990, 108).

Es muss allerdings gesagt werden, dass Appositionen im Gegensatz zu den Movierungssuffixen ein analytisches Mittel sind, um feminine Personenbezeichnungen zu bilden, und in der Sprache nicht stark verbreitet sind (vgl. Brandner 2003, 21).

Dass maskuline Personenbezeichnungen von den femininen gebildet werden, kommt in der russischen Sprache eher selten vor. Die Entstehung solcher Nomina wird hauptsächlich durch außersprachliche Faktoren bedingt: Die maskulinen Berufsbezeichnungen werden von den femininen Berufsbezeichnungen gebildet, wenn es sich um stereotypisch weibliche Tätigkeiten handelt. So entstand im 20. Jahrhundert der Begriff *дояр* [Melker] (vgl. Nikolaeva 2010, 97–98). Oft ergeben sich hier Okkasionalismen: *посудомой* [Tellerwäscher] (vgl. Chajrutdinova 2008, 160) oder *швей* [Näher] (vgl. Krongauz 2015, 170). Solche Formen werden oft mit dem Null-Suffix gebildet, allerdings ist auch die Produktion der analytischen Formen möglich: *балерина – танцор балета* [Ballerina – *Tanzer des Balletts] (vgl. Nikolaeva 2010, 98).

Diese Übersicht zeigt, dass es in der russischen Sprache kein universales Suffix gibt, mit dem Feminativa gebildet werden können, im Gegensatz zum deutschen Suffix *-in*, das bis auf wenige Ausnahmefälle mit allen maskulinen Personenbezeichnungen kombinierbar ist (vgl. Doleschal 2001a, 99; Neupokoeva 2009, 18). Fast alle russischen femininen Movierungssuffixe haben eine komplexe Semantik: Häufig haben sie auch andere Bedeutungen und erfüllen noch andere Funktionen, zum Beispiel neben der femininen Movierung von weiblichen Personen auch die feminine Movierung von weiblichen Tieren (*медведь – медведица* [Bär – Bärin], *слон – слониха* [Elefant – Elefantin]). Oft sind diese Suffixe stilistisch nicht neutral und tragen negative oder umgangssprachliche Konnotationen in sich. Dazu kommt, dass nicht alle Suffixe in der russischen Gegenwartssprache produktiv sind und nicht jedes Suffix an jeden Wortstamm angehängt werden kann (siehe Tabelle 4).

Selbst die stilistisch neutralen femininen Personenbezeichnungen werden oft im Vergleich zu den maskulinen als weniger prestigeträchtig wahrgenommen. So werden die femininen Personenbezeichnungen in kreativen Tätigkeitsfeldern verbreitet abgelehnt, da die Vorstellung herrscht, dass die femininen Personenbezeichnungen den Beitrag der Frauen ‚trivialisieren' und herabsetzen (vgl. Martynyuk 1990, 107)[84]. In den offiziellen Kontexten werden überwiegend maskuline Personenbezeichnungen benutzt: So werden die erworbenen Berufe in

---

[84] In diesem Kontext wird oft Anna Achmatowa erwähnt, die sich nicht als *поэтесса* [Dichterin], sondern als *поэт* [Dichter] bezeichnen möchte (vgl. Puzyrenko 2008, 222).

Zeugnissen und Diplomen ausschließlich im Maskulinum aufgeführt (vgl. Kulikova 2016, 104).

Mit anderen Worten gibt es in der russischen Sprache sowohl morphologische als auch stilistische Faktoren, die die Bildung der femininen Personenbezeichnungen einschränken.[85] Dies wird in der Tabelle unten dargestellt.[86]

Tabelle 4: Feminine Movierungssuffixe in der russischen Sprache

Suffix	*Semantik*	*Movierter Wortstamm*	*Produktivität und stilistische Markierung*
-к(а)	Person weiblichen Geschlechts; Ehefrau von der Person, die vom motivierenden Wort benannt wird (in Wörtern wie *солдатка* [Soldatin], *рекрутка* [Rekrutin], *морячка* [Seemännin]); weibliches Tier/weiblicher Vogel (in Wörtern wie *голубка* [weibliche Taube], *глухарка* [Auerhenne], sowie *самка* [Weibchen])	Personenbezeichnungen mit к(а) werden von den maskulinen Personenbezeichnungen motiviert: von unmotivierten (*соседка* [Nachbarin], *пионерка* [Pionierin]); mit dem Suffix *-ист* (*коммунистка* [Kommunistin]); mit dem Suffix *-ец* (*американка* [Amerikanerin]); *-ин*, *-ан-ин* / *-чан-ин*: (*горожанка* [Stadtbewohnerin]); -- *ик* (*историчка* [Historikerin]); *-ак*, *-ач* (*сибирячка* [Sibirierin]); *-ич* (außer in Vatersnamen), *-ит*, *-ам*, -	produktiv in verschiedenen Kontexten (in der Umgangssprache sowie in offiziellen Kontexten)

[85] Im Russischen ist die Bildung der Feminativa auch im Vergleich zu zahlreichen anderen slawischen Sprachen stark begrenzt, vgl. Doleschal: „Im Tschechischen, Slowakischen, Slowenischen und Kroatischen kann praktisch zu jeder maskulinen Personenbezeichnung ein stilistisch neutrales feminines Äquivalent gebildet werden, im Polnischen und Russischen ist das hingegen nur eingeschränkt der Fall, vgl. sln., kroat. *politіčar-ka*, tsch., slk. *politič-ka* [Politikerin], sln. *kozmonavt-ka*, tsch., slk. *kosmonaut-ka*, kroat. *kozmonau- tkinja* [Kosmonautin], sln., tsch., slk. *filozof-ka*, kroat. *filozof-kinja* [Philosophin] vs. poln. *polityk*, *filozof-ka* <iron., selten>, *kosmonaut-ka*, russ. *политик*, *космонавт*, *философ*“ (Doleschal 2002b, 179).

[86] Die Daten in der Tabelle stammen hauptsächlich aus den § 380–393 der *RG-80* (Natalja Ju. Švedova 1980, 197–201).

Suffix	*Semantik*	*Movierter Wortstamm*	*Produktivität und stilistische Markierung*
		ант/-ент, -смен, -иш, -тяй, -ей (*москвичка* [Moskauerin], *стипендиатка* [Stipendiatin]); *-ёр, -ер/-онер/ -ир, -арь, -ан* (*революционерка* [Revolutionärin]); mit Null-Suffix (*счетоводка* [Rechnungsführerin]); Abkürzungen und Abbreviaturen (*эсерка* [Sozialrevolutionärin])	
-иц(а), -ниц(а)	Person weiblichen Geschlechts; Ehefrau von der Person, die vom motivierenden Wort benannt wird (*дьяконица* [Diakonin], *полковница* [Oberstin]); weibliches Tier (in Wörtern wie *буйволица* [weiblicher Büffel], *волчица* [Wölfin], *тигрица* [Tigerin]).	Personenbezeichnungen mit *-иц(а), -ниц(а)* werden von den maskulinen Personenbezeichnungen motiviert: von unmotivierten (*мастерица* [Meisterin], *пророчица* [Prophetin]); mit dem Suffix *-ец, -лец* (*певица* [Sängerin], *чтица* [Leserin]), *-ик, -ник, -щик, -чик* (*работница* [Arbeiterin]); *-тель* (*свидетельница* [Zeugin], *изобретательница* [Erfinderin])	produktiv in verschiedenen Kontexten
-их(а)	Person weiblichen Geschlechts; Ehefrau von der Person, die vom motivierenden Wort benannt wird (*купчиха*	Personenbezeichnungen mit *-их(а)* werden von den maskulinen Personenbezeichnungen motiviert: von	produktiv in der Umgangssprache

Suffix	*Semantik*	*Movierter Wortstamm*	*Produktivität und stilistische Markierung*
	[Kaufmannsgattin], *полковничиха* [Oberstin]); weibliches Tier (*волчиха* [Wölfin])	unmotivierten; mit dem Suffix *-ник, -ничий, -ец* (*пловчиха* [Schwimmerin])	
-ш(а)	Person weiblichen Geschlechts (*лекторша* [Lektorin], *курьерша* [Kurierin]); Ehefrau von der Person, die vom motivierenden Wort benannt wird (*капитанша* [Kapitänsgattin], *генеральша* [Generalin])	Personenbezeichnungen mit *-ш(а)* werden von den maskulinen Personenbezeichnungen motiviert: Mit dem Wortstamm, der auf *-р, -л, -н und -нт* endet (*редакторша* [Redakteurin], *организаторша* [Organisatorin]); im Wort *казначейша* [Schatzmeisterin] endet der motivierende Wortstamm auf -|j|.	produktiv in der Umgangssprache und bei Okkasionalismen, Wörter mit dem Suffix *-ш(а)* sind oft negativ konnotiert oder werden ironisch verwendet.
-|*j*|	Person weiblichen Geschlechts, obwohl das Wort *летунья* [Fliegerin] manchmal auch für Vögel und Insekten benutzt wird	Personenbezeichnungen mit -|*j*| werden von den maskulinen Personenbezeichnungen motiviert: von unmotivierten (*гостья* [weiblicher Gast], *сватья* [Schwiegermutter]); mit dem Suffix *-ун* (*лгунья* [Lügnerin], *прыгунья* [Springerin]).	Die Produktivität wird von den motivierenden Nomina mit dem Suffix *-ун* begrenzt.
-н(а)	weibliche Vatersnamen; Person weiblichen Geschlechts (in Wörtern wie *царевич — царевна*	Personenbezeichnungen mit *-н(а)* werden von den maskulinen Personenbezeichnungen	produktiv nur bei der Bildung der Vatersnamen

Suffix	*Semantik*	*Movierter Wortstamm*	*Produktivität und stilistische Markierung*
	[Zarensohn – Zarentochter])	motiviert: mit dem Suffix *-ич/ -ович/-евич* (*Петрович — Петровна*)	
-ин(я)	Person weiblichen Geschlechts; Ehefrau von der Person, die vom motivierenden Wort benannt wird (*герцогиня* [Herzogin], *графиня* [Gräfin]); weibliches Tier (nur im Wort *гусыня* [weibliche Gans])	Personenbezeichnungen mit *-ин(я)* werden von den maskulinen Personenbezeichnungen motiviert: von unmotivierten (*богиня* [Göttin], *героиня* [Heldin]); mit dem Wortstamm, der auf *-лог* endet (*геологиня* [Geologin])	Die Produktivität ist begrenzt, die neuen Wörter funktionieren überwiegend in der Umgangssprache (*шефиня* [Chefin]).
-есс(а)	Person weiblichen Geschlechts; Ehefrau von der Person, die vom motivierenden Wort benannt wird (in Wörtern wie *баронесса* [Baronin], *виконтесса* [Viscountess] und *грандесса* [Grandin])	Personenbezeichnungen mit *-есс(а)* werden von den unmotivierten maskulinen Personenbezeichnungen motiviert (*поэтесса* [Dichterin], *принцесса* [Prinzessin]).	Die Produktivität ist begrenzt, die neuen Wörter funktionieren überwiegend in der Umgangssprache (*гигантесса* [Gigantin], *авторесса* [Autorin]).
-ис(а)	Person weiblichen Geschlechts	Personenbezeichnungen mit *-ис(а)* werden von den maskulinen Personenbezeichnungen motiviert: von unmotivierten (*аббатиса* [Äbtissin]); mit den Suffixen *-ор*, *-тор* (*директриса*	Die Produktivität ist begrenzt, die neuen Wörter funktionieren überwiegend in der Umgangssprache (*редактриса* [Redakteurin]).

Suffix	*Semantik*	*Movierter Wortstamm*	*Produktivität und stilistische Markierung*
		[Direktorin], *инспектриса* [Inspektorin])	
-ин(а)	Person weiblichen Geschlechts; Ehefrau von der Person, die vom motivierenden Wort benannt wird (in Wörtern wie (*курфюрстина* [Kurfürstin], *гофмейстерина* [Hofmeisterin])	Personenbezeichnungen mit *-ин(а)* werden von den unmotivierten maskulinen Personenbezeichnungen motiviert (*синьорина* [Signorina]) sowie von Eigennamen (*Антон — Антонина*)	unproduktiv
-ух(а)	Person weiblichen Geschlechts (*старуха* [alte Frau]); weibliches Tier (*оленуха* [weibliches Rentier])	Personenbezeichnungen mit *-ух(а)* werden oft von Adjektiven und Verben abgeleitet (*стряпать – стряпуха* [kochen – Köchin]).	Unproduktiv, die Wörter mit dem Suffix *-ух(а)* sind stilistisch oft als umgangssprachlich markiert (*толстуха* [dicke Frau]).

Die Auflistung der Suffixe in der Tabelle ist nicht abschließend, da es in der Sprache auch diverse Suffixe gibt, die nur für die Bildung einzelner Feminativa (zum Beispiel das Suffix *-ев(а),* das im Wort *королева* [Königin] verwendet wird) und nicht systematisch benutzt werden. Aus der Tabelle wird jedoch klar, dass fast alle Suffixe mehrere Bedeutungen haben, aber nicht alle als umgangssprachlich markiert sind. Berkutova argumentiert, dass es unlogisch ist, die begrenzte Verwendung der Feminativa durch die stilistische Markierung der Suffixe zu erklären:

> Существует мнение, что суффикс «-к(а)» для образования феминитивов также непродуктивен, поскольку одним из самых распространенных стилистических значений для него выступает пренебрежительно-уничижительное значение («Ванька», «девка», «нянька»). Данное утверждение представляется спорным, поскольку, во-первых, наряду с пренебрежительным у суффикса «-к(а)» есть множество других значений. […] При использовании слова «студентка» на первый план не выходит именно пренебрежительно-уничижительный оттенок смысла, следовательно, нет никаких языковых

> причин, по которым именно этот оттенок должен выходить на первое место при образовании, например, слова «президентка». Из логики русского языка, в котором сосуществует множество суффиксов, в различных ситуациях имеющих различные семантические оттенки, этого не следует [Es existiert die Meinung, dass der Suffix *-к(а)* für die Bildung der Feminativa auch unproduktiv ist, denn eine der häufigsten stilistischen Bedeutungen für ihn ist die abwertende Bedeutung (*Ванька* [umgangssprachliche Kurzform vom Namen Ivan], *девка* [Weib], *нянька* [umgangssprachliche Form von Babysitter]). Diese Behauptung erscheint fraglich, weil zum einen der Suffix *-к(а)* neben der pejorativen [Semantik] viele andere Bedeutungen hat. […] Beim Gebrauch des Wortes студентка [Studentin] tritt nicht die abwertende Konnotation in den Vordergrund, folglich gibt es keine sprachlichen Gründe, warum genau diese Konnotation in den Vordergrund kommen muss, wenn zum Beispiel das Wort *президентка* [Präsidentin] gebildet wird. Dies folgt nicht aus der Logik der russischen Sprache, in der viele Suffixe koexistieren, die in unterschiedlichen Situationen verschiedene Konnotationen haben] (Berkutova 2019, 9).

Obwohl, wie bereits gesagt wurde, bei einem Wortpaar ‚maskuline Personenbezeichnung – feminine Personenbezeichnung' die maskuline Personenbezeichnung meistens als neutral gilt, ist das keine absolute Regel. Krongauz (2015) definiert daher verschiedene Paradigmen der Personenbezeichnungen – je nachdem, ob das Femininum im Wortpaar markiert ist oder nicht:

- Die häufigste Variante ist, wenn das maskuline Nomen eine geschlechtsneutrale Funktion übernimmt, während das davon abgeleitete feminine Nomen die Weiblichkeit ausdrückt (*учитель – учительница* [Lehrer – Lehrerin]).
- Der zweite Fall ist ein Wortpaar, bei dem die geschlechtsneutrale Komponente fehlt: *француз – француженка* [Franzose – Französin]. Das Wort *француз* kann im Singular nicht für die Bezeichnung einer Frau verwendet werden: **Она – француз.* [*Sie ist Franzose].
- Das dritte Paradigma besteht nur aus dem maskulinen Nomen, das aber auch für die Bezeichnung einer Frau verwendet werden kann (*пилот* [Pilot]).
- Im vierten Fall gibt es nur die maskuline Personenbezeichnung, die aufgrund von ihrer Semantik nicht für die Bezeichnung einer Frau verwendet werden kann (*евнух* [Eunuch]).
- Beim fünften Paradigma gibt es nur die feminine Personenbezeichnung, die aufgrund ihrer Semantik nicht für die Bezeichnung eines Mannes verwendet werden kann (*роженица* [Gebärende]).

Selbst wenn eine feminine Personenbezeichnung mit einem stilistisch neutralen Suffix gebildet wurde und nicht als umgangssprachlich markiert ist, gibt es verschiedene Faktoren, die die Verwendung des Wortes in der Sprache beeinflussen können. Eine feminine Personenbezeichnung kann daher mit größerer oder kleinerer Wahrscheinlichkeit in die Sprache einfließen, wobei es zwischen ‚umgangssprachlich' und ‚stilistisch neutral' mehrere Zwischenstufen gibt. So werden im Artikel von Gurevich et al. (2006) die Nomina basierend auf ihrer Semantik in elf Klassen eingeteilt. Die Gliederung beruht darauf, wie häufig die maskuline Variante als geschlechtsneutral benutzt wird. In der Klasse <a> sind die Personenbezeichnungen, die keine femininen Movierungen haben (wie *хореограф* [Choreograf]), und in <b> diejenigen, von denen nur in der Umgangssprache feminine Personenbezeichnungen abgeleitet werden (*режиссер – режиссерша* [Regisseur – Regisseurin]). Demgegenüber befinden sich in den Klassen <j> und <k> jeweils Mitglieder von Organisationen (*коммунист – коммунистка* [Kommunist – Kommunistin]) und Sportler*innen, Musiker*innen und Theaterdarsteller*innen (*теннисист – теннисистка* [Tennisspieler – Tennisspielerin], *скрипач – скрипачка* [Geiger – Geigerin]). Die Autor*innen erklären, dass sich die Substantive nach ihrer Semantik grob klassifizieren lassen:

> Nouns that describe an impersonal role or vocation are at one extreme; with these nouns, the feminized derivative is stylistically colored. At the opposite end of the spectrum are nouns that describe individuals in terms of personal qualities. Intermediate is a broad array of classes that allow both views of people in terms of roles and as individuals (Gurevich u. a. 2006, 178).

Im Artikel *The rule of feminization in Russian* (Mozdzierz 1999) behandelt Mozdzierz ebenfalls die Frage, was das (Nicht-)Benutzen von Feminativa in der russischen Sprache beeinflusst. Mozdzierz entwickelte eine Klassifikation, die nur aus drei Paradigmen besteht: (1) Wortpaare, die aus den korrelierenden maskulinen und femininen Nomen bestehen (*студент – студентка* [Student – Studentin]), (2) Wortpaare, bei denen das feminine und das maskuline Nomen eine unterschiedliche Semantik haben (*машинист – машинистка* [Lokführer – Tippse]); (3) maskuline Personenbezeichnungen, von denen es in der Standardsprache keine feminine Movierung gibt (Mozdzierz 1999, 172). Basierend auf dieser Klassifikation versucht Mozdzierz zwei Fragen zu beantworten: Warum fehlen (oder, wie es im Artikel formuliert wird, ‚werden blockiert') die femininen Movierungen beim dritten Paradigma? Und warum werden auch beim ersten Paradigma, obwohl es eine Bezeichnung für Frauen gibt, oft die maskulinen Personenbezeichnungen benutzt? Die Forscherin kommt zu dem Schluss, dass die Antworten auf diese Fragen nicht in der Grammatik liegen, sondern außersprachlicher Natur sind. Das Benutzen oder das Verzichten auf Feminativa spiegelt die gesellschaftliche Stratifikation der Männer und Frauen wider: „Masculine forms prevail when addressing women in influential, highly-paid or prestigious positions typically occupied by men [...], while feminine forms are fairly consistently used for women in traditional women's jobs [...]" (Mozdzierz 1999, 177).

Für die vorliegende Arbeit ist es relevant, dass im Artikel von Mozdzierz vermutet wird, dass es bei der Wahl zwischen Feminativa oder Maskulina in der russischen Sprache nicht nur um das Anzeigen vom weiblichen Gender gehen könnte, sondern auch um das Signalisieren der unterschiedlichen Stile (Standardsprache oder Umgangssprache) oder Register (neutral oder emotional):

> We suspect that the use of the feminizations is in the process of being reinterpreted from indicating female sex reference to rendering the difference in style (standars vs. colloquial) or register (neutral vs. emotive) (Mozdzierz 1999, 178).

In der Sprache existieren weitere Faktoren, die die Wahl zwischen Feminativa oder Maskulina beeinflussen können. Einige von ihnen listet Doleschal im Artikel *O vzaimosvjazi grammatičeskoj kategorii roda i pola* (1997) auf. So spielt der denotative Status der Nominalgruppe eine große Rolle: In einer prädikativen oder nicht referentiellen Position wird eine Frau mit größerer Wahrscheinlichkeit mit einem maskulinen Nomen bezeichnet. Bei nicht referentieller Nominalgruppe wird das Objekt als etwas Abstraktes begriffen, sodass das Gender weniger relevant ist und durch das Maskulinum ausgedrückt wird. Dieses übernimmt, wie bereits erwähnt, in der Sprache die Rolle des ‚neutralen' Genders: „*Мы ищем нового преподавателя русского языка.* [Wir suchen einen neuen Russischlehrer]" (Doleschal 1997, 143). In der prädikativen Position wird dem Objekt durch die Personenbezeichnung mittels eines Substantivs eine Eigenschaft zugeschrieben, weshalb diese Personenbezeichnungen auch maskulin sind: *Однако Филиппова не модель, а художник* [Allerdings ist Filippova kein Model, sondern ein Maler]. Bei einer referentiellen Position geht es meistens um eine konkrete Person, weswegen die Personenbezeichnungen öfter mit dem Gender der Person korrelieren als bei anderen syntaktischen Positionen. In solchen Fällen wird auch immer versucht, das tatsächliche Gender einer Person auszudrücken: „*Обе эти брошюры принадлежат одному и тому же неизвестному автору-женщине* [Beide Hefte stammen von derselben unbekannten Autoren-Frau]" (Doleschal 1997, 142). Relevant ist außerdem der Numerus: Im Plural übernehmen maskuline Nomina häufiger die Funktion der geschlechtsneutralen Personenbezeichnungen als im Singular (Doleschal 1997, 144).

Zusammenfassend kann gesagt werden, dass es in der russischen Sprache zahlreiche Faktoren gibt, die die Wahl zwischen maskulinen und femininen Personenbezeichnungen in jedem konkreten Satz beeinflussen können. Diese Faktoren sind sowohl sprachlicher als auch außersprachlicher Natur: Neben der stilistischen Markierung mancher Suffixe hat auch die Semantik einen großen Einfluss. So werden im Sport öfter feminine Personenbezeichnungen benutzt als in der Politik (vgl. Gurevich u. a. 2006). Selbst stilistisch neutrale feminine Personenbezeichnungen werden nur in Stellenanzeigen für nicht prestigeträchtige Berufe benutzt (vgl. Neupokoeva 2008, 214–15). All diese Faktoren werden bei der Korpusanalyse und der Interpretation der Ergebnisse in der vorliegenden Arbeit berücksichtigt.

3.1.2. Ambigene Appellativa (*genus commune*) in der russischen Sprache

Ambigene Appellativa oder *genus commune* sind eine gesonderte Gruppe von Personenbezeichnungen in der russischen Sprache, die allerdings viel über die Beziehung zwischen dem femininen und dem maskulinen Genus in der russischen Sprache aussagt. Rein morphologisch werden die ambigenen Appellativa in der *RG-80* als „слова (обычно разг. или прост.) с флексией *-а* в им. п. ед. ч., называющие лиц по характерному действию или свойству и имеющие ту же систему падежных флексий, что и существительные жен. и муж. р. с флексией *-а* в форме им. п. ед. ч. [Wörter (normalerweise umgangssprachlich oder Substandart) mit der Flexion *-a* im Nom. Sing., die Personen bei kennzeichnender Tätigkeit oder Merkmal bezeichnen und die das gleiche System der Kasusflexionen haben wie feminine und maskuline Substantive, die die Flexion *-a* im Nom. Sing. haben.]" definiert (Natalja Ju. Švedova 1980, 464). Damit werden solche Wörter wie *плакса* [Heulsuse], *пьяница* [Säufer], *сирота* [Waisenkind] usw. gemeint.

Das Besondere an dieser Art von Wörtern ist, dass ihre syntaktische Übereinstimmung vom Gender der bezeichneten Person abhängig ist: Bei den männlichen Referenten verhält sich das Wort wie ein maskulines Nomen und kongruiert mit den maskulinen Endungen der Adjektive oder Verben in der Vergangenheit (*ужасный пьяница* [schrecklicher Säufer]), während bei den weiblichen Referentinnen das gleiche Wort mit den femininen Endungen kongruiert (*ужасная пьяница* [schreckliche Säuferin]) (vgl. Natalja Ju. Švedova 1980, 464). Allerdings ist die Korrelation zwischen dem Genus und dem Gender des Subjekts nicht immer so direkt, denn ambigene Appellativa können als feminine Nomina für eine männliche Person benutzt werden (vgl. Corbett 1982, 198; Natalja Ju. Švedova 1980, 464):

Он невероятная плакса
[Er ist eine unglaubliche Heulsuse].

Die umgekehrte Situation ist auch möglich:

Она всегда была настоящим заучкой
[Sie war schon immer ein richtiger Streber].

In der Forschung herrscht keine Einigkeit darüber, ob die ambigenen Appellativa im Grunde maskulin sind und mit der Zeit die Möglichkeit bekommen haben, auch weibliche Personen zu bezeichnen, oder ob es genau umgekehrt war und die ambigenen Appellativa ursprünglich feminin waren (vgl. Tafel 1997, 77). Fufaeva schreibt, dass manche ambigene Appellativa ursprünglich feminin waren (wie *умница* [Kluge(r)] *чистюля* [Putzteufel], *плакса* [Heulsuse]) und manche – ursprünglich maskulin (wie *староста* [Gruppenälteste(r)], *судья* [Richter_in])(Fufaeva 2021, 187). Genauso unklar bleibt, ob die ambigenen Appellativa ein ‚intrinsisches' Genus haben, das in abstrakten Kontexten vorkommt, wenn das Gender der Person nicht bekannt oder irrelevant ist. Es wurde die Meinung geäußert, dass dieses intrinsische' Genus Maskulinum ist (vgl. Crockett 1976, 70). Das wird in der *RG-80* anhand eines Beispiels aus einer Zeitschrift bewiesen. Dort wird ein Fisch, der seit 60 Millionen Jahren in tertiären Schichten begraben ist, als *Древнейший обжора в мире* [Der älteste Vielfraß der Welt] bezeichnet (Natalja Ju. Švedova 1980, 464). Golev untersucht dieses Beispiel mithilfe einer Umfrage. Dabei kommt er zu dem Schluss, dass es hier keine Gründe gibt, vom Maskulinum als dem ‚default' Genus zu sprechen, da das Wort *обжора* abhängig vom Kontext mit Maskulinum und Femininum kongruiert (Golev 2013, 25–27). Golev definiert die ambigenen Appellativa daher nicht als bigender, sondern als agender, da sie kein intrinsisches Genus haben (vgl. Golev 2013, 17).

Eine genauere Untersuchung der Frage, welchem Genus die ambigenen Appellativa zugeordnet werden können, führt Doleschal in ihrer Dissertation *Genus als grammatische und textlinguistische Kategorie: eine kognitiv-funktionalistische Untersuchung des Russischen* durch. Die Forscherin teilt ambigenen Appellativa in drei Klassen auf (basierend auf Ausführungen von Iomdin 1990; Kopeliovič 1977): Die erste Klasse besitzt kein unmarkiertes Genus und kongruiert immer entsprechend dem Geschlecht des Denotats (zum Beispiel *соседушка* [Nachbarlein]). Die zweite Klasse hat unmarkiert feminines Genus, d. h., bei geschlechtsabstrahierendem Gebrauch tritt das Femininum auf. In Bezug auf Frauen wird immer feminin kongruiert und in Bezug auf Männer kann auch feminine Kongruenz auftreten (*зануда* [Nervensäge]). Die dritte Klasse stellt genau umgekehrte Situation dar: Sie hat unmarkiert maskulines Genus und bei geschlechtsabstrahierendem Gebrauch sowie in Bezug auf Männer wird maskulin kongruiert. In Bezug auf Frauen ist maskuline Kongruenz zulässig (*староста* [Gruppenälteste(r)]) (vgl. Doleschal 2004, 103–4). Doleschal führte eine Fragebogenuntersuchung durch, bei der 47 Testpersonen die fehlenden Endungen der kongruierenden Wörter in den Beispielsätzen mit ambigenen Appellativa einsetzten. Nach der Untersuchung stellte sich raus, dass die Nomina aus der ersten Klasse in der Mehrzahl sind. Zu welcher Klasse bestimmte Nomina zugeordnet werden, hängt allerdings von mehreren Faktoren ab. So beschreibt Doleschal solche Lexeme wie *болтушка* [Plaudertasche], *дохлятина* [Aas], *дубина* [Schwachkopf], *душенька*

[Herzchen], *жадина* [habgieriger Mensch] usw., die alle zur Klasse 2 mit unmarkiertem femininem Genus gehören. Laut Doleschal weisen diese Lexeme einige morphologische und semantische Gemeinsamkeiten auf, weil sie einerseits mit prototypisch femininen Suffixen gebildet (*-ка*, *-ина*, *-ица*) sind und andererseits metaphorische Personenbezeichnungen sind, deren metaphorischer Charakter noch stark empfunden wird. Die Forscherin kommt zum Schluss, dass es sich bei diesen Wörtern um Übergangsfälle handelt, die sich gerade zu *genus commune* entwickeln. Lexeme *сиротка* [Waise] (Diminutiv) und *бедняжка* [armes Ding], die zwar zu der ersten Klasse gehören und also kein unmarkiertes Genus besitzen, zeigen feminine Kongruenz öfter als die anderen Lexeme aus dieser Klasse (und öfter als ihre Ableitungsbasen *сирота* und *бедняга*). Doleschal führt das auch auf ihre Semantik und Morphemik zurück:

> Meines Erachtens kommt es auch hier wieder zu einem Prototypeneffekt: Erstens ist das Suffix *-ka* sehr stark mit dem femininen Genus assoziiert. Es ist nicht nur Movierungssuffix und feminines Diminutivsuffix, sondern leitet auch viele unbelebte Feminina ab wie Instrumente, Lokationen u. a. Zweitens ist aus vielen Genussprachen bekannt, daß eine semantische Assoziation zwischen 'weiblich' und 'klein' (sowie 'männlich' und 'groß') hergestellt werden kann […] (Doleschal 2004, 116).

Dies ist nicht der einzige Streitpunkt bezüglich der Natur der ambigenen Appellativa. Kennzeichnend ist, dass die genauen Grenzen dieser Gruppe undefiniert bleiben. In unterschiedlichen Arbeiten werden verschiedene Gruppen von Wörtern in die Kategorie *genus commune* eingeschlossen, was die Grenzen dieser Kategorie stark erweitern kann. Gorbackaja (2011) analysierte die Definitionen von ambigenen Appellativa in verschiedenen Grammatiken und schlussfolgert, dass diese Wortgruppe instabil ist, und in den letzten Jahrzehnten zahlreiche neue Wörter zu dieser Gruppe hinzugefügt wurden (vgl. auch Trofimova 2018, 22). Dazu zählen solche Wörter wie *глава* [Leiter/Leiterin], *коллега* [Kollege/Kollegin], *судья* [Richter/Richterin], die in der *RG-80* noch nicht als ambigene Appellativa bezeichnet werden (vgl. Natalja Ju. Švedova 1980, 465–66). Demgegenüber werden sie aber in den jüngeren Grammatiken als Wörter beschrieben, die die Eigenschaften von ambigenen Appellativa bekommen haben (vgl. Belousov, Kovtunova, und Kručinina 1990, 151).

Gorbackaja definiert folgende Gruppen der ambigenen Appellativa, die einer erweiterten Auffassung von diesem Begriff entsprechen (Gorbackaja 2011, 97):

I. Deklinierbare Nomina, die auf *-а (-я)* enden, wie *обжора* [Vielfraß], *пьяница* [Säufer], sowie Hypokoristika wie *Валя, Женя*;
feminine Nomina, die im übertragenen Sinne eine Person bezeichnen können wie *ворона* [Krähe], *звезда* [Star];

diverse maskuline Nomina, die inzwischen die Eigenschaften von ambigenen Appellativa bekamen *коллега* [Kollege/Kollegin], *забулдыга* [Trunkenbold], *трусишка* [Hasenfuß].

II. Undeklinierbare Namen, wie die Nachnamen *Книпович* oder *Чутких*;
Bezeichnungen der Nationalitäten *манси* [Mansen];
undeklinierbare Personenbezeichnungen *протеже* [Protegé].

III. Deklinierbare feminine Nomina, die auf *-ь* enden und im übertragenen Sinne eine Person bezeichnen können, wie *лошадь* [Pferd] oder *моль* [Motte].

IV. Deklinierbare maskuline Nomina, die Berufe, Stellen und Titel bezeichnen, wie *директор* [Direktor] oder *сержант* [Sergeant].

Wie bereits erwähnt, bleibt es bei vielen von diesen Wörtern umstritten, ob sie zu den ambigenen Appellativa gehören. Das ist zum Beispiel der Fall bei den Wörtern wie *баба* [Weib], *пила* [(Nerven-) Säge] (aus der I. Gruppe), die manche Forscher*innen als feminine Nomen wahrnehmen, die metaphorisch auch Männer bezeichnen können (für eine detaillierte Analyse siehe Brandner 2004; Gorbackaja 2012). Bezüglich der II. Gruppe wendet Golev ein, dass es sich bei den Nachnamen um zwei verschiedene Lexeme (maskuliner Nachname und femininer Nachname) handelt, die homonyme Paare bilden (Golev 2013, 24).[87]

Am relevantesten für die vorliegende Arbeit ist aber die IV. Gruppe. Wie bereits oben beschrieben, gibt es in der russischen Sprache im Bereich der femininen Personenbezeichnungen viele Lakunen. Neben den morphologischen Mitteln, um das weibliche Gender auszudrücken, die bereits im vorherigen Abschnitt beschrieben wurden (Suffixe und Appositionen wie *женщина-врач*), entwickelte die Sprache auch syntaktische Mittel (vgl. Natalja Ju. Švedova 1980, 466). Damit wird primär die Situation gemeint, wenn das feminine Genus durch die feminine Kongruenz der Adjektive, Verben und Pronomen ausgedrückt wird, während das Nomen maskulin ist. Tafel spricht in diesem Zusammenhang vom Widerspruch zwischen Morphologie und Semantik (Tafel 1997, 76). Solche Fälle werden als „semantische Kongruenz" bezeichnet (vgl. Doleschal 2014, 147, 263; Tafel 1997, 77). Die maskulinen Substantive, die mit den femininen Endungen kongruieren, sind dann hybride Substantive (vgl. Doleschal 2014, 147) oder, wie Stepanov es etwas bildhaft formuliert, „grammatische Hermaphroditen" (Stepanov 2016, 92).

Dieses Phänomen ist nicht neu, sondern entstand bereits in der ersten Hälfte des 20. Jahrhunderts. Peškovskij beschreibt Formulierungen wie *вице-президент*

---

[87] Die Frage, ob ambigene Appellativa mit maskuliner und femininer Kongruenz, *wie маленькая плакса – маленький плакса* [kleine Heulsuse$^{fem.}$ – kleine Heulsuse$^{mask.}$], ein Lexem oder zwei verschiedene Lexeme sind, wird in der wissenschaftlichen Literatur umfangreich diskutiert (vgl. Bunames 2014; Doleschal 2014). In der vorliegenden Arbeit wird die Meinung vertreten, dass es ein Lexem ist.

приехала [Der Vize-Präsident$^{\text{mask.}}$ kam an$^{\text{fem.}}$] bereits in seiner Monographie *Russkij sintaksis v naučnom osveščenii* und bezeichnet sie als *самостоятельный женский род глагола*, wörtlich ‚selbstständiges feminines Genus des Verbes' (Peškovskij 1928, 222). Es besteht für den Forscher ein großer Unterschied zwischen Ausdrücken wie *вице-президент приехала,* in denen eine semantische Kongruenz zwischen der maskulinen Personenbezeichnung und dem Verb entsteht, und Ausdrücken wie *добрая товарищ* [gute$^{\text{fem.}}$ Genosse$^{\text{mask.}}$]. in denen es eine semantische Kongruenz zwischen der maskulinen Personenbezeichnung und dem Adjektiv gibt. Während Peškovskij die erste Variante in der Standardsprache für bedingt möglich hält, ist die zweite Variante unzulässig: „Но что разница между глаголом и прилагательным все же сознается, ясно из того, что «добрая товарищ» русский человек ни в каком случае [gesperrte Schrift des Autors] не может сказать, а «товарищ вышла», хотя и с некоторым стеснением, но может" [Dass der Unterschied zwischen einem Verb und einem Adjektiv doch wahrgenommen wird, ist dadurch klar, dass ein russischer Mensch ‚*добрая товарищ* [gute$^{\text{fem.}}$ Genosse$^{\text{mask.}}$] in keinem Fall sagen kann, aber *товарищ вышла* [Der Genosse^{mask} ging$^{\text{fem.}}$], wenn auch mit einiger Beklemmung, aber [sagen] kann.] (Peškovskij 1928, 223). Die Frage über die stilistische Zugehörigkeit der Ausdrücke mit semantischer Kongruenz in der modernen russischen Sprache bleibt ungeklärt. In der *Grammatika russkogo jazyka* aus dem Jahre 1960 wird die semantische Kongruenz nicht empfohlen. So soll im Satz *Кондуктор дал сигнал к отправлению* [Der Schaffner gab$^{\text{mask.}}$ das Signal zur Abfahrt] das Verb maskuline Endung behalten, unabhängig davon, ob die bezeichnete Person ein Mann oder eine Frau ist. Der Grund dafür ist, dass der Satz *Кондуктор дала сигнал к отправлению* [Der Schaffner gab$^{\text{fem.}}$ das Signal zur Abfahrt] die Regeln der grammatischen Kongruenz verletzen würde (vgl. Vinogradov, Istrina, und Barchudarov 1960, 510). In der *RG-80* wird die semantische Kongruenz als syntaktischer Verweis auf das Gender der benannten Person definiert. Laut *RG-80* sind solche Ausdrücke zwar vor allem für die Umgangssprache typisch, aber in der russischen Gegenwartssprache sind sie eine Konkurrenz zu den ‚traditionellen' Mitteln zum Ausdruck der Weiblichkeit (wie Suffixe oder Appositionen) (vgl. Natalja Ju. Švedova 1980, 466). Die Beachtung der semantischen Kongruenz wird durch den Bedarf der Sprechenden bedingt, das Gender der bezeichneten Person auszudrücken (vgl. Natalja Ju. Švedova 1980, 466).

Allerdings bleibt die Frage, ob die maskulinen Personenbezeichnungen, die Berufe, Stellen und Titel bezeichnen, aufgrund der semantischen Kongruenz in die Klasse der ambigenen Appellativa eingeordnet werden können. Mit anderen Worten muss noch definiert werden, ob die maskulinen Nomen in Ausdrücken wie *врач пришла* [der Arzt kam$^{\text{mask.}}$] genauso wie die anderen ambigenen Appellativa dann genderinklusiv oder, nach der Bezeichnung von Golev (2013, 17), agender sind. Obwohl manche Forscher*innen der Meinung sind, dass die maskulinen Personenbezeichnungen inzwischen zu den ambigenen Appellativa gehören (vgl.

Brandner 2004, 56) oder zumindest Kandidaten für ambigene Appellativa sind, gibt es auch eine Reihe von Gründen, diese Einschätzung als voreilig zu bewerten:

- Eine Frau kann sowohl als *хорошая врач* [gute$^{fem.}$ Arzt] als auch als *хороший врач* [guter$^{mask.}$ Arzt] bezeichnet werden, aber niemals ein Mann als *хорошая врач* (vgl. Bunames 2014, 13). Dies stellt einen Unterschied zum Gebrauch der anderen ambigenen Appellativa dar, bei denen auch die feminine Kongruenz in Bezug auf einen männlichen Referenten vorkommt: *Он – настоящая размазня*. [Er ist eine echte$^{fem.}$ Memme.]
- Die maskulinen Nomina haben häufig feminine Derivate. Das bedeutet, dass in Bezug auf eine Frau sowohl *Она – хороший студент* [Sie ist ein guter Student] als auch *Она – хорошая студентка* [Sie ist eine gute Studentin] gesagt werden kann. Die ambigenen Appellativa haben dahingegen keine Genuspaare.[88]
- Die semantische Kongruenz findet fast ausschließlich im Nominativ statt (vgl. Crockett 1976, 92; Natalja Ju. Švedova 1980, 466). Es kann also nicht gesagt werden **Я увидела новую врача* [*Ich sah die neue$^{fem.\ Akk.}$ Arzt$^{mask.\ Akk.}$].[89]
- Dementsprechend lassen sich die maskulinen Personenbezeichnungen nicht mit den Numeralia *обе* [beide$^{fem.}$] oder *две* [zwei$^{fem.}$] kombinieren, da sie den Genitiv verlangen (vgl. Bunames 2014, 13): **две президента* [*zwei$^{fem.}$ Präsidenten$^{mask.\ Gen.}$].

Zusammenfassend kann gesagt werden, dass die Kategorie der ambigenen Appellativa in der russischen Sprache keine rigiden Grenzen hat. Zu dieser Kategorie gehören momentan zwischen 299 und 400 Wörtern (vgl. Tafel 1997, 78). Diese große Spannbreite bei der Anzahl lässt sich damit erklären, dass in der modernen russischen Sprache zahlreiche neue Gruppen von Wörtern in diese Kategorie eingeordnet werden, was allerdings im Fall der maskulinen Personenbezeichnungen als etwas voreilig bewertet werden kann.

3.1.3. Neue Feminativa in der russischen Sprache als Gegentendenz zur Maskulinisierung

Manche Forscher*innen schreiben, dass die Verwendung von Feminativa rückläufig ist, weil die maskulinen Personenbezeichnungen im Kontext der

---

88 Im Wortpaar *умник – умница* gehört nur das zweite Wort zum *genus commune*. Die Wörter haben eine unterschiedliche Semantik und es handelt sich um eine Paronymie (vgl. Golev 2013, 23).

89 Obwohl vereinzelte Beispiele anzutreffen sind (vgl. Stepanov 2016, 92–93).

semantischen Kongruenz als ambigene Appellativa klassifiziert werden. Die Tendenz zur Maskulinisierung wird zum Teil auch durch außersprachliche Gründe erklärt:

> […] интенсивное снижение употребительности женских коррелятов связано с отсутствием в социальных условиях причин для постоянного подчеркивания противопоставления мужского и женского труда путем введения соотносительных существительных мужского и женского рода [[…] der intensive Rückgang in der Verwendung der femininen Korrelate ist damit verbunden, dass in den gesellschaftlichen Verhältnissen die Gründe fehlen, die Gegenüberstellung der Männer- und Frauenarbeit ständig zu betonen, indem die korrelierenden femininen und maskulinen Substantive eingeführt werden] (Bunames 2014, 12).

Gleichzeitig stellen manche Forscher*innen fest, dass es in der russischen Sprache eine gegenteilige Tendenz gibt und ‚neue' Feminativa gebildet werden. Damit sind die femininen Korrelate für die maskulinen Personenbezeichnungen gemeint, die früher in der russischen Sprache fehlten (vgl. Guzaerova 2019, 106; Pavlova 2020, 180; Pristajko 2017, 145; Prochorova 2012, 293–94; Vasil'eva 2013, 47).

Laut Berkutova standen die zwei Tendenzen – zur Bildung der Feminativa und zur Verwendung der maskulinen Personenbezeichnungen für die Benennung von Frauen – im Laufe des 20. Jahrhunderts in Konkurrenz zueinander (vgl. Berkutova 2018, 8). Obwohl die Tendenz zur Maskulinisierung heute in der russischen Sprache besonders stark zu sein scheint (siehe Abschnitte 3.1.1. und 3.1.2.), kann noch nicht davon gesprochen werden, dass sich diese Tendenz endgültig durchgesetzt hat, denn es ist in den letzten Jahren eine Reihe neuer Feminativa entstanden. So werden Suffixe, die früher als unproduktiv galten, jetzt in der Sprache wieder aktiv benutzt, und Suffixe mit einer starken stilistischen Markierung werden manchmal für die Bildung der Feminativa benutzt, die keine negative Konnotation haben: *аниматорша* [Animatorin] *спикерша* [Sprecherin] (vgl. Prochorova 2012, 294).

Besonders aktiv werden in der russischen Gegenwartssprache die Suffixe *-к(а)* und *-ш(а)* benutzt, die sogar miteinander konkurrieren: *авторка – авторша* [Autorin] (vgl. Guzaerova 2019, 111). Das Suffix *-ш(а)* wird gegenwärtig aktiv benutzt, um Frauen in solchen Berufen zu bezeichnen, die neu entstanden sind. Dabei wird die alte Semantik, ‚die Frau von der Person, die vom movierenden Wort benannt wird', nicht mehr aktualisiert: Die *аниматорша* [Animatorin] ist nicht die Frau vom Animator (vgl. Prochorova 2012, 294). Kennzeichnend ist, dass solche Feminativa zwar umgangssprachlich, aber nicht pejorativ sind: Mit der Bezeichnung der Frau als *риелторша* [Immobilienmaklerin] wird zwar das umgangssprachliche Register markiert, aber diese Bezeichnung soll nicht direkt als Zweifel an den professionellen Kompetenzen der bezeichneten Person gedeutet werden.[90] Die neuen Feminativa mit *-ш(a)* werden hauptsächlich von den entliehenen Wörtern aus dem Englisch moviert (vgl. Prochorova 2012, 294). Der Großteil davon sind Berufsbezeichnungen und nur vereinzelte Lexeme haben eine andere Semantik, zum Beispiel Charaktermerkmale: *паникёрша* [Panikmacherin] (vgl. Čelak 2018, 198–99; Guzaerova 2019, 108).

Das Suffix *-к(a)* wird, im Gegensatz zu *-ш(a)*, nicht nur für Berufsbezeichnungen benutzt, sondern auch zur Bildung von Feminativa, die diverse Semantiken haben: Nationalität (*венесуэлка* [Venezolanerin]), Bezeichnungen von Sportlerinnen (*гандболистка* [Handballspielerin]), Charaktermerkmale (*слабачка* [weiblicher Schwächling]), politische Ansichten (*квакерка* [Quäkerin]), Berufsbezeichnungen sowie Bezeichnungen von Tätigkeiten aller Art (*космонавтка* [Kosmonautin] *кинематографистка* [Filmemacherin]) (vgl. Nowicka 2006). Das Besondere an diesem Suffix ist, dass es durch seine Universalität mit anderen Suffixen konkurriert und damit parallele Derivate zu bereits existierenden Feminativa gebildet werden. Dadurch entsteht statt eines Wortpaars eine ganze Gruppe: *экскурсовод – экскурсоводка – экскурсоводша – экскурсоводиха* [Reiseleiter – Reiseleiterin] (vgl. Nowicka 2006, 75; Sosnowski und Satoła-Staśkowiak 2019, 9; Zauėr 2020, 3). So stellen manche Forscher*innen fest, dass die Varianten *блогерка / блогерша* [Bloggerin] momentan fast gleich verbreitet sind.[91] Es ist zum heutigen Zeitpunkt unklar, welche Lexeme sich in der Sprache durchsetzen (vgl. Kobjakov 2020, 3; Samojlenko und Stekleneva 2019, 129). Die Popularität dieses Suffixes hat mehrere Gründe. Laut Nowicka entstehen die synonymischen Movierungen mit *-к(a)*, um eine lexikalische Vielfalt zu erreichen und mehrere stilistische Optionen für die Bezeichnung einer Frau zu haben (vgl. Nowicka 2006, 76). Die besondere Verbreitung dieses Suffixes im Vergleich zu den anderen femininen Movierungssuffixen wird auch durch den Einfluss der anderen slawischen Sprachen erklärt, vor allem des Polnischen (vgl. Guzaerova 2019, 106; Pristajko 2017, 151). Dieses Suffix ist in der feministischen Community besonders beliebt, weil es eine universale Semantik und keine negative Konnotation hat:

> Феминистки, являющиеся квалифицированными специалистами в тех или иных сферах, обозначают себя с помощью соответствующих феминитивов.

---

[90] Dies ist bei Feminativa nicht immer der Fall. Stepanov beschreibt, wie mit der Bezeichnung *докторица* ‚Doktorin' der Doktortitel einer Frau negativ bewertet wurde (vgl. Stepanov 2020, 133).

[91] Allerdings finden Nesset et al. eine Abhängigkeit zwischen dem Wortstamm und dem Suffix, das für die Bildung der Feminativa mit größter Wahrscheinlichkeit benutzt wird: „[…] the choice of suffix to some extent depends on the morphophonological properties of the stem. In particular, the suffixes are sensitive to whether the stem ends in an obstruent or sonorant consonant, and to the stress pattern of the word. The feminitive suffix -ka is preferred after obstruents, while -ša dominates after sonorants, especially in words with non-final stress"(Nesset, Piperski, und Sokolova 2022, 111).

> Так, гостья подкаста социальной аудио-платформы – редактор в сфере недвижимости – представлена как *редакторка в недвижимости* [Podster FM]. На сайте европейского колледжа LiberalArts в Белоруссии (Eclab) в разделе «Преподаватели» перечислены следующие специалисты: *кураторка, соорганизаторка, журналистка*, а также *исследовательница и руководительница* [Eclab] [Feministinnen, die qualifizierte Spezialisten in verschiedenen Bereichen sind, bezeichnen sich mithilfe der jeweiligen Feminativa. So wird der Gast im Podcast der sozialen Audioplattform – Redakteur für Immobilienbereich – als *редакторка в недвижимости* [Redakteurin für Immobilien] vorgestellt [Podster FM]. Auf der Webseite des europäischen Colleges LiberalArts in Belarus (Eclab) werden in der Kategorie ‚Lehrer' folgende Spezialisten aufgelistet: *кураторка* [Kuratorin], *соорганизаторка* [Mitveranstalterin], *журналистка* [Journalistin] sowie *исследовательница* [Forscherin] und *руководительница* [Leiterin] [Eclab].] (Guzaerova und Kosova 2017, 13).

Andere Suffixe werden auch aktiv für neue Wortbildungen benutzt. Mit dem Suffix *-ниц(а)*, das in der russischen Sprache an die maskulinen Personenbezeichnungen mit dem Suffix *-тель* angehängt wird, werden neue Feminativa im Internet-Bereich gebildet: *пользовательница социальной сети* [Nutzerin des sozialen Netzwerks] (Guzaerova und Kosova 2017, 13). Stark verbreitet sind auch die Suffixe *-щиц(а)* (*тестировщица* [Software-Testerin] *пиарщица* [PR-Agentin], *дальнобойщица* [Truckerin]) und *-ин(я)* (*гинекологиня* [Gynäkologin]) (vgl. Kobjakov 2020, 2; Mineeva 2020, 150). Weniger populär sind die Suffixe -*иц(а)* (*физица* [Physikerin], *шефица* [Chefin] *чиновница* [Beamtin]) und *-есс(а)* (*адвокатесса* [Anwältin]) (vgl. Nikolaeva 2010, 95).

Seitens der Feminist*innen entstehen diverse Initiativen, um die Benutzung der neuen Feminativa zu unterstützen. Im Internet-Projekt *Feminizator* gibt es die Möglichkeit, mithilfe eines Algorithmus Feminativa zu jeder Personenbezeichnung zu bilden (Feminizator v 2.0 o. J.). Im Jahre 2020 erschien das Buch von Lilit Mazikina mit dem Titel *Malyj spravočnik feminitivov* [Das kleine Handbuch der Feminativa] (2020), in dem die Autorin über verschiedene Suffixe für die femininen Movierungen und über die Besonderheiten ihrer Verwendung schreibt. Laut Mazikina ist die Bildung der neuen Feminativa ein kollektiver kreativer Prozess, den sie als „literarisches Projekt-Flashmob" bezeichnet (Mazikina 2020, 1).

Insgesamt kann gesagt werden, dass es in der modernen russischen Sprache mehrere Gründe für die Bildung der neuen Feminativa gibt. Die Frauen sind in vielen Bereichen des öffentlichen Lebens präsent und die Sprachnutzer*innen empfinden eine Notwendigkeit, diese Tatsache in der Sprache auszudrücken (vgl. Nikolaeva 2010, 95–96). Oft werden die neuen Feminativa aus pragmatischen Gründen benutzt. So führten Samojlenko und Stekleneva eine Inhaltsanalyse durch, in der sie die Verwendung der Feminativa in verschiedenen Zeitschriften verglichen (2019). Die Forscher*innen kommen zu dem Schluss, dass es eine deutliche Tendenz zur Verwendung von Feminativa gibt, da diese es ermöglichen, mit einem Wort den Beruf, den Status sowie die Tätigkeit und zugleich das Gender der Person zu nennen. Das bedeutet, dass Feminativa eine komplexere Semantik haben als die maskulinen Personenbezeichnungen in generischer Bedeutung, was dabei hilft, die Texte präziser zu formulieren (siehe das Argument ‚Feminativa helfen, Missverständnisse zu vermeiden', aus dem Abschnitt 2.3.4.).

Das Auftauchen der neuen Feminativa allein auf die gegenwärtige Frauenemanzipation zurückzuführen, wäre allerdings eine simplifizierte Darstellung der Situation. Wie bereits im vorherigen Kapitel dargelegt wurde, werden im russischen offiziellen Diskurs der Feminismus und die gendergerechte Sprachpolitik jeglicher Art eher abgelehnt. Die Entstehung der neuen Feminativa ist oft mit den Aktivitäten der russischsprachigen Feminist*innen verbunden und die Ausdrücke bleiben somit in der Sprache marginalisiert (vgl. Pristajko 2017, 153; Pugačëva 2020, 97). Die Verwendung der Feminativa markiert oft die Zugehörigkeit zur feministischen Community. Das bedeutet, dass ein Wort, wie *блогерка* [Bloggerin] mehrere Bedeutungsschichten hat: Abgesehen von der eigentlichen lexikalischen Bedeutung dient dieses Wort zugleich als Hinweis auf die Zugehörigkeit zur feministischen Community und durch seine Verwendung kann die eigene ideologische Position ausgedrückt werden. Jede von diesen semantischen Schichten kann in verschiedenen Kontexten aktiviert werden.

3.1.4. Zwischenfazit: Korrelation zwischen Genus und Sexus in der russischen Sprache

Das Genus wird manchmal als die ‚unlogischste' grammatische Kategorie in der russischen Sprache bezeichnet (vgl. Bragina 1981, 68), und in Bezug auf diese Kategorie gibt es immer noch ungeklärte Fragen. Kennzeichnend ist, dass Tafel den Abschnitt über das Genus in ihrer Monografie *Die Frau im Spiegel der russischen Sprache* mit folgendem Satz eröffnet:

> Die Diskussion über Ursprung, Motivation und Funktion des Genus (der ie. Genera) ist alt, unübersichtlich und bis heute nicht zufriedenstellend gelöst, da die Frage nach dem einstigen und / oder gegenwärtigen grammatischen Inhalt von Genus noch immer unbeantwortet ist (Tafel 1997, 66).

Insbesondere ergeben sich zahlreiche Fragen, wenn die Korrelation zwischen dem grammatischen Genus und dem außersprachlichen Sexus bzw. Gender untersucht wird. Zusammenfassend kann gesagt werden, dass diesbezüglich in der russischen Sprachwissenschaft in den letzten Jahren folgende Tendenzen und Diskussionsfragen zu beobachten sind:

- Die Kategorie der ambigenen Appellativa wird sowohl durch Wörter aus der II. Deklinationsklasse (wie *коллега* [Kollege/Kollegin], *судья*

[Richter/Richterin]), als auch aus der I. Deklinationsklasse (wie *врач* [Arzt], *директор* [Direktor]) ergänzt. Es herrscht keine Einigkeit darüber, ob die maskulinen Personenbezeichnungen aus der I. Deklinationsklasse als ambigene Appellativa eingeordnet werden können, da es diverse Gründe dafür und dagegen gibt.

- Es ist eine Tendenz zur Maskulinisierung festzustellen, die sich vor allem darin äußert, dass die maskulinen Begriffe auch für die Bezeichnung von Frauen benutzt werden: *Она хороший врач* [Sie ist ein guter Arzt]. Ferner zeigt sich die Maskulinisierung darin, dass auch die Semantik des Nichterwachsenseins durch das maskuline Genus übernommen wird (*ребенок* statt veraltet *дитя* [Kind]).
- Es gibt eine Tendenz zur Bildung von neuen Feminativa, um Frauen zu bezeichnen, wobei unter anderem Suffixe verwendet werden, die früher als unproduktiv galten: *шефица* [Chefin], *гинекологиня* [Gynäkologin].

Diese Tendenzen sind teilweise widersprüchlich, was dadurch erklärt werden könnte, dass die Sprachgemeinschaft heterogen ist und aus diversen Gruppen von Sprachnutzer*innen besteht. Fufaeva schreibt auch über einen großen Unterschied zwischen der Standartsprache und der Umgangssprache: Laut der Forscherin tendiert die Erstere eher zum Analytismus (was sich durch die Tendenz zur Maskulinisierung zeichnet, die es ermöglicht, mit maskuliner Personenbezeichnung alle Gender zu bezeichnen) und die Letztere zum Synthetismus (was sich durch die Bildung der neuen Feminativa zeichnet) (Fufaeva 2021, 269–71). Diese Ambivalenz wird besonders sichtbar, wenn die Geschichte der Feminativa in der russischen Sprache des 20. Jahrhunderts betrachtet wird. Die Feminativa entstanden in der Sprache nicht systematisch und nicht parallel mit der Entstehung der neuen maskulinen Personenbezeichnungen, sondern sporadisch und wellenweise. Berkutova schreibt über die stufenweise Entwicklung der Feminativa in der russischen Geschichte. So entstanden zwischen dem 6 und 14. Jahrhundert Feminativa mit den Suffixen *-иц(а)* und *-ниц(а)*, wie *ключница* [Schlüsselmeisterin], *служительница* [Dienerin]. Ab dem 18. Jahrhundert wurden aktiv Feminativa mit dem Suffix *-ш(а)* gebildet, wie *генеральша* [Generalin], *капитанша* [Kapitänin] (mit der Semantik: ‚Ehefrau von der Person, die vom movierenden Wort benannt wird'). Im 19. Jahrhundert entstanden Feminativa wie *переводчица* [Übersetzerin], *стенографистка* [Stenotypistin], *фельдшерица* [Rettungsassistentin], *портретистка* [Porträtistin], *директриса* [Direktorin] und *поэтесса* [Dichterin]. Im 20. und 21. Jahrhundert entstanden Wörter wie *лаборантка* [Laborantin], *бизнесвумен* [Business Woman], *юристка* [Juristin], *хакерша* [Hackerin], *айтишница* [IT-Mitarbeiterin] (vgl. Berkutova 2019).

Neue Wörter wirken zunächst oft ungewöhnlich. So beschreibt Berkutova, wie das Wort *курсистка* [Kursistin] am Anfang des 20. Jahrhunderts bei manchen Autor*innen Empörung hervorrief (Berkutova 2018, 10). Auch die Tendenz zur

Maskulinisierung oder zur Bezeichnung von Frauen durch maskuline Personenbezeichnungen verbreitete sich erst am Anfang des 20. Jahrhunderts. Zu Beginn wurden solche Bezeichnungen mit den erklärenden Worten ‚als', ‚im Amt' oder mit der Angabe des weiblichen Genders versehen, zum Beispiel: „Русские женщины делали попытки поступить в качестве добровольца в армию" [Russische Frauen versuchten, sich als Freiwillige in der Armee zu melden] (Berkutova 2018, 11). Es kann geschlussfolgert werden, dass alle neuen Tendenzen anfangs auf Abneigung stoßen. Deswegen gibt es Gründe, zu vermuten, dass auch die neuen Feminativa später ein Teil der Standardsprache werden oder, wie Gusejnov es etwas bildhafter formuliert:

> Что же есть в этой традиции такого, что мешает людям спокойно писать и выговаривать «поэтесса», «председательница» или, скажем, «депутыня»? Иллюзия, что мы живем в вечности, а не в истории. Это в вечности все слова стоят на своем месте. А исторический прибой все-таки меняет конфигурацию береговой линии, и иногда количественные изменения приводят-таки к переменам качественным [Was gibt es denn in dieser Tradition, dass die Menschen daran hindert, ‚Dichterin', ‚Vorsitzende' oder, sagen wir, ‚Abgeordnete' zu schreiben und auszusprechen? Die Illusion, dass wir in der Ewigkeit und nicht in der Geschichte leben. In der Ewigkeit haben alle Wörter ihren Platz. Aber die historische Brandung verändert die Konfiguration der Küstenlinie, und manchmal führen quantitative Veränderungen zu qualitativen] (Gusejnov 2012, 88).

Aus dem Überblick in diesem Kapitel geht hervor, dass das russische System der Personenbezeichnungen fast keine dritte Option zulässt, um eine nicht binäre Genderidentität zu repräsentieren. Es stehen kaum sprachliche Mittel zur Verfügung, womit eine Identität, die jenseits von der rigiden Dichotomie männlich–weiblich liegt, sprachlichen Ausdruck finden kann. Das dritte Genus – das Neutrum – wird für die Bezeichnung von belebten Wesen kaum mehr benutzt: In der modernen Standardsprache verbleiben nur einzelne belebte Nomen, die die Semantik des Nichterwachsenseins oder einer Gruppe beinhalten (wie *братство* [Bruderschaft] oder *дитя* [Kind]). Ambigene Appellativa eignen sich für die Repräsentation nicht binärer Genderidentität auch nicht, da sie nur mit femininen oder maskulinen Endungen der Adjektive und Verben in der Vergangenheitsform kongruieren und somit in konkreten Kontexten einem der beiden Genera zugeordnet werden können. Lediglich die Lexeme *лицо, личность* und *особа* haben die allgemeine und nicht geschlechtsbezogene Semantik von ‚Person, menschliches Wesen' (vgl. Weiss 1999), was für die russische Sprache eher eine Ausnahme ist.

3.2. Funktionalstile und Textsorten in der russistischen Forschungstradition

Das Ziel der vorliegenden Forschung besteht darin, die Repräsentation von Gender in verschiedenen Kontexten in der russischen Sprache zu analysieren und zu vergleichen. Um dies zu ermöglichen, wurden für die Sprachanalyse zwei verschiedene Sprachkorpora erstellt.[92] Für die sinnvolle sowie ausgewogene Auswahl des Sprachmaterials und für die korrekte Erstellung der Korpora bedarf es theoretischer Grundlagen.

Als Ausgangspunkt diente die in der russischen Forschung geprägte Tradition der Funktionalstilistik. Die Entstehung dieser Tradition geht auf die theoretischen Auseinandersetzungen mit dem russischen Formalismus zu Beginn des 20. Jahrhunderts sowie mit der Prager Schule der Linguistik zurück (vgl. Glaser 1974, 489). Der Funktionalstilistik liegt die Annahme aus den *Thesen des Prager Linguistenkreises zum I. Internationalen Slawistenkongreß* (veröffentlicht in Scharnhorst 1976, 43–73) zugrunde, wonach zwei Funktionen der Sprache unterschieden werden können: Zum einen die mitteilende Funktion der Redetätigkeit, die „auf das Bezeichnete gerichtet" ist und die dichterische (poetische) Funktion, die „auf das Zeichen selbst gerichtet" ist (Scharnhorst 1976, 52). Durch die weitere Ausdifferenzierung der mitteilenden Funktion in die praktisch-fachliche, theoretisch-fachliche und kommunikative Funktion (Verkehrsfunktion) sowie die Beibehaltung der dichterischen Funktion (bei Havránek – ästhetische Funktion) (vgl. Havránek 1976, 127) entstand später mit einigen Modifizierungen das Konzept der Funktionalstile. Die funktionalstilistische Tradition setzte sich in der slavischen und insbesondere in der russistischen Linguistik seit Beginn der 50er Jahre des 20. Jahrhunderts durch (Ohnheiser 2009, 992) und stellt bis heute eine der wesentlichen Forschungsrichtungen in der russischen Stilistik dar.

Die Funktionalstilistik kann in der russistischen Forschungstradition folgendermaßen definiert werden:

> [Ф]ункциональная стилистика – это лингвистическая наука, изучающая закономерности функционирования языка в различных сферах общения, соответствующих тем или иным разновидностям человеческой деятельности, а также речевую системность складывающихся при этом функциональных стилей и иных функционально-стилевых разновидностей, нормы отбора и сочетания в них языковых средств [Die funktionale Stilistik ist eine linguistische Disziplin, die die Gesetzmäßigkeiten des Funktionierens der Sprache in verschiedenen Kommunikationssphären untersucht, die mit verschiedenen Bereichen der menschlichen Tätigkeit korrespondieren, sowie die sprachliche Systemhaftigkeit der sich dabei herausbildenden funktionalen Stile und der anderen

[92] Mehr dazu in Abschnitt 3.3.1.

funktionalstilistischen Varietäten, sowie die Normen der Auswahl und Kombination der sprachlichen Mittel [in diesen Stilen]] (Kožina 1993, 21).

Die funktionale Stilistik ist eine eigenständige Disziplin, die von der analytischen Stilistik zu unterscheiden ist. Diese bezeichnet die Disziplin, in der die stilistischen Markierungen einzelner Konstruktionen und Wörter im Text untersucht werden (Ohnheiser 2009, 993). Warditz stellt in diesem Zusammenhang fest, dass in der russistischen Forschung ‚Stil' fast immer mit dem Begriff des Funktionalstils gleichgesetzt wird, während in der deutschen Stilistik verschiedene Definitionen von Stil parallel existieren (Warditz 2019, 181).

Wenn, nach Kožinas Definition, die funktionale Stilistik sich mit dem Funktionieren der Sprache in verschiedenen Kommunikationssphären beschäftigt, ist der Funktionalstil somit der (standardisierte und konventionelle) Sprachgebrauch innerhalb einer Kommunikationssphäre. Traditionell werden fünf Funktionalstile unterschieden: der wissenschaftliche Stil (*научный стиль*), der publizistische Stil (*публицистический стиль*), der künstlerische Stil / die Sprache der schönen Literatur (*художественный стиль / язык художественной литературы*), die Amtssprache (*официально-деловой стиль*) und die Umgangssprache (*разговорно-бытовой стиль*) (vgl. Kožina 1993, 160; Warditz 2019, 202).[93] Einige Forscher*innen nennen außerdem den religiösen Stil (*религиозный стиль*) als einen der Funktionalstile, was im Bereich der Funktionalstilistik etwas relativ Neues ist (vgl. Kožina 2003, 581).

Jeder dieser Stile verfügt, im Sinne der Funktionalstilistik, über eigene Besonderheiten und ein eigenes Inventar von Sprachmitteln. Das heißt, dass sich jeder Stil vor allem durch die Auswahl und die Kombination von Mitteln aus der Literatursprache auszeichnet. Bevor aber die Besonderheiten der einzelnen Funktionalstile detailliert betrachtet werden können (für die vorliegende Forschung sind vor allem der publizistische Stil und die Umgangssprache relevant, siehe Abschnitte 3.3.2. und 3.3.3.), sollen die allgemeinen Einwände gegen das Konzept der Funktionalstilistik erläutert werden.

Allein aus der oben ausgeführten Definition des Funktionalstils als Sprachgebrauch innerhalb einer Kommunikationssphäre lassen sich bereits einige Kritikpunkte ableiten, die vor allem in der gegenwärtigen Literatur über die

---

[93] Interessanterweise herrscht hier keine Einigkeit bezüglich der deutschen Übertragungen von diesen Begriffen. Es werden diverse Übersetzungen vorgeschlagen und begründet. So erklärt Grabowski, warum *официально-деловой стиль* als ‚offiziell-amtlicher Stil' zu übersetzen ist: „Das russische Wort ‚деловой' zeichnet sich durch seine polyseme Natur aus. Im Deutschen kann es einerseits mit ‚sachlich', andererseits aber auch mit ‚geschäftlich', ‚amtlich' wiedergegeben werden. Die Verbindung mit ‚официально' deutet jedoch an, daß hier die zweite Variante gemeint ist." (Grabowski, 1992, S. 19) Der Begriff ‚Sachstil' ist jedoch bei Berger anzutreffen (Berger 2006, 86). Parallel zum Begriff ‚publizistischer Stil' existiert u. a. die Variante ‚Zeitungssprache' (Ohnheiser 2009, 993).

Funktionalstilistik häufig ausgeführt werden: starke Gebundenheit an die sprachliche Norm, hoher Grad des Formalismus sowie Entfernung von der Sprachpragmatik. In anderen Worten kann all das, was Ohnheiser als Voraussetzungen für die Begründung der funktionalen Stilistik auffasste, aus einem poststrukturalistischen Standpunkt zugleich als Kritik an dieser Disziplin gesehen werden:

> Wesentliche Voraussetzungen für die Begründung der funktionalen Stilistik als linguistischer Disziplin können [...] in der Entwicklung der Idee von der Dichotomie *langue – parole* und der Hinwendung zu den Funktionen der Sprache gesehen werden, in der Beschäftigung mit Literatursprache (Standardsprache) und Norm sowie in der Auffassung von der Systemhaftigkeit der Sprache (Ohnheiser 2009, 991).

Tatsächlich stellt sich die ausgeprägte Differenzierung der einzelnen Stile im authentischen Sprachgebrauch als etwas idealisiert und künstlich dar. So schreibt Kožina, die hier mehrmals zitiert wird und eine der prominentesten Figuren der russischen Funktionalstilistik ist, bereits 1993 in ihrer Monografie *Stilistika russkogo jazyka*:

> Отдельное высказывание или целое значительное произведение может представлять функциональный стиль необязательно в его чистом виде. Как указывалось, помимо основных функциональных стилей, в языке имеются «периферийные» и «переходные» явления, что приводит к весьма сложной и разветвленной функционально-стилевой дифференциации [Eine einzelne Aussage oder ein ganzes großes Werk muss nicht unbedingt einen Funktionalstil in seiner puren Form repräsentieren. Wie bereits hingewiesen wurde, gibt es außer den zentralen Funktionalstilen in der Sprache die ‚peripheren' Phänomene, die 'Übergangsphänomene', was zu einer komplexen und fortschrittlichen funktionalstilistischen Differenzierung führt] (Kožina 1993, 160).

Das bedeutet, dass die kognitive Anstrengung, die benötigt wird, um einen ‚reinen' Funktionalstil in der Sprache abzugrenzen, sowie der erhöhte Grad der Abstraktheit, der dabei erreicht wird, sogar von den ‚Vorreiter*innen' der Funktionalstilistik anerkannt werden. Ähnliche Bemerkungen können in verschiedenen Kontexten gefunden werden. So stellt Michel in Frage, ob es sinnvoll ist, von einem künstlerischen Stil zu sprechen, da in der Kunst sämtliche Funktionalstile Verwendung finden können (vgl. Michel 1980, 78). Auch in den Forschungen zur Umgangssprache wird eine ähnliche Frage gestellt. So fassen Zemskaja, Kitajgorodskaja und Širjaev die Umgangssprache eher als ein komplexes System auf und nennen sie *разновидность языка* ([Sprachvariation], [Sprachart]) (vgl. Zemskaja, Kitajgorodskaja, und Širjaev 1981, 20–21) statt Funktionalstil.

Scharnhorst bemerkt, dass verschiedene Kommunikationsbereiche und Funktionen der Kommunikation nicht mit absoluter Genauigkeit miteinander übereinstimmen und begründet dies wie folgt: Ein Kommunikationsbereich kann mehrere kommunikative Funktionen erfüllen (und lässt sich somit in mehreren Sprachstilen finden) und umgekehrt sind die Grundfunktionen der Kommunikation meistens nicht auf einen Kommunikationsbereich beschränkt (vgl. Scharnhorst 1981, 311). In diesem Kontext entwickelt Scharnhorst die Theorie von Zentrum und Peripherie. In jedem Funktionalstil gibt es eine dominierende zentrale Funktion und die anderen Funktionen nehmen eine ergänzende, periphere Stelle ein (vgl. Scharnhorst 1981, 312). So würde im wissenschaftlichen Stil vermutlich die theoretisch-fachliche Funktion das Zentrum bilden, während im populärwissenschaftlichen Stil – das heißt in einer peripheren Subklassifizierung des wissenschaftlichen Stils – auch die mitteilende Funktion zum Ausdruck kommen würde. Gläser spricht ein ähnliches Thema an und kommt zu dem Schluss, dass ein Funktionalstil nicht mit einer kommunikativen Funktion komplett übereinstimmt, sondern ein ‚Beziehungsbündel' ist, das mit allen Tätigkeitssphären in irgendeiner Weise verknüpft ist (vgl. Glaser 1974, 495).

Die Subklassifizierung oder Unterteilung der ‚großen' Funktionalstile in die Substile und Zwischenstile ist eine weitere, oft verwendete Strategie, um einer zu groben Gliederung der Funktionalstile zu begegnen. Um das Problem der übermäßigen Subklassifizierung zu lösen, wird in der vorliegenden Arbeit auch der Begriff der Textsorte verwendet. Eine Textsorte ist „eine Klasse von Texten [...], die als konventionell geltende Muster bestimmten (komplexen) sprachlichen Handlungen zuzuordnen sind" (Thurmair und Fandrych 2011, 15). Nach der Definition von Thurmair und Fandrych ist die historische Entwicklung der Textsorten mit den „spezifischen kommunikativen Aufgaben" verbunden (Thurmair und Fandrych 2011, 16). Bei Textsorten geht es somit um konkrete Aufgaben und nicht um die gesamten Kommunikationsbereiche. So betrachten Thurmair und Fandrych zum Beispiel Reiseführer, Vorstellungstexte, Lexikonartikel usw. als einzelne Textsorten und nicht als Sprachstile. Somit ist nicht vom diplomatischen oder gesetzgebendem Substil der Amtsprache die Rede, sondern von entsprechenden Textsorten (vgl. Grabowski 1992, 62–63). Welchem Funktionalstil der Text jeder Textsorte zuzuordnen ist, kann individuell entschieden werden, und umgekehrt können verschiedene Textsorten im jeweiligen Funktionalstil gestaltet werden.

In Verbindung mit der Konzeption der Funktionalstile wird als weitere Problematik erwähnt, dass sich die stilistischen Forschungen in der russistischen Tradition überwiegend mit der Standardsprache beschäftigen. Die Non-Standard-Varietäten wurden in der Funktionalstilistik bisher kaum berücksichtigt (vgl. Warditz 2019, 183). Das ist vermutlich damit verbunden, dass die Funktionalstile im Russischen überwiegend „als Erscheinungsformen des buchsprachlichen Stils (*книжная, книжно-письменная разновидность языка*) angesehen" werden (Warditz 2019, 203). Zudem wird in der russischen Sprach- und

Forschungstradition oft eine allgemeine Auffassung von Norm vertreten, wonach diese von der Natur vorgegeben ist und vom guten Sprachgefühl bestimmt wird.[94]

Eine Ausnahme bildet die Umgangssprache, die eine hauptsächlich mündliche Sprachvarietät darstellt, was auch gewisse Schwierigkeiten bei der Forschung bietet. In dieser Forschung wird diese Problematik dadurch gelöst, dass unter anderem die Sprache der feministischen Internetforen erforscht wird. Da Internetforen eine (relativ) neue Kommunikationsform sind, die sich zwischen (konzeptueller) Mündlichkeit und Schriftlichkeit bewegt (vgl. Thurmair und Fandrych 2011, 136), können Internetforen die Möglichkeit für die Erforschung von Non-Standard-Varietäten schaffen.

Zusammenfassend kann gesagt werden, dass eine ständige Neufindung und eine Ausweitung des Forschungsbereiches zu den Haupttendenzen in der Funktionalstilistik gehören. In manchen Forschungen wird aufgrund der in diesem Abschnitt beschriebenen Probleme auf die Konzeption der Funktionalstile verzichtet. Demgegenüber wird diese Konzeption in der vorliegenden Forschung unter Beachtung gewisser Begrenzungen trotzdem angewendet, da es ein etabliertes Instrument ist, um verschiedene Kommunikationsbereiche zu erforschen, zu beschreiben und zu vergleichen, was den Zielen der vorliegenden Arbeit entspricht.

3.3. Analyse der Repräsentation von Gender in verschiedenen Funktionalstilen der russischen Sprache

3.3.1. Studiendesign und Methodologie

Für die Untersuchung wurden zwei Sprachkorpora erstellt, die verschiedene Kommunikationsbereiche und somit verschiedene Funktionalstile repräsentieren: ein Korpus des publizistischen Stils und ein Korpus der feministischen Internetforen (die an sich einen Teil des umgangssprachlichen Stils repräsentieren). Die Korpora haben folgenden Umfang:

- Korpus des publizistischen Stils: 73 579 Textwörter, davon 4216 Personenbezeichnungen
- Korpus der feministischen Internetforen: 157 419 Textwörter, davon 7377 Personenbezeichnungen

Die Entscheidung, die Studie auf einer Korpusuntersuchung aufzubauen, wurde aus mehreren Gründen getroffen. Durch die Verwendung des Korpus kann dem Mangel an Empirizität entgegengewirkt werden, der beispielsweise bei einer Wörterbuch-Analyse entstehen könnte. In anderen Worten kann durch die

[94] Mehr dazu im Abschnitt 2.2.1.

Korpusanalyse ein authentischeres Bild des realen Sprachgebrauchs gewonnen werden.[95] Ein Korpus ermöglicht es außerdem, die Personenbezeichnungen im Kontext (sprachliche Umgebung) und Kotext (kulturelle Einbettung) zu betrachten (vgl. Lenz 2006, 7).

Dabei ist der Ursprung der Korpusdaten heterogen. Einige Teile der Korpora stammen aus dem bereits existierenden russischen Sprachkorpus – *Nacional'nyj korpus russkogo jazyka* (NKRJa). Allerdings wurde in dieser Forschung grundsätzlich die Entscheidung getroffen, teilweise auf Basis von bereits vorhandenen Daten eigene Korpora zu erstellen (vgl. Scherer 2014, 55–57), was sowohl technische als auch methodologische Gründe hatte. So erlaubte die Entwicklung der eigenen Korpora mehr Flexibilität in der Arbeit mit eigenen Metadaten und Korpus-Annotationen. Außerdem ermöglichten die eigenen Korpora eine selbstständige Materialauswahl für die Forschung. In diesem Fall ging es vor allem um das Material, das sich außerhalb der konventionalisierten Sprachpraktiken befindet. Insbesondere handelt es sich hier um die feministischen Internetforen, die einen eher marginalisierten Sprachgebrauch darstellen und daher in die bereits vorhandenen Sprachkorpora nicht einbezogen wurden. Folglich kann durch die Erstellung der eigenen Korpora (ansatzweise) das Problem der Einseitigkeit des Materials gelöst werden. Diese Schwierigkeit spricht auch Hornscheidt in Bezug auf die Wortschatzauswahl im Duden an. Der Duden (und vermutlich jedes beliebige breit anerkannte Wörterbuch) sei „ein eher traditionelles Organ, welches auch keinen ‚neutralen' Blick auf den momentanen Sprachgebrauch hat [...] sondern eine bestimmte Norm alleine schon durch die Auswahl der Quellen, denen die Einträge im Duden zugrunde liegen, re_produziert" (L. Hornscheidt 2011b, 173). Ähnliches kann auch über zahlreiche Sprachkorpora gesagt werden: Da sie versuchen, ein allgemeines Bild des gegenwärtigen Sprachgebrauchs zu zeichnen, bleiben viele Non-Standard-Varietäten ausgeschlossen. Das betrifft konkret auch die vorliegende Forschung: Wie die Analyse der YouTube-Kommentare in Kapitel 2 zeigte, befindet sich der genderkorrekte Sprachgebrauch in der russischen Sprache eher am Rande der gesellschaftlichen Diskussion, infolgedessen dieser Sprachgebrauch mit großer Wahrscheinlichkeit auch nicht in den ‚offiziellen' Sprachkorpora vertreten ist. Hornscheidt zieht die gleiche Schlussfolgerung in Bezug auf den Duden: „‚Natürlich' sind keine feministischen Zeitschriften, Blogs oder Internetforen in den Quellen vertreten" (L. Hornscheidt 2011b, 174).

Eine ähnliche Thematik wird auch in Bezug auf das Studiendesign von vergleichbaren Forschungen in anderen Sprachen diskutiert. So analysiert Rajilić die serbische Tageszeitung *Politika* und beschreibt den Umfang des analysierten Materials wie folgt:

---

[95] Von einem *universellen* Bild des Sprachgebrauchs ist aber nicht die Rede. Zur Übertragbarkeit der Ergebnisse und zu den Beschränkungen siehe unten.

> Es handelt sich bei der *Politika* also nicht nur um ein einflussreiches Medium des Mainstreams, das sich per se für die Untersuchung konventionalisierter Sprachpraktiken eignet, sondern darüber hinaus um ein Medium, bei dem – im größeren Ausmaß als bei anderen Zeitungen – davon ausgegangen werden kann, dass sehr viel Wert auf die Einhaltung von Sprachnormen gelegt wird […] (Rajilić 2020, 176)[96].

Ohne die Relevanz einer Analyse des konventionellen Sprachgebrauchs in Frage zu stellen, wird in der vorliegenden Forschung für den vergleichenden Zugang plädiert. In der Studie, deren Ergebnisse im nachfolgenden Abschnitt beschrieben werden, wurden daher zwei Sprachkorpora erforscht und einander gegenübergestellt: ein Korpus des publizistischen Stils, das den standardisierten Sprachgebrauch repräsentiert, sowie ein Korpus der feministischen Internetforen als Vertreter des nicht konventionellen Sprachgebrauchs.

Der Vergleich dieser zwei Kommunikationsbereiche ist eines der prioritären Ziele der vorliegenden Forschung. Ohne solch einen Vergleich mit einem Sprachgebrauch, der erkenntlich außerhalb des Konventionellen liegt, lassen sich auch die Grenzen des konventionellen Sprachgebrauchs nur schwer erkennen. In anderen Worten kann die Norm (in diesem Fall die ‚normale', typische Repräsentation von Gender in der russischen Sprache) wesentlich besser definiert werden, wenn sie mit einer deutlichen Abweichung von der Norm (hier: mit dem feministischen oder gendersensitiven Sprachgebrauch) verglichen wird.

Das Material der Sprachkorpora, die in der vorliegenden Studie verwendet werden, stammt überwiegend aus den Jahren 2019 und 2020, damit die gewonnenen Ergebnisse möglichst aktuell sind. Konkret sind die Korpora wie folgt zusammengesetzt:

- Im Korpus des publizistischen Stils stammen alle Daten aus den Jahren 2019 und 2020. Die Quellen wurden direkt aus dem NKRJa übernommen. Dort wurden zum Beispiel Texte aus folgenden Zeitschriften benutzt: *lenta.ru, Kommersant, Vesti.ru* und *Izvestija*

---

[96] Ein ähnliches Thema spricht auch Kersten-Pejanić in ihrer Forschung zur Perzeption, Produktion und Dekonstruktion von personaler Appellation im Kroatischen an. Das aus der kroatischen Zeitschrift *Vjesnik* erhobene Material beschreibt sie wie folgt: „Das aus dem *Vjesnik* erhobene Material gibt dabei wenig Grundlage zur Analyse von Benennungspraktiken außerhalb der heteronormativen Zweigeschlechtlichkeit […]. Um die Wirkungsmacht heteronormativer und stereotyper Vorstellungen von Gender konkret analysierbar zu machen, bewegt sich die Analyse des *Vjesnik* weitestgehend innerhalb der im konventionellen Sprachgebrauch geläufigen Normen, ohne diese Normierungen als gegeben und statisch zu verstehen […]" (Kersten-Pejanić, 2016, S. 153).

- Im Korpus der feministischen Foren finden sich Beiträge aus dem Jahr 2020 (September bis Dezember) aus zwei Gruppen des russischen sozialen Netzwerks VK[97]: *Подслушано Феминизм*[98] [Überhört: Feminismus], *#щастьебытьженщиной* [Das Glück, Frau zu sein][99]. Beide Gruppen widmen sich dem Feminismus und den Frauenrechten im russischsprachigen Raum und sind mit über 40 000 bzw. über 27 000 Abonnent*innen sehr populär.

Alle Daten wurden mithilfe der *Computer-Assisted Qualitative Data Analysis Software* (CAQDAS) MAXQDA 2020 analysiert. Die Texte wurden in das Programm übertragen, wo sie mit Metadaten und Annotationen versehen wurden. Im Fall der vorliegenden Forschung handelt es sich nicht um eine Korpusannotation im strengen Sinne, sondern um die Belegklassifikation. Es werden nicht alle Textwörter klassifiziert und annotiert, sondern nur diejenigen, die für die Fragestellung relevant sind (vgl. Scherer 2014, 59). Da im Zentrum der Forschung die Repräsentation von Gender steht, wurden die Personenbezeichnungen nach folgenden Merkmalen annotiert:

Numerus: Bei diesem Merkmal wird erwartungsgemäß zwischen Plural und Singular unterschieden. Eine Ausnahme bilden einzelne Wörter, die meistens aus anderen Sprachen kommen und im Plural und Singular identisch sind, wie *леди* [Lady], *сомелье* [Sommelier]. In solchen Fällen erschließt sich der Numerus des Wortes überwiegend aus dem Kontext.

Genus: Bei diesem Merkmal geht es primär um das grammatische Genus des Wortes. Dabei wird zwischen maskulinen, femininen[100] und solchen Nomina unterschieden, deren Genus undefinierbar ist. Dabei handelt es sich um die Pluralformen der nominalisierten Adjektive oder Partizipien wie *военные* [Militär] oder *ведущие* [Moderator*innen] sowie um verschiedene Arten von Beidnennungen wie *специалистка/т* [Spezialist/in]. Von Interesse sind solche Fälle, bei denen eine Personenbezeichnung auf eine konkrete Person referiert, wobei das Genus der Personenbezeichnung nicht mit dem Gender der Person übereinstimmt. Dann ist hauptsächlich von einer sog. Maskulinisierung die Rede, was den Fall beschreibt, wenn eine Frau mit einer maskulinen Personenbezeichnung benannt wird:

---

97 Laut einigen Studien ist VK eine der populärsten Webseiten im russischsprachigen Internet (vgl. Ermolaev, 2017, S. 63), obwohl das soziale Netzwerk wegen vermutlichen Verbindungen zum russischen Sicherheitsdienst in Kritik geriet (vgl. https://www.t-online.de/digital/internet/id_100003878/vkontakte-kreml-erhaelt-einfluss-auf-online-netzwerk.html, zuletzt geprüft am 04.04.2022).

98 https://vk.com/overhear_feminism, zuletzt geprüft am 04.04.2022.

99 https://vk.com/happy_be_woman, zuletzt geprüft am 04.04.2022.

100 In einzelnen Fällen wurde auch Neutrum registriert.

> Модельер добавила, что еще одно преимущество данной модели состоит в том, что она подходит женщинам с разными типами фигур. (Предсказана популярная в 2020 году модель купальника // lenta.ru, 2019.12.31) [Modedesigner fügte hinzu[fem], dass ein weiterer Vorteil von diesem Modell darin besteht, dass es Frauen mit verschiedenen Figurentypen passt.]

Bestimmt – unbestimmt: Bei dieser Annotation wird zwischen Personenbezeichnungen unterschieden, die sich auf eine konkrete Person oder mehrere Personen beziehen, und solchen, die in einem allgemeinen oder abstrakten Kontext vorkommen und keine bestimmte Person oder Personengruppe bezeichnen.

Es kann also um unbestimmte Personen oder Personengruppen gehen, wie in den folgenden Beispielen:

> *Россиянам* с 1 января 2020 года ограничат предельный долг по потребительским кредитам и займам. (В России ограничат максимальный размер долга по кредитам // lenta.ru, 2019.12.31) [Die maximale Größe der Schulden bei Verbraucherkrediten und Darlehen wird für *die russischen Bürger* ab dem 1. Januar 2020 begrenzt.]

> Это не отменяет того, что для *владельца* iPhone это самые удобные наушники на рынке, и, выбирая между ними и Sony, многие отдадут предпочтение первым. (Влад Массино. Нескладно вышло // lenta.ru, 2019.12.31) [Das ändert nichts daran, dass für *einen iPhone-Besitzer* das die bequemsten Kopfhörer auf dem Markt sind, und bei der Wahl zwischen ihnen und Sony [-Kopfhörern] viele die Ersteren bevorzugen würden.]

Im Gegensatz dazu geht es in den Beispielen unten um konkrete Personen:

> *повариха* Юля достает смартфон, протирает экран о бедро и включает видео. (Алексей Зимин. Русский бриллиант // lenta.ru, 2019.12.31) [*Köchin* Julja holt ihr Smartphone raus, wischt den Bildschirm an der Hüfte ab und schaltet das Video ein.]

> В Петергофе в ЗАГСе № 4 отказались торжественно зарегистрировать брак *молодоженов* в костюмах *Деда Мороза и Снегурочки*. (В российском ЗАГСе отказались женить Деда Мороза и Снегурочку // lenta.ru, 2019.12.31) [Im Petersburger Standesamt Nr. 4 wurde *einem jungen Paar* nicht erlaubt, in Anzügen von *Väterchen Frost und Snegurotschka* zu heiraten.]

Diese Art von Annotation gibt einen Überblick darüber, in welchen Situationen welche Personen mit welchen Personenbezeichnungen benannt werden. So kann beispielsweise gesagt werden, dass solche Situationen relativ verbreitet sind, in denen eine Gruppe von nicht näher definierten Personen im allgemeinen Kontext mit dem maskulinen Nomen bezeichnet wird. Solche Verwendungen von maskulinen Nomen können als generisches Maskulinum oder *false generics* bezeichnet werden. Dahingegen ist die vergleichbare Situation, dass eine Gruppe von nicht näher definierten Personen im allgemeinen Kontext mit einem femininen Nomen bezeichnet wird, eine deutliche Abweichung von der Norm. Ähnliches gilt für Personenbezeichnungen, die sich auf bestimmte Personen im Text beziehen: Während Frauen oft mit maskulinen Nomina benannt werden, ist die umgekehrte Situation eher selten. Für einen Mann werden feminine Personenbezeichnungen nur in Ausnahmefällen verwendet, zum Beispiel wenn die maskuline Version der Personenbezeichnung fehlt:

> все выходные он главная *нянька*, убрать-постирать-развесить и другие дела делает после первой же просьбы (#щастьебытьженщиной 08.10.2020) [Das ganze Wochenende ist er die größte *Babysitterin*[fem], putzen-waschen-[Wäsche] aufhängen und alle anderen Aufgaben macht [er] nach der ersten Bitte.]

Semantische Gruppen: Ferner wurden die Personenbezeichnungen nach ihrer Semantik in verschiedene Gruppen aufgeteilt. Die Gruppen entstanden induktiv, das heißt, sie konnten direkt aus dem Material abgeleitet werden. Die Zusammensetzung der semantischen Kategorien ist in zwei Sprachkorpora dementsprechend nicht identisch, da im Korpus des publizistischen Stils und im Korpus der feministischen Foren verschiedene Personenbezeichnungen mit unterschiedlicher Häufigkeit vorkommen. Die größten Kategorien sind aber in beiden Korpora *Beruf, männliches/weibliches Gender, Verwandtschaft/Freundschaft/Beziehung* usw.

Suffixe von femininen Personenbezeichnungen: Zusätzlich wurde analysiert, mit welchen Suffixen die Feminativa gebildet werden und ob sie von den maskulinen Nomina abgeleitet oder suppletiv entstanden sind. Diese Analyse wird vor allem helfen, die Hypothese zu überprüfen, dass in der russischen Sprache die seit Langem unproduktiven oder nur begrenzt produktiven Suffixe, wie *-ин(я)* und *-есс(а)*, wieder an Produktivität gewinnen. Dies wird oft mit dem Streben der Feminist*innen in Verbindung gebracht, neue Feminativa zu schaffen, um die Sprache möglichst gendergerecht zu gestalten (vgl. Guzaerova und Kosova 2017; Pristajko 2017).

Die Auswertung der Korpora erfolgte sowohl quantitativ als auch qualitativ, wobei die qualitativen Auswertungsmethoden Vorrang hatten. Generell sind qualitative Methoden in der Genderforschung, der sich diese Arbeit in gewissem Maße anschließt, obwohl sie eher genderlinguistisch positioniert ist, weiter verbreitet als die quantitativen. Diese werden überdies in der Genderforschung sogar stark kritisiert, vor allem für ihren Objektivitätsanspruch. Ein weiterer Kritikpunkt besteht darin, dass mit quantitativen Verfahren nur ‚Herrschaftswissen' produziert wird, worunter das Wissen verstanden wird, das die Forschung aus männlicher Sicht darstellt und bestehende Machtverhältnisse nicht hinterfragt (vgl. Meuser und Behnke 1999, 12–13). Die qualitativen Methoden dahingegen haben den Vorteil, dass mit ihnen „[b]islang unerforschte Lebenszusammenhänge von Frauen, deren subjektive Erfahrungen und Standpunkte [...] erfaßt werden" können (Meuser und Behnke 1999, 14).

Ein anderes Problem, das bei übertriebener Fokussierung auf qualitative Methoden auftaucht, ist die Illusion der unbegrenzten Übertragbarkeit der dadurch gewonnenen Ergebnisse. Dabei ist absolute Objektivität in der Forschung kaum erreichbar, wenn allein die Auswahl des Untersuchungsobjekts eine subjektive Einstellung verrät (vgl. Katičić 1999, 74). Einige Forscher*innen sprechen in diesem Kontext von einer Übergeneralisierung der Befunde. So schreiben Stewart und Cole, dass die falsche Generalisierung oft dazu führt, dass die Forschungsfragen falsch formuliert werden und die Forschung aus Männersicht durchgeführt wird – selbst wenn auch den Frauen und Kindern Aufmerksamkeit geschenkt wird (Stewart und Cole 2007, 329). Im Gegensatz dazu sind die qualitativen Methoden besser dafür geeignet, sich auf Details und auf den Kontext zu fokussieren. So schreiben Mills und Mullany über die Vorteile der qualitativen Methoden in der feministischen Forschung: „There is a tendency not to genaralise about gender as a whole, but rather to come to conclusions about the particular context in question." (Mullany und Mills 2011, 92)

Aus diesen Gründen dient der quantitative Teil der Forschung lediglich als eine Unterstützung für den qualitativen, um einige Forschungsfragen zu beantworten und Hypothesen zu überprüfen. Dennoch erweist sich eine reine Qualitativanalyse als unproduktiv, da eine starke Trennung von qualitativen und quantitativen Methoden in der modernen Forschungsmethodologie häufig abgelehnt wird. So schreibt Mayring, dass „eine Dichotomisierung qualitativer versus quantitativer Forschungsmethoden unbegründet und nicht zielführend" ist und empfiehlt daher, in eine Forschung sowohl qualitative als auch quantitative Methoden zu implementieren (Mayring 2015, 17). Die Kombination von qualitativen und quantitativen Methoden wird auch von einigen Forscher*innen in der Gender- und Queeren Linguistik als die beste Lösung gesehen (vgl. Motschenbacher 2010, 30; Mullany und Mills 2011, 93)

Unter den qualitativen Forschungsmethoden wird hier in erster Linie die qualitative Inhaltsanalyse verstanden. Sie wird als „a set of techniques for the systematic analysis of texts of many kinds, addressing not only manifest content but also the themes and core ideas found in texts as primary content" aufgefasst (Maschi und Drisko 2015, 83)[101]. In der vorliegenden Forschung wird unter anderem die Kontextanalyse als eine der Analysetechniken aus dem Bereich der qualitativen Inhaltsanalyse verwendet. Dabei wird nicht nur der Mikrokontext (die spezifische Sprechsituation) betrachtet, sondern auch der Makrokontext, womit „die Einbettung des Textes in die Gesellschaft, die relevanten Bezugsgruppen der Kommunikation, ihre Handlungen und Ziele, der institutionelle und kulturelle Hintergrund" gemeint wird (Mayring 2015, 43). Als Grundform des Interpretierens wird die Explikation verwendet, das heißt die Erläuterung und Erklärung des Textes sowie seiner einzelnen Teile (Mayring 2015, 67). Über die Relevanz des Kontexts bei einer genderlinguistischen Forschung spricht auch Mills: Laut der Forscherin sind das eher nicht die einzelnen Wörter, die sexistisch sind, sondern die Kontexte und die Situationen, in denen sie vorkommen. In ihrer Monografie *Language and Sexism* vertritt sie „fluid and pragmatic, context-dependent view of sexism" ein, statt Sexismus als ein inhärentes Merkmal von einzelnen Wörtern zu verstehen (vgl. S. Mills 2008, 3–4).

Die Inhaltsanalyse spielt eine besondere Rolle innerhalb der feministischen Forschung. So schreiben zum Beispiel Reinharz und Kulick, dass die Inhaltsanalyse eine universelle Methode ist, um die zugrunde liegenden politischen Botschaften in verschiedenen Texten zu finden (Reinharz und Kulick 2007, 271) und, wenn es sich um die feministische Inhaltsanalyse handelt, diese Texte feministisch zu interpretieren. Laut den Autorinnen ist ausgerechnet die Inhaltsanalyse die Methode, die sich am schnellsten entwickelt, denn selbst das Verständnis von Inhalt (eng. ‚content') hat sich in den letzten Jahren massiv verändert:

> In 1992 the information highway did not have off-ramps into everyone's computer […] blogs, e-zines, instant messaging, and the myriad other forms of communication were still in the future. Today, information and imagery saturate contemporary Western society – and to a certain extent all societies, with the prospect of even deeper saturation to come with transnational flows of information in the form of television, music, Web sites […]. (Reinharz und Kulick 2007, 257)

Bei der Auswertung der Daten wurden die Prinzipien der Triangulation eingehalten, wobei es sich hier um diverse Arten von Triangulation handelt. Grundsätzlich wird hier Triangulation als „die Einnahme unterschiedlicher Perspektiven auf einen untersuchten Gegenstand" verstanden (Flick 2011, 12). In dieser Forschung geht es sowohl um eine Daten-Triangulation als auch um eine Triangulation der Analysetechniken (qualitative und quantitative Forschung), was für die Datenanalyse vorteilhaft ist. Die Daten-Triangulation entstand dadurch, dass verschiedene Datenquellen in die Analyse einbezogen wurden (mehrere Subkorpora und diverse Internetforen). Die Daten-Triangulation soll helfen, die Ergebnisse

[101] Vgl. auch die Definition der qualitativen Inhaltsanalyse in Abschnitt 2.3.1.

gegenseitig zu überprüfen sowie voreilige Schlüsse und rein empirische Interpretationen zu vermeiden. So sind zum Beispiel die Begrenzungen der einzelnen Korpora ein häufiger Kritikpunkt (vgl. Malamatidou 2018, 10), dem in der vorliegenden Forschung durch die Erstellung der eigenen Korpora und die Kombination der Daten aus verschiedenen Quellen entgegengewirkt wird.

Die Triangulation wird außerdem oft grundsätzlich als Gütekriterium qualitativer Forschung verstanden (vgl. Kondratjuk und Leinhos 2019, 41). Kondratjuk und Leinhos fassen sie als inhärentes Prinzip qualitativer Forschung auf, das so selbstverständlich und natürlich für diese Art von Forschung ist, dass es keiner weiteren Explikationen bedarf. Ihre Ausführungen sind etwas radikal: Laut den Forscher*innen sprechen sie sich mit der Argumentation, dass Triangulation ein inhärentes Prinzip qualitativer Forschung darstellt, „für eine Marginalisierung der Thematisierung von Triangulation als explizites Konzept aus, die keineswegs als Abwertung zu verstehen ist" (Kondratjuk und Leinhos 2019, 56). Während der komplette Verzicht auf jeglichen Hinweis auf die Triangulation noch als etwas voreilig wahrgenommen werden kann, wird in der vorliegenden Arbeit auch die Meinung vertreten, dass die Triangulation ein grundsätzliches Gütekriterium jeder qualitativen Forschung ist.

3.3.2. Repräsentation von Gender im Korpus des publizistischen Stils

Über den publizistischen Stil wird häufig geschrieben, dass er sowohl in den kommunikativen Zielen als auch in Bezug auf die kommunikative Situation heterogen ist (vgl. Kožina 1993, 182). Laut Kožina verbinden sich im publizistischen Stil der wissenschaftliche Stil und die Sprache der schönen Literatur (vgl. Kožina 1993, 187). Die Forscherin nennt verschiedene Funktionen des Stils: die informative Funktion, die agitatorische und die Propaganda-Funktion, die öffentlichkeitswirksame Funktion usw. (vgl. Kožina 1993, 183) Die stilistischen Besonderheiten des Stils, wie die Tendenz zu direkten Bewertungen im Text oder hohe Subjektivität (vgl. Warditz 2019, 248) stehen somit in direkter Verbindung mit den Funktionen des Stils. Der publizistische Stil neigt auch zu Verallgemeinerungen, wenn ein Nomen im Singular sich auf eine gesamte Gruppe von Personen bezieht: *Для нас, художников, зритель всегда друг.* [Für uns, Maler, ist der Zuschauer immer ein Freund] (Beispiel aus Kožina 1993, 192). Erwartungsgemäß ist dieses Nomen, das sich auf eine verallgemeinerte Gruppe bezieht, im überwiegenden Teil der Situationen maskulin.

Im Sammelband *Stereotyping: representation of women in print media in South East Europe* (2006) analysieren verschiedene Autor*innen, wie Frauen in der Presse repräsentiert werden. Die Untersuchungen beziehen sich unter anderem auf folgende Länder: Bulgarien (Danova 2006), Albanien (Londo 2006), Bosnien und Herzegowina (Danijela Majstorović und Turjačanin 2006) sowie Serbien und Kroatien (Isanović 2006). Obwohl im Sammelband nicht konkret der publizistische Stil als Funktionalstil beschrieben wird, werden in diesem Werk die Probleme der Frauenrepräsentation in den Zeitschriften besprochen. Die Autor*innen der Artikel aus dem Sammelband bemerken, dass in der Sprache der Zeitschriften verschiedene kommunikative Funktionen ins Spiel kommen und dass neben der rein informativen Funktion die beeinflussende Funktion eine große Rolle spielt. Der Publizistik kommt somit eine besondere Bedeutung zu: Sie ist keine bloße Widerspiegelung der Realität, sondern sie ist in der Lage, diese Realität direkt zu beeinflussen und zu verändern (vgl. Moranjak-Bamburać, Jusić, und Isanović 2006, 13). Es kann gesagt werden, dass die Medien in der gesellschaftlichen Wahrnehmung von Gender eine konstituierende Rolle spielen. Wenn Gender als ein sozial geschaffenes Konstrukt definiert wird, ist die Presse ein essenzieller Teil der Gesellschaft, der zu einer (stereotypen) Gestaltung von Genderwahrnehmung in der Öffentlichkeit beiträgt (vgl. Isanović 2006, 50).

Verschiedene Studien zu Magazinen und Zeitschriften kommen, mit leichten Variationen, zu einem ähnlichen Ergebnis: Männer sind in der Publizistik bei Weitem präsenter als Frauen, was sich auch quantitativ bestätigen lässt. Majstorović und Vilović analysierten kroatische Zeitschriften und kamen zu dem Schluss, dass Männer die Hauptsubjekte von 55 % der analysierten Zeitungen waren, während für Frauen der Wert nur bei 13 % lag (Dunja Majstorović und Vilović 2017, 13).

In dieser Hinsicht war es zu erwarten, dass auch in der vorliegenden Studie im Korpus des publizistischen Stils Frauen wesentlich weniger repräsentiert sind als Männer. Dafür gibt es zusätzliche Gründe: Die russische Sprache verfügt über noch weniger Feminativa als die anderen slawischen Sprachen (vgl. Archangel'skaja 2014, 28) und, wie die Analyse der YouTube-Kommentare aus Kapitel 2 zeigt, ist die russische Gesellschaft grundsätzlich nicht an einer genderkorrekten Sprache interessiert.

Auf rein quantitativer Ebene lässt sich diese Hypothese leicht überprüfen. Insgesamt gab es 4216 Personenbezeichnungen im Korpus, davon 3325 maskuline, 445 feminine und 429 nicht genderspezifizierende (siehe Abbildung 4).

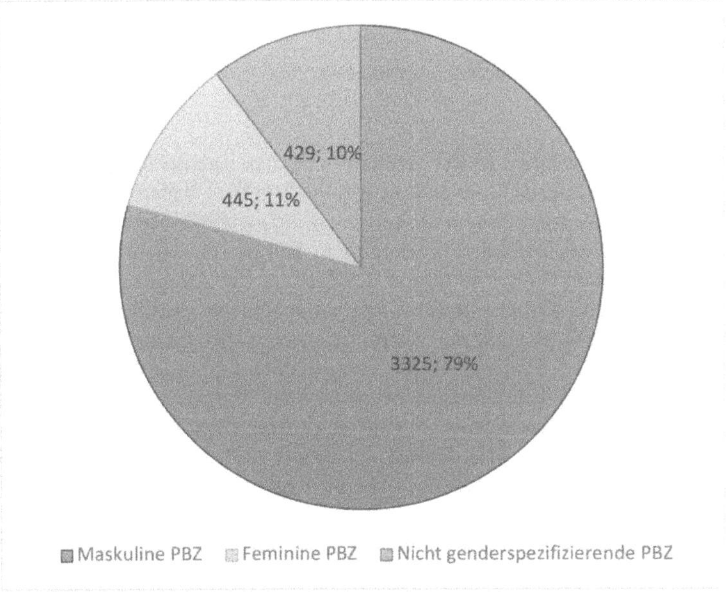

Abbildung 4: Personenbezeichnungen im Korpus des publizistischen Stils

Die maskulinen Personenbezeichnungen machen somit fast 80 % der gesamten Anzahl der Personenbezeichnungen aus. Abgesehen von dieser Überlegenheit in den Zahlen gab es auch andere Unterschiede zwischen der Repräsentation verschiedener Gender. Konkret geht es um die Verteilung innerhalb der semantischen Gruppen bei maskulinen und femininen Personenbezeichnungen. Die Verteilung der Personenbezeichnungen in die jeweils fünf größten semantischen Gruppen sieht für die maskulinen und femininen Personenbezeichnungen folgendermaßen aus (mit der Anzahl der Belege und dem Prozentsatz bezogen auf alle Personenbezeichnungen in diesem Gender):

Tabelle 5: Die fünf größten semantischen Kategorien bei maskulinen und femininen Personenbezeichnungen im Korpus des publizistischen Stils

Feminine Personenbezeichnungen	*Maskuline Personenbezeichnungen*
Bezeichnung des weiblichen Genders (162; 35,06 %)	Beruf/Beschäftigung (622; 18,71 %)
Beruf/Beschäftigung (98; 21,21 %)	Politik (489; 14,71 %)
Verwandtschaft/Beziehung (82; 17,75 %)	Leitung (268; 8,06 %)

Feminine Personenbezeichnungen	Maskuline Personenbezeichnungen
Sonstiges (36; 7,79 %)	Sonstiges (237; 7,13 %)
Kundin, Verbraucherin von Dienstleistungen (14; 3,03 %)	Sport (168; 5,05 %)

Bei den semantischen Gruppen in der oben aufgeführten Tabelle handelt es sich um induktiv (aus dem Material) entstandene Kategorien. Aus diesem ersten Überblick wird deutlich, dass maskuline und feminine Personenbezeichnungen in verschiedenen semantischen Bereichen vorkommen. Bei den maskulinen liegt der Fokus auf der beruflichen Welt: Auf dem ersten Platz ist die Kategorie ‚Beruf/Beschäftigung', die solche Wörter umfasst, die verschiedene Berufe bezeichnen (*адвокат* [Rechtsanwalt], *водитель* [Fahrer], *музыкант* [Musiker]). Den dritten Platz belegt die Kategorie ‚Leitung', in der verschiedene führende Positionen benannt werden (*директор* [Direktor], *начальник* [der Vorgesetzte], *руководитель* Leiter]). Die beiden Kategorien ‚Politik' und ‚Sport' beziehen sich auf signifikante Bereiche des öffentlichen Lebens. Bei den femininen Personenbezeichnungen dominieren eher solche Kategorien wie ‚Bezeichnung des weiblichen Genders' (wie *женщина* [Frau], *девушка* [junge Frau]) und ‚Verwandtschaft/Beziehung' (wie *дочь* [Tochter], *мать* [Mutter], *подруга* [Freundin]). Eine Ausnahme bildet hier die Kategorie ‚Beruf/Beschäftigung', die auf dem zweiten Platz ist. Allerdings ist der Inhalt der Kategorie ‚Beruf/Beschäftigung' bei maskulinen und bei maskulinen Personenbezeichnungen sehr unterschiedlich: Bei den Ersteren gibt es viele prestigeträchtige Berufsbezeichnungen wie *врач* [Arzt], *бизнесмен* [Geschäftsmann], *предприниматель* [Unternehmer], *ученый* [Wissenschaftler] und bei den Letzteren gibt es überwiegend weniger angesehene Berufe, wie *официантка* [Kellnerin], *служанка* [Dienerin], *медсестра* [Krankenschwester] sowie kreative Berufe wie *певица* [Sängerin], *актриса* [Schauspielerin], *танцовщица* [Tänzerin].[102]

Die Verteilung der Kategorien folgt ungefähr der patriarchalen Trennung zwischen dem privaten und dem öffentlichen Bereich. Der Mann ist laut den traditionellen Vorstellungen eher im öffentlichen Leben vertreten (in solchen Bereichen wie Arbeit oder Politik), während für die Frau eher die Privatsphäre vorgesehen ist. Sie tritt in solchen Kontexten auf, die mit Beziehungen und Familie zu tun haben (vgl. Ritter 2014, 208).

Allein dieser erste Überblick hilft, sich vorzustellen, wie brisant die Unterschiede in der Repräsentation von Gender sind. Dieser erste Eindruck bestätigt sich weiter, wenn diese Kategorien detaillierter betrachtet werden und die einzelnen Beispiele im Kontext analysiert werden.

---

[102] Mehr dazu weiter, zum Beispiel im Abschnitt ‚3.3.2.2. Weitere feminine Personenbezeichnungen im Korpus'.

Die häufigsten maskulinen Personenbezeichnungen sind (mit Anzahl der Belege und dem Prozentsatz bezogen auf alle maskulinen Personenbezeichnungen): *президент* [Präsident] (234; 7,04 %), *человек* [Mensch] (152; 4,57 %), *россиянин* [Russe] (95; 2,86 %), *мужчина* [Mann] (88; 2,65 %), *сотрудник* [Mitarbeiter] (85; 2,56 %), *представитель* [Vertreter] (82; 2,47 %), *лидер* [Anführer] (78; 2,35 %), *житель* [Einwohner] (64; 1,92 %), *гражданин* [Staatsbürger] (54; 1,62 %), *господин* [Herr] (52; 1,56 %), *министр* [Minister] (47; 1,41 %), *журналист* [Journalist] (46; 1,38 %), *врач* [Arzt] (45; 1,35 %), *директор* [Direktor] (45; 1,35 %) und *пользователь* [Nutzer] (41; 1,23 %). Diese Personenbezeichnungen können in Kategorien aufgeteilt werden: Berufsbezeichnungen (*врач* [Arzt], *сотрудник* [Mitarbeiter]), Bezeichnungen für führende Rollen (*президент* [Präsident], *директор* [Direktor]) und Bezeichnungen für allgemeine gesellschaftliche Rollen (житель [Einwohner], *гражданин* [Staatsbürger]).

Die maskulinen Personenbezeichnungen, die verschiedene Berufe, Qualifikationen oder Arbeitsstellen benennen, erscheinen oft in Kontexten, in denen über professionelle Leistungen von konkreten Personen erzählt wird:

(1) Источник в авиационных кругах сообщил о кончине на 92-м году жизни советского *авиаконструктора, сотрудника* ОКБ Туполева, *руководителя* работ по созданию сверхзвукового стратегического бомбардировщика-ракетоносца Ту-160 Валентина Ивановича Близнюка. (Скончался легендарный создатель стратегического бомбардировщика Ту-160 Валентин Близнюк // Московский комсомолец, 2019.12.30) [Eine Quelle aus Luftfahrtkreisen gab den Tod des sowjetischen *Flugzeugkonstrukteurs*, eines *Mitarbeiters* des Tupolev-Design-Büros, des *Leiters* der Arbeiten zur Entwicklung des strategischen Überschall- Bombenraketenträgers Tu-160, Valentin Ivanovich Bliznyuk, im Alter von fast 92 Jahren bekannt.]

(2) Художественным *руководителем* московского театра "Современник" с 4 января 2020 года станет известный театральный *режиссер* и *педагог* Виктор Рыжаков. (Стало известно имя преемника Волчек // lenta.ru, 2019.12.30) [Ab dem 4. Januar 2020 wird der bekannte *Theaterregisseur* und *Pädagoge* Viktor Ryzhakov künstlerischer *Leiter* des Moskauer Sovremennik-Theaters.]

In beiden Kontexten wird über den Erfolg und die professionellen Leistungen dieser Männer erzählt. Wie aus der weiteren Analyse klar wird, ist dies bei Kontexten, in denen es um Frauen geht, eher selten der Fall. Insgesamt erscheint über die Hälfte der Personenbezeichnungen aus der semantischen Gruppe ‚Arbeit' in bestimmten, d. h. in solchen Kontexten, in denen sich die Personenbezeichnungen auf konkrete Personen beziehen: Von 1060 Personenbezeichnungen in dieser Gruppe sind 656 (61,89 %) bestimmt und 404 (38,11 %) unbestimmt.

Dies bedeutet aber nicht, dass die Subjekte der Erzählung ausschließlich Männer sind. Häufig kommt es auch zu einer Maskulinisierung, wobei eine weibliche Person mit einer maskulinen Personenbezeichnung bezeichnet wird, wie in diesem Satz:

(3) […] среди задержанных *девушка*, проводившаяся одиночный пикет, и *журналист* издания DOXA Мария Безверхая. (В центре Москвы задержали более 30 человек // Коммерсант, 2019.12.31) [Unter den Inhaftierten befanden sich eine junge *Frau*, die einen einzelnen Streikposten hielt, und ein *Journalist* der DOXA-Zeitschrift, Maria Bezverkhaya.]

Dieses Beispiel ist besonders interessant, weil es hier zwei Personenbezeichnungen gibt: *журналист* [Journalist] und *девушка* [junge Frau]. Beide beschreiben weibliche Personen, allerdings ist *девушка*, die Personenbezeichnung, die lediglich auf das weibliche Gender hinweist, feminin und *журналист*, die Personenbezeichnung, die einen Beruf benennt, maskulin. Es kann daher vermutet werden, dass die Frauen, sobald es um den beruflichen Kontext geht, das Recht auf das Frausein verlieren, als wären die maskulinen Personenbezeichnungen in solchen Situationen ‚angemessener'. Dies verweist immer wieder auf die bereits erwähnte Trennung zwischen dem Öffentlichen und dem Privaten, wobei für Frauen der private Bereich vorgesehen ist. Genau das kann auch im Beispiel (3) gesehen werden: Obwohl es im Satz um zwei Frauen geht, von denen eine als Privatperson auftritt und die andere als Mitarbeiterin eines Mediums, wird die zweite Frau als *журналист* [Journalist] und nicht als *журналистка* [Journalistin] bezeichnet, als würde der Frau symbolisch ihre Feminität aberkannt werden, sobald sie im beruflichen Kontext auftritt. Die Frau wird vor eine Wahl gestellt und kann in der Sprache oft entweder als Frau oder als Spezialistin bzw. Mitarbeiterin repräsentiert werden – aber selten beides gleichzeitig.[103]

Die Situation, dass sich maskuline Personenbezeichnungen auf keine konkreten Personen beziehen, sondern in einem allgemeinen Kontext erscheinen, ist auch ziemlich verbreitet. Bei der semantischen Gruppe ‚Arbeit' machen diese Fälle, wie bereits oben erwähnt, 38,11 % aus.

(4) Напомним, правительство планирует повысить уровень оплаты труда российских *врачей* за счет введения единых требований. (Володин предложил изменить метод расчета зарплаты врачей // Коммерсант, 2019.12.30) [Es sei daran erinnert, dass die Regierung plant, das Vergütungsniveau der russischen *Ärzte* durch die Einführung einheitlicher Anforderungen zu erhöhen.]

---

[103] Mehr zu maskulinen Personenbezeichnungen in Bezug auf Frauen siehe im Abschnitt *Maskulinisierung* in diesem Unterkapitel.

Hier geht es um Ärzte allgemein und vermutlich sind auch Frauen ‚mitgemeint'. Dies wird allerdings nicht aus dem Kontext ersichtlich, sondern folgt aus der sprachlichen Tradition, für Gruppen von Menschen, auch gemischten Genders, maskuline Personenbezeichnungen zu verwenden (vgl. Peršaj 2015, 33). Hier kann vom generischen Maskulinum gesprochen werden. In diesem Fall werden für Menschengruppen generalisierend maskuline Personenbezeichnungen genutzt. Am häufigsten kommt diese Situation im Kontext von verschiedenen Umfragen, Statistiken oder Berichten vor, wie im Beispiel (5):

(5) При этом 80 процентов *владельцев* бизнеса в России называют свою деятельность небезопасной. (Вприсядку Американцы и россияне — соседи на скамье подсудимых. Главные дела против бизнеса в 2019 году // lenta.ru, 2019.12.30) [Dabei bezeichnen 80 Prozent der *Geschäftsinhaber* in Russland ihre Aktivitäten als unsicher.]

Wie im oben aufgeführten Beispiel kommen solche unbestimmten Personenbezeichnungen meistens im Plural vor, allerdings gibt es auch Sätze, in denen das generische Maskulinum im Singular benutzt wird. Solche Beispiele besitzen einen noch höheren Abstraktionsgrad als diejenigen mit dem generischen Maskulinum im Plural. Oft sind solche Fälle in fast proverbialen Kontexten anzutreffen.

(6) Невнимательный *водитель* — все равно, что пьяный. (Женщина рискнула жизнью ради хвастовства безвкусным маникюром и была обругана // lenta.ru, 2019.12.30) [Ein unaufmerksamer *Fahrer* ist wie ein betrunkener Fahrer.]

In Beispiel (6) handelt es sich um eine Art Synekdoche, pars pro toto, wenn *водитель* ‚Fahrer' symbolisch für alle Fahrer*innen steht. Kennzeichnend ist aber, dass es in solchen Kontexten immer die maskulinen Personenbezeichnungen sind, die die gesamte Gruppe (zum Beispiel alle Fahrer*innen) repräsentieren, und nie (zumindest im analysierten Material) die femininen Varianten. Das Wort *водитель* [Fahrer] kann im oben aufgeführten Beispiel nicht durch *водительница* [Fahrerin] ersetzt werden, ohne dass sich der Sinn des Satzes verändert:

(7) *Невнимательная *водительница* — все равно, что пьяная. [Eine unaufmerksame *Fahrerin* ist wie eine betrunkene Fahrerin.]

Die Umformulierung, wie im Beispiel (7), würde bedeuten, dass es sich konkret um Frauen handelt, die unaufmerksam Auto fahren, und nicht um alle Fahrer*innen. Die Belege im Korpus bestätigen diese Aussage. Im gesamten Korpus gibt es lediglich acht Fälle von femininen Personenbezeichnungen, die im Singular in unbestimmten Kontexten benutzt werden. Zwei davon sind nur formal feminin, aber beziehen sich inhaltlich nicht auf Frauen (*персона* [Person], *жертва*

[Opfer]). Die anderen sechs erscheinen in spezifischen weiblichen Kontexten und bezeichnen ausschließlich Frauen. So stammt der folgende Satz aus dem Artikel mit dem Titel *На Украине придумали оливье для сильно занятых* [In der Ukraine wurde der Oliviersalat für stark Beschäftigte erfunden]:

(8) В комментариях предположили, что эту идею скорее всего придумала сильно занятая *женщина*, работающая допоздна и не успевающая готовить. (На Украине придумали оливье для сильно занятых // lenta.ru, 2019.12.31)
[In den Kommentaren wurde vermutet, dass diese Idee höchstwahrscheinlich von einer sehr beschäftigten *Frau* kam, die bis spät arbeitet und keine Zeit zum Kochen hat.]

Im Beispiel (8) erscheint die Frau in einem stereotypisch weiblichen Kontext: Es handelt sich um die ‚Doppelschicht' der Frauen, die gleichzeitig arbeiten und sich um den Haushalt kümmern müssen. Die beschriebene imaginäre Frau weicht vom Standard ab, da sie es nicht schafft, zu kochen. Deswegen muss sie nach Lösungen suchen (wie ‚schneller' Oliviersalat), um den gesellschaftlichen Anforderungen an die Frauen doch noch nachzukommen. Interessant ist auch, dass die Gedanken der Kommentator*innen im Beispiel (8) sofort den patriarchalen Stereotypen folgen: Es wird nicht vermutet, dass der Salat von einem Mann erfunden wurde, sondern es wird die für die patriarchale Gesellschaft logische Assoziation hergestellt, dass Kochen eine Frauenaufgabe ist.

Es lässt sich zusammenfassend sagen, dass die maskulinen Personenbezeichnungen für Menschen aller Gender stehen, während die femininen Personenbezeichnungen höchstens alle Frauen repräsentieren können. Relevant ist in dieser Hinsicht, dass die Verwendung des generischen Maskulinums manchmal unreflektiert passiert, ungeachtet dessen, ob der Inhalt der Aussage immer noch eindeutig verständlich ist. Als Beispiel für eine solche semantische Unklarheit kann der Zeitungsartikel über eine Patientin genannt werden, die wegen Nachlässigkeit der Ärzte gestorben ist. Da es sich um eine weibliche Patientin handelt, die auch mit verschiedenen femininen Personenbezeichnungen benannt wird (*пациентка* [Patientin], *жительница* [Einwohnerin], *женщина* [Frau]), bildet das einen Kontrast zu den maskulinen Personenbezeichnungen im Text, bei denen es nicht immer klar ist, ob diese Personen männlich sind oder es ein Fall von generischem Maskulinum ist.

(9) *Жительница* города Пудож в Карелии умерла без медицинской помощи в коридоре больницы, куда *врачи* везли ее с инсультом 200 километров, сообщает Губернія Daily. *Родственники погибшей* рассказали, что 7 декабря пожилой *женщине* стало плохо. *Врачи* быстро приехали на вызов, оказали первую помощь и решили везти *пациентку* почти 200 километров […] сопровождающая *медсестра* села к *водителю*, а не к *больной*. По пути машина заезжала еще за одним *пациентом* […] *пенсионерку* перенесли в коридор и

оставили ждать *врача*, который не появлялся полчаса. *Медики* вспомнили о ней, когда *родственники* начали возмущаться. (Врачи часами катали россиянку с инсультом и бросили умирать в коридоре клиники // lenta.ru, 2019.12.31) [Eine *Bewohnerin* der Stadt Pudozh in Karelien starb ohne medizinische Versorgung im Korridor des Krankenhauses, wohin *Ärzte* sie von 200 Kilometern mit einem Schlaganfall brachten, berichtet Gubernia Daily. *Angehörige*$^{\text{mask.}}$ der *Verstorbenen* sagten, dass die ältere *Frau* am 7. Dezember krank geworden sei. Die *Ärzte* kamen schnell zum Notruf, leisteten Erste Hilfe und beschließen, die *Patientin* fast 200 Kilometer zu fahren […] die begleitende *Krankenschwester* setzte sich zum *Fahrer* und nicht zur *Erkrankten*. Auf dem Weg holte das Auto einen anderen *Patienten* ab […] die *Rentnerin* wurde auf den Flur gebracht und dort ließ man sie auf den *Arzt* warten, der eine halbe Stunde lang nicht erschien. Die *Mediziner* erinnerten sich an sie, als *Angehörige*$^{\text{mask.}}$ anfingen, sich zu ärgern.]

Wenn die femininen Personenbezeichnungen im Text analysiert werden, wird klar, dass sie sich alle auf die verstorbene Patientin beziehen bis auf *медсестра* [Krankenschwester]. Dies ist vermutlich kein Zufall, denn *медсестра* wird als ein typisch weiblicher Beruf wahrgenommen.[104] Alle anderen Personenbezeichnungen im Text sind maskulin, wobei die Grenze zwischen generischem Maskulinum und Personenbezeichnungen, die in Bezug auf konkrete männliche Personen verwendet werden, hier schwer zu ziehen ist. So ist im Satz *По пути машина заезжала еще за одним пациентом* [Auf dem Weg holte das Auto einen anderen Patienten ab] nicht eindeutig verständlich, ob dieser Patient tatsächlich männlich ist oder die maskuline Personenbezeichnung im allgemeinen Sinne benutzt wird. Ähnliches gilt für die Passage *оставили ждать врача, который не появлялся полчаса* [ließ man sie auf den Arzt warten, der eine halbe Stunde lang nicht erschien]. Hier können die Leser*innen nicht wissen, ob es um einen konkreten Arzt geht oder ob ein*e Ärzt*in allgemein gemeint ist. Es kann folglich nicht immer eindeutig gesagt werden, um welche Personen es sich im Text handelt.

Der zitierte Artikel illustriert das Argument der Befürworter*innen einer gendergerechten Sprache aus der Analyse der YouTube-Kommentare in Abschnitt 2.3.4., dass ‚Feminativa helfen, Missverständnisse zu vermeiden'. Damit ist gemeint, dass Feminativa eine präzisere Semantik als das generische Maskulinum haben und immer anzeigen, dass es sich um eine weibliche Person handelt. Im beschriebenen Text könnte die konsequente Verwendung von maskulinen und

104 Vgl. Rajilić zu *medicinska sestra* im Serbischen: „Da *medicinska sestra* ‚Krankenschwester' ausschließlich genderspezifizierend weiblich verwendet und verstanden wird, führt eine solche Appellationspraktik dazu, dass eine umsorgende Pflegetätigkeit im medizinischen Bereich weiblich konzeptualisiert wird – die prestigeträchtigere und besser entlohnte Tätigkeit der Ärtz_in wird durch die ausschließliche Verwendung des Maskulinums hingegen männlich gegendert." (Rajilić, 2020, S. 222)

femininen Personenbezeichnungen vermutlich helfen, die Situation genauer zu schildern und die Beteiligten korrekt zu benennen.

3.3.2.1. Wörter *человек* [Mensch], *мужчина* [Mann] und *женщина* [Frau] im Korpus des publizistischen Stils

Die Verteilung der Personenbezeichnungen *человек* [Mensch], *мужчина* [Mann] und *женщина* [Frau] ist von besonderem Interesse. Wie in Abschnitt 2.2.1. bereits erwähnt, ist das Wort *человек* maskulin und, obwohl es semantisch neutral sein soll und für alle Gender stehen soll, wird das Wort in der Praxis oft als Synonym zum Wort *мужчина* benutzt (vgl. Weiss 1988, 419). Das führt dazu, dass *мужчина* in zahlreichen Texten sogar seltener ist als *человек* oder *женщина.* So führte Nilsson eine Korpusanalyse durch, in der sie die Wörter *человек, мужчина* und *женщина* in russischen und schwedischen Texten verglich, und kam zu dem Schluss, dass *мужчина* seltener vorkommt als die beiden anderen Lexemen. Das erklärt die Forscherin wie folgt:

> То обстоятельство, что слово *мужчина* встречается намного реже, чем другие лексемы, наверно, в некоторой степени зависит от того, что специфичное значение «лицо мужского пола в отличие от лица женского пола» слишком редко допускает референцию открытого класса – при такой референции употребляются *человек* и *люди* [Die Tatsache, dass das Wort *мужчина* [Mann] viel seltener vorkommt als die anderen Lexeme, hängt wahrscheinlich zum Teil damit zusammen, dass die spezifische Bedeutung ‚männliche Person im Gegensatz zu weiblicher Person' zu selten eine offene Klassenreferenz zulässt – mit einer solchen Referenz werden [die Lexeme] *человек* [Mensch] und *люди* [Menschen] benutzt] (vgl. Nilsson 1999, 101).

In anderen Worten wird die Personenbezeichnung *мужчина* oft mit der Personenbezeichnung *человек* gleichgesetzt, weshalb es keiner spezifischen Markierung für das männliche Gender bedarf, während das weibliche Gender das markierte Element im Paar *мужчина – женщина* ist. Das maskuline Gender muss nicht zusätzlich betont werden, weil es als Norm angenommen wird.[105]

---

[105] Dies wird auch durch die Forschungen in anderen Sprachen bestätigt. So stellt Kersten-Pejanić, ein großes Ungleichgewicht zwischen den Appellationen *muškarac/muškarci* [Mann/Männer] und *žena/žene* [Frau/Frauen] in manchen Rubriken der kroatischen Zeitungen fest: „Im Politikteil macht die explizite Benennung von Frauen* mit der personalen Appellationsform *žena/žene* (‚Frau/Frauen') einen Anteil von 33 % innerhalb des Benennungstyps F2 aus, während diese Benennungspraxis bei den benannten Männern* mit fünf Treffern zu *muškarac/muškarci* (‚Mann/Männer') gerade einmal einen Anteil von gut 3 % ergibt. Im Kulturteil machen die 9 (von 22) explizit als Frau/en benannten Frauen* sogar über 40 % der personalen Appellationen aus, während es für den Typ M2 hier keinen entsprechenden Treffer gibt" (Kersten-Pejanić 2017, 184).

Die Belege aus dem Korpus bestätigen diese Ausführungen. Das Lexem *человек* [Mensch] kommt 152 Mal vor, *женщина* [Frau] 92 Mal und *мужчина* [Mann] 88 Mal. Der Unterschied in Bezug auf die Frequenz von *женщина* und *мужчина* mag gering erscheinen, dabei muss aber die Differenz zwischen der gesamten Anzahl der maskulinen und femininen Personenbezeichnungen berücksichtigt werden: Es sind 3325 maskuline Personenbezeichnungen (79% aller Personenbezeichnungen im Korpus) gegen 462 feminine Personenbezeichnungen (11% aller Personenbezeichnungen im Korpus), der Unterschied beträgt somit 68 Prozentpunkte. Das Wort *женщина* [Frau] macht 19,91 % bzw. knapp ein Fünftel aller femininer Personenbezeichnungen aus, dahingegen macht *мужчина* [Mann] nur 2,6 % der maskulinen Personenbezeichnungen aus. Das kann so interpretiert werden, dass bei Frauen primär ihre Weiblichkeit betont wird und die Frau als ‚Nicht Mann' konzipiert wird, während bei Männern andere Aspekte eine Rolle spielen, wie Beruf, Qualifikation, politische Teilnahme (die größten semantischen Gruppen bei maskulinen Personenbezeichnungen).

Die Unterschiede in den Konzepten *человек* [Mensch], *мужчина* [Mann] und *женщина* [Frau] werden noch deutlicher, wenn diese drei Lexeme im jeweiligen Kontext betrachtet werden. In zahlreichen Fällen wird mit *человек* [Mensch] ein Mann gemeint. Als Beispiel kann ein Artikel genannt werden, in dem von einem Haifisch erzählt wird, in dessen Bauch menschliche Überreste gefunden wurden. Es stellte sich schnell heraus, dass es sich um einen Mann handelt:

(10) Степень разложения останков в ее желудке свидетельствуют о том, что *человек* был съеден более двух суток назад. Родственники *мужчины*, исчезнувшего на Реюньоне в середине декабря, опознали его браслет. Остается неясным, убила ли его акула, или она нашла тело уже после того, как *человек* утонул или погиб по иной причине. (В желудке трехметровой акулы нашли человеческие руки и браслет // lenta.ru, 2019.12.31) [Der Zersetzungsgrad der Überreste im Magen [des Hais] weist darauf hin, dass der *Mensch* vor mehr als zwei Tagen gegessen wurde. Angehörige eines *Mannes*, der Mitte Dezember auf Réunion verschwunden war, identifizierten sein Armband. Es bleibt unklar, ob der Hai ihn getötet hat oder ob er die Leiche gefunden hat, nachdem der *Mensch* ertrunken oder aus einem anderen Grund gestorben war.]

Die Wörter *человек* [Mensch] und *мужчина* [Mann] werden in diesem Beispiel synonymisch benutzt. Nachdem im Text erwähnt wurde, dass es sich um einen Mann handelt, wird dieser im darauffolgenden Satz wieder als *человек* [Mensch] bezeichnet. Wenn es aber im Text um eine Frau gehen würde, wäre der letzte Satz in seiner aktuellen Formulierung kaum vorstellbar und das Wort *человек* wäre vermutlich gegen *женщина* [Frau] ausgetauscht worden – ansonsten wäre der Satz nur schwer verständlich. Als Vergleich kann ein anderer Kontext genommen werden, in dem die Personenbezeichnung *человек* in Bezug auf eine Frau verwendet wird. Im Text äußern sich die Kolleg*innen über eine russische Schauspielerin:

(11) Он пояснил, что знаком с *актрисой* по сериалу «Интерны». По его словам, она чистый, целомудренный и трудолюбивый *человек*, в котором нет «падали и гнили». Ее приятель, сценарист Александр Цыпкин рассказал, что после выхода картины *актрисе* начали поступать угрозы. (Охлобыстин прокомментировал скандал из-за участия Асмус в эротической сцене // lenta.ru, 2019.12.31) [Er erklärte, dass er die *Schauspielerin* aus der Fernsehserie ‚Interny' kenne. Ihm zufolge ist sie ein reiner, keuscher und fleißiger *Mensch*, in dem es keinen ‚Fall und Fäulnis' gibt. Ihr Freund, der Drehbuchautor Alexander Tsypkin, sagte, dass die *Schauspielerin* Drohungen erhielt, nachdem der Film herausgebracht wurde.]

Kennzeichnend ist, dass die Schauspielerin im ersten Satz des Textes als *актриса* [Schauspielerin] bezeichnet wird, dann als *человек* [Mensch] und schließlich wieder als *актриса.* Wenn hier, wie im vorherigen Beispiel, im letzten Satz statt *актриса* das Wort *человек* benutzt worden wäre, würde dies das Verstehen des Satzes beeinträchtigen. Die Leser*innen könnten kaum feststellen, um wen es sich handelt (**после выхода картины человеку начали поступать угрозы* [nachdem der Film veröffentlicht worden war, erhielt der Mensch Drohungen]). Weiss beschreibt die Unterschiede in der Verwendung der Lexeme *человек, мужчина* und *женщина* und kommt zu dem Schluss, dass die Möglichkeit, eine Frau im Russischen als *человек* zu bezeichnen, von vielen Faktoren abhängt, die nicht nur semantischer, sondern auch syntaktischer Natur sind (vgl. Weiss 1999, 87). So wird das Wort *человек* im zweiten Satz des Beispiels (11) prädikativ verwendet und kann daher in Bezug auf eine Frau benutzt werden: *она чистый, целомудренный и трудолюбивый человек* [sie ist ein reiner, keuscher und fleißiger Mensch]. Wenn das Wort *человек* als Teil der referentiellen Deskription benutzt wird, dann ist die Referenz auf eine Frau unmöglich (wie im dritten Satz des Beispiels (11)). Allerdings gibt es semantische Unterschiede in der Verwendung von Personenbezeichnungen *человек* und *женщина* in prädikativer Position: Laut Weiss wird *женщина* benutzt, wenn es um die Beschreibung der körperlichen Merkmale geht, und *человек*, wenn die innere Welt beschrieben wird:

> Добавим, что иной раз и русский человек проявляет бóльшую склонность к характеристике внутреннего мира: происходит это именно тогда, когда сама характеристика допускает двойное прочтение. Так, Она – интересный /

прекрасный человек совсем не равняется Она – интересная / прекрасная женщина (Weiss 1999, 89).[106]

Diese Aussage wird auch durch das oben aufgeführte Beispiel (11) bestätigt. Im zweiten Satz wird die Schauspielerin primär nach ihren inneren Merkmalen und nicht nach ihrem Aussehen charakterisiert, sodass sie vermutlich deswegen als *человек* [Mensch] und nicht als *женщина* [Frau] bezeichnet wird.

Von Interesse sind auch die Kontexte, in denen *человек* als Teil des Ausdrucks *молодой человек* benutzt wird, was sich wörtlich als ‚junger Mensch' übersetzen lässt. Diese Zusammensetzung wird aber wird eher in der Bedeutung von ‚junger Mann] benutzt:

(12) Подозреваемым оказался 41-летний *мужчина*, ранее судимый за умышленное причинение вреда здоровью, а также 41-летняя *женщина* и 21-летний *молодой человек* […] (Гендиректор российского ЧОПа своровал из магазина продукты к Новому году // lenta.ru, 2019.12.31) [Bei dem Verdächtigen handelte es sich um einen 41-jährigen *Mann*, der bereits wegen vorsätzlicher Körperverletzung verurteilt worden war, sowie um eine 41-jährige *Frau* und einen 21-jährigen *jungen Mann*]

In diesem Satz wird mit *молодой человек* eindeutig eine männliche Person bezeichnet, die sich einerseits durch ihr Gender von der weiblichen Person (*женщина*) und andererseits durch ihr junges Alter von der anderen männlichen Person (*мужчина*) abhebt. Kennzeichnend ist, dass *молодой человек* im Korpus aktiv für die Bezeichnung von jungen Männern benutzt wird, während die Synonyme *юноша* und *парень* kaum Verwendung finden (keinen bzw. nur einen Eintrag im Korpus).

Das Lexem *мужчина* [Mann] wird, wie bereits erwähnt, vergleichsweise selten benutzt. Oft wird es verwendet, um zu markieren, dass es um einen erwachsenen Mann geht, im Gegensatz zu einem Kind oder jungen Mann (wie im Beispiel (12)). Häufig gibt es aber auch Kontexte, in denen die Semantik der Maskulinität aktiviert und explizit auf die Stereotype der Männlichkeit hingewiesen wird:

(13) *Мужчина* отказался идти к врачу, так как счел себя «слишком мужественным» для этого. (Укушенный пауком счел себя слишком мужественным для похода к врачу и умер // lenta.ru, 2019.12.30) [Der *Mann* weigerte sich, zum Arzt zu gehen, weil er sich dafür als ‚zu männlich' empfand.]

[106] „Es soll hinzugefügt werden, dass der russische Mensch auch manchmal eher dazu neigt, die innere Welt zu charakterisieren: Dies geschieht gerade dann, wenn die Charakterisierung selbst eine doppelte Lesart zulässt. So ist ‚Sie ist ein interessanter/schöner Mensch.' nicht gleich ‚Sie ist eine interessante/schöne Frau.'."

In diesem Satz wird eine stereotype Vorstellung von Männlichkeit reproduziert, die interessanterweise sogar als schädlich dargestellt wird: Wegen der ‚Maskulinität' entscheidet sich der Mann gegen einen Arztbesuch. Das Wort *мужчина* erscheint gelegentlich auch in einem Kontext, der mit Gewalt oder Kriminalität verbunden ist:

(14) В Новосибирске *мужчина* напал с ножом на двух полицейских. (В Новосибирске мужчина напал с ножом на полицейских в подъезде дома // Коммерсант, 2019.12.30) [Ein *Mann* griff in Novosibirsk zwei Polizeibeamte mit einem Messer an.]

(15) Ранее в московском районе Кузьминки двое *мужчин* и *женщина* решили ограбить магазин ради шоколада. (Гендиректор российского ЧОПа своровал из магазина продукты к новому году // Главные события, 2019.12.31) [Zuvor hatten zwei *Männer* und eine *Frau* beschlossen, ein Geschäft im Moskauer Stadtteil Kuzminki zu überfallen, um Schokolade zu stehlen.]

Insgesamt passen die beschriebenen Kontexte zum patriarchalen Weltbild, in dem die Männer stark und dominant sind. Die Kontexte, in denen Männer als gewaltsam und gefährlich geschildert werden, sind aber womöglich nicht nur auf das traditionelle patriarchale Gendermodell zurückzuführen, sondern auch auf die jüngsten politischen Ereignisse. So führt Hartmann aus, dass das heutige russische Männlichkeitsbild seine Entsprechung auch in der Politik findet, und beschreibt die Situation wie folgt:

> Mit dem Machtwechsel zu Putin Ende der 90er Jahre gibt es, parallel zu seiner Politik der „Diktatur des Gesetzes" und der autoritären Restauration, den Versuch, ein neues Ideal von Männlichkeit zu schaffen, das aus den Versatzstücken der alten Konzepte zu bestehen scheint: Es basiert auf der Festschreibung der männlichen Dominanz und einem konformistischen militaristischen Patriotismus analog zu der Wiederbelebung der patriarchalen Definition ‚männlicher' Aufgaben als Beschützer und Versorger (Hartmann 2002, 62).

Es gibt folglich mehrere Facetten des Männlichkeitskonstrukts, von der aggressiveren dominierenden Seite bis zur beschützenden Funktion, wobei Letzteres im Korpus eher selten vorkommt. Die Analyse zeigt, wie stark sich die Kontexte, in denen das Lexem *мужчина* erscheint, von denjenigen unterscheiden, in denen das Lexem *женщина* auftaucht. In den zwei Jahrzehnten, die seit der Veröffentlichung von Hartmanns Artikel vergangen sind, prägte sich die Dominanz der patriarchalen Rollen in der russischen Gesellschaft noch tiefer ein (vgl. Stella, Nartova, und Reynolds 2016).

Das Lexem *женщина* [Frau] ist mit Abstand die am häufigsten benutzte feminine Personenbezeichnung im Korpus und taucht in verschiedenen Kontexten auf. Es wird häufig in Zusammenhang mit Themen wie Körperlichkeit, weiblicher

Gesundheit, Schwangerschaft und Mutterschaft sowie Aussehen und Schönheit verwendet.

Eine häufige Situation ist, dass *женщина* als Teil verschiedener Gegenüberstellungen erscheint. Manchmal sind das relativ neutrale Kontexte, in denen *женщина* als Teil des Oppositionspaars Mann–Frau dient:

(16) Индексы отражают расходы *мужчин* и *женщин* по разным категориям, отмечается в публикации. (Сбербанк подсчитает траты россиян к Новому году // lenta.ru, 2019.12.31) [Die Indexe spiegeln die Ausgaben von *Männern* und *Frauen* in unterschiedlichen Kategorien wider, heißt es in der Veröffentlichung.]

Im Beispiel (14) stellt *женщина* lediglich das Gegenstück zu *мужчина* dar, ohne zusätzliche Konnotationen. Allerdings gibt es auch andere Kontexte, in denen die Frau zum Beispiel dem Menschen gegenübergestellt wird bzw. aus der Gruppe ‚Mensch' ausgeschlossen wird. Von Interesse sind in diesem Zusammenhang die folgenden Beispiele:

(17) Билеты по сниженной цене могут приобрести *россияне* в возрасте до 23 лет и старше 60 лет (*женщины* — от 55 лет), *инвалиды* I группы, *инвалиды* с детства II и III группы […]. (Правительство задумалось о лоукостере для Дальнего Востока // lenta.ru, 2019.12.30) [Ermäßigte Fahrkarten sind erhältlich für *Russen* unter 23 und über 60 Jahre (bei *Frauen* – ab 55 Jahren), für *Behinderte* der Gruppe I und *Behinderte* seit der Kindheit der Gruppen II und III [...].]

(18) Украинская сторона передала нам 61 человека, из них восемь *граждан* России, пять *женщин* и одни *гражданин* Беларуси. (Украина в рамках обмена пленными с ДНР передала восьмерых россиян // Коммерсант, 2019.12.30) [Die ukrainische Seite übergab uns 61 *Menschen*, darunter acht russische *Staatsbürger*, fünf *Frauen* und einen belarussischen *Staatsbürger*.]

Im Beispiel (17) können die Leser*innen durch die ungünstige Formulierung den Eindruck bekommen, dass Frauen zu einer gesonderten Menschengruppe gehören. Im Satz wird beschrieben, welche Personengruppen die Fahrkarten mit Ermäßigung kaufen können, wobei bei *россияне* [Russen] noch zusätzlich spezifiziert wird, dass für Frauen andere Altersanforderungen gelten. Wenn im Satz die Bezeichnung *женщины* durch *мужчины* ersetzt wird, ist die Semantik des Satzes schwer verständlich: **Билеты по сниженной цене могут приобрести россияне в возрасте до 23 лет и старше 60 лет (мужчины — от 55 лет) […]* [Ermäßigte Fahrkarten sind erhältlich für Russen im Alter unter 23 und über 60 Jahre (bei Männern – ab 55 Jahren)]. Im umformulierten Satz bleibt unklar, wer genau mit *россияне* [Russen] gemeint wird, während sich bei der ursprünglichen Formulierung diese Frage nicht stellt (zumindest aus Sicht der Autor*innen des Zeitungsartikels). Dies hat mit der markierten Stellung der Frau in der Opposition ‚Mann – Frau' zu tun. Wie bereits mehrmals thematisiert, wird der Mann automatisch als Norm angenommen, während die Frau als Abweichung von dieser Norm zusätzlich markiert werden muss. Eine ähnliche Situation kann auch im Satz (18) beobachtet werden, nur mit dem Unterschied, dass durch die Einführung von mehreren Kategorien die Opposition ‚Norm – Abweichung von der Norm' besonders inkonsequent wird. Im Satz gibt es die Kategorien *человек* [Mensch], *гражданин России* [russischer Staatsbürger], *гражданин Беларуси* [belarussischer Staatsbürger] und *женщина* [Frau], wobei diese Kategorien nach verschiedenen Merkmalen gebildet sind (Staatsbürgerschaft und Gender).

Körperlichkeit und Gesundheit sind weitere relevante Kontexte, in denen die Personenbezeichnung *женщина* [Frau] vorkommt. Oft tritt die Frau als Patientin in Erscheinung, wobei im Korpus mehrmals Situationen beschrieben werden, in denen die Frau Opfer von ärztlichen Behandlungsfehlern ist (vgl. auch Beispiel (9)). Solche Kontexte haben auf den ersten Blick nicht direkt mit Gender zu tun, aber es ist hier relevant, dass in diesen Situationen die Frau immer als Objekt auftritt, als empfangende und nicht als aktiv handelnde Seite. Sie wird als die passive Partei der Interaktion konzipiert, was den stereotypen Vorstellungen über die Machverhältnisse zwischen den Gendern entspricht. Als Patientin befindet sich die Frau in einer prekären Situation und soll sich auf die Kenntnisse und Kompetenzen der Ärzt*innen verlassen bzw. der Ärzte, da in solchen Situationen häufig das generische Maskulinum zum Einsatz kommt (vgl. Beispiel (9)). Manchmal wird die Frau sogar direkt ein Objekt der sexualisierten Gewalt, zum Beispiel im Artikel, in dem über die Vergewaltigung einer Patientin berichtet wird:

(19) Туда зашел врач, чтобы сделать *женщине* укол, однако вместо процедуры предложил заняться сексом. Получив отказ, медик «схватил» *женщину* и изнасиловал ее. (В Москве врач-анестезиолог жестоко изнасиловал пациентку после операции // info24, 2019.12.30) [Ein Arzt kam, um der *Frau* eine Injektion zu geben, bot ihr aber stattdessen an, Sex zu haben. Als er eine Absage erhielt, ‚packte' er die *Frau* und vergewaltigte sie.]

Gewalt gegen Frauen ist ein häufiger Kontext im Korpus. Laut Forschungen gibt es in Russland tatsächlich eine hohe Anzahl von Verbrechen gegen Frauen, wobei die steigende Rate der Gendergewalt unter anderem mit der rigiden Dichotomie der Genderrollen in der Gesellschaft erklärt wird (vgl. Attwood 1997, 103). Die Unterschiede zwischen den Gendern werden unterstrichen, was dazu führt, dass die Machtverteilung ungleich bleibt. Vor allem bedeutet das oft, dass der Mann arbeiten geht und für das Wohlhaben der Familie sorgt, während die Frau zu Hause bleibt und somit in die Abhängigkeit vom Mann gerät. Dies entspricht ungefähr den (zumindest in der offiziellen Rhetorik propagierten) gesellschaftlichen Tendenzen in Russland, wo seit Ende der 2000er Jahre der sogenannte *biological turn* zu beobachten ist, wonach die traditionellen bzw. patriarchalen Familienwerte gelebt werden sollen (vgl. Stella, Nartova, und Reynolds 2016).

Spezifisch für den russischen Kontext ist auch der Gedanke, dass Frauen eine Teilschuld an der sexualisierten Gewalt tragen und mit ihrem Benehmen und Aussehen die Angriffe ‚provozieren‘. Kennzeichnend ist, dass Attwood ihren Artikel über sexualisierte und häusliche Gewalt in Russland mit dem Zitat „She was asking for it“ betitelt (Attwood 1997). Diese Victim-Blaming-Rhetorik ist so tief in der Gesellschaft verankert, dass selbst die Opfer der Angriffe daran glauben. So beschreibt Attwood, dass Freiwillige in Krisenzentren solche Selbstbeschuldigungen von Gewaltopfern hören, wenn diese anrufen.

> Volunteers at the crisis centres report that the majority of callers suspect that their own behaviour contributed to the rape: they 'admit' that they were dressed inappropriately, were wearing too much makeup, were too trusting, or were simply alone on the streets too late at night (Attwood 1997, 110).

Im analysierten Material gibt es Belege, die diese Tendenz bestätigen. Als Beispiel dienen die folgenden Sätze aus dem Interview mit der russischen Sängerin Irina Dubtsova, die der Meinung ist, dass Frauen an sexueller Belästigung selbst Schuld tragen:

(20) Российская певица Ирина Дубцова заявила, что часто *женщины* сами бывают виноватыми в домогательствах. […] Дубцова раскритиковала *женщин*, которые демонстрируют свою сексуальность и ходят в прозрачных нарядах, через которые видно нижнее белье. (Российская певица назвала женщин виноватыми в домогательствах // lenta.ru, 2019.12.31) [Die russische Sängerin Irina Dubtsova sagte, dass *Frauen* oft selbst an Belästigungen schuld sind. [...] Dubtsova kritisierte *Frauen*, die ihre Sexualität zur Schau stellen und in durchsichtigen Kleidern herumlaufen, durch die ihre Unterwäsche zu sehen ist.]

In dieser Aussage wird eine direkte Verbindung zwischen dem Benehmen bzw. dem Aussehen von Frauen und den Konsequenzen hergestellt, die sie erleben, wenn sie ‚falsch‘ aussehen. Unter ‚falschem‘ Aussehen wird in den Kontexten aus dem Korpus hauptsächlich jegliche offene Demonstration von weiblicher Sexualität verstanden. Die Konzeptualisierung der Frau im Korpus ähnelt einem Satz von Regeln und Vorschriften, denen eine Frau zu folgen hat, um als ‚normale‘ Frau wahrgenommen werden zu dürfen. Neben diesen negativen Beispielen, in denen eine Frau dadurch definiert wird, was sie nicht tun und wie sie nicht sein soll, gibt es auch positive Beispiele, in denen das erwünschte Benehmen einer Frau geschildert wird. So wird eine Frau oft durch das Konzept der Mutterschaft definiert. Als Beispiel kann im Korpus der Artikel über Freundinnen genannt werden, die alle gleichzeitig schwanger wurden und damit, wie aus dem Text folgt, ihre weibliche Rolle erfüllt haben. Letzteres wird nicht explizit im Text gesagt, kann aber aus der Beschreibung der Fruchtlosigkeit abgelesen werden:

(21) По словам *женщин*, бесплодие заставляло их чувствовать себя бессильными, но поддержка подруг всегда подбадривала. (Пять подруг одновременно забеременели // lenta.ru, 2019.12.31) [Nach Aussage der *Frauen* fühlten sie sich durch die Unfruchtbarkeit machtlos, aber die Unterstützung der Freundinnen war immer beruhigend.]

Die Fruchtlosigkeit führte dazu, dass sich die Frauen machtlos gefühlt haben. Diese Entscheidung, das Wort *бессильные* [kraftlose] zu benutzen, ist interessant. Wenn über die Männer- und Frauenrollen in Bezug auf Machtverhältnisse gesprochen wird, kann die Aussage aus dem Beispiel (21) so verstanden werden, dass den Frauen ihr Wert und ihre Macht abgesprochen werden, wenn sie keine Kinder bekommen können und somit ihrer Frauenrolle nicht nachkommen können. Sie ‚fallen' aus dem patriarchalen System heraus und sind somit wertlos. Wie aus weiteren Beispielen folgt, geht es allerdings sogar noch einen Schritt weiter, und die Frauen, die keine Kinder haben können oder bewusst aus irgendeinem Grund auf Kinder verzichten, sind für die Gesellschaft gefährlich, denn sie ‚diskreditieren' diejenigen, die sich für die Mutterschaft entschieden. So schreibt Zaytseva in ihrem Artikel, in dem sie das Konzept *хранительница домашнего очага* [Hüterin des Familienherdes] als Weiblichkeitsideal in Russland erforscht, Folgendes:

> […] making motherhood an implicit requirement for membership in the category of khranitel'nitsa domashnego ochaga automatically excludes women who do not have children, which can create resentment and undermine those women's esteem in this concept (Zaytseva 2017, 100)

Das heißt, kinderlose Frauen werden komplett aus dem Weiblichkeitskonzept ausgeschlossen. Einerseits werden kinderlose Frauen aus dem gesellschaftlichen System exkludiert und marginalisiert, andererseits können die rigiden Grenzen des Weiblichkeits- und Mutterschaftskonzepts sowie die hohen gesellschaftlichen Anforderungen Frustration bei den Frauen verursachen, die sich für Kinder entscheiden. Angriffe auf das Weiblichkeitsideal als Ehefrau und Mutter stoßen in der Gesellschaft auf Negativität und Feindlichkeit. Als Beispiel kann der Artikel genannt werden, in dem über die aggressiven Aussagen des Schauspielers Ivan Ochlobystin geschrieben wird. Er äußerte sich kritisch gegenüber der Fernsehmoderatorin Aljona Vodonaeva, nachdem sie ihre Position bezüglich der Mutterschaft dargelegt hatte. In ihrer Aussage forderte sie Frauen auf, mit der Geburt der Kinder abzuwarten, bis sie finanziell unabhängig sind.

(22) Актер Иван Охлобыстин извинился перед проститутками после того, как назвал проституткой телеведущую и блогера Алену Водонаеву. […] Его критику вызвал пост Водонаевой, в котором она призывала российских *женщин* не рожать, если они не уверены в способности обеспечить ребенка всем необходимым. (Охлобыстин извинился перед проститутками //

> lenta.ru, 2019.12.30) [Der Schauspieler Ivan Ochlobystin entschuldigte sich bei den Prostituierten, nachdem er die Fernsehmoderatorin und Blogger Alena Vodonaeva als Prostituierte bezeichnet hatte. [...] Seine Kritik entzündete sich an Vodonaevas Beitrag, in dem sie russische *Frauen* dazu aufforderte, kein Kind zu gebären, bevor sie sich sicher seien, dass sie dieses Kind mit allem versorgen könnten, was es braucht.]

Die Aussage der Fernsehmoderatorin trifft auf scharfe Kritik und sogar Aggressivität, obwohl sie ihre Meinung eher moderat ausdrückt. Sie plädiert nicht für den kompletten Verzicht auf die Mutterschaft, sondern schlägt lediglich vor, die eigene finanzielle Situation zu berücksichtigen. Allerdings löst auch diese Ansicht eine starke Reaktion aus, weil durch solche Aussagen auf eigene Art und Weise am Weiblichkeitsideal gezweifelt wird. Dass die Frau bei der Familienplanung zuerst an die eigene finanzielle Sicherheit denkt und erst danach Mutter wird oder, in anderen Worten, dass sie pragmatisch handelt und in erster Linie von den eigenen Wünschen ausgeht, steht in Widerspruch zur idealen Vorstellung von der Frau in der russischen Gesellschaft. Nach diesem Vorbild wird von der Frau verlangt, dass sie zuerst an die Anderen denkt (vor allem an ihre Kinder) und erst danach an sich selbst (vgl. Zaytseva 2017, 95). Allerdings muss an dieser Stelle angemerkt werden, dass zwar dieses Ideal der selbstaufopfernden Frau in der Öffentlichkeit verbreitet und propagiert wird, aber die Meinungen der einzelnen Russ*innen gehen stark auseinander, was an dieser Aussage von Aljona Vodonaeva ersichtlich wird. Mit ihrer Äußerung, die auf starke Kritik stieß, stellt sie das Mutterschaftsideal infrage. Bei diesem Beispiel wie auch bei zahlreichen anderen Kontexten soll die Gefahr von übertriebener Generalisierung und Homogenisierung der Gesellschaft vermieden werden. Allein die Existenz von Mutterschaftsidealen in Russland bedeutet noch lange nicht, dass sie von allen Teilen der Gesellschaft mit gleicher Bereitschaft akzeptiert werden, was durch die oben beschriebene Polemik zwischen dem Schauspieler und der Fernsehmoderatorin bestätigt wird. Die Widerlegung und die Ablehnung von patriarchalen Standards passieren nicht nur am Rande der Gesellschaft in einzelnen Gruppen (zum Beispiel auf den feministischen Foren, worauf in Abschnitt 3.3.3. näher eingegangen wird), sondern sie können auch innerhalb des konventionalisierten öffentlichen Diskurses stattfinden. Die Diskussionen wie im Beispiel (22) zeigen, dass die Einstellung zur Weiblichkeit und Mutterschaft innerhalb der Gesellschaft wesentlich ambivalenter sein kann, als die traditionellen Genderrollen es voraussetzen. Manche soziologischen Forschungen bestätigen diese Ausführungen. So schreibt zum Beispiel Kay über die Ergebnisse ihrer Studie zur Wahrnehmung von Weiblichkeit in Russland durch Bildung, Medien und durch die Frauen selbst:

> A degree of reticence and ambivalence with regard to motherhood is apparent in the responses, both written and given in interview, of several of the women from the sample group. [...] On the one hand, the axiom that 'EVERY woman is

> ABOVE ALL ELSE a mother' has been forcefully instilled in them and they are for the most part reluctant to contest it. On the other hand, they realise that having a baby will restrict their options, impinge on their freedom, demand their time and attention, and hinder the personal development so many of them hunger for (Kay 1997, 89).

Es kann also gesagt werden, dass sich das Weiblichkeits- und Mutterschaftsbild für manche Frauen aufgezwungen und künstlich anfühlt, allerdings ist es schwierig, eine eigene Meinung dagegen zu äußern, denn das kann Kritik und negative Reaktionen verursachen. Dies alles bereitet die Grundlage für potenzielle Konflikte und Feindlichkeit innerhalb der Gesellschaft.

Ein weiterer relevanter Kontext für das Lexem *женщина* [Frau] sind das Aussehen und die Schönheitsideale der Frauen. In vielen Kontexten wird explizit großer Wert auf die physische Attraktivität der Frau gelegt. Oft werden dabei Supermodels aus westlichen Ländern erwähnt:

(23) Американская супермодель Белла Хадид, которую признали самой красивой *женщиной* в мире, опубликовала откровенное видео без бюстгальтера с отдыха. В октябре внешность Хадид признали идеальной, а саму модель назвали самой красивой *женщиной* мира. (Самая красивая женщина в мире расстегнула рубашку на новом откровенном селфи // lenta.ru, 2019.12.16) [Das amerikanische Supermodel Bella Hadid, die als schönste *Frau* der Welt anerkannt wurde, hat ein offenes Video ohne BH aus dem Urlaub gepostet. Im Oktober wurde Hadids Aussehen als perfekt bezeichnet und das Model selbst zur schönsten *Frau* der Welt ernannt.]

Im Beispiel (23) geht es darum, dass das Aussehen der Frau bestimmten Standards entsprechen kann. Die Formulierung *внешность Хадид признали идеальной* [Hadids Aussehen wurde als perfekt bezeichnet] setzt voraus, dass es ein gewisses allgemein anerkanntes Schönheitsideal gibt, woran sich alle Frauen orientieren können. Kennzeichnend ist auch, dass Schönheit in diesem Beispiel eindeutig als etwas Gutes konzipiert wird. Hier setzt sich die Tendenz aus der späten Sowjetzeit fort, bei der, neben dem traditionellen Bild der Frau als Ehefrau und Mutter, noch das Bild der Frau als Objekt des Begehrens erscheint. In diesem Zusammenhang fand eine rapide Umpolung statt: Die strengen Normen der vorherigen Jahrzehnte, die alles Erotische streng untersagten, wurden schnell durch das gegenteilige Extrem der übermäßigen Sexualisierung der Frau ersetzt. Lipovskaja beschreibt das in ihrem Artikel „Der Mythos der Frau in der heutigen sowjetischen Kultur“ wie folgt:

> Die allgemeine Ausrichtung, die Zielsetzung des neuen gesellschaftlich-sexuellen Auftrags trägt jedoch ein Pluszeichen. Nicht genug damit, daß es Frauen nun nicht

> mehr verboten ist, sexuelle Wesen zu werden. Im Gegenteil, sie werden dazu angespornt und dafür belohnt. (Lipovskaja 1992, 68)

Neben diesen positiven Bildern, die Frauen ‚anspornen', schön zu sein, gibt es auch die negativen, die illustrieren, wie die Frau nicht aussehen und sich nicht benehmen soll. So wird in einem Artikel die Meinung einer russischen Frau wiedergegeben, die in Europa lebt und das Aussehen von anderen Frauen stark kritisiert.

(24) По ее мнению, *женщинам* не следует гордиться прыщами и целлюлитом, поскольку они являются признаками проблем со здоровьем. (Дочь Пескова рассказала о насмешках европейцев над внешностью россиянок // lenta.ru, 2019.12.30) [Ihrer Meinung nach sollten *Frauen* nicht stolz auf Akne und Cellulite sein, da dies Anzeichen für gesundheitliche Probleme sind.]

In diesem Beispiel werden direkt Anforderungen an das Aussehen der Frauen genannt und es wird wenig Bereitschaft gezeigt, Abweichungen von Schönheitsstandards zu tolerieren. In dieser Aussage wird die sog. Body Positivity oder das Positive Body-Image kritisiert, wonach der menschliche Körper nicht nur für sein Aussehen, sondern auch für seine Funktionalität akzeptiert und geschätzt wird, was auch die komplette Akzeptanz von einigen Besonderheiten des Körpers einschließt. In anderen Worten bedeutet Positive Body-Image „loving our bodies for their unique characteristics, which may change across time (e.g., "our scars are beautiful")" (Wood-Barcalow 2021, 1). Wie die Belege aus dem Korpus zeigen, findet dieser Zugang wenig Anerkennung in der russischen Gesellschaft. Die Frauen sollen bestimmten Schönheitsstandards folgen und Abweichungen von diesen Standards, zum Beispiel Pickel oder Cellulite, werden als ‚ungesund' wahrgenommen.

Ein weiteres negatives Muster, das in Verbindung mit dem Thema der weiblichen Schönheit auftaucht, ist die übermäßige Konzentration auf das Äußere. Dadurch können die Frauen als unintelligent oder egoistisch wahrgenommen werden oder sogar gefährliche Situationen verursachen (wie im Beispiel (25)).

(25) Ранее в декабре появилось видео, на котором *женщина* бросает руль автомобиля на оживленной трассе и начинает краситься, не обращая внимания на дорогу. (Женщина рискнула жизнью ради хвастовства безвкусным маникюром и была обругана // lenta.ru, 2019.12.30) [Früher im Dezember tauchte ein Video auf, das zeigt, wie eine *Frau* auf einer stark befahrenen Autobahn das Lenkrad eines Autos außer Acht lässt und beginnt, sich zu schminken, ohne auf die Straße zu achten.]

In diesem Beispiel wird das stereotype Bild einer leichtsinnigen Frau kritisiert, die ihrem Aussehen eine so hohe Priorität beimisst, dass alle anderen Aufgaben vernachlässigt werden. Oder, wie Kay das formuliert,: „Beauty not brains" (Kay 1997, 81). Das überflüssige Interesse für das eigene Aussehen bildet, zusammen mit der übertriebenen Demonstrierung von Sexualität und/oder von Mängeln im Aussehen ein weiteres negatives Beispiel dafür, wie sich eine Frau nicht benehmen soll.

3.3.2.2. Weitere feminine Personenbezeichnungen im Korpus des publizistischen Stils

Die zweithäufigste feminine Personenbezeichnung im Korpus ist *девушка* [junge Frau]. Bei diesem Wort zeigt sich ein anderes System der Altersdifferenzierung in der russischen Sprache im Vergleich zur deutschen. Während es im Deutschen nur die Personenbezeichnungen *Mädchen* und *Frau* gibt, existieren in der russischen Sprache *девочка – девушка – женщина,* d. h., es besteht eine Zwischenstufe.[107] Im Wörterbuch von Ožegov gibt es folgende Definitionen:

> ДЕВУШКА, -и, ж. 1. Лицо женского пола в возрасте, переходном от отрочества к юности. *Юноши и девушки.* 2. Такое лицо, достигшее половой зрелости, но еще не вступившее в брак. 3. Молодая служанка, горничная в барских домах (устар.). 4. Обращение к молодой женщине (разг.) [MÄDCHEN, w. 1. Eine weibliche Person im Altersübergang von der Pubertät zur Adoleszenz. *Junge Mädchen und Jungen.* 2. Eine Person, die die Pubertät erreicht hat, aber noch nicht verheiratet ist. 3. Ein junges Dienstmädchen im Haus eines Herrn (veraltet). 4. Eine junge Frau (umgangssprachlich)] (Natalija Ju Švedova und Ožegov 1995, 152).

Es gibt demnach insgesamt vier Definitionen, wovon die dritte offensichtlich veraltet ist. Die in den anderen Definitionen genannten relevanten Merkmale sind jung, unverheiratet (und dementsprechend kinderlos). Rajilić schreibt über die Personenbezeichnung *devojka* im Serbischen, die, ähnlich wie im Russischen, eine junge Frau bezeichnet, die noch unverheiratet und kinderlos ist. Laut Rajilić wird durch diese Personenbezeichnung die Idee ausgedrückt, dass Kinderlosigkeit und Unverheiratetsein stark an das Alter gebunden sind. Diese Merkmale seien nur bis zu einem bestimmten Alter akzeptiert und würden als eine Stufe im Leben einer Frau gesehen, wobei die nächste Stufe mit Ehe und Mutterschaft verbunden ist (vgl. Rajilić 2020, 216). In anderen Worten, während es in der deutschen Sprache nur eine Grenze zwischen *Mädchen* und *Frau* gibt, die traditionell mit der Pubertät verbunden ist, existieren in der russischen Sprache zwei solche Grenzen. Dabei wird die eine durch die Pubertät und die andere durch die Eheschließung

[107] In der deutschen Sprache könnte Fräulein als vergleichbarer Begriff Fräulein genannt werden. Nicht zuletzt dank feministischen Linguist*innen ist dieser Begriff jetzt außer Gebrauch (vgl. Brink 2022, 584; Hellinger 1985, 255).

bestimmt, was vor allem aus der zweiten Definition von *девушка* ersichtlich wird: *лицо, достигшее половой зрелости, но еще не вступившее в брак* [eine Person, die die Pubertät erreicht hat, aber noch nicht verheiratet ist].

Die Belege im Korpus zeigen, dass beide Merkmale, junges Alter und das Unverheiratetsein, ungefähr gleich relevant sind. Oft wird das Alter der Person explizit angegeben, wobei die Altersspanne relativ groß ist:

(26) Руководитель центра косметической и пластической хирургии в Лондоне доктор Джулиан Де Сильва соотнес лицо 23-летней *девушки* с правилом золотого сечения. (Самая красивая женщина в мире расстегнула рубашку на новом откровенном селфи // lenta.ru, 2019.12.16) [Dr. Julian De Silva, Leiter eines Zentrums für kosmetische und plastische Chirurgie in London, hat das Gesicht des 23-jährigen *Mädchens* mit der Regel des Goldenen Schnitts verglichen.]

(27) Как установил суд, в июне 2017 года студент медицинского колледжа выплеснул кислоту в лицо проходившей мимо 15-летней *девушке*. (Изуродовавшему трех россиянок «кислотному» маньяку вынесли приговор // lenta.ru, 2019.12.31) [Wie das Gericht festgestellt hat, spritzte ein Medizinstudent im Juni 2017 einem vorbeilaufenden 15-jährigen *Mädchen* Säure ins Gesicht.]

Es gibt aber auch Kontexte, in denen explizit auf die Semantik ‚unverheiratete Person' verwiesen wird:

(28) *Девушка* отклонила предложение руки и сердца поклонника, но приняла у него помолвочное кольцо ювелирного дома Van Cleef & Arpels. (Девушка приняла кольцо за 20 миллионов и отклонила предложение руки и сердца // lenta.ru, 2019.12.30) [Das *Mädchen* lehnte den Antrag ihres Verehrers ab, nahm aber einen Verlobungsring von Van Cleef & Arpels an.]

Allerdings ist hier auch eine andere Semantik im Spiel: Das Wort *девушка* erscheint oft in Kontexten, die mit Themen wie Flirt oder Beziehungen verbunden sind. Diese Personenbezeichnung wird wesentlich mehr erotisiert als *женщина*. Während der Begriff *женщина* viel öfter in Kontexten erscheint, die mit Gesundheit und Körperlichkeit verbunden sind, wird *девушка* öfter als Objekt des Begehrens dargestellt. Ebenso signifikant ist aber auch, in welchen Kontexten die entsprechende Personenbezeichnung nicht auftaucht. Die Personenbezeichnung *девушка* erscheint nie in Verbindung mit Themen wie Mutterschaft oder Schwangerschaft. Das heißt, dass beide Personenbezeichnungen, *женщина* und *девушка*, die Frau unterschiedlich konzipieren und eine unsichtbare implizite Grenze markieren, ab wann die Frau primär als Ehefrau und Mutter gesehen werden soll.

Die Tendenz, dass feminine Personenbezeichnungen überwiegend im Familienkontext erscheinen, zeigt sich auch darin, dass Lexeme wie *мать* [Mutter] und *дочь* [Tochter] relativ verbreitet sind. In den meisten Kontexten erscheint die Personenbezeichnung *мать* in Verbindung mit Kindern. So geht es im nächsten Satz um eine Frau und ihre Mutter:

(29) Эмбер Гриего попросила свою *мать* Сьюзан снять на видео, как ее возлюбленный Бенджамин Стил Бэкон делает ей предложение […] (Мама хотела снять милое видео с дочкой, но случайно запечатлела себя // ren.tv 2019.12.30) [Amber Griego bat ihre *Mutter* Susan, ihren Geliebten Benjamin Steele Bacon beim Heiratsantrag zu filmen]

Allerdings gibt es auch Situationen, in denen die Frau als *мать* [Mutter] bezeichnet wird, obwohl sie die Protagonistin des Artikels ist und ihr Status als Mutter keinen direkten Einfluss auf die Situation hat. So wird in einem Artikel über eine junge Frau erzählt, die während ihrer Reise verstarb:

(30) Молодая *мать* из Шотландии умерла во время отпуска в Испании при загадочных обстоятельствах. (Молодая мать внезапно умерла в отпуске при загадочных обстоятельствах // lenta.ru, 2019.12.30) [Junge *Mutter* aus Schottland starb während ihres Spanienurlaubs unter mysteriösen Umständen]

Obwohl im weiteren Verlauf des Textes nichts über die Kinder erzählt wird, wird die Frau als *молодая мать* [junge Mutter] bezeichnet. Später im Text wird die gleiche Person durch ihre Nationalität und ihren Beruf benannt: *шотландка* [Schottin], *парикмахерша* [Friseurin]. Das zeigt, dass die Protagonistin des Artikels, wie jedes Individuum, eine große Anzahl von sozialen Rollen einnimmt, die sie in familiären, öffentlichen und beruflichen Kontexten beschreiben. Allerdings wurde von all diesen Rollen für die Überschrift des Artikels sowie für den Anfangssatz ihre Rolle als Mutter gewählt. Das kann dahingehend interpretiert werden, dass die Frau in vielen Kontexten primär durch ihre Mutterschaft definiert wird, selbst wenn diese Kontexte nicht direkt mit Themen wie Kindern und Familie verbunden sind.

Bei der Personenbezeichnung *дочь* [Tochter] ist eine andere Tendenz zu beobachten: *Дочь* wird in erster Linie in Bezug zu ihrem Vater definiert. In den folgenden Beispielen werden die Frauen durch die Beschreibung ihrer einflussreichen oder bekannten Väter bezeichnet:

(31) На третьем месте — свадьба *дочери* президента «Формулы-1» Берни Экклстоуна. (Названы самые дорогие свадьбы десятилетия // lenta.ru, 2019.12.31) [An dritter Stelle: die Hochzeit der *Tochter* von Formel-1-Präsident Bernie Ecclestone]

(32) *Дочь* режиссера Эльдара Рязанова отреагировала в своем Facebook-аккаунте на спор пользователей сети об «Иронии судьбы». (Дочь Эльдара Рязанова отреагировала на спор о сексе и пьянстве в «Иронии судьбы» // lenta.ru,

2019.12.31) [Die *Tochter* des Regisseurs Eldar Ryazanov reagierte auf ihrem Facebook-Account auf einen Online-Streit über [den Film] ‚Ironie des Schicksals'.]

In beiden Sätzen werden die Frauen nicht mit dem Namen benannt, sondern ausschließlich durch ihre sozialen Rollen definiert. Sie werden jeweils als Tochter des Präsidenten der Formel 1 und als Tochter des Regisseurs bezeichnet. Das heißt, dass auch hier die Frauen in Abhängigkeit von Männern definiert werden. Es spielt in den oben genannten Sätzen keine Rolle, welche öffentliche oder berufliche Position die Frauen einnehmen, sondern sie sind in erster Linie die Tochter von jemandem (ähnlich wie in Beispiel (30), in dem die Frau primär als Mutter definiert wurde).

Abgesehen von diesen einzelnen, relativ verbreiteten Lexemen gibt es die semantische Gruppe ‚kreative Berufe', in der feminine Personenbezeichnungen stark vertreten sind. Es geht vor allem um solche Personenbezeichnungen wie *актриса* [Schauspielerin], *певица* [Sängerin], *писательница* [Schriftstellerin], *артистка* [Künstlerin], *танцовщица* [Tänzerin] und *художница* [Malerin]. Gurevich et al. teilten Personenbezeichnungen in Gruppen auf. Das Kriterium war dabei die Wahrscheinlichkeit, dass für weibliche Personen Feminativa benutzt werden und nicht die maskulinen Nomina. Am wahrscheinlichsten ist das bei den Lexemen, die zur Gruppe „performers in sports and music and theatre" gehören, was dadurch erklärt wird, dass „[w]ith these nouns the performance is linked to individual identity and to gender; there are different expectations about how men and women should perform these roles" (Gurevich u. a. 2006, 178). In anderen Worten spielt bei kreativen Berufen das Gender der Person eine größere Rolle als bei manchen anderen Berufen. Während Schauspielerinnen und Schauspieler unterschiedliche Rollen spielen, erledigen eine Ärztin und ein Arzt die gleichen Aufgaben. Diese Argumentationslinie wurde auch in den YouTube-Kommentaren benutzt, die in Kapitel 2 analysiert wurden. Das Gender der Person sei in vielen Berufen angeblich nicht relevant, weshalb die Feminativa, die das weibliche Gender markieren, nicht nötig seien (das Argument *Gender ist irrelevant*).

Warum in der semantischen Gruppe der kreativen Berufe Feminativa vergleichsweise stark verstreten sind, kann zusätzlich wie folgt erklärt werden: Solche Berufe werden normalerweise nicht direkt mit Machtpositionen verbunden und stellen somit keine Bedrohung für das bestehende patriarchale System dar, weswegen sie auch von Frauen ausgeübt werden ‚dürfen'. Dies entspricht auch den Regeln der Feminisierung, die Mozdzierz in ihrem Artikel *The rule of feminization in Russian* formuliert: Laut der Forscherin werden Frauen in prestigeträchtigen Berufen eher mit maskulinen Personenbezeichnungen benannt und in traditionell weiblichen eher mit femininen Personenbezeichnungen (Mozdzierz 1999, 177). Als Konsequenz sind Frauen in solchen Berufen wie *актриса* [Schauspielerin] oder *певица* [Sängerin] sichtbar, während sie in Bereichen wie Politik oder Business keine sprachliche Anerkennung bekommen und maskuline Personenbezeichnungen genutzt werden. Dazu kommt, dass die Personenbezeichnungen, die kreative Berufe benennen, meistens mit produktiven und stilistisch neutralen Suffixen gebildet werden, wie *-иц(а)* und *-ниц(а)*, was auch zur Bereitschaft der Sprechenden beiträgt, diese Begriffe zu nutzen.

3.3.2.3. Suffixe der Feminativa im Korpus des publizistischen Stils

Die femininen Personenbezeichnungen oder Feminativa im Korpus wurden daraufhin analysiert, ob sie von maskulinen Nomina moviert wurden und, falls ja, welches Suffix dabei benutzt wurde. Zusammengefasst sehen die Ergebnisse wie folgt aus:

Tabelle 6: Suffixe der Feminativa im Korpus des publizistischen Stils

Suffix	*Anzahl der Belege im Korpus*	*Prozentzahl (bezogen auf alle Feminativa)*
suppletiv gebildet	298	66,97 %
-иц(а), -ниц(а), щиц(а)	65	14,61 %
-к(а)	49	11,01 %
-ис(а)	13	2,92 %
-ин(я), -ын(я)	7	1,57 %
-ш(а)	6	1,35 %
-ев(а)	2	0,45 %
-есс(а)	1	0,22 %
-их(а)	1	0,22 %

Aus den Ergebnissen geht hervor, dass die Verteilung der Suffixe bzw. der Wortbildungsmodelle im Korpus nicht immer direkt mit der Produktivität dieser Suffixe in der Sprache zusammenhängt. So sind im Korpus die suppletiv gebildeten Feminativa am stärksten vertreten. Damit sind die Nomina gemeint, die nicht von maskulinen Nomina moviert sind, sondern ihren eigenen Wortstamm haben. Insgesamt sind solche Nomina unter Feminativa eine relative Seltenheit, allerdings werden die Verwandtschaftsbezeichnungen oft suppletiv gebildet sowie die Wörter, die das weibliche Gender bezeichnen (*девочка* [Mädchen], *девушка* [junges Mädchen] und *женщина* [Frau]). In dieser Kategorie gibt es im Korpus nicht viel Types („abstrakte sprachliche Einheit, die zusammengehörige Tokens wie Wortformen oder Lautvarianten zusammenfasst“), sondern viel Tokens („das konkrete Vorkommen einer sprachlichen Einheit im Korpus“) (Scherer 2014, 34).

Auf dem zweiten Platz folgt das Suffix *-иц(а)* (mit den Variationen *-ниц(а)* und *щиц(а)*) und nicht *-к(а)* oder *-ш(а)*, die in der russischen Sprache als die produktivsten Suffixe gelten (vgl. Natalja Ju. Švedova 1980, 197, 200). Dafür kann es mehrere Gründe geben. Erstens sind die mit dem Suffix *-иц(а)* gebildeten Feminativa meistens stilistisch neutral, im Gegensatz zum Suffix *-ш(а)*, das den Wörtern oft eine negative Konnotation oder eine ironische Note verleiht (vgl. Natalja Ju. Švedova 1980, 200). Zweitens ist das Suffix *-иц(а)* mit einer großen Anzahl Wortstämme kombinierbar: Es kann an unmotivierte maskuline Personenbezeichnungen angehängt werden (*мастерица* [Meisterin], *пророчица* [Prophetin]) sowie an die Personenbezeichnungen mit den Suffixen *-ец* und *-лец* (bzw. das Suffix *-ец* wird gegen *-иц(а)* ausgetauscht, wie in *певица* [Sängerin], *чтица* [Leserin]), *-ик, -ник, -щик* und *-чик* (*работница* [Arbeiterin]) sowie *-тель* (*свидетельница* [Zeugin], *изобретательница* [Erfinderin]). Drittens werden viele Personenbezeichnungen in der semantischen Gruppe ‚kreative Berufe' mit diesem Suffix gebildet, wie *певица* [Sängerin], *писательница* [Schriftstellerin], *танцовщица* [Tänzerin] oder *художница* [Malerin], und diese semantische Gruppe ist, wie oben beschrieben, im Korpus stark vertreten.

Erst auf dem dritten Platz folgt das Suffix *-к(а)*. Die mit dem Suffix *-к(а)* gebildeten Feminativa sind semantisch ganz divers. Sie benennen verschiedene soziale Rollen, Berufe und Nationalitäten: *журналистка* [Journalistin], *пассажирка* [Passagierin], *активистка* [Aktivistin], *британка* [Britin]. In manchen Studien über Feminativa wurde die Aussage getroffen, dass die Suffixe *-к(а)* und *-ш(а)* in der modernen russischen Sprache sehr produktiv sind, sodass es eine Art ‚Wettbewerb' zwischen diesen beiden Suffixen gibt (vgl. Kobjakov 2020). Im Korpus ist diese Tendenz allerdings nicht zu sehen. Das Suffix *-ш(а)* wurde lediglich sechs Mal im gesamten Korpus benutzt: *парикмахерша* [Friseurin] (zweimal), *партнерша* [Partnerin], *стриптизерша* [Stripperin] und *блогерша* [Bloggerin] (zweimal). Es gibt im Korpus zu wenig Kontexte, um beurteilen zu können, ob die Personenbezeichnungen mit dem Suffix *-ш(а)* überwiegend in pejorativen, ironischen oder in stilistisch neutralen Kontexten verwendet werden. Anhand der sechs Kontexte konnten noch keine eindeutigen Tendenzen identifiziert werden.

Sonstige Suffixe sind im Korpus durch vereinzelte Belege vertreten: *стюардесса* [Flugbegleiterin], *повариха* [Köchin], *героиня* [Heldin], *герцогиня* [Herzogin]. Das Suffix *-ис(а)*, dass 13 Tokens aufweist, hat nur einen Type – *актриса* [Schauspielerin].

Interessant ist die Verteilung der verschiedenen Wortbildungsmodelle zwischen den Kategorien ‚bestimmt' – ‚unbestimmt'. Generell gibt es nur eine Tendenz: Fast alle mit einem Suffix gebildeten Feminativa (mit wenigen Ausnahmen) werden in konkreten Kontexten benutzt und beziehen sich auf konkrete Personen. Nur bei den suppletiv gebildeten Feminativa gehören 43 Belege zur Kategorie *unbestimmt*. In anderen Worten wird eine feminine Personenbezeichnung, die mit einem Suffix gebildet wird, fast immer in Bezug auf eine konkrete Person benutzt.

Nur in Ausnahmefällen kommt solch eine Personenbezeichnung in Kontexten vor, in denen es um eine Person oder eine Gruppe von Personen geht, die nicht näher bestimmt sind. Das hängt wahrscheinlich nicht mit dem Wortbildungsmodell an sich zusammen, sondern damit, dass, wie bereits oben erwähnt, Verwandtschaftsbezeichnungen sowie Wörter, die das weibliche Gender bezeichnen, oft suppletiv gebildet werden. Solche Wörter lassen sich in Kontexten verwenden, in denen es nicht um eine konkrete Person geht. Bei Feminativa, die mit einem Suffix gebildet werden, handelt es sich um Bezeichnungen von Berufen, Beschäftigungen usw. Vermutlich werden solche Personenbezeichnungen in abstrakten Kontexten mit dem generischen Maskulinum ausgedrückt. So wird nur eine konkrete Frauengruppe als *жительницы* [Einwohnerinnen] bezeichnet, ansonsten wird eher die Personenbezeichnung *жители* [Einwohner] verwendet:

(33) *Жительницы* американского штата Нью-Джерси […] мечтали стать матерями. (Пять подруг одновременно забеременели // lenta.ru, 2019.12.31) [*Bewohnerinnen* des amerikanischen Bundesstaates New Jersey [...] träumten davon, Mütter zu werden.]

(34) Туда едут не только китайцы (которые и так везде), но и *жители* российских городов, начинающие ценить все прелести собственной страны […] (Алексей Зимин. Русский бриллиант // lenta.ru, 2019.12.31) [Es sind nicht nur die Chinesen (die bereits überall sind), die dorthin gehen, sondern auch die *Bewohner* der russischen Städte, die allmählich die Reize ihres Landes zu schätzen wissen.]

Im Beispiel (33) stehen konkrete Frauen im Mittelpunkt, die in einem Kontext erwähnt werden, der spezifisch weiblich ist: Es wird vom Wunsch der Frauen erzählt, Mutter zu werden. Im Beispiel (34) geht es dahingegen um Einwohner*innen der russischen Städte im Allgemeinen, weshalb das generische Maskulinum *жители* [Einwohner] verwendet wird.

Die Ausnahme bilden, wie bereits erwähnt, die suppletiv gebildeten femininen Personenbezeichnungen, wie *женщина* [Frau], *жена* [Ehefrau] oder *сестра* [Schwester]. Solche Personenbezeichnungen können im Korpus auch in nicht näher bestimmten Kontexten vorkommen, wie im Beispiel unten:

(35) Речь идет о раздельном купальнике на очень тонких бретельках, нижнюю часть которого *женщины* натягивают на талию. (Предсказана популярная в 2020 году модель купальника // lenta.ru, 2019.12.31) [Es handelt sich um einen zweiteiligen Badeanzug mit sehr dünnen Trägern, dessen untere Teil die *Frauen* sich um die Taille hochziehen.]

In diesem Fall geht es um Frauen allgemein und nicht um konkrete Personen. Das heißt, dass sich auch bei der Betrachtung der Wortbildungsmodelle die am Anfang des Unterkapitels geäußerte Schlussfolgerung bestätigen lässt: Feminine

Personenbezeichnungen kommen selten in abstrakten Kontexten vor, und wenn, dann nur in Situationen, in denen abstrakt über weibliche Personen (meistens auch in spezifisch weiblichen Kontexten) gesprochen wird. Um die Semantik ‚Mensch allgemein' auszudrücken, werden überwiegend maskuline Personenbezeichnungen benutzt.

3.3.2.4. Maskulinisierung im Korpus des publizistischen Stils

In diesem Abschnitt geht es um die Situationen, in denen eine weibliche Person mit einer maskulinen Personenbezeichnung benannt wird. Es ist unmöglich, festzustellen, ob in jedem konkreten Fall, wenn maskuline Personenbezeichnungen in allgemeinen Kontexten benutzt werden, die Frauen mitgemeint sind (wie im Beispiel (34) sowie im Text aus dem Beispiel (9), in dem das generische Maskulinum mehrmals für Doppeldeutigkeit sorgte).

Allerdings gibt es im Korpus auch 96 Kontexte, in denen maskuline Personenbezeichnungen benutzt werden, die sich explizit auf Frauen beziehen. Meistens wird das durch die Angabe des Eigennamens der Person oder durch die sogenannte semantische Kongruenz (wenn das feminine Genus durch die feminine Kongruenz der Adjektive, Verben und Pronomen ausgedrückt wird, während das Nomen maskulin ist) ersichtlich:

(36) *Заместитель* мэра, глава департамента культуры Анна Терешкова не растерялась […] (Подготовила Майя Гавашели. Кошмар перед Рождеством // lenta.ru, 2019.12.31) [Anna Tereshkova, stellvertretender *Bürgermeister* und Leitende der Kulturabteilung, war$^{fem.}$ nicht verwirrt]

(37) Болгария готова получать газ из «Турецкого потока» с начала 2020 года, сообщила *министр* энергетики Теменужка Петкова. (Болгария готова получать газ из «Турецкого потока» // lenta.ru, 2019.12.31) [Bulgarien ist bereit, ab Anfang 2020 Gas aus Turkish Stream zu beziehen, sagte$^{fem.}$ *Energieminister* Temenuzhka Petkova.]

(38) Уважаемая *посол*, вы действительно считаете, что знаете об истории больше, чем о дипломатии? (В МИД России указали на пробелы в образовании посла США // lenta.ru, 2019.12.31) [Sehr geehrte$^{fem.}$ *Botschafter*, glauben Sie wirklich, dass Sie mehr über die Geschichte als über die Diplomatie wissen?]

Das Prinzip der semantischen Kongruenz ist ziemlich weit verbreitet und es gibt Fälle solcher Kongruenz zwischen der Personenbezeichnung und einem Verb (wie in den Beispielen (36) und (37)) sowie zwischen der Personenbezeichnung und einem Adjektiv (wie im Beispiel (38)), obwohl Letzteres in den Grammatiken eher als eine umgangssprachliche Form gesehen wird (vgl. Peškovskij 1928, 223). Häufig kommt Maskulinisierung in offiziellen Kontexten vor, wie im Bereich der Politik (wie in den Beispielen (36), (37) und (38)), allerdings gibt es auch Beispiele aus anderen semantischen Bereichen, wie im folgenden Satz:

(39) Автором фотоистории была американская *художница*, *режиссер* и модный *фотограф* Касс Берд (Cass Bird). (Самбурская спародировала снимок обнаженной плюс-сайз-модели и была пристыжена // lenta.ru, 2019.12.31) [Der Autor der Fotostory war die amerikanische *Künstlerin*, *Regisseur* und *Modefotograf* Cass Bird.]

Interessanterweise ist im oben aufgeführten Satz die Personenbezeichnung *художница* [Malerin] im Femininum, aber alle anderen Personenbezeichnungen *автор* [Autor], *режиссер* [Regisseur] und *фотограф* [Fotograf] sind im Maskulinum. Vermutlich kann das dadurch erklärt werden, dass nur *художница* ein stilistisch neutrales Wort ist, während für *автор*, *режиссер* und *фотограф* solche femininen Varianten fehlen. Allerdings gibt es nicht immer eine eindeutige Erklärung, die der Formel folgt, dass die maskuline Personenbezeichnung benutzt wird, wenn eine stilistisch neutrale feminine Personenbezeichnung fehlt. Manchmal ist die Verwendung der maskulinen und femininen Personenbezeichnungen etwas inkonsequent. In diesem Zusammenhang kann das Beispiel (3) vom Anfang des Unterkapitels genannt werden. Die Logik, nach der die feminine Personenbezeichnung *девушка* [junge Frau] neben der maskuline Personenbezeichnung *журналист* [Journalist] benutzt wurde, lässt sich nicht erschließen, da in der russischen Sprache eine etablierte und stilistisch neutrale feminine Variante existiert (*журналистка* [Journalistin]).

Insgesamt gibt es 96 Fälle, in denen maskuline Personenbezeichnungen in Bezug auf weibliche Personen benutzt werden, und in 25 Fällen bzw. bei knapp über einem Viertel sind die femininen Varianten in der Sprache vorhanden und etabliert. So werden Frauen zum Beispiel als *воспитатель* [Erzieher] oder *председатель* [Vorsitzender] bezeichnet, obwohl es in den Wörterbüchern die stilistisch neutralen Lexeme *воспитательница* [Erzieherin] und *председательница* [Vorsitzende] gibt (Kolesnikov 2014, 63, 356). Es kann also nicht gesagt werden, dass die Maskulinisierung nur dann stattfindet, wenn keine konventionalisierten femininen Personenbezeichnungen vorhanden sind. Vielmehr lasst sich dieses Phänomen durch die Tendenz zur Maskulinisierung erklären: Maskuline Personenbezeichnungen werden für Frauen verwendet, weil es als professioneller und prestigeträchtiger angesehen wird (vgl. Mozdzierz 1999, 177; Puzyrenko 2008, 220). Aus diesem Grund findet sich im Beispiel (36) der Begriff *заместитель мэра* [stellvertretender Bürgermeister] und nicht *заместительница мэра* [stellvertretende Bürgermeisterin]. Die Verwendung der maskulinen Personenbezeichnung wirkt hier als Zeichen des Prestiges, wodurch die Bedeutung der Stelle zusätzlich unterstrichen wird. In den Kontexten, in denen ein Beruf oder eine Beschäftigung nicht als signifikant oder prestigeträchtig wahrgenommen wird, werden allerdings häufig Feminativa benutzt:

(40) *повариха* Юля достает смартфон, протирает экран о бедро и включает видео. (Алексей Зимин. Русский бриллиант // lenta.ru, 2019.12.31) [„*Köchin* Julja holt ihr Smartphone raus, wischt den Bildschirm an der Hüfte ab und schaltet das Video ein.“]

3.3.2.5. Nicht genderspezifizierende Personenbezeichnungen im Korpus des publizistischen Stils

Im gesamten Korpus gibt es 429 Belege von Personenbezeichnungen, die das Gender der Person nicht näher bestimmen. Diese Anzahl ist nur unwesentlich geringer als die der genderspezifizierenden femininen Personenbezeichnungen (der Unterschied beträgt nur einen Prozentpunkt). Bei der Definition solcher Personenbezeichnungen ging es nicht darum, ob das Gender der Person in jedem einzelnen Kontext undefinierbar bleibt. Wenn solche Personenbezeichnungen in Bezug auf konkrete Personen benutzt werden, kann das Gender durchaus aus dem Kontext erschlossen werden. Relevant ist aber, dass solche Personenbezeichnungen potenziell nicht genderspezifizierend gebraucht werden können, das heißt, im Wort weist nichts darauf hin, welches Gender die Person hat, auf die referiert wird. So kann zum Beispiel das Wort *замминистра* als verkürzte Form von *заместитель министра* [stellvertretender Minister] oder *заместительница министра* [stellvertretende Ministerin] sein, da die Abkürzungen für diese beiden Ausdrücke identisch aussehen. Deswegen werden solche Wörter von Zaliznjak als *genus commune* klassifiziert (Zaliznjak 2008, 194). Im Korpus werden solche Personenbezeichnungen als nicht genderspezifizierende Begriffe markiert, selbst wenn das Gender der Person in den konkreten Kontexten definierbar ist. Dies trifft zum Beispiel auf den Satz unten zu, in dem durch den Namen das Gender der Person eindeutig ist:

(41) Ранее *замминистра юстиции Украины* Иван Лещина заявил, что стороны также подписали мировое соглашение по антимонопольному разбирательству […] (Кабмин Украины разрешил «Нафтогазу» подписать соглашения с «Газпромом» // mk.ru, 2019.12.30) [Zuvor hatte der *stellvertretende ukrainische Justizminister* Ivan Leshtshina erklärt, dass die Parteien auch im Antimonopolverfahren eine gütliche Einigung unterzeichnet hatten.]

Generell ist das *genus commune* nicht absolut genderneutral. Es wird zwar kein konkretes Gender vorausgesetzt, allerdings beinhalten solche Wörter in ihrer Semantik den Hinweis auf die Genderbinarität. Solche Personenbezeichnungen können zwar mit Adjektiven und Verben sowohl im Maskulinum als auch im Femininum kombiniert werden, aber es wird immer eines der beiden Gender gewählt. Bei jedem konkreten Gebrauch wird die Personenbezeichnung im *genus commune* einem bestimmten Gender zugeordnet, entweder dem maskulinen oder dem femininen. Folglich kann von einer absoluten Genderneutralität, zumindest im Singular, nicht die Rede sein.

Im Korpus gibt es 76 Personenbezeichnungen im *genus commune*. Nur in neun aller Fälle wird explizit auf Frauen referiert, in 44 auf Männer und in 23 Kontexten wird das *genus commune* im Plural benutzt, sodass das Gender der Personen undefinierbar bleibt. Es gibt nicht nur einen quantitativen Unterschied zwischen den *genus commune*-Personenbezeichnungen für Männer und für Frauen, sondern auch einen qualitativen. Männer werden mit solchen Personenbezeichnungen benannt wie *глава (государства)* [(Staats-)Oberhaupt], *замминистра* [stellvertretender Minister] usw., während Frauen überwiegend mit *коллега* [Kollegin] bezeichnet werden. Dieser erste Überblick zeigt schon, dass die für das patriarchale System typischen Machtverhältnisse auch beim *genus commune* unverändert bleiben: Die Frauen sind in den höheren, prestigeträchtigeren Positionen sprachlich weniger vertreten, ungeachtet dessen, ob es mit grammatikalischen Schwierigkeiten verbunden ist oder nicht.

Anders verhält es sich bei der Personenbezeichnung *люди* [Menschen]. Das Lexem *люди* ist vom Wort *человек* [Mensch] suppletiv gebildet, was die Definition vom Genus dieses Wortes erschwert. Rein formal ist das Wort maskulin, allerdings werden die Wörter *люди* und *человек* in jeweils anderen Kontexten verwendet. Während *человек* in vielen Kontexten mit *мужчина* [Mann] gleichgesetzt wird, findet sich der Begriff *люди* oft eher in allgemeinen Kontexten, wie etwa in Berichten oder Statistiken:

(42) По официальным данным, в России проживает 17, 5 тысячи *людей* с пересаженными органами. (В России решили упростить правила изъятия органов умерших // lenta.ru, 2019.12.31) [Nach offiziellen Angaben gibt es in Russland 17 500 *Leute* mit transplantierten Organen.]

In solchen maximal allgemeinen, abstrakten Kontexten bezieht sich die Personenbezeichnung auf eine nicht näher bestimmte (vermutlich geschlechtsgemischte) Gruppe. Der Begriff *люди* sowie mit ihm kongruierende Wörter beinhalten keinen Hinweis auf das Gender der im Satz benannten Personen und es gibt keinen – weder expliziten noch impliziten – Hinweis auf die Binarität des Gendersystems (im Unterschied zum *genus commune*).

Es gibt keine Kontexte, in denen das Lexem *люди* als Gegenstück zu *женщины* [Frauen] benutzt wird (was bei *человек* [Mensch] häufig der Fall war). Es findet sich eine andere Gegenüberstellung: *Люди* als Gesamtheit der Menschen wird Nichtmenschen gegenübergestellt, zum Beispiel Tieren:

(43) Эксперименты на мышах оказались успешными, и специалисты планируют в скором времени приступить к клиническим испытаниям препарата с участием *людей*. (Создана единственная вакцина против смертельной болезни

мозга // lenta.ru, 2019.12.31) [Die Experimente an Mäusen waren erfolgreich, und Experten planen, bald mit klinischen Versuchen an *Leuten* zu beginnen.]

Der Ausdruck *молодые люди* [junge Menschen], der an sich die Pluralform von *молодой человек* [junger Mensch] ist, hat eine andere Semantik. Wie oben beschrieben, wird *молодой человек* oft in der Bedeutung [junger Mann] benutzt. Bei *молодые люди* werden auch Frauen in die Semantik eingeschlossen, wie aus dem folgenden Satz ersichtlich wird:

(44) Natalie […] приступила к исполнению танца, пока *молодые люди* не осознали, что не закрыли шторы. (Девушка забыла закрыть шторы во время приватного танца и сгорела от стыда // lenta.ru, 2019.12.31) [Natalie [...] führte den Tanz auf, bevor die *jungen Leute* merkten, dass sie die Vorhänge nicht geschlossen hatten.]

Im Text, aus dem das Beispiel (44) stammt, wird eine Frau beschrieben, die für ihren Partner tanzte. Die Bezeichnung *молодые люди* bezieht sich somit auf die Frau und den Partner, d. h. auf Personen unterschiedlichen Genders und nicht ausschließlich auf Männer.

Eine weitere Situation, in der das Gender der bezeichneten Person undefinierbar bleibt, ist bei substantivierten Adjektiven und Partizipien im Plural. Das hat rein grammatische Gründe, da solche Lexeme ohne Suffixe der Substantive gebildet werden und der Unterschied zwischen Femininum und Maskulinum ausschließlich durch die Endungen angezeigt wird. Wie bei Adjektiven und Partizipien wird im Russischen auch bei den substantivierten Adjektiven und Partizipien im Plural nicht nach Genus unterschieden. So kann im folgenden Beispiel aus der Personenbezeichnung nicht auf das Gender der Personen geschlossen werden:

(45) Наверное, будут и фильмы с цифровыми *ведущими* и цифровыми *актерами*. («Кино дает нам опыт и учит жизни» Герман Греф о своих любимых фильмах и будущем кино // lenta.ru, 2019.12.30) [Wahrscheinlich wird es auch Filme mit digitalen *Moderierenden* und digitalen *Schauspielern* geben.]

Die Personenbezeichnung *актеры* [Schauspieler] bleibt auch im Plural maskulin, aber bei *ведущие* [Moderator*innen] können weder das grammatikalische Genus noch das Gender der bezeichneten Personen identifiziert werden.

Unter den substantivierten Adjektiven und Partizipien im Korpus gibt es solche, die bereits lexikalisiert sind und teilweise in der Sprache nicht mehr als substantivierte Adjektive und Partizipien wahrgenommen werden und seit Langem in den Wörterbüchern eingetragen sind (*ведущие* [Moderator*innen], *взрослые* [Erwachsene] und *пожарные* [Feuerwehrleute]). Daneben gibt es gelegentlich substantivierte Adjektive und Partizipien (*нападавшие* [Angreifenden] und *спящие* [Schlafenden]). Wie bereits gesagt, kann das Gender der referierten Personen bei substantivierten Adjektiven und Partizipien im Plural weder aus den grammatikalischen Merkmalen der Wörter selbst noch aus den mit ihnen kongruierenden Wörtern erschlossen werden. Allerdings werden die substantivierten Adjektive und Partizipien manchmal im Satz von einer maskulinen Personenbezeichnung begleitet, was eine gewisse Doppeldeutigkeit schafft, wie im folgenden Satz:

(46) Мы постарались не только разнообразить новогоднюю программу различными мероприятиями, но также создать для детей наших *военнослужащих* и *сотрудников* атмосферу настоящего праздника (В Центральном округе Росгвардии тысячу детей собрали на Ёлку в Москве » // mk.ru, 2019.12.30) [Wir haben nicht nur versucht, das Neujahrsprogramm mit verschiedenen Aktivitäten abwechslungsreich zu gestalten, sondern auch eine echte festliche Atmosphäre für die Kinder unserer *Militärangehörigen* und *Mitarbeiter* zu schaffen]

Im oben aufgeführten Satz werden die Personenbezeichnungen *военнослужащие* [Militärangehörige] und *сотрудники* [Mitarbeiter] kombiniert, wovon das erste Wort nicht genderspezifizierend ist und das zweite maskulin. Interessant ist, dass dieses Beispiel aus der Thematik des Militärdienstes kommt. Dieser wird in Russland traditionell mit Männlichkeit assoziiert, weil es in diesem Land eine Wehrpflicht gibt und der Militärdienst allgemein auch als ‚Schule der Männlichkeit' verstanden wird (vgl. Hartmann 2002, 28). Deswegen ist es nicht klar, ob es sich im Beispiel (46) ausschließlich um Männer handelt oder die Frauen auch ‚mitgemeint' werden. Diese Uneindeutigkeit wird durch die Verwendung der Personenbezeichnung *сотрудники* [Mitarbeiter] weiter verstärkt. Es bleibt unklar, ob es sich um das generische Maskulinum handelt und sich die maskuline Personenbezeichnung an alle Gender richtet oder ob es hier die Semantik ‚männliche Mitarbeiter' gibt. Somit kann nicht gesagt werden, dass die Verwendung von substantivierten Adjektiven und Partizipien im Korpus hilft, die Formulierungen inklusiver bzw. genderkorrekter zu gestalten sowie Uneindeutigkeiten zu vermeiden.

Zusammenfassend ist festzuhalten, dass es im Korpus mehrere Arten von nicht genderspezifizierenden Personenbezeichnungen gibt. Dazu gehören die substantivierten Adjektive und Partizipien, das *genus commune* sowie die Lexeme *люди* [Menschen]. Es kann allerdings nicht gesagt werden, dass es sich bei der Verwendung dieser Personenbezeichnungen um eine bewusste Strategie handelt. Die Verfasser*innen der oben aufgeführten Beispiele meinten vermutlich kaum, die Sprache genderkorrekter zu gestalten und die nicht binären Identitäten sprachlich sichtbar zu machen. Trotz der potenziellen Möglichkeit, die Sprache inklusiver zu gestalten, werden die nicht genderspezifizierenden Personenbezeichnungen inkonsequent verwendet und im Satz mit dem generischen Maskulinum kombiniert. Außerdem kommen zahlreiche Strategien für den genderkorrekten Sprachgebrauch im Korpus überhaupt nicht vor (wie Splitting oder Beidnennung).

3.3.3. Repräsentation von Gender im Korpus der feministischen Foren

Die Sprache der feministischen Foren ist an sich kein Funktionalstil, aber sie gehört zum umgangssprachlichen Stil. Die Umgangssprache nimmt einen besonderen Platz im System der Funktionalstile ein, denn anders als die restlichen Stile, die fast ausschließlich in der schriftlichen Sprache vorkommen, wird die Umgangssprache in Wort und Schrift benutzt. Manchmal wird fälschlicherweise angenommen, dass die Umgangssprache ausschließlich in mündlicher Form existiert, allerdings gibt es genügend Beispiele für den Gebrauch des umgangssprachlichen Stils in der Schrift – Notizen, private Briefe oder Tagebücher (Kožina 1993, 213). In dieser Studie werden die feministischen Internetforen als ein Beispiel des umgangssprachlichen Stils in der schriftlichen Form betrachtet.

In Verbindung mit der Umgangssprache wird des Weiteren oft die Frage erwähnt, ob sie der kodifizierten Sprache angehört oder ob sie Non-Standard-Varietäten einschließt. Bei dieser Frage sind sich auch die Wissenschaftler*innen uneinig. Laut Kožina ist die Umgangssprache ein Teil der *русский литературный язык* [russischen Literatursprache], d. h. der kodifizierten Variante der Sprache (Kožina 1993, 214). Demgegenüber sind manche anderen Autor*innen der Meinung, dass die Umgangssprache jenseits der kodifizierten Sprache steht und einige Elemente der nicht kodifizierten Sprache (*просторечие*) beinhaltet (vgl. Zemskaja 2004, 365). Im Fall der vorliegenden Studie trifft die zweite Variante zu, denn die Sprache der feministischen Foren beinhaltet eine große Anzahl von Okkasionalismen und sprachlichen Fehlern, aber auch Slang sowie obszöne Lexik.

Kožina beschreibt die Umgangssprache als salopp, inoffiziell, elliptisch, emotional und inkonsequent (vgl. Kožina 1993, 214). Warditz weist außerdem auf einen niedrigen Grad an Vorformuliertheit und die hohe Expressivität hin (vgl. Warditz 2019, 209).

All diese Merkmale treten im analysierten Material häufig auf, da es sich nicht nur um Umgangssprache handelt, sondern um eine spezifische Kommunikationsform: die Internetforen. Fandrych und Thurmair analysierten Internetforen als Textsorte und fanden dort sprachliche Merkmale, die stark mit denen übereinstimmen, die vor allem in der russistischen Linguistik der Umgangssprache allgemein zugeordnet werden. Dazu gehören die häufige Verwendung von Ellipsen und Diskurspartikeln (wie *naja* und *also* in der deutschen Sprache), die Verstärkung von Emotionen (durch Lexik und Syntax sowie graphematisch, zum Beispiel ‚Schreien', das durch die Verwendung der Großbuchstaben ausgedrückt wird) und Ironie (als Variante des Emotionsausdrucks) (vgl. Thurmair und Fandrych 2011, 136–53).

Weitere Besonderheiten in diesem Sprachkorpus sind nicht nur mit dem Sprachstil und der Textsorte verbunden, sondern auch mit der Thematik der Texte (Feminismus und Frauenrechte). Nikulin und Shubin analysierten russische feministische Communitys im russischen sozialen Netzwerk VK und kamen zu dem Schluss, dass die meisten von ihnen in der Rhetorik des intersektionalen Feminismus bleiben und sich mit Fragen der sexuellen Orientierung, Gender, nicht binären Personen und zwischenmenschlichen Beziehungen allgemein beschäftigen (vgl. Nikulin und Šubin 2020).

Erwartungsgemäß ist die Repräsentation von Gender in diesem Korpus anders als im Korpus der publizistischen Sprache. In diesem Fall gibt es mehr feminine Personenbezeichnungen als maskuline (siehe Abbildung 5):

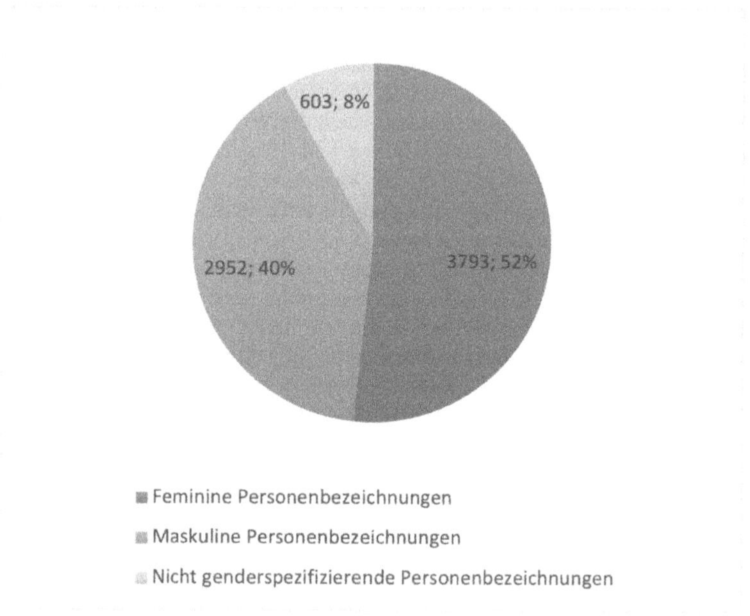

Abbildung 5: Personenbezeichnungen im Korpus der feministischen Foren

Allerdings zeigt der Überblick über die meistverbreiteten semantischen Kategorien kein eindeutiges Bild. In der Tabelle 7 sind die fünf größten semantischen Kategorien für feminine und maskuline Personenbezeichnungen im Korpus dargestellt.

Tabelle 7: Die fünf größten semantischen Kategorien bei maskulinen und femininen Personenbezeichnungen im Korpus der feministischen Foren

Feminine Personenbezeichnungen	*Maskuline Personenbezeichnungen*
Bezeichnung des weiblichen Genders (1497; 39,47 %)	Bezeichnung des männlichen Genders (844; 28,59 %)
Verwandtschaft/Beziehung (837; 22,07 %)	Verwandtschaft/Beziehung (681; 23,07 %)
Beruf/Beschäftigung (608; 16,03 %)	Beruf/Beschäftigung (403; 13,65 %)
Sonstiges (179; 4,72 %)	Sonstiges (187; 6,33 %)
politische/gesellschaftliche Ansichten (166; 4,38 %)	Pejorisierungen (97; 3,29 %)

Auf den ersten Blick mag der Eindruck entstehen, dass auch bei diesem Korpus die gleichen Stereotype über Frauen reproduziert werden, da auf den ersten Positionen die Kategorien ‚Bezeichnung des weiblichen Genders' und ‚Verwandtschaft/Beziehung' sind. Allerdings ist die Aufteilung der Kategorien bei den maskulinen Personenbezeichnungen fast identisch (bis auf die Kategorie ‚Pejorisierungen', auf die später noch eingegangen wird). Es lässt sich vermuten, dass es nicht um Genderstereotype geht, sondern um die Besonderheiten des umgangssprachlichen Stils. Dieser wird hauptsächlich in alltäglichen Situationen benutzt (vgl. Kožina 1993, 213), infolgedessen eher die allgemeine Lexik benutzt wird, wie etwa Verwandtschaftsbezeichnungen.

Es gibt einen leichten Unterschied bezüglich der Bestimmtheit der Kontexte, in denen maskuline und feminine Personenbezeichnungen auftreten. Bei den femininen Personenbezeichnungen sind 2109 Kontexte (55,6 % von allen femininen Personenbezeichnungen) bestimmt und 1687 Kontexte (44,4 %) unbestimmt. Demgegenüber sind bei den maskulinen Personenbezeichnungen 1480 (50,14 % von allen maskulinen Personenbezeichnungen) bestimmte und 1465 (49,63%) unbestimmte Kontexte. Das heißt, es wird etwas öfter über konkrete als über abstrakte weibliche Personen gesprochen, während bei den maskulinen Personenbezeichnungen beides fast gleich oft passiert. Allerdings ist der Unterschied von 11 Prozentpunkten zwischen dem Anteil der bestimmten femininen und bestimmten maskulinen Personenbezeichnungen eher gering. Im Korpus des publizistischen Stils wurde über Frauen fast ausschließlich in bestimmten Kontexten gesprochen (jeweils 401 (90,11 % von allen femininen Personenbezeichnungen) bestimmte und 44 (9,89 %) unbestimmte Kontexte). Wie bereits oben thematisiert wurde, liegt der Grund darin, dass in abstrakten Situationen im Korpus des publizistischen Stils tendenziell das generische Maskulinum benutzt wurde. Anhand dieser Zahlen kann vermutet werden, dass diese Tendenz in der Sprache der feministischen Foren nicht fortgeführt wird, sondern die Personenbezeichnungen auf eine genderkorrekte Weise benutzt werden, indem für beide Gender die entsprechenden Personenbezeichnungen verwendet werden.

Es muss gesagt werden, dass das generische Maskulinum im Korpus der feministischen Foren zwar weniger verbreitet ist als im Korpus des publizistischen Stils, aber dieses Phänomen immer noch ziemlich präsent ist. Es gibt 1465 Kontexte, in denen maskuline Personenbezeichnungen ohne Bezug auf konkrete Personen benutzt werden, und in manchen von diesen Kontexten wird diese Bezeichnung in der Semantik ‚Mensch allgemein' benutzt:

(47) Вышел большой фильм о сексуальном насилии в России, в котором женщины рассказывают о том, как это с ними случилось и как они это переживали, а *юристы* и *психологи* дают инструкцию, что делать, если вы или ваши близкие стали жертвой. (Подслушано Феминизм // 20.11.2020) [Es wurde ein großer Film über sexuelle Gewalt in Russland veröffentlicht, in dem Frauen darüber berichten, wie ihnen diese Gewalt widerfahren ist und wie sie sie erlebt haben, während *Anwälte* und *Psychologen* Anleitungen geben, was zu tun ist, wenn Sie selbst oder Ihre Angehörigen Opfer geworden sind.]

(48) ну, не сиделось на месте и для меня до сих пор дикость слушать, что кто-то всю жизнь проучились в одной школе, с одними и теми же рожами *одноклассников* и *учителей* (Подслушано Феминизм // 16.11.2020) [Nun, ich konnte nicht stillsitzen, und ich finde es immer noch seltsam zu hören, dass jemand sein ganzes Leben lang dieselbe Schule *besucht haben, mit denselben Gesichtern von *Mitschülern* und *Lehrern*][108]

In beiden Beispielen (und in vielen weiteren) werden die Wörter *юристы* [Anwälte], *психологи* [Psychologen] sowie *одноклассники* [Klassenkameraden] und *учителя* [Lehrer] in allgemeinen Kontexten benutzt und repräsentieren keine konkreten Menschen, sondern diese Berufs- und Sozialgruppen generell. Die Personenbezeichnungen *юристы и психологи* [Anwälte und Psychologen] beinhalten Menschen aller Gender, was aber im Text nicht weiter spezifiziert wird. Kennzeichnend ist aber, dass in vielen Forenbeiträgen explizit reflektiert wird, dass das generische Maskulinum andere Gender (in den feministischen Foren geht es vor allem um das weibliche Gender) ausschließt, und daher Feminativa benutzt werden sollen:

(49) То, что феминитивы всё еще не используют повсеместно - следствие патриархальной мизогинии, и с этим необходимо бороться, поскольку использование феминитивов — это репрезентация женщин в языковом пространстве, влияющая и на ситуацию женщин в целом. (Подслушано Феминизм // 14.12.2020) [Die Tatsache, dass Feminativa immer noch wenig verbreitet sind, ist eine Folge der patriarchalen Misogynie und muss angegangen werden, da die

[108] Bei allen Kommentaren wurde die originale Schreibweise beibehalten und Rechtschreibfehler, fehlende Satzzeichen, Groß- und Kleinschreibung etc. wurden übernommen.

> Verwendung von Feminativa eine Repräsentation von Frauen im Sprachraum darstellt und die Situation von Frauen im Allgemeinen beeinflusst.]

Dieser Satz ist ein Teil eines größeren Beitrags, in dem über die Rolle der Feminativa in der Sprache diskutiert wird und auf die kritischen Kommentare einer anonymen Nutzerin eingegangen wird. Die Autor*innen des Beitrags argumentieren, dass die häufige Verwendung von Feminativa dazu führen wird, dass sie in der Gesellschaft mehr Akzeptanz finden (vgl. mit dem Argument ‚Feminativa sind nicht unschön bzw. sie sind ungewöhnlich' aus der Analyse der YouTube-Kommentare in Kapitel 2).

Allerdings ist die Verwendung der Feminativa in den analysierten feministischen Foren nicht immer konsequent. Im Beispiel (48) wird das generische Maskulinum *одноклассники* [Klassenkameraden] und *учителя* [Lehrer] benutzt, obwohl im gleichen Satz eine genderinklusive Form *кто-то всю жизнь проучились* [jemand *haben das ganze Leben gelernt] verwendet wird. Im Ausdruck *кто-то проучились* steht das Verb im Plural, was hilft, die maskuline Endung des Verbes zu vermeiden, wie es in der grammatikalisch korrekten Form *кто-то проучился* [jemand hat gelernt] sein sollte. Dieser Ausdruck ähnelt dem sogenannten *singular they* im Englischen, wenn *they* statt *he* benutzt wird: *If anybody knows the answer they (*statt *he) should raise their hand.* Allerdings wird im Beispiel (48) diese genderkorrekte Form mit dem generischen Maskulinum (*одноклассников и учителей)* kombiniert, wodurch eine Art Widerspruch entsteht. Noch brisanter ist dieser Widerspruch im Beispiel (50). Die Nutzerin teilt mit, dass sie in der neuen Schule eine gute Note bekommen hat, was ihr in der alten Schule nicht passiert ist. Ihre Reaktion drückt die Nutzerin mit folgenden rhetorischen Fragen aus:

(50) А за что пять? Просто за прочтение упражнения. За тоже, что делали и *любимцы-любимицы учителей* в предыдущей школе? (Подслушано Феминизм // 16.11.2020) [Und wofür [habe ich] eine Fünf bekommen? Nur für das Lesen einer Übung. Für die gleiche Sache, die auch die *Lieblingsschüler- Lieblingsschülerinnen der Lehrer* in der vorherigen Schule gemacht haben?]

Im Beispiel folgt auf die Beidnennung *любимцы-любимицы* [Lieblingsschüler – Lieblingsschülerinnen] das generische Maskulinum *учителей* [Lehrer], was an sich unlogisch ist. Womöglich steckt keine bewusste Strategie dahinter, warum für manche Personenbezeichnungen Feminativa benutzt werden und für manche nicht. In einem anderen Beitrag wird eine Frau als *врачиня и доктор наук* [Ärztin und Doktor der Wissenschaften] bezeichnet – die erste Bezeichnung ist feminin und die zweite maskulin. Manchmal wird das Gender der Person erst viel später im Text klar, wie in diesem Beispiel:

(51) Вот сегодня была у очередного «*офтальмолога*». Почему в кавычках, сейчас расскажу. Как только я заикнулась о слове коррекция, на меня сразу же обрушилось «А ТЫ РАЗВЕ РОЖАЛА?!». На мое немое удивление она продолжила: «А ТЫ В КУРСЕ, ЧТО ПОСЛЕ КОРРЕКЦИИ ТЕБЕ ПРИДЁТСЯ ДЕЛАТЬ ИСКЛЮЧИТЕЛЬНО КЕСАРЕВО СЕЧЕНИЕ?!». (#щастьебытьженщиной // 31.08.2020) [Heute war ich bei einem anderen ‚*Ophthalmologen*'. Warum in Anführungszeichen, werde ich euch gleich erzählen. Sobald ich das Wort Korrektur erwähnte, wurde mir sofort vorgeworfen „HAST DU EIN KIND BEKOMMEN?!". Zu meiner stummen Überraschung fuhr sie fort: „UND WUSSTEST DU, DASS DU NACH DER KORREKTUR AUSSCHLIEßLICH EINEN KAISERSCHNITT HABEN WIRST?!"]

Erst im vierten Satz wird deutlich, dass es sich hier um eine Frau handelt, da vorher die unpersönliche Konstruktion *на меня сразу же обрушилось* [wurde mir sofort vorgeworfen] sowie eine maskuline Personenbezeichnung *офтальмолог* [Ophthalmologe] benutzt wurden. In anderen Worten geht die Genderinformation im Text verloren, weil anfangs weder Feminativa noch sonstige Mittel der Gendermarkierung (semantische Kongruenz oder Eigennamen) verwendet werden.

Zusammenfassend kann gesagt werden, dass zwar versucht wird, auf das generische Maskulinum zu verzichten, da es oft als sexistische Praxis erkannt wird, aber es den Sprachnutzer*innen nicht immer gelingt. Dieser Misserfolg kann möglicherweise mit der mangelnden Sprachreflexion beim Verfassen der Texte sowie mit fehlender Erfahrung in Bezug auf den gendergerechten Sprachgebrauch erklärt werden. Die Nutzer*innen der feministischen Foren verfallen immer wieder in die traditionellen Sprachmuster und verwenden Feminativa sowie andere Mittel des genderkorrekten Sprachgebrauchs inkonsequent. Kennzeichnend ist auch, dass in den Foren die Kommunikation spontan passiert und weder einheitliche Richtlinien noch ein Leitfaden für den genderkorrekten Sprachgebrauch existiert (wie das zum Beispiel bei verschiedenen Organisationen oder Universitäten oft der Fall ist, vgl. *Richtlinien für die sprachliche Gleichbehandlung von Frauen und Männern in der externen und internen Kommunikation an der Universität Passau*, 2013). Da es keine genauen Vorschriften gibt, entstehen verschiedene Inkonsequenzen und Uneinheitlichkeiten.

Es muss auch angemerkt werden, dass nicht alle maskulinen Personenbezeichnungen im Korpus dem generischen Maskulinum entsprechen. Einen großen Teil der maskulinen Personenbezeichnungen, die in unbestimmten Kontexten verwendet werden, machen Personenbezeichnungen wie *мужчина* [Mann], *мальчик* [Junge] und *муж* [Ehemann] sowie weitere Bezeichnungen des männlichen Genders aus. In unbestimmten Kontexten werden somit oft maskuline Personenbezeichnungen benutzt, die tatsächlich ausschließlich Männer repräsentieren und nicht die Menschheit insgesamt.

Prinzipiell neu im Vergleich zum Korpus der publizistischen Sprache ist, dass es neben dem generischen Maskulinum auch das generische Femininum gibt.

Feminine Personenbezeichnungen werden in allgemeinen, abstrakten Kontexten ohne Bezug auf konkrete Personen benutzt. Dabei sind nicht nur Frauen, sondern alle Gender gemeint, wie in folgenden Sätzen:

(52) Ищу *юристку*, хоть по онлайн-консультации, которая поможет разобраться по микрозаймам. (#щастьебытьженщиной // 04.08.2020) [Ich suche nach einer *Juristin*, wenigstens für die Online-Beratung, die mir bei der Vergabe von Mikrokrediten hilft.]

(53) Я бы хотела попросить вас посоветовать хорошую *психотерапевтку* или *психологиню*. (Подслушано Феминизм // 07.11.2020) [Ich möchte euch bitten, mir eine gute *Psychotherapeutin* oder *Psychologin* zu empfehlen.]

In beiden Beispielen wird allgemein nach Spezialist*innen aus verschiedenen Bereichen gesucht. Allerdings kann nicht mit absoluter Sicherheit gesagt werden, ob die Nutzer*innen nur nach weiblichen Juristinnen und Psychologinnen suchen oder ob das Femininum für alle Gender steht und im konventionalisierten Sprachgebrauch durch das generische Maskulinum ersetzt werden könnte: **Ищу юриста, хоть по онлайн-консультации* [Ich suche nach Juristen, wenigstens für die Online-Beratung]. Hier kann also vom FAN-Prinzip (‚female as norm' im Gegensatz zu MAN ‚male as norm') die Rede sein. Laut Forscher*innen ist FAN in den sozialen Gruppen verbreitet, die sich den Konzepten der Genderbinarität und der männlichen Dominanz widersetzen möchten (vgl. Motschenbacher 2010, 113; Pusch 1990, 93).

Hier wird der Unterschied zwischen den maskulinen und femininen Personenbezeichnungen sowie ihrem Funktionieren in der Sprache noch einmal deutlich. Es wurde zwar in zahlreichen Studien nachgewiesen, dass das generische Maskulinum eine sexistische Sprachpraxis ist, die Frauen diskriminiert, weil Frauen in der Wirklichkeit nicht immer ‚mitgemeint' oder ‚mitgedacht' werden (vgl. Scheller-Boltz 2020, 484–87). Allerdings lässt ein solcher Sprachgebrauch traditionell verschiedene Interpretationen zu: Maskuline Personenbezeichnungen können sich sowohl auf männliche Personen als auch auf Menschen allgemein beziehen. Demgegenüber werden die femininen Personenbezeichnungen in der Sprache traditionell ausschließlich für die Bezeichnung weiblicher Personen benutzt. Deswegen kann durch die Verwendung des ‚generischen Femininums' das Textverständnis erschwert werden. Die Verwendung von femininen Personenbezeichnungen kann falsch interpretiert werden und die Leser*innen können annehmen, dass es sich ausschließlich um weibliche Personen handelt. Das zeigt, dass selbst beim Versuch, Sprachstereotype zu überwinden, die Sprachnutzer*innen auf die Rigidität der Sprachstrukturen stoßen, die den neuen Sprachgebrauch nur schwer zulassen.

3.3.3.1. Wörter *человек* [Mensch], *мужчина* [Mann] und *женщина* [Frau] im Korpus der feministischen Foren

Das Lexem *человек* [Mensch], kommt 191 Mal (6,47 % von allen maskulinen Personenbezeichnungen) vor, *женщина* [Frau] 919 Mal (24,2 % von allen femininen Personenbezeichnungen) und *мужчина* [Mann] 458 Mal (15,51 % von allen maskulinen Personenbezeichnungen). In diesem Korpus ist die Verteilung somit etwas anders als im Korpus des publizistischen Stils: *мужчина* [Mann] ist verbreiteter als *человек* [Mensch], und *женщина* [Frau] ist noch stärker verbreitet als die beiden anderen Lexeme zusammen. Allein aus diesen Zahlen können zwei Schlussfolgerungen gezogen werden. Zum einen macht der Begriff *женщина* [Frau] einen großen Anteil der femininen Personenbezeichnungen aus, was auch im Korpus des publizistischen Stils der Fall war. Das heißt, dass die Frau in erster Linie nach ihrem Gender definiert wird und nicht nach anderen Merkmalen, wie Beruf oder Nationalität.

Zum anderen kann dadurch, dass das Lexem *мужчина* [Mann] mehr als doppelt so häufig benutzt wird wie *человек* [Mensch] vermutet werden, dass die Gleichsetzung von diesen beiden Personenbezeichnungen seltener stattfindet. Außerdem wird, wenn es sich um einen Mann handelt, öfter die Personenbezeichnung *мужчина* [Mann] benutzt. Das Lexem *человек* [Mensch] kommt im Korpus eher in abstrakten Kontexten vor:

(54) Пыталась объяснить аргументированно, что *человек* не выбирает ориентацию […] (#щастьебытьженщиной // 08.10.2020) [Ich habe versucht, argumentativ zu erklären, dass sich ein *Mensch* seine Orientierung nicht aussuchen kann]

Im oben aufgeführten Beispiel bezieht sich die Personenbezeichnung *человек* [Mensch] auf alle Gender und nicht spezifisch auf Männer. Allerdings finden sich im Korpus auch Fälle, in denen *мужчина* [Mann] und *человек* [Mensch] gleichgesetzt werden:

(55) Вышла замуж за *человека*, которого безумно любила, и развелась, отчасти из-за нашего недопонимания, из-за разницы в возрасте (он старше на 10 лет) […] (#щастьебытьженщиной // 18.08.2020) [Ich heiratete einen *Menschen*, den ich über alles liebte, und ließ mich scheiden, teilweise wegen unseres Missverständnisses wegen des Altersunterschieds (er war 10 Jahre älter)]

In diesem Satz wird impliziert, dass *человек* [Mensch] eine männliche Person ist, was später mit dem Pronomen *он* [er] bestätigt wird. Damit werden im Satz heteronormative Stereotype reproduziert. Es wird kommentarlos vorgegeben, dass die Nutzerin einen Mann heiratete, da es als Norm und Selbstverständlichkeit wahrgenommen wird, als gäbe es keine anderen Arten von Beziehungen. Allerdings kann es sich bei *человек* als Objekt der Liebe oder des Begehrens im Korpus auch um eine Person des gleichen Genders handeln:

(56) Как избавиться от зацикленности на *человеке*? Дикий стыд испытываю за свою чокнутость. Мне 23 года, 6 лет назад влюбилась в *девушку*. (#щастьебытьженщиной // 16.10.2020) [Wie kann ich mich von meiner Fixierung auf einen *Menschen* befreien? Ich schäme mich zutiefst für meine Verrücktheit. Ich bin 23 Jahre alt, ich habe mich vor sechs Jahren in ein *Mädchen* verliebt.]

Im Beispiel (56) ist mit *человек* [Mensch] ein Mädchen gemeint, was allerdings im nächsten Satz zusätzlich erwähnt werden muss, im Gegensatz zum Beispiel (55), in dem das männliche Gender des Partners als eine implizite Norm dargestellt wird.

Auch der Ausdruck *молодой человек* in der Semantik ‚junger Mann' wird im Korpus in manchen Kontexten benutzt:

(57) В 2015 году начала встречаться со своим первым *молодым человеком*, любила его безумно (#щастьебытьженщиной // 28.09.2020) [2015 kam ich mit meinem ersten *jungen Menschen* zusammen und liebte ihn über alles.]

Ähnlich wie im Beispiel (55) wird automatisch davon ausgegangen, dass die Person, mit der die Nutzerin die Beziehungen beginnt, männlich ist. Deswegen wird diese Tatsache nicht kommentiert. Der gleiche Satz über eine Frau als Partnerin wäre unmöglich, da er nur mit Schwierigkeiten verstanden werden kann:

(58) *В 2015 году начала встречаться со своим первым *молодым человеком*, любила её безумно [*2015 kam ich mit meinem ersten *jungen Menschen* zusammen und liebte sie über alles.]

Der Satz im Beispiel (58) bedarf einer Umformulierung, da nicht klar ist, worauf sich das Pronomen *её* [sie] bezieht. Das heißt, eine Frau kann nicht in allen Kontexten als *человек* bezeichnet werden. Der Sprachgebrauch ist hier, wie auch bei der Verwendung des generischen Maskulinums inkonsequent. Oft wird das Lexem *человек* in der Semantik ‚Mensch' benutzt, aber manchmal auch mit ‚Mann' gleichgesetzt. Die Situation wird noch etwas komplexer dadurch, dass in feministischen Foren für Frauen zusätzlich die Bezeichnungen *человека, людиня* [*Menschin] benutzt werden. Der Unterschied in der Semantik zwischen *человека* und *женщина* [Frau] ist teilweise schwer definierbar:

(59) Как в фильме ужасов, здесь описывается превращение *женщины* в *человеку* со сломленной психикой, испорченным здоровьем и загубленной судьбой. (Подслушано Феминизм // 02.12.2020) [Wie ein Horrorfilm beschreibt er die

Verwandlung einer *Frau* in eine **Menschin* mit gebrochener Psyche, zerstörter Gesundheit und zerstörtem Schicksal.]

Im Satz wird die ‚Verwandlung einer Frau in eine *Menschin mit zerstörter Psyche' beschrieben. Womöglich handelt es sich hier um eine Bestrebung, möglichst viele Begriffe zu feminisieren, die als Gegentendenz zum generischen Maskulinum entstanden ist. Es wird *человека* anstelle von *человек* (wie der Satz im konventionalisierten Sprachgebrauch lauten würde) benutzt. Im folgenden Satz ist die genaue Semantik von *человека* auch nicht erschließbar:

(60) Цену желательно до тысячи с *человеки* (Подслушано Феминизм // 17.12.2020) [Preis vorzugsweise bis zu eintausend pro **Menschin*]

Im Satz oben könnte *человека* mit *человек* ersetzt werden, da aus dem Kontext klar ist, dass es um die Preise pro Person geht. Wie bereits früher ausgeführt, drückt die Verwendung des Femininums lediglich die Semantik des weiblichen Genders aus und die Semantik ‚Mensch allgemein' wird traditionell durch das Maskulinum vertreten (obgleich das auch zu zahlreichen sprachlichen Asymmetrien und zur Unsichtbarkeit anderer Gender führt). Deswegen passiert bei Ausdrücken wie *цена с человеки* [Preis pro *Menschin] eine nicht intendierte semantische Verschiebung und der Satz liest sich so, als wären nur weibliche Personen gemeint. Dazu kommt noch, dass das Lexem *человек* [Mensch] durch die Nachbarschaft mit *человека* auch seine Semantik ändert, wie im folgenden Beispiel:

(61) Как вообще радфем относится к подобным перевоплощениям, когда непонятно какого пола *человек/людиня*? (Подслушано Феминизм // 04.11.2020) [Was hält der radikale Feminismus von solchen Verwandlungen, wenn nicht klar ist, welches Geschlecht *Mensch/*Menschin* hat?]

Da im Beispiel oben *человек* [Mensch] mit dem Begriff *людиня* [*Menschin] kombiniert wird, dessen Semantik als ‚Mensch weiblichen Genders' gelesen werden kann, wird die Semantik von *человек* automatisch auf ‚Mensch männlichen Genders' eingegrenzt. Paradoxerweise führt in diesem Fall die Bestrebung, die Sprache möglichst genderkorrekt zu gestalten, dazu, dass die Personenbezeichnung *человек* mit *мужчина* gleichgesetzt wird.

Die Personenbezeichnung *мужчина* [Mann] wird aber im Korpus wesentlich öfter benutzt als *человек*. Am häufigsten kommt *мужчина* in solchen Kontexten wie Beziehungen oder Beruf vor. Es gibt außerdem im Korpus zwei markante Tendenzen, die mit der Repräsentation von Männern verbunden sind: Zum einen werden Männer im Korpus oft als gefährlich dargestellt. Zum anderen werden die Männer als eine homogene Gruppe abgebildet, meistens in Sentenzen wie etwa ‚alle Männer sagen/denken/machen…'.

Am häufigsten treten Männer im Korpus als Lebenspartner, Geliebte oder Ehemänner auf. Oft wird über Männer im Kontext von Beziehungen oder Liebesgeschichten erzählt:

(62) Несколько дней назад в очередной раз рассталась с *мужчиной*, с которым у меня была 3 с половиной года какая-то катавасия, а не отношения. (#щастьебытьженщиной // 21.10.2020) [Vor ein paar Tagen habe ich mich wieder einmal von einem *Mann* getrennt, mit dem ich seit dreieinhalb Jahren nicht in einer Beziehung, sondern im Schlamassel steckte.]

(63) […] как перестать надеяться? Надеяться, что возможно есть еще шанс снова быть вместе, что все еще будет у нас хорошо, и что он тот самый, единственный *мужчина*, с которым хочется состариться? (#щастьебытьженщиной // 07.10.2020) [[...] wie kann ich aufhören zu hoffen? Zu hoffen, dass es vielleicht doch noch eine Chance gibt, wieder zusammen zu sein, dass die Dinge zwischen uns immer noch gut sind und dass er der *Mann* ist, mit dem ich alt werden will?]

Die Präsenz solcher Kontexte ist an sich wenig überraschend, da im umgangssprachlichen Stil, zu dem auch die Sprache der feministischen Internetforen gehört, oft alltägliche und persönliche Themen besprochen werden. Kennzeichnend ist aber, dass in diesem Fall die Beziehungen ausschließlich aus der Sicht der Frau beschrieben werden, wobei der Fokus auf die Psychologie und das Innenleben gelegt wird, wie im Beispiel (17). Das bildet einen starken Kontrast, zum Beispiel zur Konzeptualisierung des Worts *девушка* [Mädchen] im Korpus des publizistischen Stils. Die Kontexte, in denen diese Personenbezeichnung erschien, zeigten oft eine sexualisierte Vorstellung von Frauen, die als Objekt des Begehrens und nur aus der Außenperspektive präsentiert wurden.

Männer werden im Korpus manchmal auch in beruflichen Kontexten erwähnt, als Kollegen oder Vorgesetzte. Dabei geht es oft nicht nur um den Beruf oder die Arbeit an sich, sondern eher um die Machtverhältnisse, die am Arbeitsplatz entstehen können. Viele Nutzer*innen beschreiben ihre Erfahrungen mit Ungerechtigkeit und Machtlosigkeit. Sie fühlen, zum Beispiel, dass die Schwangerschaft Frauen im Arbeitsumfeld benachteiligen kann und in den Augen ihrer männlichen Kollegen schwach und unprofessionell wirken lässt. So schreibt eine Nutzerin, dass sie Angst hat, ihre Schwangerschaft zuzugeben, vor allem weil ihre Leitung aus Männern besteht:

(64) Будучи беременной устроилась в другую компанию […] живот неумолимо растёт, думаю что пора будет признаться месяце на 5. Но мне очень страшно-проект и руководитель все *мужчины*, и мне страхово что они выскажу свое фи, или скажут что я ушлая и хитрая, хотя по факту я не нарушила ТК. (#щастьебытьженщиной // 24.09.2020) [Ich habe einen Job in einem anderen Unternehmen bekommen, als ich schwanger war [...] mein Bauch wächst

> unaufhaltsam, ich denke, es ist an der Zeit, im fünften Monat das zu gestehen. Aber ich habe große Angst, denn der Projekt-Manager und der Leiter sind alles *Männer*, und ich habe Angst, dass sie sagen, dass ich hinterhältig und listig bin, obwohl ich in Wirklichkeit nicht gegen das Arbeitsgesetz verstoßen habe.]

Im Beitrag, aus dem das Beispiel von oben kommt, beschwert sich die Nutzerin, dass es ihr schwerfällt, über ihre Schwangerschaft zu erzählen. Dabei sieht sie das männliche Gender der Mitglieder der Leitung als eine zusätzliche Hürde. Interessant ist, dass die Autorin des Beitrags nicht die ungerechten Machtverhältnisse reflektiert. Stattdessen fragt sie lediglich nach einem Ratschlag, wie sie dieses Problem am besten löst und dem Chef von ihrer Schwangerschaft erzählt, ohne eine negative Reaktion zu bekommen. In diesem Beitrag wird die Möglichkeit des Dialogs gar nicht in Betracht gezogen, sondern die Männer in der Leitung werden als eine abstrakte Schwierigkeit gesehen, die bewältigt werden muss.

Das ähnelt etwas dem nächsten, häufig vertretenen Kontext im Korpus. Männer werden vielfach als Quelle der Gefahr, als eine Art Bedrohung dargestellt. Nutzer*innen beschreiben ihre negativen Erfahrungen mit Männern, die von diskriminierender Behandlung bis zu Gewalt oder Belästigung reichen:

(65) […] я сама воспринимаюсь окружающими *мужчинами* как кусок мяса (#щастьебытьженщиной // 24.08.2020) [Ich selbst werde von den *Männern* um mich herum als ein Stück Fleisch wahrgenommen]

(66) Сама я только однажды сталкивалась с домогательством со стороны *мужчины* (когда мне было 11 лет) (Подслушано Феминизм // 01.11.2020) [Ich selbst bin nur einmal von einem *Mann* belästigt worden (als ich 11 Jahre alt war)]

In diesen Beispielen erzählen die Autorinnen (beide Beiträge wurden von Frauen verfasst) über ihre erlebten Fälle von Diskriminierung. Manchmal werden diese Situationen nicht einmal als Abweichung von der Norm wahrgenommen. So schreibt die Autorin im Beispiel (66), dass sie „nur einmal" von einem Mann belästigt wurde. Das liest sich, als wäre das wenig und als gäbe es eine Referenz, mit der sich die Autorin vergleicht. Die Autorin erklärt ferner im gleichen Text, dass sie selbst zwar nicht so viel Schlechtes erlebt hat, sich aber dennoch für den Feminismus einsetzt, weil sie an die anderen Frauen denkt. Diese Art von Argumentation ist in einem feministischen Internetforum unerwartet. Die Autorin kritisiert nicht die Belästigung als solches, sondern nimmt die Rhetorik ein, dass sie es ‚leicht gehabt hat', weil sie ‚nur' einmal belästigt wurde. Potenzielle Leser*innen bekommen den Eindruck, als würde sich die Autorin des Beitrags rechtfertigen, warum sie sich für Feminismus einsetzt, obwohl ihr nicht so viel Schlechtes widerfahren ist. Dies zeigt, wie tief die patriarchalen Muster in der Denkweise der Schreibenden verankert sind: Die Frau wird immer als Opfer dargestellt und der Mann als Angreifer. In den Foren beschweren sich die Verfasser*innen der

Beiträge zwar über die negativen Erfahrungen, die mit dieser Konstellation verbunden sind, aber die Rollenverteilung an sich wird oft nicht kritisch hinterfragt.

In Einklang mit diesen persönlichen Erfahrungen kommen auch Kontexte vor, in denen die Meinung über Männer in Form von Sentenzen geäußert wird, wonach Männer als eine homogene Gruppe gesehen werden und ihnen meistens negative Eigenschaften zugeschrieben werden:

(67) Дружбы с *мужчинами* не существует. (Подслушано Феминизм // 06.11.2020) [So etwas wie Freundschaft mit *Männern* gibt es nicht]

(68) [...] *мужчины* - самые последние люди, способные помочь в чем-то. Скорее всего, они помогут затоптать тебя, не более того. (Подслушано Феминизм // 11.11.2020) [*Männer* sind die letzten Menschen, die einem in irgendeiner Weise helfen können. Sie werden eher dazu beitragen, dich zu zertrampeln, mehr nicht.]

Die (überwiegend weiblichen) Nutzer*innen beschreiben in dieser absoluten Form vermutlich ihre persönlichen Wahrnehmungen, in denen solche Gefühle wie Unsicherheit oder Wertlosigkeit dominieren. In vielen Foreneinträgen wird unterstrichen, dass Mann und Frau nicht auf gleicher Höhe sind, entweder weil Männer als gefährlich und nicht vertrauenswürdig wahrgenommen werden (wie im Beispiel (68)) oder weil sie die Frauen verachten (wie im Beispiel (65)).

Es kann gesagt werden, dass die Konzeptualisierung von Männern im Korpus ambivalent gestaltet ist. Im Gegensatz zum Korpus des publizistischen Stils, in dem die Personenbezeichnung *мужчина* [Mann] sowieso seltener vorkommt als die Personenbezeichnungen *человек* [Mensch] und *женщина* [Frau], aber es insgesamt wesentlich mehr maskuline Berufsbezeichnungen gibt, verlagert sich in diesem Korpus der Fokus vom Beruflichen und Öffentlichen auf das Private. Männer werden oft als gefährlich und gewalttätig konzipiert, dennoch gibt es viele Aussagen, in denen Männer als Lebenspartner oder Ehemänner vorkommen. Im Korpus gibt es zahlreiche Beispiele von Heteronormativität und oft werden die Auswirkungen der bestehenden patriarchalen Machtverhältnisse (wie Gewalt und Benachteiligung der Frauen) zwar kritisiert, aber die Machtverhältnisse an sich werden wenig kritisch reflektiert.

Die Personenbezeichnung *женщина* [Frau] kommt im Korpus auch in mehreren Arten von Kontexten vor, die mit Themen wie Gesundheit, Körperlichkeit und Schönheitsstereotype verbunden sind. Auf den ersten Blick gibt es hier Ähnlichkeiten mit dem Korpus des publizistischen Stils, da solche Themen wie Gesundheit und Körperlichkeit dort auch oft in Zusammenhang mit Frauen vorkommen. Allerdings wird hier oft die Perspektive der Frauen eingenommen und es werden die Stereotype über die (vor allem reproduktive) weibliche Gesundheit thematisiert. So wird zum Beispiel die Vorstellung, dass die Geburt von Kindern den

Höhepunkt im Leben einer Frau darstellt, kritisiert, und manche Nutzer*innen äußern sich sogar direkt gegen die Mutterschaft:

(69) Беременность и роды - огромная нагрузка на организм, связанная со множеством рисков и проблем […] При прочих равных условиях бездетные *женщины* живут дольше и здоровее детных. (Подслушано Феминизм // 07.11.2020) [Schwangerschaft und Geburt sind eine enorme Belastung für den Körper, die mit vielen Risiken und Problemen verbunden ist […] Unter sonst gleichen Bedingungen leben kinderlose *Frauen* länger und gesünder als Frauen mit Kindern.]

In dieser Aussage wird argumentiert, dass das Leben ohne Kinder für eine Frau sogar vorteilhafter ist als ein solches mit Kindern. Interessanterweise wird hier nicht an das Emotionale, sondern an das Rationale appelliert: Es werden die negativen Auswirkungen auf die Gesundheit erwähnt, die mit der Geburt von Kindern verbunden sind. Dabei wird der emotionale Teil, der mit der Entscheidung für oder gegen Kinder oft verbunden ist, außen vor gelassen. Diese Argumentation steht im Widerspruch zum Familienmodell und den Genderrollen in der patriarchalen Gesellschaft. Demgegenüber manifestierten sich diese traditionellen Ideen im Korpus des publizistischen Stils. Dort wurde Kinderlosigkeit oder der freiwillige Verzicht auf Kinder als eine Abweichung von der Frauenrolle konzipiert, die die Frau ‚machtlos' macht und scharfe Polemik in der Gesellschaft auslösen kann.

In den feministischen Foren kritisieren die Nutzer*innen außerdem die in der Gesellschaft herrschenden Vorstellungen über die weibliche Gesundheit:

(70) У нас до сих пор в качестве лечения по многим проблемам *женщине* предлагают беременность как альтернативу лечению. (Подслушано Феминизм // 15.12.2020) [Bei uns wird der *Frau* nach wie vor die Schwangerschaft als eine Alternative für jede Behandlung angeboten.]

(71) У нас же до сих пор слово "чайлдфри" воспринимается как зверь из преисподней, а *женщина*, сознательно отказывающаяся от рождения детей, подвергается давлению со стороны всех, кто её окружает. (Подслушано Феминизм // 15.12.2020) [Bei uns wird das Wort ‚childfree' nach wie vor als Ungeheuer aus der Unterwelt wahrgenommen, und eine *Frau*, die sich bewusst gegen Kinder entscheidet, wird von ihrem Umfeld unter Druck gesetzt.]

In der russischen Gesellschaft herrscht eine negative Einstellung zur Kinderlosigkeit bzw. zur freiwilligen Entscheidung, keine Kinder zu haben. Diese Haltung, die im Beispiel (71) kritisiert wird, ist Gegenstand mancher Studien (vgl. Salyakhieva und Saveleva 2017). Im Gegenzug zu diesen gesellschaftlichen Tendenzen, wonach die Frau zunehmend als Mutter konzipiert und die Mutterschaft als das größte Ziel im Leben einer Frau gesehen wird, beschreiben manche

Nutzer*innen der feministischen Internetforen die Schwangerschaft als gefährlich oder gesundheitsschädlich. Kennzeichnend ist, dass die patriarchalen Vorstellungen von den Nutzer*innen eindeutig als veraltet wahrgenommen werden. Die Beispiele (70) und (71) beginnen mit *у нас до сих пор* [bei uns gibt es immer noch], was sich liest, als wären solche Vorstellungen über die weibliche Gesundheit anachronistisch und nicht mehr zeitgemäß. In beiden Beispielen sind die Nutzer*innen nicht nur mit den stereotypen Vorstellungen über Frauen unzufrieden, sondern auch damit, dass sie *immer noch* präsent sind und nicht durch andere – vermutlich feministische – Tendenzen ersetzt wurden.

Ein weiteres Thema, das im Korpus häufig erscheint, sind Schönheitsideale und Stereotype über das Aussehen (vor allem von Frauen). In den Beiträgen aus dem publizistischen Stil werden die Stereotype über Frauen reproduziert oder sogar bestätigt, wie im Beispiel (25) (Unterabschnitt 3.3.2.1.), in dem über eine Frau erzählt wird, die ihr Auto auf einer Autobahn verließ, um sich zu schminken. Demgegenüber werden die Schönheitsvorstellungen in den feministischen Foren kritisch gesehen. Oft werden solche stereotypen Schönheitsvorstellungen sogar mit Ironie wiedergegeben, wie in diesem Beitrag, in dem die Nutzerin die Gespräche mit ihrer Familie zitiert:

(72) […] сними свои дурацкие джинсы, *женщина* должна быть женственной (Подслушано Феминизм // 04.11.2020) [zieh deine blöden Jeans aus, eine *Frau* sollte feminin sein]

Die Schönheitsstereotype werden, analog zu den Stereotypen über die Mutterschaft, als schädlich oder sogar lebensgefährlich konzipiert. So werden als Beispiel dafür, dass das Streben, gut auszusehen, lebensbedrohlich sein kann, in einem Beitrag die Ereignisse vom 11. September 2001 genannt:

(73) Знаете, что знаковое помнит все феминистское сообщество из трагедии 11 сентября 2001? Горы женских туфель на этажах и лестничных пролётах. Из воспоминаний выживших *женщин* - чтобы бежать, они вынуждены были избавляться от обуви на каблуке или шпильке и сбивать ноги в капроновых чулках до крови о ступени, спасая свою жизнь, убегать в самой не предназначенной для этого одежде и обуви. Юбка-карандаш и туфли на каблуке могут стоить *женщине* не только здоровья, но и жизни. (Подслушано Феминизм // 15.12.2020) [Wissen Sie, an welche signifikante Sache sich die gesamte feministische Gemeinschaft bezüglich der Tragödie vom 11. September 2001 erinnert? Berge von Frauenschuhen auf den Etagen und in den Treppenhäusern. Aus den Erinnerungen der überlebenden *Frauen* – um zu wegzurennen, mussten sie sich ihrer Schuhe mit Absätzen oder Stilettos entledigen und ihre Füße in Capronstrümpfen auf der Treppe verletzen, um ihr Leben zu retten, indem sie in den unpassendsten Kleidern und Schuhen davonliefen. Bleistiftröcke und

> hochhackige Schuhe können eine *Frau* nicht nur ihre Gesundheit, sondern auch ihr Leben kosten.]

Im Text oben wird das Fazit gezogen, dass die Kleidung eine Frau nicht nur die Gesundheit, sondern auch das Leben kosten kann. Interessant ist aber, dass auch hier, obwohl im negativen Licht, die Idee reproduziert wird, dass Schönheit immer eine Art Aufopferung bedeutet. Die Vorstellung, dass eine Frau einen hohen Preis bezahlen muss, um den Schönheitsidealen zu entsprechen, ist in Russland nicht neu. Kay schrieb darüber bereits in den 1990er Jahren. Anhand der Analyse von Leserinnenbriefen, in denen Russinnen die perfekte Frau beschrieben, kommt die Forscherin zu dem Schluss, dass Schönheit für die Leserinnen eine zentrale Rolle spielt:

> Beauty, on the other hand, does not come without a price. Responsibility for making sure that she looks good, stays fit and never 'lets herself go' is rapidly becoming number one on the list of a woman's duties. There are no ugly people, just lazy ones' proclaims a twenty two-year-old artist in her competition entry (Kay 1997, 82).

In den feministischen Foren werden diese Einstellung, dass Schönheit Opfer verlangt, sowie die gesellschaftlichen Erwartungen an Frauen generell stark kritisiert. Stattdessen geben die Nutzer*innen zu, dass sie den Schönheitsidealen nicht entsprechen wollen. Eine Nutzerin sieht keinen Widerspruch darin, gut auszusehen und trotzdem nicht danach zu streben, allen Anforderungen nachzukommen, die an Frauen gestellt werden:

(74) Я *женщина*, я не отрицаю и полностью гетеро, я симпатичная и ухоженная, но не на шпильках и со сковородой в руках (#щастьебытьженщиной // 11.09.2020) [Ich bin eine *Frau*, ich verleugne es nicht und ich bin total hetero, ich bin hübsch und gepflegt, aber nicht in Stilettos und mit einer Bratpfanne in der Hand]

Mit der Passage *но не на шпильках и со сковородой в руках* [aber nicht in Stilettos und mit einer Bratpfanne in der Hand] ist vermutlich gemeint, dass die Autorin nicht bereit ist, sich schöne, aber unbequeme Kleidung anzuziehen und zu kochen bzw. sich um den Haushalt zu kümmern, was in der patriarchalen Gesellschaft auch als ‚Frauenaufgabe' gesehen wird.

Abgesehen von diesen beiden Aspekten (Schönheitsideale und Stereotype über die Mutterschaft), kommt eine weitere Art von Kontexten in Bezug auf die Personenbezeichnung *женщина* [Frau] häufig vor. Konkret handelt es sich um Beiträge, in denen verschiedene weitere Fälle von Diskriminierung von Frauen beschrieben und besprochen werden. Sie stammen sowohl aus persönlichen

Erfahrungen als auch aus den Nachrichten, Büchern oder Filmen sowie aus der Gesellschaft allgemein:

(75) Гендерная социализация […] поставила *женщин* в заведомо невыгодное положение должника, где, взяв на себя роль жены или/и матери, женщина обязуется быть не человеком, а киборгом. (Подслушано Феминизм // 16.12.2020) [Die Gendersozialisierung versetzte die *Frauen* in eine von Anfang an nachteilige Position des Schuldners, wo, nachdem die Frau die Rolle der Ehefrau und/oder Mutter übernahm, Frau sich verpflichtet, kein Mensch zu sein, sondern ein Cyborg.]

(76) Да и у нас многие профессии *женщинам* до сих пор не доступны, (водительницам, например, довольно часто отказывают), это помимо целого списка просто запрещённых для *женщин* профессий... (Подслушано Феминизм // 15.12.2020) [Und es gibt bei uns immer noch viele Berufe, die für *Frauen* nicht zugänglich sind (Fahrerinnen zum Beispiel werden oft abgelehnt), dazu kommt eine ganze Liste von Berufen, die für *Frauen* einfach verboten sind...]

Es werden vielfältige Phänomene aus der heutigen Gesellschaft (vor allem in Russland und in den Ländern der ehemaligen UdSSR) kommentiert: Von der Chancenungleichheit im Berufsumfeld bis zur Doppelbelastung bei Frauen, die sich gleichzeitig um ihre Karriere und um das Zuhause kümmern müssen (vgl. Ajvazova 1998). Die feministischen Foren werden somit zu einer Plattform, auf der die alltäglichen Probleme, die mit der Diskriminierung von Frauen verbunden sind, unter Gleichgesinnten diskutiert werden. Dabei wird eine neue Konzeptualisierung der Frau gestaltet: Frauen, die auf Kinder oder Familie verzichten und die den in der Gesellschaft verbreiteten Schönheitsidealen nicht folgen. Frauen, die in anderen Kommunikationsbereichen marginalisiert und kaum vertreten werden (vgl. zum Beispiel den Abschnitt 3.3.2 über den publizistischen Stil), werden in diesen Foren normalisiert und als vollwertige Mitglieder der Gesellschaft anerkannt. Es wird versucht, weibliches Gender neu zu interpretieren und von Stereotypen wegzukommen, was sich auch dadurch ausdrückt, dass die Personenbezeichnung *женщина* [Frau] als neutral und bewertungslos wahrgenommen wird. So verfasste eine Nutzerin folgendes Plädoyer für die Personenbezeichnung *женщина* [Frau]:

(77) Уважаемые участницы паблика, авторки постов и комментаторки!
Напоминаю вам, что

1) в русском языке есть слово "*женщина*", обозначающее людей женского пола, вышедших из детского возраста. Нет, оно не плохое, не грубое и не оскорбительное. […] Нет, нет ничего плохого в том, чтобы обратиться к *женщинам*, называя их именно *женщинами*, а не девушками или девами.
2) девушка – это МОЛОДАЯ *женщина*, а не синоним слова "*женщина*". Особенно коряво оно смотрится в словосочетаниях вроде "девушки

> и мужчины" или "45-летняя девушка". […] Так что вы смело можете употреблять слово "*женщина/ы*" как в нашем паблике, так и за его пределами. Это нормально, хорошо и здорово (Подслушано Феминизм // 14.11.2020) [Liebe Teilnehmerinnen, Autorinnen von Posts und Kommentatorinnen!
> Ich erinnere Sie daran, dass
> 1) es in der russischen Sprache das Wort ‚*Frau*' gibt, das Menschen weiblichen Geschlechts bezeichnet, die nicht mehr im kindlichen Alter sind. Nein, es ist kein böses Wort, es ist nicht unhöflich oder beleidigend. […] Nein, es ist nichts Falsches daran, *Frauen* ausdrücklich als *Frauen* und nicht als Mädchen oder Jungfrauen zu bezeichnen.
> 2) Ein Mädchen ist eine JUNGE *Frau*, kein Synonym für das Wort ‚*Frau*'. Besonders schlampig wirkt es bei Sätzen wie ‚Mädchen und Männer' oder ‚45-jähriges Mädchen'. [...] Es steht Ihnen also frei, das Wort ‚*Frau/en*' sowohl innerhalb als auch außerhalb unserer Gruppe zu verwenden. Das ist normal, gut und toll]

In diesem Beitrag werden zwei Probleme thematisiert, die mit der Personenbezeichnung *женщина* [Frau] verbunden sind. So führen die Vermeidung des Wortes *женщина* [Frau] und das Ersetzen durch ein anderes Wort dazu, dass *женщина* als beleidigend wahrgenommen wird. Der Grund für diese Vermeidung wird im zweiten Punkt angesprochen: Da für die Bezeichnung von jüngeren Frauen der Begriff *девушка* [Mädchen] benutzt wird, haben manche Sprachnutzer*innen das Gefühl, dass die Bezeichnung *женщина* als Hinweis auf ein höheres Alter verstanden werden kann. All diese Aspekte werden im erwähnten Beitrag angesprochen und kritisiert mit der Intention, die Personenbezeichnung *женщина* [Frau] zu normalisieren, von diversen Konnotationen zu befreien und so zu gestalten, dass sie universal in allen Kontexten passt.

3.3.3.2. Weitere maskuline Personenbezeichnungen im Korpus der feministischen Foren

Werden die fünf häufigsten semantischen Kategorien bei den maskulinen Personenbezeichnungen betrachtet, ist auffällig, dass einerseits die Personenbezeichnungen aus dem Bereich ‚Verwandtschaft/Beziehungen' verbreitet sind und andererseits Pejorativa mit 97 Belegen auf dem fünften Platz sind. Dies entspricht zwei Hypostasen der Konzeptualisierung von Männern im Korpus: als Lebenspartner/Verwandte sowie als Quelle der Gefahr und Aggression.

Es gibt viele Verwandtschaftsbezeichnungen wie *брат* [Bruder], *папа* [Vater] und *муж* [Ehemann], die in verschiedenen Arten von Kontexten vorkommen – von eindeutig negativ bis eindeutig positiv konnotierten:

(78) Час назад был разговор с *мужем* (именно *муж*! Отличный семьянин, *отец*, моя поддержка и опора!) (#щастьебытьженщиной // 08.10.2020) [Vor einer Stunde hatte ich ein Gespräch mit meinem *Ehemann* (genau *Ehemann*! Großer Familienmensch, *Vater*, meine Unterstützung und Ermutigung!)]

(79) Нынешний мамин *муж*, мой *отчим*, который не прибегает к физическому насилию, однако является блестящим абьюзером. (Подслушано Феминизм // 28.11.2020) [Mutters derzeitiger *Ehemann*, mein *Stiefvater*, der zwar keine körperliche Gewalt ausübt, aber ein brillanter Missbrauchstäter ist.]

Interessanterweise muss die Autorin im Beispiel (78) speziell kommentieren, dass ihr Mann ihre „Unterstützung und Ermutigung" ist. Es ist scheinbar für die Nutzer*innen der feministischen Foren nicht selbstverständlich, dass ein Mann ein guter Ehemann und Vater ist – vermutlich auch weil Berichte, wie im Beispiel (79), keine Seltenheit sind.

Was Pejorativa angeht, können zwei Arten von Kontexten unterschieden werden. Zum einen werden Pejorativa oftmals allgemein und abstrakt benutzt und sind nicht konkret gegen Männer gerichtet, sondern drücken die allgemeine Unzufriedenheit oder eine starke Meinung aus, wie im folgenden Satz:

(80) в интернете одни *дураки* сидят, изучать что-то по интернету очень легко […] (Подслушано Феминизм // 15.11.2020) [Das Internet ist voll von *Dummköpfen*, es ist sehr einfach, im Internet etwas zu lernen]

Das Beispiel oben zeigt keine spezielle Besonderheit der feministischen Foren, sondern eher die Besonderheit der Umgangssprache, die oft in inoffiziellen Situationen und zum Ausdrücken starker Emotionen (teilweise mit Pejorativa) genutzt wird (vgl. Kožina 1993, 214). Außerdem ist die Verwendung von Pejorativa für die Sprache im Internet charakteristisch (vgl. Chambers und Bichard 2012, 5; Murthy und Sharma 2019, 192; Thelwall 2018, 616).

Zum anderen sind die Pejorativa oft speziell gegen Männer gerichtet, sowohl gegen konkrete Männer als auch gegen die Männer als Gruppe, wie jeweils in den folgenden Beispielen:

(81) Надеюсь, что с Машей все хорошо и что однажды этот *мерзавец* действительно получит свое. (Подслушано Феминизм // 16.11.2020) [Ich hoffe, dass es Mascha gut geht und dass dieser *Dreckskerl* eines Tages wirklich für alles zahlen wird]

(82) Мужчины в патриархате - *паразиты* и *потребители*, они подсаживают зародыш в тело женщины, как оса - свои личинки в плод инжира. (Подслушано Феминизм // 11.11.2020) [Männer im Patriarchat sind *Parasiten* und *Konsumenten*, sie pflanzen den Embryo in den Körper der Frau, wie eine Wespe ihre Larven in die Früchte eines Feigenbaums pflanzt.]

Im Beispiel (82) werden die negativen Gefühle zu Männern besonders bildhaft ausgedrückt, da Männer nicht nur mit Wespen verglichen werden, sondern als Parasiten und Konsumenten bezeichnet werden. Dieser Satz wurde vermutlich deshalb verfasst und veröffentlicht, weil die feministischen Foren von ihren Nutzer*innen als ein sicherer Ort wahrgenommen werden, wo sie all ihre Emotionen beschreiben können, auch wenn dies in aggressiver Form geschieht. Dieser Satz wäre zum Beispiel im Korpus des publizistischen Stils kaum denkbar, denn in diesem Satz gibt es nicht nur eine offene negative Bewertung von Männern, sondern die Schwangerschaft wird auch mit einem Wurmbefall verglichen. Das steht in starkem Widerspruch zu der in den Medien herrschenden Rhetorik, in der die Schwangerschaft als Wunsch und Ziel jeder Frau dargestellt wird (vgl. Beispiel (21) im Abschnitt 3.3.2.1., in dem erzählt wird, dass Frauen, die nicht schwanger werden konnten, sich durch die Unfruchtbarkeit machtlos fühlten).

Das heißt, die feministischen Foren erlauben es den Nutzer*innen, eine eigene Umgebung für sich zu schaffen, in der die traditionellen Vorstellungen und patriarchalen Rollen aktiv widerlegt werden – auch wenn dabei das andere Extrem erreicht wird und manche Aussagen an Misandrie grenzen.

Generell kann aber gesagt werden, dass die Konzeptualisierung der Männer im Korpus zwiespältig ist, und neben Pejorativa und Feindlichkeit gibt es auch viele Kontexte, in denen Männer als Familienmitglieder und Partner dargestellt werden. Das kann vor allem dadurch erklärt werden, dass die Beiträge in den feministischen Foren von einer äußerst inhomogenen Gruppe von Autor*innen verfasst werden. Jede*r von ihnen lässt die eigene Weltanschauung und Erfahrungen in die Beiträge einfließen, was vor allem in der Konzeptualisierung des Männerbilds sichtbar wird.

3.3.3.3. Weitere feminine Personenbezeichnungen im Korpus der feministischen Foren

Die zweitgrößte semantische Kategorie bei den femininen Personenbezeichnungen ist, genauso wie bei den maskulinen Personenbezeichnungen, die Gruppe ‚Verwandtschaft/Beziehungen'. Das kann auch dadurch erklärt werden, dass sich die Beiträge in den Foren meistens auf alltägliche Themen fokussieren, wie die persönlichen Erfahrungen der Nutzer*innen mit Freund*innen und Familie. Die häufigsten Wörter sind *дочь* [Tochter] (60 Belege; 1,58 % von allen femininen Personenbezeichnungen), *жена* [Ehefrau] (66 Belege; 1,74 %), *мама/мать* [Mama/Mutter] (268 Belege; 7,07 %), *подруга* [Freundin] (153 Belege; 4,03 %) und *сестра* [Schwester] (143 Belege; 3,77 %). Während in den meisten Beispielen über die Beziehungen mit Eltern oder Freund*innen erzählt wird, gibt es einige Besonderheiten. So kommt die Personenbezeichnung *жена* [Ehefrau] oft in Kontexten vor, in denen die Situation aus der Sicht einer Frau beschrieben wird, die aber versucht, sich in die Position eines Mannes zu versetzen und seinen Gedankenverlauf ironisch zu ‚zitieren':

(83) *Жена* должна быть ещё и *мамой*, которая после работы встретит с пирогами, вдохновит на нужный путь […] (Подслушано Феминизм // 26.11.2020) [Eine *Ehefrau* sollte auch eine *Mutter* sein, die dich nach der Arbeit mit Kuchen begrüßt und dich inspiriert]

(84) Ну развелся мужик, с кем не бывает, это ж жизнь, *жена*, наверное, бедного запилила, вынудила изменить верного лебедя, довела до пьянки. (Подслушано Феминизм // 28.11.2020) [Der Mann hat sich also scheiden lassen, das kommt vor, so ist das Leben, seine *Ehefrau* hat den armen Kerl wahrscheinlich schikaniert, ihn, den treuen Schwan, gezwungen, sie zu betrügen, ihn zum Trinken getrieben.]

Beide Beispiele von oben stammen aus längeren Beiträgen, in denen die Nutzer*innen ihre Überlegungen zu Familie und Ehe in der heutigen russischen Gesellschaft darlegen. In beiden Sätzen werden die Stereotype über die Rolle der Frauen mit Spott und Ironie wiedergegeben. Die Autor*innen nutzen die (imaginäre) Fremdrede, um zu zeigen, dass sie sich von dieser Denkweise maximal distanzieren. Die Zusammenstellung der beiden Sätze oben zeigt, wie unterschiedlich die Anforderungen der Gesellschaft an Frauen und an Männer in der Ehe aussehen (zumindest aus der Perspektive der Nutzer*innen der feministischen Foren): Während von einer Frau erwartet wird, dass sie auch die Rolle der Mutter spielt, Essen kocht und ihren Lebenspartner inspiriert, wird einem Mann verziehen, wenn er die Frau betrügt oder Alkohol trinkt – und mehr noch: Dafür wird auch die Frau beschuldigt.

Die dritthäufigste semantische Kategorie bei den femininen Personenbezeichnungen ist ‚Beruf/Beschäftigung'. Diese semantische Kategorie sieht in diesem Korpus anders aus als im Korpus des publizistischen Stils, was vor allem dadurch bedingt ist, dass hier diese Kategorie vielfältig ist und viele Unterkategorien beinhaltet. Es gibt wesentlich mehr unterschiedliche Lexeme (also mehr Types im Gegensatz zu Tokens (vgl. Scherer 2014, 34)), wobei manche von denen im Korpus nur einmal vorkommen (wie *математикесса* [Mathematikerin], *окулистка* [Ophthalmologin] und *теологиня* [Theologin]). Die femininen Personenbezeichnungen werden für die Benennung von verschiedenen Berufen benutzt, ohne dass starke Tendenzen erkennbar sind (im Gegensatz zum Korpus des publizistischen Stils, in dem Frauen überwiegend in kreativen Berufen vorkommen). Abgesehen von einigen einzelnen Personenbezeichnungen, deren Frequenz mit der Spezifik der Internet-Kommunikation verbunden ist (wie *админка* [Administratorin] im Sinne von [Administratorin der Internetforen] oder *авторка* [Autorin], im Sinne von ‚Autorin des Beitrags'), ist es schwer, in Bezug auf den semantischen Bereich Schwerpunkte zu definieren. Die Personenbezeichnungen, auch die, die nicht in Wörterbüchern fixiert sind, werden in stilistisch neutralen Kontexten benutzt.

Viele Nutzer*innen versuchen, die Feminativa möglichst konsequent einzusetzen, auch bei zweiteiligen Personenbezeichnungen:

(85) Работала я *корреспонденткой-редакторшей* в одном маленьком издании о культуре и сказала, что так-то бабла у меня не особенно много. (#щастьебытьженщиной // 10.08.2020) [Ich arbeitete als *korrespondierende Redakteurin* bei einer kleinen Kulturzeitschrift und sagte, dass ich nicht viel Kohle habe.]

Ausgerechnet diese Vielfältigkeit und die Repräsentation von Frauen in verschiedenen semantischen Bereichen sind ein Merkmal, das die Sprache der feministischen Foren kennzeichnet. Es findet hier keine ‚Ghettoisierung' der weiblichen Biografien statt („Ghettoisation" vgl. Isanović, 2006, S. 61). Es werden keine spezifischen Kontexte für Frauen vorgesehen, sondern es wird eine breite Palette von diversen femininen Personenbezeichnungen eingesetzt – analog zu den maskulinen Personenbezeichnungen im Korpus des publizistischen Stils.

3.3.3.4. Suffixe der Feminativa im Korpus der feministischen Foren

Genauso relevant wie die Frage, welche Feminativa verwendet werden und in welchen Kontexten, ist der Aspekt, mit welchen Suffixen sie gebildet werden. Zusammengefasst sehen die Ergebnisse wie folgt aus:

Tabelle 8: Suffixe der Feminativa im Korpus der feministischen Foren

Suffix	*Anzahl der Belege im Korpus*	*Prozentzahl (bezogen auf alle Feminativa)*
suppletiv gebildet	2398	63,22 %
-к(а)	705	18,59 %
-иц(а), -ниц(а), щиц(а)	310	8,17 %
-ин(я), -ын(я)	142	3,74 %
-анк(а), -янк(а)	67	1,77 %
-ш(а)	26	0,69 %
-есс(а)	17	0,45 %
-ис(а)	16	0,42 %
Endung –(а)	16	0,42 %

Suffix	*Anzahl der Belege im Korpus*	*Prozentzahl (bezogen auf alle Feminativa)*
-овь(-)	9	0,24 %
-ость(-)	7	0,18 %
-ушк(а), -юшк(а)	6	0,16 %
-ев(а)	4	0,11 %
-ух(а)	4	0,11 %
-ин(а)	2	0,05 %
-их(а)	1	0,03 %
-ej(a)	1	0,03 %

Auf dem ersten Platz, wie beim Korpus des publizistischen Stils, sind suppletiv gebildete Feminativa. Das kann dadurch erklärt werden, dass die Personenbezeichnungen aus der größten semantischen Gruppe ‚Verwandtschaft/Beziehungen' überwiegend suppletiv gebildet werden (Wörter wie *сестра* [Schwester], *жена* [Ehefrau], *дочь* [Tochter] usw.). Auf dem zweiten Platz ist das Suffix *-к(а)* und auf dem dritten die Suffixe *-иц(а), -ниц(а)* und *щиц(а)*. Die Popularität des Suffixes *-к(а)* ist nicht überraschend, weil es auch im konventionalisierten Sprachgebrauch das am meisten verbreitete Suffix für die Bildung der Feminativa ist (Natalja Ju. Švedova 1980, 197). Dieses Suffix lässt sich mit einer Vielfalt von Wortstämmen kombinieren und trägt keine negativen oder umgangssprachlichen Konnotationen. Im Korpus werden bereits in der Sprache etablierte Feminativa benutzt (*вокалистка* [Sängerin], *клиентка* [Kundin], *оптимистка* [Optimistin]), aber auch neue produziert. Die neu gebildeten Feminativa kommen aus verschiedenen semantischen Bereichen: Internet (*летсплеерка* [Letsplayerin], *стримерка* [Streamerin] – beides steht für Personen, die sich beim Spielen eines Computerspiels aufnehmen oder live übertragen lassen), politische (gesellschaftliche) Ansichten (*либералка* [die Liberale], *патриархалка* [die Patriarchale], *веганка* [Veganerin]), Studium (*магистерка* [*Magisterin]), Medizin (*психиаторка* [Psychiaterin], *психотерапевтка* [Psychotherapeutin], *УЗИстка* [Ultraschalltechnikerin]), kreative Berufe (*дизайнерка* [Designerin], *иллюстраторка* [Illustratorin], *музыкантка* [Musikerin]) usw.

Anders ist die Situation bei den Suffixen *-иц(а), -ниц(а)* und *щиц(а)*. Hier gibt es wenig neu gebildete Feminativa mit diesen Suffixen, sondern es werden eher bereits in der Sprache etablierte und in den Wörterbüchern eingetragene Lexeme benutzt. Dafür werden die Suffixe *-иц(а), -ниц(а)* und *щиц(а)* wesentlich konsequenter eingesetzt als im Korpus des publizistischen Stils: Fast alle Personenbezeichnungen mit den Suffixen *-тель*, *-щик*, *-ник* usw. werden mit den femininen Suffixen moviert, wie etwa *воспитательница* [Erzieherin], *собеседница* [Gesprächspartnerin] oder *уборщица* [Putzfrau]. All diese Wörter sind stilistisch neutral und werden nicht nur in den feministischen Foren gebraucht. Allerdings werden auch solche Lexeme im publizistischen Stil oftmals durch die maskulinen Personenbezeichnungen ersetzt (zum Beispiel *воспитатель* [Erzieher] statt *воспитательница* [Erzieherin] für eine Frau). Neben solchen konventionalisierten Lexemen gibt es aber einige neue Wortschöpfungen: *дальнобойщица* [Lkw-Fahrerin] oder *бодипозитивщица* [Unterstützerin der Body-Positivity-Bewegung].

Anders als erwartet ist auch das Suffix *-ин(я)* (und seine nicht palatalisierte Version *-ын(я)*) im Korpus stark verbreitet. Dieses Suffix ist in der modernen russischen Sprache nur begrenzt produktiv und ursprünglich wurden damit vor allem die femininen Varianten von Titeln gebildet (wie etwa *графиня* [Gräfin] oder *герцогиня* [Herzogin]). Švedova schrieb aber bereits 1980 über die Tendenz, mit dem Suffix *-ин(я)* Feminativa von auf *-лог* endenden maskulinen Personenbezeichnungen zu bilden (vgl. Natalja Ju. Švedova 1980, 200). Diese Tendenz ist in der Sprache der feministischen Foren stark präsent: *гинекологиня* [Gynäkologin], *дерматологиня* [Dermatologin] oder *психологиня* [Psychologin] sowie von anderen Wortstämmen gebildete Begriffe wie *врачиня* [Ärztin], *игрокиня* [Spielerin] oder *людиня* [*Menschin].

Die relativ weite Verbreitung der Suffixe *-анк(а)* und *-янк(а)* kann nicht als eine spezifische Tendenz definiert werden, da alle 67 Belege auf drei Lexeme fallen: *беглянка* [die Flüchtige], *лесбиянка* [Lesbe] und *служанка* [Dienstmädchen].

Erst danach kommt das Suffix *-ш(а)* mit lediglich 26 Belegen im Korpus. Es werden solche Personenbezeichnungen benutzt wie *докторша* [Ärztin], *авторша* [Autorin] und *партнерша* [Partnerin] (allein auf das letzte Beispiel fallen 11 Belege von 26 insgesamt). Die geringe Verbreitung des Suffixes *-ш(а)* kann möglicherweise dadurch erklärt werden, dass die mit diesem Suffix produzierten Feminativa als zu salopp oder ironisch wahrgenommen werden. Die alternative Erklärung ist, dass dieses Suffix wegen seiner ursprünglichen Semantik ‚Frau von der Person, die vom motivierenden Wort benannt wird' gemieden wird. Diese Erklärung ist allerdings weniger wahrscheinlich, da diese Semantik in der modernen Sprache kaum mehr aktualisiert wird. Die Tendenz, bei der Bildung von Feminativa das Suffix *-к(а)* gegenüber dem Suffix *-ш(а)* zu bevorzugen, wurde bereits von manchen Forscher*innen als Merkmal der Sprache der Feminist*innen definiert. So schreibt Guzaerova, dass das Suffix *-к(а)* ein diskursiver Marker ist, der zeigt, dass diese Person zur feministischen Bewegung gehört (vgl. Guzaerova 2019, 110). Rein quantitativ kann diese These anhand des Materials aus dem Korpus bestätigt werden.

Weitere im Korpus verwendete Suffixe sind *-есс(а)* (in Lexemen wie *адвокатесса* [Anwältin], *магистресса* [*Magisterin], *математикесса* [Mathematikerin], *физикесса* [Physikerin]), *-ис(а)* (*психиатриса* [Psychiaterin] und *редактриса* [Redakteurin]) und einige andere. Ziemlich ungewöhnlich ist die Verwendung der Endung *–(а)*, um Feminativa zu bilden, wie bei den Lexemen *подростка* [eine Jugendliche], *ребенка* [*Kindin] und *человека* [*Menschin].

Die semantische Uneindeutigkeit von *человека* wurde im vorliegenden Unterkapitel bereits diskutiert – Ähnliches kann auch über *ребенка* und *подростка* gesagt werden. Generell wird die Bildung der Feminativa mit der Flexion im Vergleich zur Suffigierung in der russischen Sprache wesentlich seltener benutzt (wie in den Lexemen *маркиза* [Markise], *супруга* [Gattin] usw.(vgl. Natalja Ju. Švedova 1980, 224)). Folglich stellen die Lexeme *подростка*, *ребенка* und *человека* eine Art Exotismus dar.

Eine weitere Besonderheit bei der Wortbildung der Feminativa im Korpus ist die Variabilität bei der Verwendung von Suffixen. Bei manchen Lexemen entsteht eine Art Wortkette aus zwei oder sogar drei Varianten eines Lexems: *врачея – врачиня – врачиха* [Ärztin], *психиаторка – психиатриня – психиатриса* [Psychiaterin] oder *редакторка – редакторша – редактриса* [Redakteurin]. Das wird dadurch verursacht, dass es in der russischen Sprache nicht immer feste Regeln für die Bildung der Feminativa gibt und zudem speziell in der feministischen Community noch kein Kanon entstanden ist. Es kann zum heutigen Zeitpunkt nicht gesagt werden, welche von diesen Varianten die ‚korrekte' ist, da sich die feministische Wortbildung außerhalb des kodifizierten Sprachgebrauchs befindet. Da in diesem Bereich (noch) keine Norm existiert, gibt es auch keine Abweichung von der Norm.

3.3.3.5. Maskulinisierung im Korpus der feministischen Foren

Trotz des Bestrebens von manchen Nutzer*innen, Frauen ausschließlich mit Feminativa zu bezeichnen, gibt es im Korpus einige Fälle sowohl von generischem Maskulinum (was bereits am Anfang des Unterkapitels thematisiert wurde) als auch von Maskulinisierung. Bei Letzterem werden maskuline Personenbezeichnungen für Frauen verwendet. Es sind insgesamt 54 solche Fälle im Korpus, was prozentuell wesentlich weniger ist als im Korpus des publizistischen Stils (0,73 % von allen Personenbezeichnungen im Korpus gegen 2,29 % im Korpus des publizistischen Stils). Eingeschlossen sind dabei auch die Kombinationen mit dem Wort человек, wie etwa:

(86) Я очень слабый и ранимый *человек* […] (Подслушано Феминизм // 01.11.2020) [Ich bin ein sehr schwacher und verletzlicher *Mensch*]

Dass eine Frau mit einer anderen maskulinen Personenbezeichnung benannt wird, ist ziemlich selten, kommt aber trotzdem vor:

(87) Гендерная социализация (с присущей ей ролью полов) поставила женщин в заведомо невыгодное положение *должника* […] (Подслушано Феминизм // 16.12.2020) [Die Gendersozialisierung (mit der inhärenten Genderrolle) setzte die Frauen in eine von Anfang an nachteilige Position des *Schuldners*]

Keine der bereits im Korpus beobachteten Tendenzen kann als Erklärung dienen, warum im Satz oben das Wort *должник* [Schuldner] und nicht *должница* [Schuldnerin] verwendet wird (das auch in der kodifizierten Sprache anerkannt und im Wörterbücher fixiert ist (vgl. Kolesnikov 2014, 102)). Wie schon früher beschrieben, ist die Verwendung der Feminativa im Korpus teilweise aber inkonsequent. Oben wurde ein Beispiel angeführt, in dem eine Frau als *врачиня и доктор наук* [Ärztin und Doktor der Wissenschaften], d. h. mit einer femininen und mit einer maskulinen Personenbezeichnung benannt wurde.

Insgesamt macht die abwechselnde Verwendung von femininen und maskulinen Personenbezeichnungen den Eindruck, dass zwar in den feministischen Foren versucht wird, Frauen durch die Feminativa sichtbarer zu machen, aber die Schreibenden ab und zu in alte Muster verfallen und Ausdrücke wie im Beispiel (87) formulieren. Der Unterschied zum Korpus des publizistischen Stils besteht aber darin, dass in den feministischen Foren die Verwendung der maskulinen Personenbezeichnungen keine Strategie ist, um Frauen als professioneller und prestigeträchtiger darzustellen.

3.3.3.6. Nicht genderspezifizierende Personenbezeichnungen im Korpus der feministischen Foren

Insgesamt gibt es 603 nicht genderspezifizierende Personenbezeichnungen im Korpus, was deutlich weniger ist als die Anzahl der maskulinen oder femininen Personenbezeichnungen. Nicht genderspezifizierende Personenbezeichnungen machen nur 8 % aller Personenbezeichnungen im Korpus aus, was auch um zwei Prozentpunkte weniger ist als im Korpus des publizistischen Stils. Die Kategorie der nicht genderspezifizierenden Personenbezeichnungen besteht aus *genus commune*, Neutrum, substantivierten Adjektiven und Partizipien im Plural, Lexemen wie *дети* [Kinder] und *люди* [Leute] sowie aus Splitting und Beidnennungen.

Der Wortschatz im *genus commune* ist ziemlich vielfältig und beinhaltet sowohl Personenbezeichnungen mit positiver Konnotation (*умница* [Kluge(r)] oder *профи* [Profi]) als auch solche mit negativer Konnotation (*пройдоха* [Tunichtgut], *выскочка* [Emporkömmling] und *глупышка* [Dummerchen]). Interessanterweise werden im Korpus auch Okkasionalismen und neue Wortschöpfungen benutzt, die dem *genus commune* zugeordnet werden können. Dazu gehören der negativ konnotierte Begriff *альфа* [Alpha], der in Bezug auf Personen (überwiegend Männer) benutzt wird, die versuchen, zu dominieren und Druck auszuüben, oder das Wort *феминаци* [Feminazi], das eine abwertende und beleidigende Bezeichnung für Feminist*innen ist (im Korpus handelt es sich dabei meistens um Fremdrede).

In feministischen Foren werden öfter als im Korpus des publizistischen Stils Personenbezeichnungen im Neutrum benutzt. Neutrum bei belebten Subjekten kommt im Russischen grundsätzlich sehr selten vor, aber die wenigen in der Sprache vorhandenen neutralen, belebten Substantive werden im Korpus aktiv benutzt: *дитя, чадо* [Kind], *существо* [Wesen], *быдло* [Pöbel] (wörtlich ‚Arbeitsvieh'), oder *чудовище* [Monster]. Die beiden ersten Nomina sind Bezeichnungen für ‚Kind' und werden vermutlich im Korpus häufig benutzt, um die Verwendung des maskulinen Nomens *ребёнок* zu vermeiden. *Существо* wird nur für die Bezeichnung von Männern benutzt und trägt üblicherweise negative Konnotationen:

(88) Из-за этого оно, это *существо*, стало угрожать мне судом и встречными заявлениями […] Его бывшая девушка предупредила, что перед ней тоже оно такой спектакль закатило и до сих пор живо. (#щастьебытьженщиной // 10.08.2020) [Deshalb drohte es, dieses *Wesen*, damit, mich zu verklagen und eine Gegenklage einzureichen [...] Seine Ex-Freundin warnte mich, dass es auch vor ihr ein solches Spektakel veranstaltet habe und noch am Leben sei.]

In diesem Beispiel wird eine männliche Person nicht nur mit dem Nomen *существо* [Wesen] bezeichnet, sondern es wird auch konsequent das Pronomen *оно* [es] verwendet, was als abwertend wahrgenommen werden kann. In diesem Fall wird also Neutrum benutzt, um zu zeigen, dass das Objekt der Erzählung von der Autorin (der Beitrag wurde von einer Frau verfasst) verachtet und nicht respektiert wird. Das heißt, Neutrum wird im Korpus mit verschiedenen Zielen verwendet: Es fungiert sowohl als eine Strategie der gendergerechten Sprache, weil es hilft, einen direkten Verweis auf das Gender der Person zu vermeiden (wie mit den Lexemen *дитя* und *чадо*), als auch als ein Mittel, um Verachtung für die Person auszudrücken (wie mit dem Wort *существо*).

In diesem Korpus, im Gegensatz zum publizistischen Stil, wird manchmal Splitting benutzt, wofür verschiedene graphische Mittel eingesetzt werden, wie etwa Klammern (*Лекторки(-ы)* [Dozent(innen)]), der Schrägstrich (*специалистки/ы* [Spezialist/innen]) oder Gender-Gap (*одноклассницами_ками* [Klassenkamerad_innen]). Kennzeichnend ist, dass die feminine Variante fast immer vorangestellt wird, auch wenn es graphisch ‚unökonomisch' ist, wie beim Wort *специалистка/т*, bei dem die feminine Endung zuerst ausgeschrieben wird und nach dem Schrägstrich die maskuline ‚Endung' kommt. Diese ist, streng genommen, keine Flexion, sondern der letzte Buchstabe des Wortstamms, da das Wort *специалист* [Spezialist] eine Nullendung hat. Die deutsche Entsprechung wäre etwa ‚Spezialistin/t'. Dieses Beispiel zeigt erneut, dass es keine Regelungen für eine genderkorrekte Sprache gibt und die Nutzer*innen sich dabei eher am eigenen Sprachgefühl orientieren. Außerdem wird durch die Schreibweise wie *специалистка/т* erneut klar, dass die Sprache in feministischen Foren stark ideologiegeladen ist und in manchen Situationen die Priorität auf das Ausdrücken der eigenen Position gesetzt wird (das weibliche Gender kommt zuerst und wird nicht durch Klammer oder Schrägstrich ‚verdrängt') statt auf sprachliche Ökonomie.

Eine weitere signifikante Feststellung, die in diesem Kontext gemacht werden kann, ist, dass die Feminativa in feministischen Foren grundsätzlich Vorrang haben. Es gibt nur 13 Belege von Splitting im Korpus, was lediglich 0,18 % von der gesamten Zahl der Personenbezeichnungen im Korpus entspricht. Nicht binäre, genderneutrale Ausdrücke werden somit im Korpus relativ wenig thematisiert, und in vielen Kontexten wird von der Genderbinarität als Grundannahme ausgegangen, was zum Beispiel bei der sog. Beidnennung deutlich wird:

(89) По мнению *автора или авторки* этого учебника жертва всегда может избежать изнасилования, ведь она чертов экстрасенс. (Подслушано Феминизм // 23.11.2020) [Nach Ansicht des *Autors oder der Autorin* dieses Lehrbuchs kann das Opfer immer vermeiden, vergewaltigt zu werden, weil es ein verdammtes Medium ist.]

(90) Вот чтобы уже к периоду полового созревания каждый *подросток* и каждая *подростка* знали все о своём теле или теле друг друга, о безопасности, о беременности, о репродуктивной функции и гигиене. (Подслушано Феминизм // 15.12.2020) [Damit jeder *Teenager* und jede *Teenagerin* in der Pubertät alles über seinen Körper und den der anderen weiß, über Sicherheit, Schwangerschaft, Fortpflanzungsfunktion und Hygiene.]

In manchen Kontexten wird nicht nur die Vorstellung über die Genderbinarität sichtbar, sondern auch die heteronormative Vorstellung über die Familie – wie im Beispiel unten:

(91) Это, чёрт возьми, то, что нужно ВСЕМ. И *мамам, и папам, братьям, сёстрам, бабушкам, дедушкам, дядям и тётям, подругам и друзьям.* (#щастьебытьженщиной // 12.08.2020) [Das ist, verdammt noch mal, was alle brauchen. *Mütter und Väter, Brüder und Schwestern, Omas, Opas, Onkel und Tanten, Freundinnen und Freunde.*]

Diese Beispiele lassen den Schluss zu, dass im Korpus wenig Wert auf die Repräsentation der nicht binären Identitäten gelegt wird bzw. die in der traditionellen Gesellschaft herrschende Vorstellung über die Genderbinarität wenig kritisiert und hinterfragt wird – im Gegensatz zu vielen Stereotypen über Frauen, die im Korpus konsequent widerlegt werden.

3.3.4. Zusammenfassung und Diskussion: Repräsentation von Gender in verschiedenen Funktionalstilen der russischen Sprache

In den vorangegangenen Unterkapiteln wurden die Tendenzen bei der Repräsentation von Gender in zwei Sprachkorpora verglichen. Diese entsprechen zwei stark unterschiedlichen Funktionalstilen und kommunikativen Situationen in der russischen Sprache. Diese zwei Stile haben unterschiedliche Besonderheiten und Regeln, nach denen sie funktionieren, und spielen unterschiedliche Rollen in der Gesellschaft. Während der publizistische Stil die Sprache der Medien prägt und von einem großen Kreis der Sprachnutzer*innen produziert bzw. gelesen wird, ist die Sprache der feministischen Foren nur für eine kleine Gruppe von Sprachnutzer*innen relevant und befindet sich außerhalb des konventionalisierten Sprachgebrauchs. Diese Unterschiede machen den Vergleich von zwei Sprachkorpora so interessant: Sie stellen gewissermaßen eine Norm und eine Abweichung von der Norm dar und können somit nicht ohneeinander existieren, da sich die Norm nicht ohne Ausgrenzung von dem, was nicht zur Norm gehört, definieren lässt. Außerdem ist es in der russischen Sprache die marginalisierte Sprache der feministischen Foren, in denen sämtliche Bestrebungen für einen gendergerechten Sprachgebrauch reflektiert werden, wie die (konsequentere) Verwendung von Feminativa, die Vermeidung vom generischen Maskulinum und sogar einzelne Fälle von Splitting.

Erwartungsgemäß ist die Repräsentation von Gender in den zwei Sprachkorpora stark unterschiedlich. Im Korpus des publizistischen Stils fällt als Erstes der quantitative Unterschied auf, da die maskulinen Personenbezeichnungen 79 % aller Personenbezeichnungen ausmachen und die femininen lediglich 11 %. Allerdings bestehen neben dem Unterschied in der Anzahl der Personenbezeichnungen auch zahlreiche qualitative Unterschiede. Frauen werden nicht nur generell weniger in der Sprache repräsentiert, sondern sie werden in verschiedenen semantischen Gruppen unterschiedlich repräsentiert. Es findet eine Art der ‚Ghettoisierung' der Frau statt („Ghettoisation" vgl. Isanović, 2006, S. 61). Die Frau wird nur in bestimmten Kontexten erwähnt, zum Beispiel in solchen, die Beziehungen oder die Familie betreffen. Generell ist das Lexem *женщина* [Frau] die am häufigsten benutzte feminine Personenbezeichnung im Korpus. Das kann als Zeichen dafür interpretiert werden, dass Frauen, im Gegensatz zu Männern, viel seltener nach ihrem Beruf, der Beschäftigung oder einem anderen sozialen Status bestimmt werden, sondern in erster Linie nach ihrem Gender. Häufig erscheinen Frauen in Kontexten, die mit Körperlichkeit und Gesundheit zu tun haben. Die Frau tritt als Patientin auf, die reproduktive Gesundheit der Frau wird besprochen oder es wird eine (negative oder positive) Bewertung des Aussehens einer Frau gegeben. Diesen Kontexten ist gemeinsam, dass sie spezifisch weiblich sind und ein Ersetzen durch maskuline Personenbezeichnung nicht zulassen. In anderen Worten kann das Prinzip, nach dem die Personenbezeichnungen im Korpus verwendet werden, folgendermaßen beschrieben werden: Feminine Personenbezeichnungen werden nur dort verwendet, wo es absolut notwendig und unvermeidbar ist (zum Beispiel in Kontexten, die spezifisch die weibliche reproduktive Gesundheit betreffen). Aber in allen anderen Situationen werden überwiegend maskuline Personenbezeichnungen benutzt (für die Benennung von Männern, als generisches Maskulinum oder für die Benennung von Frauen).

Selbst aus den wenigen Kontexten, in denen feminine Personenbezeichnungen vorkommen, kristallisiert sich ein bestimmtes Bild von der Frau heraus. Sie kommt oft als Ehefrau und Mutter vor, wobei die Mutterschaft als das erwünschte Ziel im Leben jeder Frau dargestellt wird. In einem Beispiel wird sogar über Frauen erzählt, die sich wegen erfolgloser Versuche, schwanger zu werden, als ‚machtlos' empfunden haben (vgl. Beispiel (21)). Jede Abweichung von dieser Lebenseinstellung, zum Beispiel der Vorschlag, vor der Familienplanung finanzielle Stabilität zu erreichen (vgl. Beispiel (22)) stößt auf harte Kritik. Ähnlich sieht es mit den Anforderungen an das weibliche Aussehen aus: Grundsätzlich wird erwartet und gelobt, wenn eine Frau attraktiv ist (wie Bella Hadid im Beispiel (23)). Wenn jedoch die Frau ihre Sexualität zu offen zeigt und sich ‚unangemessen' anzieht, wird sie auch verurteilt und die Schuld für alle potenziellen sexuellen Belästigungen bei ihr gesehen (wie im Beispiel (20)).

Es lässt sich generell sagen, dass sich die Frau im publizistischen Stil der russischen Sprache im rigiden Rahmen der patriarchalen Gesellschaft befindet und die Frauen in erster Linie als Ehefrauen und Mütter wahrgenommen werden. Diese Vorstellungen kollidieren aber auf eine seltsame Weise mit den vor allem in den 1990er Jahren entstandenen Tendenzen zur Sexualisierung der Frauen (vgl. Lipovskaja 1992, 68). Das führte dazu, dass in der russischen Gesellschaft unmögliche und sich teilweise selber widersprechende Anforderungen an die Frau gestellt werden: Sie muss eine perfekte Ehefrau und Mutter sein, aber dabei soll sie über ein perfektes Aussehen verfügen. Sie soll Objekt des Begehrens sein, aber ihre Sexualität nicht zu offen zeigen, ansonsten trägt sie die Schuld für sexuelle Belästigungen.

In dieser Vorstellung von der Frau als perfekter Mutter und Ehefrau bleibt für die Frau wenig Platz für die berufliche Entwicklung, was auch sprachlich reflektiert wird: Es gibt ziemlich wenig feminine Personenbezeichnungen, die in beruflichen Kontexten vorkommen. Die Ausnahme bilden hier die kreativen Berufe, wie *актриса* [Schauspielerin], *певица* [Sängerin], *писательница* [Schriftstellerin] oder *артистка* [Künstlerin], was dadurch erklärt werden kann, dass diese Berufe mit einem stärkeren individuellen Ausdruck verbunden sind und bei kreativen Berufen das Gender der Person eine größere Rolle spielt als bei manchen anderen Berufen. In anderen Berufen werden für Frauen überwiegend die maskulinen Personenbezeichnungen verwendet – auch wenn es eine feminine Variante der Berufsbezeichnung gibt, die in der Sprache etabliert und in den Wörterbüchern eingetragen ist.

Es kann vermutet werden, dass der Mann, als Gegenpol zu diesem Bild der Frau, als möglichst stark und dominant konzeptualisiert wird, allerdings ist hier das Bild etwas komplexer. Die Konzeptualisierung des männlichen Genders in der Sprache ist vielfältig und heterogen, da mit maskulinen Personenbezeichnungen nicht nur Männer bezeichnet werden. Vielmehr werden sie auch in abstrakten und allgemeinen Kontexten benutzt und, wie gerade oben erwähnt, sogar für die Bezeichnung von Frauen gebraucht. Somit entsteht im Korpus ein uneinheitliches Bild des Mannes. Zum Teil gibt es Kontexte, die den stereotypen Vorstellungen über Männer entsprechen. Es werden zum Beispiel Männer beschrieben, die ‚zu männlich' sind, um zum Arzt zu gehen, oder die gewalttätig sind (wie jeweils in den Beispielen (13) und (14)). Im beruflichen Kontext wird der Mann oft als erfolgreich und professionell dargestellt (wie in den Beispielen (1) und (2)). Generell dominieren im semantischen Bereich ‚Beruf' maskuline Personenbezeichnungen.

Allerdings repräsentieren die maskulinen Personenbezeichnungen an vielen Stellen den Menschen allgemein und umgekehrt wird das Wort *человек* [Mensch] in einigen Kontexten mit der Semantik ‚Mann' gleichgestellt. Folglich dienen die maskulinen Personenbezeichnungen im publizistischen Stil oft nicht dazu, Männer zu bezeichnen, sondern sie drücken die Semantik ‚Mensch allgemein' aus. Demgegenüber benennen die femininen Personenbezeichnungen im Korpus nur die weiblichen Personen, aber nicht in allen Situationen, sondern nur in spezifisch weiblichen Kontexten. Während die maskulinen Personenbezeichnungen in der Sprache eine maximal universelle Semantik bekommen, sind die femininen Personenbezeichnungen eine Nische, die nur für bestimmte Fälle vorgesehen ist. Durch diesen qualitativen Unterschied im Gebrauch der maskulinen und femininen Personenbezeichnungen kann somit der erhebliche quantitative Unterschied in ihrem Auftreten erklärt werden.

Was den Gebrauch von diversen nicht genderspezifizierenden Personenbezeichnungen (zum Beispiel *genus commune* und substantivierte Partizipien oder Adjektive im Plural) angeht, kann gesagt werden, dass dahinter keinerlei bewusste Strategie oder Bestrebung nach einem gendergerechten Sprachgebrauch steckt. Die nicht genderspezifizierenden Personenbezeichnungen werden inkonsequent verwendet und in manchen Kontexten mit dem generischen Maskulinum kombiniert.

Anders sieht die Repräsentation von Gender im Korpus der Sprache der feministischen Foren aus. Hier werden viele Stereotype und Denkmuster kritisiert und widerlegt. So werden die Frauen nicht nur in spezifisch weiblichen Kontexten mit Feminativa bezeichnet, sondern auch in diversen beruflichen Situationen und sogar in allgemeinen und abstrakten Kontexten, in denen im publizistischen Stil normalerweise das generische Maskulinum benutzt wird (wie in den Beispielen (52) und (53)). Die Frau ist im Korpus nicht nur Hausfrau oder Mutter, sondern sie tritt in allen möglichen Arten von Kontexten auf, inklusive Beruf und Karriere.

Deswegen ist die semantische Kategorie ‚Beruf/Beschäftigung' die drittgrößte bei den femininen Personenbezeichnungen im Korpus.

Die stereotypen Vorstellungen über die Rolle der Frau in der Gesellschaft werden im Korpus nicht unterstützt und darüber hinaus sogar konsequent widerlegt. So wird die Idee von der Mutterschaft als Hauptziel im Leben jeder Frau stark kritisiert. Schwangerschaft ist kein Ziel und keine Lösung für alle Probleme (wie in den Beispielen (70) und (71)), sondern kann sogar gefährlich und gesundheitsschädlich sein (wie im Beispiel (69)). Genauso skeptisch sind die Nutzer*innen gegenüber Schönheitsstandards eingestellt. Die gesellschaftlichen Erwartungen, die an das Aussehen einer Frau gestellt werden, sind laut den Autor*innen mancher Beiträge unnötig und in manchen Situationen auch lebensgefährlich. So wird im Beispiel (69) über die Tragödie des 11. Septembers 2011 erzählt und wie die Frauen in Schuhen mit hohen Absätzen das Gebäude nicht schnell genug verlassen konnten. Die unmöglichen Erwartungen an Frauen und die ‚Doppelschicht', die Frauen leisten müssen, indem sie arbeiten und sich um den Haushalt kümmern, werden in verschiedenen Beiträgen der feministischen Foren thematisiert und kritisiert (vgl. Beispiel (75)).

Während die Frau an zahlreichen Stellen als Opfer der ungerechten Rollenverteilung in der Gesellschaft (oder, wie es in den Foren genannt wird, *женская гендерная социализация* [weibliche Gendersozialisierung]) gezeigt wird, sind die Männer in vielen Kontexten die Quelle dieser Ungerechtigkeit und der Aggression. In vielen Beiträgen werden Männer im negativen Licht dargestellt: Sie sind oft diskriminierend und sexistisch zu Frauen, wobei die Taten von diskriminierender Behandlung über Belästigung bis zu Gewalt reichen (wie jeweils in den Beispielen (75) und (76)).

Die nicht genderspezifizierenden Personenbezeichnungen werden im Korpus nur in geringem Maße benutzt (sie machen nur 8 % aller Personenbezeichnungen im Korpus aus). Mit der Verwendung solcher Personenbezeichnungen wird keine Strategie verfolgt, das Gender der Personen unsichtbar oder irrelevant zu machen und somit den Text möglichst genderinklusiv zu gestalten. Die nicht genderspezifizierenden Personenbezeichnungen sind nur durch vereinzelte Anwendung von Splitting (lediglich 13 Belege im Korpus, was nur 0,18 % der gesamten Zahl an Personenbezeichnungen ausmacht) sowie *genus commune* repräsentiert. Die Analyse der nicht genderspezifizierenden Personenbezeichnungen macht deutlich, dass für die Autor*innen die Sichtbarmachung der Frau und nicht die Inklusion der nicht binären Identitäten im Vordergrund steht. Die in der traditionellen Gesellschaft herrschende Vorstellung über die Genderbinarität wird wenig kritisiert und hinterfragt. Die Versuche der Nutzer*innen, die Sprache gendergerechter zu gestalten, können, nach der Klassifizierung von Motschenbacher, als non-sexistische Sprachpolitik klassifiziert werden. Das ist eine Art der ‚traditionellen' Richtlinien, die auf der zweiten Welle des Feminismus basieren. Ihre Verfechter*innen setzen sich zwar für die sprachliche Gleichbehandlung von Männern und Frauen ein, aber beschäftigen sich, im Gegensatz zu den anderen Arten der Sprachpolitik (bei Motschenbacher ist das die LGBT-freundliche und non-heteronormative Sprachpolitik) nicht mit Problemen der Heteronormativität und Genderbinarität in der Sprache (vgl. Motschenbacher 2014).

Beim präziseren Blick auf die Repräsentation von Gender in den feministischen Foren wird klar, dass auch bei maskulinen und femininen Personenbezeichnungen die in der traditionellen Gesellschaft herrschenden Vorstellungen nicht komplett überwunden sind. An vielen Stellen kehren die Nutzer*innen zu den traditionellen Sprachmustern zurück. So ist die Verwendung des generischen Maskulinums im Korpus zwar stark reduziert, aber nicht eliminiert. In manchen Fällen werden Frauen mit maskulinen Personenbezeichnungen benannt oder das Wort *человек* [Mensch] wird mit *мужчина* [Mann] gleichgestellt. Es erweist sich als schwierig, von den in der konventionalisierten Sprache etablierten Sprachgewohnheiten wegzukommen, vor allem wenn die Anwendung der neuen Sprachstrategien eher sporadisch passiert und keine Leitfäden und Regeln dafür existieren.

Es bestehen Ähnlichkeiten zwischen den beiden Korpora, was die Wortbildung der Feminativa angeht. Sowohl im Korpus des publizistischen Stils als auch im Korpus der Sprache der feministischen Foren sind suppletiv gebildete Feminativa am meisten verbreitet. Dies kann damit erklärt werden, dass die Personenbezeichnungen aus den umfangreichsten semantischen Gruppen ‚Bezeichnung des weiblichen Genders' und ‚Verwandtschaft/Beziehungen' überwiegend suppletiv gebildet werden (solche Wörter wie *женщина* [Frau], *сестра* [Schwester], *жена* [Ehefrau] usw.). Allerdings finden sich im Korpus der feministischen Foren eine größere Vielfalt verschiedener Suffixe. Manche in der konventionalisierten Sprache unproduktiven Suffixe werden in feministischen Foren wieder ‚belebt', zum Beispiel das Suffix *-ин(я)* bei Wörtern wie *гинекологиня* [Gynäkologin], *дерматологиня* [Dermatologin], *игрокиня* [Spielerin] usw. sowie *-есс(а)* bei *адвокатесса* [Anwältin] und *математикесса* [Mathematikerin], *-ис(а)* bei *психиатриса* [Psychiaterin] und *редактриса* [Redakteurin] und manche andere. Generell zeigt der Umgang mit den Feminativa in den feministischen Foren einen großen Grad der sprachlichen Kreativität und Bereitschaft, neue Wortschöpfungen zu kreieren und in der Sprache zu verwenden. Das führt sogar dazu, dass mehrere morphemische Varianten eines Lexems entstehen (*психиаторка* – *психиатриня* – *психиатриса* [Psychiaterin]).

Zusammenfassend kann gesagt werden, dass es in beiden Korpora zwei drastisch unterschiedliche Weltbilder gibt, in denen die Vorstellungen über die Genderrollen fast zwei polare Extreme darstellen. Nun kann an dieser Stelle gefragt werden, welches von diesen Bildern das ‚echte' ist und die tatsächliche Situation in der russischen Gesellschaft widerspiegelt.

Diese Frage kann nicht ohne Weiteres beantwortet werden. Es lässt sich argumentieren, dass das erste Korpus wesentlich repräsentativer ist, da dort zahlreiche Beispiele aus verschiedenen russischen Medien gesammelt werden, die einen breiten Lesekreis erreichen. Allerdings dürfen die signifikantesten Funktionen des publizistischen Stils nicht vergessen werden: die agitatorische, die Propaganda-Funktion und die öffentlichkeitswirksame Funktion (vgl. Kožina 1993, 183). In Verbindung damit stehen auch die stilistischen Besonderheiten der Publizistik, wie die Tendenz zu direkten Bewertungen im Text sowie die hohe Subjektivität. Bei der Auswertung der Ergebnisse muss außerdem beachtet werden, dass die Sprache der Publizistik im Rahmen des publizistischen Stils existiert, was mit gewissen Begrenzungen verbunden ist (es werden, zum Beispiel keine Non-Standard-Varietäten in den Korpus eingeschlossen). Das Verständnis, dass es überhaupt keine ‚normale', ‚durchschnittliche' Sprache gibt, sondern die Sprache immer durch die kommunikative Situation bedingt wird, ist eine der markantesten Schlussfolgerungen aus der Konzeption der Funktionalstile und Textsorten. Es ist bei dieser (wie auch bei jeder anderen) Sprachanalyse notwendig, sich von der Illusion zu befreien, dass eine einzige universelle und allgemeine Sprachsituation gefunden und analysiert werden kann, sodass sich die Ergebnisse dieser Untersuchung auf die ganze Gesellschaft übertragen lassen. In dieser Hinsicht sind die Tendenzen aus dem Korpus des publizistischen Stils auch nur für einen Teil der Gesellschaft repräsentativ, obwohl dieser Teil wesentlich größer sein mag als der Lesekreis der feministischen Foren.

In Anbetracht dieser Besonderheiten des publizistischen Stils entstehen die nächsten Fragen: Ist die im Korpus des publizistischen Stils zu beobachtende Repräsentation von Gender eine Widerspiegelung der realen Tatsachen oder die (bewusste) Manifestation der in den letzten Jahren offiziell propagierten Vorstellungen über Männer- und Frauenrollen? Entspricht das im Korpus geschilderte Bild der Realität oder eher der Erwartungen von der Realität?

Es kann zumindest gesagt werden, dass das im Korpus geschilderte Bild nicht der Denkweise von allen Gruppen der Gesellschaft entspricht, was durch die Sprache der feministischen Foren bestätigt wird. Die feministischen Foren repräsentieren nur eine marginalisierte Gruppe der Gesellschaft und zeigen einen Sprachgebrauch, der stark von der Norm abweicht. Allerdings kann diese Gegentendenz nicht ignoriert werden, da sie zeigt, dass die Sprache der Zeitschriften nicht unbedingt die Meinung der Gesellschaft widerspiegelt – oder zumindest nicht der gesamten Gesellschaft. Diese These kann zusätzlich durch die in Kapitel 2 analysierte Diskussion auf YouTube zur gendergerechten Sprache bestätigt werden, in der polare Meinungen repräsentiert werden und nicht nur das Monopol des patriarchalen Weltbilds. Von Gender-Mainstreaming kann zwar nicht die Rede sein und die jüngsten politischen Entwicklungen in Russland (siehe Abschnitt 2.2.1.) lassen nicht vermuten, dass dort eine gendergerechte Sprache in der nächsten Zukunft zu einer Frage wird, die viel Aufmerksamkeit und Unterstützung vom Staat bekommt. Allerdings zeigt die Analyse der Sprache der feministischen Foren, dass in Russland weiterhin Bottom-up-Ansätze zur feministischen Sprachveränderung existieren.

Fazit

Die vorliegende Forschung wurde durch folgende Frage initiiert: Wie wird das Gender in der russischen Sprache repräsentiert? Allerdings kann es auf diese Frage mehr als eine Antwort geben, denn die russische Sprache spiegelt den Zustand der russischen Gesellschaft wider, die heterogen ist und in verschiedene Gruppen unterteilt werden kann. Diese Gruppen haben eine jeweils andere Sprachpraxis und eine unterschiedliche Wahrnehmung von Gender sowie Genderrollen. Gender wird in der Sprache der Feminist*innen anders repräsentiert als in den Massenmedien. Während manche Menschen die Maßnahmen für eine genderkorrekte Sprache unterstützen, führen andere diverse Argumente gegen solche Maßnahmen an. Um zu verstehen, welche von diesen Ansichten für die russische Sprache und Gesellschaft ‚normal', d. h. repräsentativ sind, müssen grundsätzlich die Konzepte von Norm und der Abweichung davon bestimmt werden.

Bezogen auf die Sprache ist die Norm ein komplexes Phänomen: Sie ist historisch stabil und dennoch verändert sie sich mit der Zeit. Die Abweichungen von der Norm werden von der Gesellschaft meist negativ wahrgenommen, obwohl sie auch aus der Gesellschaft kommen (vgl. Natalja Ju. Švedova 1980, 10). In Russland gibt es eine besondere Einstellung zur Norm: Sie wird oft als etwas Objektives wahrgenommen, das unabhängig vom menschlichen Willen existiert (vgl. Natalja Ju. Švedova 1980, 10). Die Pluralisierung und die Variabilität der Norm werden in Bezug auf die russische Sprache oft als eine neue Tendenz gesehen, die der alten Wahrnehmung von der Norm als etwas Stabilem und Invariablem widerspricht (vgl. Archanhel's'ka 2011, 113).

Auch bezüglich der Genderforschung und der Genderlinguistik sind die Konzepte der Norm und der Abweichung davon relevant: Erst durch jahrelange Forschung wurde klar, dass die menschliche Wahrnehmung stark durch die Vorstellung davon geprägt wird, was in der Gesellschaft als Norm gilt. Ein Beispiel dafür ist das innerhalb der Queeren Linguistik erforschte Phänomen der Heteronormativität. Dabei wird das Verhältnis zwischen Heterosexualität und Homosexualität in der Gesellschaft oft als eines zwischen der Norm und der Abweichung davon interpretiert (Coates 2016, 219). Kennzeichnend ist auch, dass dieses Phänomen erst in den 1990er Jahren beschrieben wurde, obwohl sich die Genderforscher*innen damals bereits seit mehreren Jahrzehnten mit Fragen zu Gender und Sexualität beschäftigten.

Die beschriebenen Tendenzen lassen den Schluss zu, dass die Normen in allen Bereichen veränderbar und subjektiv sind. Im Kontext dieser Forschung ist dies besonders relevant, da sich aktuell in Russland die Vorstellungen davon verändern, welche Genderrollen ‚normal' sind. Die russische Regierung betont seit einigen Jahren die Bedeutung der ‚traditionellen Werte', was mit der Verbreitung eines patriarchalen Bewusstseins verbunden ist (vgl. Besrukowa 2017, 45).

Das Ziel dieser Arbeit war, herauszufinden, wie genau sich die Gendernormen der Gesellschaft in der Sprache widerspiegeln. Darüber hinaus wurden alternative Gendervorstellungen untersucht, die sich von diesen traditionellen Normen abheben. Ein weiteres Ziel war außerdem, das russische Beispiel in die wissenschaftliche Tradition der Genderlinguistik einzuordnen und auch die bereits bestehenden Forschungserkenntnisse aus diesem Bereich auf das russische Material anzuwenden. In Anbetracht dieser Ziele wurde die vorliegende Arbeit in drei große Kapitel aufgeteilt.

In Kapitel 1 ‚Gender und Sprachforschung' wurden die theoretischen Grundlagen der genderlinguistischen Forschung beschrieben. Im zweiten Teil des Kapitels geht es speziell um die russistische Genderlinguistik. Es wurden nicht nur die Erkenntnisse der in diesem Bereich durchgeführten Forschungen beschrieben, sondern auch die Probleme und Herausforderungen, mit denen die russische Genderlinguistik konfrontiert war, sowie die Besonderheiten und die Unterschiede zur Genderlinguistik westlicher Prägung.

Die genderlinguistische Forschung innerhalb der Russistik befindet sich in einer besonderen Situation. Zum Zeitpunkt ihrer Entstehung in den 1990er Jahren musste die russistische Genderlinguistik gegenüber ihren Pendants in westlichen Ländern aufholen und die bereits entwickelten Theorien sowie Methoden auf das russische Material anwenden. Dabei wirken sich die Probleme aus der Anfangsphase, wie die ständig wechselnde politische Situation, die Unzugänglichkeit der fremdsprachigen Literatur und die negative gesellschaftliche Einstellung zum Feminismus, bis heute negativ aus. Das zeigt sich beispielsweise in der starken Heterogenität der Disziplin und im mangelnden Wissensaustausch sowohl zwischen verschiedenen Forschungseinrichtungen in Russland als auch zwischen Russland und dem Ausland. In der Konsequenz gibt es kein Korpus an Texten zur russistischen Genderlinguistik. Viele Texte werden in kleineren lokalen Forschungszeitschriften oder in den Sammelbänden zu Konferenzen veröffentlicht und sind aus diesem Grund schwer zugänglich (vgl. Scheller-Boltz 2015a, 18). Dies erschwert die Entwicklung der russistischen Genderlinguistik als wissenschaftlicher Disziplin, da die aktuell durchgeführten Forschungen nicht immer auf dem neuesten Forschungsstand basieren und manchmal Theorien und Zugänge angewendet werden, die bereits ihre Relevanz verloren haben.

Ein bestehendes Problem im russischen Kontext ist die konsequente Ablehnung der feministischen Perspektive in den genderlinguistischen Forschungen und der dabei verwendete Ideologie-Vorwurf: Viele Forscher*innen in Russland bleiben bei der Meinung, dass durch jede Verbindung mit Feminismus die Forschung subjektiv wird (Zemskaja, Kitajgorodskaja, und Rozanova 1993, 94). Als Ergebnis entstanden Forschungen, die nicht mit der Gender-Theorie verbunden waren und nicht interdisziplinär angelegt waren, sondern ausschließlich das Sprachsystem betrafen. In solchen Forschungen wurden nicht die gesellschaftlichen Mechanismen beurteilt, die die beschriebenen sprachlichen Ereignisse verursachten. In anderen Worten wurden alte, noch aus Zeiten der Sowjetunion stammende Forschungszugänge und -methoden auf das neue Wissen (Gender-Theorie) angewendet, was später von anderen Forscher*innen kritisiert wurde (vgl. Peršaj 2017b; Savkina 2009).

Trotz allem lassen sich in der russistischen Genderlinguistik auch positive Tendenzen bemerken. In ihrer dreißigjährigen Geschichte durchlief die russistische Genderlinguistik eine große Entwicklung. In den 1990er Jahren wurden in den meisten Forschungen unreflektiert die Unterschiede zwischen der Männer- und der Frauensprache beschrieben und die Wissenschaftler*innen waren mit den meisten Theorien aus der westlichen Genderlinguistik kaum vertraut. Demgegenüber erscheinen jetzt Forschungen, in denen der postmoderne Zugang angewendet wird sowie ‚Männlichkeit' und ‚Weiblichkeit' als von der Gesellschaft konstruierte Konzepte dargestellt werden (vgl. Peršaj 2014b).

In Kapitel 2 ging es um Sprachsexismus und die Maßnahmen, die ergriffen werden, um diesen zu beheben und eine gendergerechte Sprache zu schaffen. Neben den sprachpolitischen Ansätzen für eine gendergerechte Sprache in Europa und in Russland wurde auch die gesellschaftliche Diskussion beschrieben, weil die mit einer gendergerechten Sprache verbundenen Sprachveränderungen oft scharfe Kritik auslösten.

Gendergerechte Sprache sowie Feminismus generell werden von manchen Gruppen der Gesellschaft konsequent abgelehnt. Dafür gibt es verschiedene Gründe. Vor allem handelt es sich um die Bewahrung der strukturellen Stabilität der Gesellschaft, die nach dem Wissen organisiert ist, dass es nur zwei Geschlechter gibt, männlich und weiblich, denen alle Personen ausnahmslos zugeordnet werden können (vgl. Hark und Villa 2015, 27–29). Der Genderlinguistik und der Genderforschung generell wird oft vorgeworfen, dass sie ideologisch und somit unwissenschaftlich sind. Wie bereits in Kapitel 1 beschrieben, sind solche Ansichten auch innerhalb der russistischen Genderlinguistik ziemlich verbreitet. Blaubergs (1980) sowie später Parks und Roberton (1998) sammelten typische Argumente, die gegen eine gendergerechte Sprache geäußert werden. So wird zum Beispiel oft gesagt, dass Frauen beim generischen Maskulinum mitgemeint sind, dass die gendergerechte Sprache ein unrelevantes Problem ist, dass die gendergerechten Sprachveränderungen zu kompliziert sind usw.

Kennzeichnend ist aber, dass diese Studien vor einigen Jahrzehnten erschienen, und die gesellschaftliche Meinung sich seitdem stark verändert hat. Es wurden zahlreiche Leitfäden veröffentlicht (vgl. AG Feministisch Sprachhandeln der Humboldt-Universität zu Berlin 2012; Braun 2000; Hellinger u. a. 1980; Richtlinien für die sprachliche Gleichbehandlung von Frauen und Männern in der externen und internen Kommunikation an der Universität Passau 2013 usw.) und in Studien zur Sprachperzeption wurde bestätigt, dass die genderkorrekte Sprache auf die Leser*innen und Zuhörer*innen kompetenter wirkt als das generische Maskulinum (vgl. Vervecken und Hannover 2012).

Russland befindet sich, allen Anzeichen nach, am Anfang dieses Weges zur gesellschaftlichen Akzeptanz der gendergerechten Sprache. Es werden keine sprachpolitischen Maßnahmen dafür ergriffen und, wie die Entwicklung der russischen Politik in Bezug auf Gender, Frauen und Familie vermuten lässt, wird es auch in der näheren Zukunft keine solchen Maßnahmen geben.

Die gendergerechte Sprache wird in Russland nur durch den Sprachaktivismus unterstützt (vgl. Kirej-Sitnikova 2016; Peršaj 2017a) sowie durch einzelne Dokumente repräsentiert, zum Beispiel den russischsprachigen *Leitfaden für die Berücksichtigung der Genderspezifik in der mündlichen und schriftlichen Sprache* auf der Webseite der UN (Rukovodstvo po učëtu gendernoj specifiki v ustnoj in pis`mennoj reči o. J.). Die für die russische Sprache vorgeschlagenen Sprachveränderungen sind oft unstrukturiert sowie inkonsequent und werden selten von einer größeren Gruppe oder Institution implementiert. Selbst die Vorschläge der UN werden auf deren Webseite nicht durchgehend umgesetzt. Die Diskussion zur gendergerechten Sprache geschieht am Rande der öffentlichen Wahrnehmung und ist für die Bevölkerung schwer zugänglich und wenig aktuell.

Da es keine breite Diskussion zum Thema gibt, ist es besonders schwer, über die öffentliche Meinung zu sprechen. Deswegen wurde für die vorliegende Forschung eine Analyse der Internet-Diskussion durchgeführt. Das Ziel war dabei, wenigstens stichprobenartig einen Eindruck von der öffentlichen Meinung zur gendergerechten Sprache in Russland zu bekommen. Mithilfe einer qualitativen Inhaltsanalyse der Kommentare auf YouTube wurden die relevantesten Argumente der Befürworter*innen und Gegner*innen der Maßnahmen für einen genderkorrekten Sprachgebrauch in der russischen Sprache identifiziert. Viele der negativen Kommentare stimmen damit überein, was Blaubergs (1980) sowie Parks und Roberton (1998) bezüglich der englischen Sprache bereits am Ende des vorherigen Jahrhunderts beschrieben haben. Beispiele sind: *Das ist ein insignifikantes Problem* (entspricht *language is a trivial concern*), *Sprachveränderungen sind unbequem oder unmöglich* (entspricht *change is too difficult*), *Maskulina sind neutral* (entspricht *sexist language is not sexist*) usw. Es gibt auch einige Argumente, die in vorherigen Studien nicht vorgekommen sind, zum Beispiel *Feminativa sind unästhetisch* und *Die Sprache hat genug Mittel, um Gender auszudrücken.*

Die Argumente der Befürworter*innen der gendergerechten Sprachveränderungen sind oft eine direkte Antwort auf die negativen Kommentare, zum Beispiel *Feminativa sind nicht unschön bzw. sie sind ungewöhnlich* (Antwort auf *Feminativa sind unästhetisch*) und *Feminismus hat mehrere Aufgaben* (Antwort auf *Es gibt signifikantere Probleme*). Daran kann abgelesen werden, dass die Gegner*innen einer gendergerechten Sprache oft eine eher angreifende Position einnehmen und die Befürworter*innen eher eine verteidigende. Insgesamt gab es fast doppelt so viele Aussagen mit Argumenten gegen die gendergerechte Sprache als mit Argumenten dafür (355 Aussagen dagegen und 158 dafür). Dies kann zwar dadurch erklärt werden, dass negative Kommentare und Hassrede auf YouTube generell verbreitet sind (vgl. Chambers und Bichard 2012). Aber grundsätzlich zeigt diese Tendenz, dass noch einiges gemacht werden muss, bis die gendergerechten Sprachveränderungen in der russischen Gesellschaft große Unterstützung finden.

Wie die Sprache jetzt aussieht und wie Gender in der russischen Sprache aktuell repräsentiert wird, wurde in Kapitel 3 untersucht. Die Repräsentation von Gender in der Sprache wurde in der vorliegenden Arbeit vielfältig verstanden: von verschiedenen Arten der Personenbezeichnungen, die in der Sprache benutzt werden, über diverse Suffixe, die für die Bildung dieser Personenbezeichnungen verwendet werden, bis zu Kontexten, in denen diese Personenbezeichnungen erscheinen oder vermieden werden. All diese Aspekte wurden im Rahmen von Kapitel 3 analysiert. Der Sprachanalyse ist ein theoretischer Teil vorangestellt, in dem die Korrelation zwischen Genus, Sexus und Gender in der russischen Sprache thematisiert wird sowie besondere Phänomene und Tendenzen beschrieben werden, zum Beispiel *genus commune* oder die neuen Feminativa. Die neuen Tendenzen sind teilweise widersprüchlich, zum Beispiel die Tendenz zur Maskulinisierung und jene zur Bildung neuer Feminativa. Dies kann dadurch erklärt werden, dass auch die Sprachgemeinschaft aus unterschiedlichen Gruppen von Sprachnutzer*innen besteht. Um diese Vielfältigkeit der Sprachgemeinschaft in der Sprachanalyse zu erfassen und in den Ergebnissen sichtbar zu machen, wurden für die Untersuchung zwei Sprachkorpora erstellt: ein Korpus des publizistischen Stils und ein Korpus der feministischen Internetforen. Damit wurde das Ziel verfolgt, eine Einseitigkeit des Materials zu vermeiden und auch den nicht konventionalisierten Sprachgebrauch zu zeigen. Außerdem war es von großer Relevanz, zwei Kommunikationsbereiche einander gegenüberzustellen. Durch einen Vergleich mit einem Sprachgebrauch, der erkenntlich außerhalb des Konventionellen liegt (die Sprache der feministischen Internetforen), lassen sich auch die Grenzen des konventionellen Sprachgebrauchs besser definieren. Es wurden somit, wie am Anfang dieses Fazits thematisiert, die Norm und die Abweichung davon verglichen.

Die beiden Korpora wurden mithilfe einer qualitativen Inhaltsanalyse untersucht. Die beiden Korpora unterscheiden sich stark in den Ergebnissen dieser Analyse, was sich schon auf quantitativer Ebene zeigt. Im Korpus des publizistischen Stils machen die maskulinen Personenbezeichnungen 79 % aller Personenbezeichnungen aus und die femininen lediglich 11 %. Im Korpus der feministischen Internetforen gibt es mehr feminine Personenbezeichnungen als maskuline (52 % gegen 40 %).

Es existieren auch große qualitative Unterschiede zwischen den beiden Korpora. Im Korpus des publizistischen Stils erscheinen feminine Personenbezeichnungen oft in stereotypen ‚weiblichen' Kontexten, in denen weibliche Personen als Ehefrauen oder Mütter dargestellt werden. Diese Stereotype werden im anderen Korpus widerlegt: In feministischen Foren treten feminine Personenbezeichnungen oft in Kontexten auf, die mit Beruf und Karriere verbunden sind, oder in allgemeinen und abstrakten Kontexten. Im publizistischen Stil wird in solchen Fällen oft das generische Maskulinum benutzt.

Das Männerbild ist in beiden Korpora komplex und heterogen. Durch das generische Maskulinum werden mit den maskulinen Personenbezeichnungen nicht nur männliche Personen bezeichnet, sodass es sich als schwierig erwies, eine einheitliche Beurteilung der Männerrepräsentation im Korpus des publizistischen Stils vorzunehmen. In diesem Korpus kommen maskuline Personenbezeichnungen oft in abstrakten und allgemeinen Kontexten vor. Sie dominieren im semantischen Bereich ‚Beruf'. Jedoch war festzustellen, dass das Lexem *мужчина* [Mann] in beiden Korpora gelegentlich in Kontexten benutzt wird, in denen explizit auf die Stereotype der Männlichkeit hingewiesen wird, oder die mit Gewalt oder Kriminalität verbunden sind. Diese Tendenz ist vor allem im Korpus der feministischen Internetforen präsent: Dort ist der Mann in vielen Kontexten die Quelle der Aggression gegen Frauen und ihrer Diskriminierung.

In beiden Korpora wird das Wort *человек* [Mensch] gelegentlich in der Bedeutung von ‚Mann' benutzt, und generell werden maskuline Personenbezeichnungen nicht nur in Bezug auf Männer verwendet, sondern sie drücken die Semantik ‚Mensch allgemein' aus. Dies geschieht in feministischen Foren wesentlich seltener. Allerdings ist diese Tendenz auch dort vorhanden, was zeigt, wie tief die Gender-Asymmetrie bei den Sprachnutzer*innen eingeprägt ist: Selbst in der kommunikativen Situation, in der über Sprachsexismus reflektiert wird (wie in den feministischen Foren) setzt sich das generische Maskulinum durch.

Eine weitere Ähnlichkeit zwischen den beiden Korpora besteht in der inkonsequenten und geringen Verwendung von nicht genderspezifizierenden Personenbezeichnungen, zum Beispiel *genus commune* und substantivierten Partizipien oder Adjektiven im Plural. Dabei sind die Gründe dafür unterschiedlich. Im Korpus des publizistischen Stils fehlt eine bewusste Strategie oder die Bestrebung nach einem gendergerechten Sprachgebrauch und für die Bezeichnung von Personen wird überwiegend das generische Maskulinum verwendet. Im Korpus der feministischen Internetforen ist die Sichtbarmachung der Frau und nicht die Inklusion der nicht binären Identitäten prioritär. Aus diesem Grund wird das generische Maskulinum im Korpus nicht durch genderneutrale Formulierungen ersetzt, sondern durch Feminativa.

Im Bereich der Wortbildung konnten zwischen den beiden Korpora auch einige Ähnlichkeiten identifiziert werden. Im Korpus der feministischen Foren zeigt sich zwar eine größere Vielfalt der Suffixe, weil dort auch manche unproduktiven Suffixe für die Bildung neuer Feminativa gebraucht werden, zum Beispiel das Suffix *-ин(я)* bei Wörtern wie *гинекологиня* [Gynäkologin] oder *-есс(а)* bei *адвокатесса* [Anwältin] und *математикесса* [Mathematikerin] sowie manche andere. Sowohl im publizistischen Korpus als auch im Korpus der feministischen Foren sind jedoch die suppletiv gebildete Feminativa der häufigste Fall, wie etwa *женщина* [Frau], *сестра* [Schwester], *жена* [Ehefrau] usw. Dies ist darauf zurückzuführen, dass auch die Personenbezeichnungen aus den umfangreichsten semantischen Gruppen ‚Bezeichnung des weiblichen Genders' und ‚Verwandtschaft/Beziehungen' überwiegend suppletiv gebildet werden.

Dieser Überblick zeigt, dass die beiden Korpora in manchen Aspekten ähnlich sind, aber die Werte und Weltanschauungen der Autor*innen der Beiträge in Korpora in den beiden Fällen prinzipiell unterschiedlich sind. Insgesamt entsteht durch die Ergebnisse der Korpusanalyse der gleiche Eindruck wie bei der in Kapitel 2 durchgeführten Analyse von YouTube-Kommentaren: Es gibt zwei Meinungen bzw. zwei Gruppen, die sich voneinander stark unterscheiden. Während die eine Gruppe eher das traditionelle Weltbild repräsentiert oder, korrekter gesagt, das patriarchale, leistet die andere Gruppe Widerstand und lehnt die konservativen Vorstellungen über die Genderrollen ab. Wie die vorliegende Forschung gezeigt hat, spielt die Sprache dabei eine zentrale Rolle: Durch die Verwendung oder das Vermeiden bestimmter Sprachformen, durch die Wahl genderkorrekter Formulierungen oder des generischen Maskulinums sowie durch den Gebrauch von verschiedenen Personenbezeichnungen in diversen Situationen kann die eigene Position ausgedrückt werden. Selbst anhand der Wahl eines Suffix bei Feminativa kann die Position der Sprechenden erkannt werden, da Feminativa, die mit dem Suffix *-ка* gebildet werden, oft ein Zeichen der Zugehörigkeit zur feministischen Community sind (vgl. Guzaerova und Kosova 2017, 13).

In diesem Zusammenhang stellt sich die Frage, wie etabliert dieses traditionelle, konventionelle Weltbild in der russischen Gesellschaft ist. Die russische Genderpolitik durchläuft seit Mitte der 2000er Jahre tiefgreifende Veränderungen, die durch erhöhte Kontrolle der sexuellen und reproduktiven Rechte der Bevölkerung seitens der russischen Regierung charakterisiert sind. Diese Wende wird daher von manchen Forscher*innen als *biopolitical turn* in Putins Politik bezeichnet (vgl. Garstenauer 2017, 127).

Daher wäre es von großem Interesse, die Repräsentation von Gender in der Sprache nicht nur, wie in der vorliegenden Arbeit, synchron in verschiedenen kommunikativen Situationen zu vergleichen, sondern auch diachron in verschiedenen Zeitabschnitten. Das würde helfen, die Fragen zu beantworten, wie sich die Repräsentation von Gender in der russischen Sprache mit der Zeit entwickelte und welche Veränderungen der *biopolitical turn* auslöste. All das würde dazu beitragen, die Rolle der politischen Ereignisse in der Sprachentwicklung besser erkennen zu können. Einen weiteren potenziellen Zugang zu dieser Frage stellt der Vergleich zwischen der Repräsentation von Gender in der russischen und in anderen slawischen Sprachen dar. Somit werden in der vorliegenden Arbeit nicht nur die in der Einleitung gestellten Fragen beantwortet, sondern auch potenzielle Fragestellungen für weitere Forschungen in der russistischen Genderlinguistik aufgeworfen, wodurch die Entwicklung dieser Disziplin vorangetrieben wird.

Literaturverzeichnis

Adonina, Larisa V.: Koncept „ženščina” v russkom jazykovom soznanii. Voronež: Voronežskij gosudarstvennyj universitet, 2007.

Ajvazova, Svetlana G.: Russkie ženščiny v labirinte ravnopravija (očerki političeskoj teorii i istorii). Moskau: RIK Rusanova, 1998.

Akhutina, Tatiana u. a.: Processing of Grammatical Gender in a Three-Gender System: Experimental Evidence from Russian. In: Journal of Psycholinguistic Research, 28 (1999) 6, 695–713.

Albrecht, Urs: „Unsere Sprache ist verbildet durch einen Maskulinismus.“ Die deutsche Schweiz auf dem Weg zu einer geschlechtergerechten Sprache. In: Daniel Elmiger/Eva Lia Wyss (Hg.): Bulletin vals-asla. Neuchâtel: Institut de linguistique Université de Neuchâtel, 2000, 11–46.

Andrews, Edna: Gender roles and perception: Russian diminutives in discourse. In: Margaret H. Mills (Hg.): Slavic gender linguistics. Amsterdam: John Benjamins, 1999, 85–112.

Antropova, Natal’ja A.: K voprosu genderno-korrektnogo upotreblenija nemeckogo jazyka. In: Gumanitarnyj vektor, 11 (2016) 3, 49–55.

Archangel’skaja, Tat’jana: Simmetrija i asimmetrija grammatičeskoj kategorii roda i semantičeskoj kategorii pola v slavjanskich jazykach. Olomouc: Univerzita Palackého v Olomouci, 2014.

Archanhel's'ka, Alla M.: Seksizm v jazyke: mify i real'nost'. Olomouc: Univerzita Palackého v Olomouci, 2011.

Attwood, Lynne: ‘She was asking for it’: rape and domestic violence against women. In: Mary Buckley (Hg.): Post-Soviet Women: From the Baltic to Central Asia. Cambridge: Cambridge University Press, 1997, 99–118.

Austin, John Langshaw: How to do things with words. 2. Aufl. Oxford: Clarendon, 1975.

Baer, Susanne/Miriam Hoheisel: Different Traditions - Simular Challenges: Gender Equality Policies in an Enlarged Europe - An Introduction. In: Susanne Baer/Miriam Hoheisel (Hg.): Between success and disappointment: gender equality policies in an enlarged Europe. Bielefeld: Kleine, 2008, 9–24.

Baranova, Anna S.: Kriterii vybora roda nesklonjaemych neoduševlënnych suščestvitel'nych rjadovymi nositeljami jazyka (na materiale metajazykovych kommentariev). In: Vestnik Tomskogo gosudarstvennogo universiteta, 412 (2016) 1, 5–13.

Baranova, Anna S.: Otraženie variativnosti rodovoj charakteristiki nesklonjaemych suščestvitel'nych v sovremennych slovarjach. In: Vestnik SPbGU, 9 (2016) 1, 45–57.

Barchunova, Tatiana: Gender Studies in Russia as a Transnational Project. In: Martina Ineichen u. a. (Hg.): Gender in Trans-it. Transkulturelle und Transnationale Perspektiven. Bielefeld: Kleine, 2009, 95–105.

Barrett, Rusty: Supermodels of the World, Unite! Political Economy and the Language of Performance Among African-American Drag Queens. In: William Leap (Hg.): Beyond the Lavender Lexicon: Authenticity, Imagination, and Appropriation in Lesbian and Gay Languages. Luxembourg: Gordon and Breach Publ., 1995, 207–226.

Baur, Natalija: Russische Frauensprache: feministisches Postulat oder Wirklichkeit? Empirische Untersuchung anhand russischer Talkshows. Hamburg: Kovač, 2004.

Bazylev, Vladimir N.: Bračnoe ob''javlenie: Opyt Introspektivnogo Analiza. In: Alla V. Kirilina (Hg.): Gender Kak Intriga Poznanija. Moskau: RIK Rusanova, 2000, 108–136.

Belousov, Vjačeslav N./Irina I. Kovtunova/Irina N. Kručinina: Russkaja grammatika. Moskau: Russkij Jazyk, 1990.

Berger, Tilman: Das Russische. In: Peter Rehder (Hg.): Einführung in die slavischen Sprachen: Mit einer Einführung in die Balkanphilologie. Darmstadt: Wiss. Buchges., 2006, 49–93.

Bergvall, Victoria L./Janet M. Bing: The Question of Questions: Beyond Binary Thinking. In: Victoria L. Bergvall/Janet M. Bing/Alice F. Freed (Hg.): Rethinking Language and Gender Research: Theory and Practice. London: Longman, 1996, 1–30.

Berkutova, Veronika V.: Feminativy v Russkom Jazyke: Istoričeskij Aspekt. In: Filologičeskij Aspekt, 43 (2018) 11, 6–22.

Berkutova, Veronika V.: Feminativy v Russkom Jazyke: Lingvističeskij Aspekt. In: Filologičeskij Aspekt, 45 (2019) 1, 7–26.

Besrukowa, Jelena: Frauenrechte in Russland: Das alte Patriarchat als neue ‚russische' Idee. In: WeltTrends: Internationale Politik und Vergleichende Studien, 125 (2017) 2, 1.

Blaubergs, Maija S.: An Analysis of Classic Arguments Against Changing Sexist Language. In: Women's Studies International Quarterly, 3 (1980) 2, 135–147.

Bondareva, Diana A.: Gendernye Stereotipy v Politkorrektnoj Leksike Anglijskogo Jazyka. In: Meždunarodnyj Naukno-Issledovatel´skij Žurnal, 2 (2014) 21, 91–93.

Bragina, Alla A.: Nabljudenija nad Kategoriej Roda v Russkom Jazyke. In: Voprosy Jazykoznanija, 2 (1981) 5, 68–78.

Brandner, Aleš: Osobennosti Vyraženija Kategorii Roda u Oduševlënnych Suščestvitel'nych v Russkom i Češskom Jazykach. In: Sborník Prací Filozofické Fakulty Brněnské Univerzity, Linguistica Brunensia. Brno: Linguistica Brunensia, 2003, 13–24.

Brandner, Aleš: Suščestvitel'nye Obščego Roda na -a (-ja) so Značeniem Lica v Sovremennom Russkom Jazyke. In: Sborník Prací Filozofické Fakulty Brněnské Univerzity, Linguistica Brunensia. Brno: Linguistica Brunensia, 2004, 47–58.

Braun, Friederike u. a.: Aus Gründen der Verständlichkeit: Der Einfluss generisch maskuliner und alternativer Personenbezeichnungen auf die kognitive Verarbeitung von Texten. In: Psychologische Rundschau, 58 (2007) 3, 183–189.

Braun, Friederike: Mehr Frauen in die Sprache: Leitfaden zur Geschlechtergerechten Formulierung. Kiel: Ministerium für Justiz, Frauen, Jugend und Familie des Landes Schleswig-Holstein, 2000.

Brink, Cornelia: Anachronismen und neue Aufmerksamkeiten: Überlegungen zur geschlechtersensiblen Sprache in der deutschsprachigen historischen Forschung. In: Historische Zeitschrift, 1 (2022) 2, 584–602.

Brouwer, Dédé/Marinel Gerritsen/Dorian De Haan: Speech Differences Between Women and Men on the Wrong Track? In: Language in Society, 8 (1979) 1, 33–50.

Bucholtz, Mary: “Why Be Normal?”: Language and Identity Practices in a Community of Nerd Girls. In: Language in Society, 28 (1999) 2, 203–223.

Bucholtz, Mary: Bad Examples: Transgression and Progress in Language and Gender Studies. In: Mary Bucholtz/Anita C. Liang/Laurel A. Sutton (Hg.): Reinventing Identities: The Gendered Self in Discourse. Oxford: Oxford University Press, 1999, 3–24.

Bucholtz, Mary: Changing Places: Language and Woman’s Place in Context. In: Mary Bucholtz (Hg.): Language and Woman’s Place: Text and Commentaries. Oxford: Oxford Univ. Press, 2004, 121–128.

Bucholtz, Mary: The Feminist Foundations of Language, Gender, and Sexuality Research. In: Susan Ehrlich/Miriam Meyerhoff/Janet Holmes (Hg.): *The Handbook of Language, Gender, and Sexuality: The Politics of Belonging*. Malden, MA: Wiley Blackwell, 2014, 23–48.

Budgeon, Shelley: Third-Wave Feminism and the Politics of Gender in Late Modernity. Basingstoke: Palgrave Macmillan, 2011.

Bunames, Natal’ja V.: Androgennost’ Jazyka i Problemy Sintagmatiki Kategorii Roda. In: Vestnik Tomskogo Gosudarstvennogo Universiteta, 382 (2014) 1, 11–18.

Burukina, Ol’ga A.: Gendernyj Aspekt Perevoda. In: Alla V. Kirilina (Hg.): Gender Kak Intriga Poznanija. Moskau: RIK Rusanova, 2000, 99–107.

Bußmann, Hadumod/Marlis Hellinger: The Linguistic Representation of Women and Men. In: Marlis Hellinger/Heiko Motschenbacher (Hg.): Gender Across Languages: The Linguistic Representation of Women and Men. Berlin: de Gruyter, 2015, 1–26.

Butler, Judith: Bodies That Matter. On the Discursive Limits of Sex. London: Routledge, 1993.

Butler, Judith: Excitable Speech. A Politics of the Performative. New Edition. London: Routledge, 1997.

Butler, Judith: Gender Trouble: Feminism and the Subversion of Identity. New York: Routledge, 1990.

Butler, Judith: Undoing Gender. New York: Routledge, 2004.

Cameron, Deborah (Hg.): The Feminist Critique of Language. A Reader. London: Routledge, 2002a.

Cameron, Deborah (Hg.): The Feminist Critique of Language. A Reader. London: Routledge, 2002b.

Cameron, Deborah: Feminism and Linguistic Theory. London: Palgrave, 1992.

Cameron, Deborah: Verbal Hygiene. Milton Park, Abingdon, Oxon: Routledge, 2012.

Cel' 5: Obespečenie Gendernogo Ravenstva i Rasširenie Prav i Vozmožnostej Vsech Ženščin i Devoček. In: United Nations, https://www.un.org/sustainabledevelopment/ru/gender-equality/, Zugriff: 2.9.2020.

Čelak, Elena A.: Feminitivy v Diskurse Internet-Kommunikacii. In: MNIŽ, 78 (2018) 12, 197–200.

Chajrutdinova, Gul'šat A.: Kategorija Roda Suščestvitel'nych v Zerkale Tipologii Jazykovych Znakov. In: Vestnik TGGPU, 39 (2015) 1, 101–105.

Chajrutdinova, Gul'šat A.: O Semantike i Ėstetičeskich Funkcijach Kategorii Roda Suščestvitel'nych. In: Vestnik ČGPU, 1 (2008) 12, 236–245.

Chambers, Barbara J./Bichard, Shannon L.: Public Opinion on YouTube: A Functional Theory Analysis of the Frames Employed in User Comments Following Sarah Palin's 2008 Acceptance Speech. In: International Journal of E-Politics, 3 (2012) 2, 1–15.

Cheauré, Elisabeth (Hg.): Vater Rhein und Mutter Wolga. Diskurse um Nation und Gender in Deutschland und Russland. Würzburg: Ergon-Verl., 2005.

Cholod, Aleksandr M.: Grammatika i Pol. Krywyj Rih: KGPI, 1993.

Cholod, Aleksandr M.: Rečevye Kartiny Mira Mužčin i Ženščin. Dnipro: Porogi, 1997.

Chołuj, Bożena: Gender-Ideologie - Ein Schlüsselbegriff des polnischen Anti-Genderismus. In: Paula-Irene Villa/Sabine Hark (Hg.): Anti-Genderismus. Sexualität und Geschlecht als Schauplätze aktueller politischer Auseinandersetzungen. Bielefeld: transcript, 2015, 219–237.

Christie, Christine: Gender. In: Louise Cummings (Hg.): The Routledge Pragmatics Encyclopedia. Florence: Routledge, 2010, 171–174.

Cieszkowski, Marek: Zum geschlechtergerechten Sprachgebrauch am Beispiel deutscher und polnischer Stellenausschreibungen. In: Linguistik Online, 70 (2011) 1, 23–42.

Coulmas, Florian: Sprache und Staat. Studien zur Sprachplanung und Sprachpolitik. Berlin: de Gruyter, 2012 (Reprint 2010).

Crawford, Mary/Fox, Annie: From Sex to Gender and Back Again: Co-optation of a Feminist Language Reform. In: Feminism & Psychology, 17 (2007) 4, 481–486.

Crockett, Dina B.: Agreement in Contemporary Standard Russian. Cambridge: Slavica Publishers Inc., 1976.

Čukovskij, Kornej I.: Sobranie Sočinenij. 4, Živoj Kak Žizn'. O Čechove. Moskva: Terra, 2001.

Danova, Madeline: Women in Politics in Bulgarian Newspapers: Post-Feminism in a Post-Totalitarian Society. Sarajevo: MEDIACENTAR Sarajevo, 2006.

Davis, Hayley: Review Article: Theorizing Women's and Men's Language. In: Language and Communication, 16 (1996) 1, 71–79.

Degele, Nina: Gender/Queer Studies. Eine Einführung. Padeborn: Wilhelm Fink, 2008.

Dembska, Katarzyna: Gendernyj Vopros v Russkom Jazyke - Prokljatie ili Blagodat′? In: B. Momynova (Hg.): Til Žene Žachadanu. Almaty, 2008, 27–32.

Dmitrieva, Marija: Gendernye Roli Čerez Prizmu Jazyka. In: Jiřina van Leeuwen-Turnovcová (Hg.): Gender-Forschung in der Slawistik. Beiträge der Konferenz „Gender - Sprache - Kommunikation - Kultur“, 28. April bis 1. Mai 2001, Institut für Slawistik, Friedrich-Schiller-Universität Jena. Wien: Ges. zur Förderung Slawist. Studien, 2002, 273–288.

Dobrovol'skij, Dmitrij O./Kirilina, Alla V. (Hg.): Feministskaja Ideologija v Gendernych Issledovanijach i Kriterii Naučnosti. In: Alla V. Kirilina (Hg.): Gender Kak Intriga Poznanija. Moskva: Rudomino, 2000, 19–35.

Doleschal, Ursula: "Super sexy mici" oder das Phänomen der Unflektierbarkeit in den slawischen Sprachen. In: Thomas Daiber (Hg.): Linguistische Beiträge zur Slavistik aus Deutschland und Österreich. München: Sagner, 2002, 55–66.

Doleschal, Ursula: Das generische Maskulinum im Deutschen. Ein historischer Spaziergang durch die deutsche Grammatikschreibung von der Renaissance bis zur Postmoderne. In: Linguistik online, 11 (2002) 2.

Doleschal, Ursula: Genus als grammatische und textlinguistische Kategorie: eine kognitiv-funktionalistische Untersuchung des Russischen. München: LINCOM Europa, 2004.

Doleschal, Ursula: Genus und Geschlecht: Die Repräsentation der Geschlechter in der Grammatik. In: Tina Bahovec (Hg.): Frauen. Männer. Klagenfurt: Drava, 2005, 314–324.

Doleschal, Ursula: Konzeptualisierung von Geschlecht und Sprachvergleich. In: Jiřina van Leeuwen-Turnovcová (Hg.): Gender-Forschung in der Slawistik. Wien: Wiener Slawistischer Almanach, 2002, 177–186.

Doleschal, Ursula: Metodičeskie problemy izučenija konceptualizacii pola v jazyke. In: Irina Tokareva (Hg.): Jazyk i kul'tura. Problemy sovremennoj ėtnolingvistiki. Materialy meždunarodnoj konferencii. Minsk: MGLU, Belorusskij institut problem kul'tury, 2001, 98–101.

Doleschal, Ursula: Nominale Kategorien: Genus. In: Peter Kosta (Hg.): Die slavischen Sprachen: Ein internationales Handbuch zu ihrer Struktur, ihrer Geschichte und ihrer Erforschung. Berlin, New York: De Gruyter Mouton, 2014, 143–151.

Doleschal, Ursula/Sonja Schmid: Doing gender in Russian: Structure and perspective. In: Hadumod Bußmann/Marlis Hellinger (Hg.): Gender across languages, 2001, 253–282.

Döring, Nicola/M. Rohangis Mohseni: Fail videos and related video comments on YouTube: a case of sexualization of women and gendered hate speech? In: Communication Research Reports, 36 (2019) 3, 254–264.

Döring, Nicola/M. Rohangis Mohseni: Male dominance and sexism on YouTube: results of three content analyses. In: Feminist Media Studies, 19 (2019) 4, 512–524.

Draitser, Emil' A.: Making war, not love: gender and sexuality in Russian humor. New York: St. Martin's Press, 1999.

Dubois, Betty Lou/Isabel Crouch: The question of tag questions in women's speech: they don't really use more of them, do they? In: Language in society, 4 (1975) 3, 289–294.

Dzaseževa, Larisa Ch.: Leksiko-semantičeskoe pole „ženščina" v raznych kul'turnych soobščestvach (na materiale anglijskogo, russkogo i kabardino-čerkesskogo jazykov). Nal'čik: Kabardino-Balkarskij gosudarstvennyj universitet im. Ch. M. Berbekova, 2006.

Eagleton, Terry: Ideology: an introduction. London: Verso, 1991.

Ebert, Christa: Die Seele hat kein Geschlecht: Studien zum Genderdiskurs in der russischen Kultur. Frankfurt am Main [u.a.]: Lang, 2004.

Eckert, Penelope/Sally McConnell-Ginet: Communities of practice: where language, gender and power all live. In: Jennifer Coates/Pia Pichler (Hg.): Language and gender: a reader. Malden, Mass. [u.a.]: Wiley-Blackwell, 2011, 573–582.

Eckert, Penelope/Sally McConnell-Ginet: Constructing meaning, constructing selves: snapshots of language, gender and class from Belten High. In: Kira Hall/Mary Bucholtz (Hg.): Gender articulated: language and the socially constructed self. New York u.a.: Routledge, 1995, 469–507.

Eckert, Penelope/Sally McConnell-Ginet: New generalizations and explanations in language and gender research. In: Language in society, 28 (1999) 2, 185–201.

Eckert, Penelope/Sally McConnell-Ginet: Think Practically and Look Locally: Language and Gender as Community-Based Practice. In: Annual review of anthropology, 21 (1992) 1, 461–488.

Efremov, Valerij A.: ‚Mužčina' i ‚ženščina' v russkoj jazykovoj kartine mira. Sankt-Peterburg: Rossijskij gosudarstvennyj pedagogičeskij universitet imeni Gercena, 2009.

Ehrlich, Susan/Miriam Meyerhoff: Introduction: Language, Gender, and Sexuality. In: Susan Ehrlich/Miriam Meyerhoff/Janet Holmes (Hg.): The handbook of language, gender, and sexuality: the politics of belonging. Malden, MA: Wiley Blackwell, 2014, 1–20.

Engel, Eduard: Gutes Deutsch. Ein Führer durch Falsch und Richtig. Leipzig: Hesse & Becker, 1918.

Erfurt, Jürgen: Feministische Sprachpolitik und soziolinguistische Aspekte des Sprachwandels. In: Zeitschrift für Germanistik, 9 (1988) 6, 706–716.

Ermolaeva, Margarita V.: Gendernyj aspekt russkoj fazeologii (na materiale procesual'nych frazeologizmov semantičeskogo ob''edinenija ,social'nyj status lica'). Tscheljabinsk: ČGAKI, 2011.

Europarat: Gender Mainstreaming. Konzeptioneller Rahmen, Methodologie und Beschreibung bewährter Praktiken. Strassburg: Europarat, 1998.

Fatychova, Nurija: Nečajannyj seksizm, ili Kak perenastroit' jazyk. In: Fond im. Genricha Bёllja, https://ru.boell.org/ru/2015/04/01/nechayannyy-seksizm-ili-kak-perenastroit-yazyk, Zugriff: 25.3.2020.

Feminizator v 2.0. https://feminitives.ru, Zugriff: 8.4.2021.

Flick, Uwe: Triangulation: Eine Einführung. Wiesbaden: VS Verlag für Sozialwissenschaften, 2011.

Formanowicz, Magdalena M. u. a.: Capturing socially motivated linguistic change: how the use of gender-fair language affects support for social initiatives in Austria and Poland. In: Frontiers in Psychology, 6 (2015), 173–181.

Francesconi, Sabrina: Audience Comments on Digital Travel Videos. In: Magdalena Bielenia-Grajewska (Hg.): Innovative Perspectives on Tourism Discourse. Hershey: IGI Global, 2018, 36–54.

Freed, Alice F.: Epilogue: Reflections on Language and Gender Research. In: Janet Holmes/Miriam Meyerhoff (Hg.): The handbook of language and gender. Malden, MA: Blackwell Pub., 2003, 699–721.

Freed, Alice F.: We Understand Perfectly: A Critique of Tannen's View of Cross-Sex Communication. In: Mary Bucholtz/Kira Hall/Birch Moonwomon (Hg.): Locating Power: Proceedings of the Second Berkeley Women and Language Conference. Berkeley: Berkeley Women and Language Group, 1992, 144–152.

Frey, Regina/Marc Gärtner/Sebastian Scheele: Gender, Wissenschaftlichkeit und Ideologie. Argumente im Streit um Geschlechterverhältnisse. In: Heinrich-Böll-Stiftung, https://www.gwi-boell.de/de/2013/11/20/gender-wissenschaftlichkeit-und-ideologie-argumente-im-streit-um-geschlechterverhältnisse, Zugriff: 30.9.2020.

Fufaeva, Irina V.: Kak nazyvajutsja ženščiny feminitivy: istorija, ustrojstvo, konkurencija. Moskva: Izdatel'stvo AST, 2021.

Ganz, Kathrin/Anna-Katharina Meßmer: Anti-Genderismus im Internet: Digitale Öffentlichkeiten als Labor eines neuen Kulturkampfes. In: Sabine Hark/Paula-Irene Villa (Hg.): Anti-Genderismus: Sexualität und Geschlecht als Schauplätze aktueller politischer Auseinandersetzungen. Bielefeld: transcript, 2015, 59–77.

Gapova, Elena: Gendernye issledovanija kak zerkalo postsovetskoj akademii. In: G. A. Komarova (Hg.): Antropologia akademičeskoj žizni: meždisciplinarnie issledovanija. Moskva: IĖA RAN, 2010, 65–85.

Garstenauer, Therese: Gender und Queer Studies in Russland. In: L'Homme, 28 (2017) 2, 127–136.

Gasouka, Maria u. a.: Guide for the Use of Non-sexist Language in Public Documents. Athens: General Secretariat for Gender Equality, 2014.

Gesterkamp, Thomas: Geschlechterkampf von rechts. In: Friedrich-Ebert-Stiftung, http://library.fes.de/opus4/frontdoor/index/index/docId/2689, Zugriff: 15.7.2020.

Gewinner, Irina: Gendernye stereotipy: o čëm svidetel'stvujut imidži ženščin v populjarnych ženskich žurnalach SSSR i GDR? In: Labirint. Žurnal sozial'no-gumanitarnych issledovanij, 6 (2014), 25–34.

Glaser, Rosemarie: Die Kategorie ‚Funktionalstil' in soziolinguistischer Sicht. In: Zeitschrift für Phonetik, Sprachwissenschaft und Kommunikationsforschung, 27 (1974), 487–496.

Gluščenko, Olesja A./Evgenija S. Prudnikova: Stereotipnye obrazy mužčiny i ženščiny v zerkale russkoj jazykovoj kul'tury. Petropawlowsk-Kamtschatski: KamGU im. Vitusa Beringa, 2013.

Golev, Nikolaj D.: ‚Obščij rod' i gendernaja semantika russkich imën suščestvitel'nych: bigendernost' ili agendernost'? In: Vestnik Tomskogo gosudarstvennogo universiteta, 26 (2013) 6, 14–28.

Gorbackaja, Oksana Ju.: Otraženie ponjatija kategorii obščego roda v grammatikach i slovarjach russkogo jazyka. In: Mir nauki, kul'tury, obrazovanija, 29 (2011) 4, 95–98.

Gorbackaja, Oksana Ju.: Problema opredelenija roda slov-"feminizmov" v russkom jazyke. In: Filologičeskie nauki. Voprosy teorii i praktiki, 18 (2012) 7, 63–65.

Goroško, Elena I.: Gendernye osobennosti russkojazyčnogo Interneta. http://www.textology.ru/article.aspx?aId=22, Zugriff: 25.3.2020.

Goroško, Elena I.: Gendernye različija pri poroždenii i vosprijatii reči v russkom jazyke. In: Jiřina van Leeuwen-Turnovcová (Hg.): Gender-Forschung in der Slawistik: Beiträge der Konferenz „Gender - Sprache - Kommunikation - Kultur", 28. April bis 1. Mai 2001, Institut für Slawistik, Friedrich-Schiller-Universität Jena. Wien: Ges. zur Förderung Slawist. Studien, 2002, 41–53.

Goroško, Elena I.: Osobennosti vosprijatija i poroždenija teksta, obuslovlennye polovoj prinadležnost'ju. In: Antropocentrizm i pragmatika, Moskva, Krywyj Rih: MIC ČJAKP, 1995, 82–91.

Goroško, Elena I.: Osobennosti vosprijatija teksta, obuslovlennye polovoj differenciaciej ličnosti. In: Meždunarovnyj simpozium „Čelovek-Jazyk-Kul'tura-Poznanie" (Tezisy naučno-praktičeskoj konferencii), Krywyj Rih: MIC ČJAKP, 1995, 247–248.

Goroško, Elena I.: Problemy izučenija osobennostej mužskogo i ženskogo stilja reči. In: Formirovanie kommunikativnych i intellektual'nych navykov škol'nikov i studentov, Dnipro: Porogi, 1994, 160–169.

Grabowski, Martina: Fachsprache und Funktionalstil: Ihr Zusammenwirken, demonstriert am Beispiel russischer Fachtexte des Außenhandels. Frankfurt am Main: Lang, 1992.

Graham, Alma: The Making of a Non-Sexist Dictionary. In: Barrie Thorne, Nancy Henley (Hg.): Language and Sex: Difference and Dominance. Rowley, Mass.: Newbery House, 1975, 57–63.

Grenoble, Lenore A.: Gender and Conversational Management in Russian. In: Margaret H. Mills (Hg.): Slavic Gender Linguistics. Amsterdam: John Benjamins, 1999, 113–130.

Gricenko, Elena S.: Jazyk kak sredstvo konstruirovanija gendera. Thesis. Moskau: Nauka, 2005.

Grosjean, François u.a.: The Gender-Marking Effect in Spoken Word Recognition. In: Perception & Psychophysics, 56 (1994) 5, 590–598.

Gurevich, Olga u.a.: Lexicon and Context in Feminization in Russian. In: Russian Linguistics, 30 (2006) 2, 175–211.

Gusejnov, Gasan Č.: Nulevye na končike jazyka: kratkij putevoditel' po russkomu diskursu. Moskau: Delo, 2012.

Haas, Adelaide: The Acquisition of Genderlect. In: Annals of the New York Academy of Sciences, 327 (1979) 1, 101–109.

Haas, Mary R.: Men's and Women's Speech in Koasati. In: Language, 20 (1944) 3, 142–149.

Hall, Kira: Exceptional Speakers: Contested and Problematized Gender Identities. In: Janet Holmes, Miriam Meyerhoff (Hg.): The Handbook of Language and Gender. Malden, MA: Blackwell Publishing, 2003, 353–380.

Harcourt, Wendy: Women's Empowerment through the Internet. In: Asian Women, 10 (2000), 19–31.

Hark, Sabine: Lesbenforschung und Queer Theorie: Theoretische Konzepte, Entwicklungen und Korrespondenzen. In: Ruth Becker/Beate Kortendiek (Hg.): Handbuch Frauen- und Geschlechterforschung. Theorie, Methoden, Empirie. Wiesbaden: VS Verlag für Sozialwissenschaften, 2010, 104–111.

Hark, Sabine/Paula-Irene Villa: Eine Frage an Und Für Unsere Zeit: Verstörende Gender Studies Und Symptomatische Missverständnisse. In: Sabine Hark/Paula-Irene Villa (Hg.): Anti-Genderismus: Sexualität Und Geschlecht Als Schauplätze Aktueller Politischer Auseinandersetzungen. Bielefeld: transcript, 2015, 15–40.

Hartmann, Kathrin: Die Konstruktion von Männerbildern in Russland. Berlin: Osteuropa-Institut der Freien Universität Berlin, 2002.

Havránek, Bohuslav: Die funktionale Schichtung der Literatursprache. In: Jürgen Scharnhorst (Hg.): Grundlagen der Sprachkultur. Beiträge der Prager Linguistik zur Sprachtheorie und Sprachpflege. Berlin: Walter de Gruyter, 1976, 150–161.

Hellinger, Marlis: Guidelines for Non-Discriminatory Language Use. In: Ruth Wodak, Barbara Johnstone/Paul Kerswill (Hg.): The SAGE Handbook of Sociolinguistics. London: Sage Publications, 2010, 565–582.

Hellinger, Marlis: Reaktionen auf die ‚Richtlinien zur Vermeidung sexistischen Sprachgebrauchs'. In: Marlis Hellinger (Hg.): Sprachwandel und feministische

Sprachpolitik: Internationale Perspektiven. Opladen: Westdeutscher Verlag, 1985, 255–260.

Hellinger, Marlis: Richtlinien zur Vermeidung sexistischen Sprachgebrauchs. In: Linguistische Berichte, 69 (1980), 15–21.

Hellinger, Marlis/Christine Bierbach: Eine Sprache für beide Geschlechter - Richtlinien für einen nicht-sexistischen Sprachgebrauch. Bonn: Deutsches UNESCO-Kommission, 1993.

Hellinger, Marlis/Hadumod Bußmann (Hg.): Gender across Languages: The Linguistic Representation of Women and Men. Vol. 2. Tübingen: Niemeyer, 2002.

Hellinger, Marlis/Hadumod Bußmann (Hg.): Gender across Languages: The Linguistic Representation of Women and Men. Vol. 3. Tübingen: Niemeyer, 2003.

Hellinger, Marlis/Hadumod Bußmann (Hg.): Gender across Languages. Vol. 1. Tübingen: Niemeyer, 2001.

Hellinger, Marlis/Heiko Motschenbacher (Hg.): Gender across Languages: The Linguistic Representation of Women and Men. Vol. 4. Tübingen: Niemeyer, 2015.

Herrmann, Steffen K.: Politischer Antagonismus Und Sprachliche Gewalt. In: Sabine Hark/Paula-Irene Villa (Hg.): Anti-Genderismus: Sexualität Und Geschlecht Als Schauplätze Aktueller Politischer Auseinandersetzungen. Bielefeld: transcript, 2015, 79–92.

Hillenbrand, Julia: Motherhood and Self-Realization in the Four Waves of American Feminism and Joyce Carol Oates's Recent Fiction. 1st ed. Frankfurt a.M.: Peter Lang GmbH, 2016.

Hockett, Charles Francis: A Course in Modern Linguistics. 9th ed. New York: MacMillan, 1965.

Holmes, Janet: Functions of You Know in Women's and Men's Speech. In: Language in Society, 15 (1986) 1, 1–21.

Holmes, Janet/Miriam Meyerhoff (Hg.): Different Voices, Different Views: An Introduction to Current Research in Language and Gender. In: Janet Holmes/Miriam Meyerhoff (Hg.): The Handbook of Language and Gender. Malden, MA: Blackwell Publishing, 2003, 1–17.

hooks, bell: Feminism is for Everybody: Passionate Politics. 2nd ed. New York: Routledge, 2014a.

hooks, bell: Feminist Theory: From Margin to Center. 3rd ed. New York: Routledge, 2014b.

Hornscheidt, Antje Lann: Feminist Language Politics in Europe. In: Bernd Kortmann/Johan van der Auwera (Hg.): The Languages and Linguistics of Europe: A Comprehensive Guide. Berlin: Mouton de Gruyter, 2011, 575–590.

Hornscheidt, Antje: Linguistik. In: Christina von Braun/Inge Stephan (Hg.): Gender-Studien: Eine Einführung. Hamburg: J.B. Metzler, 2006, 270–283.

Hornscheidt, Lann: Dyke_Trans Schreiben Lernen. Schreiben als Feministische Praxis. In: AK Feministische Sprachpraxis (Hg.): Feminismus Schreiben Lernen. Frankfurt am Main: Brandes & Apsel, 2011a, 100–138.

Hornscheidt, Lann: Feministische W_orte: Ein Lern-, Denk- und Handlungsbuch zu Sprache und Diskriminierung, Gender Studies und Feministischer Linguistik. 1. Aufl. Frankfurt am Main: Brandes & Apsel, 2015.

Hornscheidt, Lann: Sie Fragen - Prof. Dr. H. Antwortet. FAQs zu Sprache, Diskriminierung und Feminismus. In: AK Feministische Sprachpraxis (Hg.): Feminismus Schreiben Lernen. Frankfurt am Main: Brandes & Apsel, 2011b, 162–179.

Hubenschmid, Markus: Genus und Kasus der russischen Substantive: Zur Definition und Identifikation grammatischer Kategorien. 1st ed. Frankfurt a.M.: Peter Lang GmbH, 1993.

Iomdin, Leonid L.: Avtomatičeskaja Obrabotka Teksta na Estestvennom Jazyke: Model' Soglasovanija. Moskva: Nauka, 1990.

Isanović, Adla: Media Discourse as a Male Domain: Gender Representation in the Daily Newspapers of Bosnia and Herzegovina, Croatia and Serbia. In: Nirman Moranjak-Bamburać/Tarik Jusić/Adla Isanović (Hg.): Stereotyping: Representation of Women in Print Media in South East Europe. Sarajevo: MEDIACENTAR Sarajevo, 2006, 43–80.

Jakobson, Roman: The Gender Pattern of Russian. In: Linda Waugh (Hg.): Russian and Slavic Grammar. Berlin: De Gruyter, 1971, 184–186.

Jalušič, Vlasta: Die Geschlechterfrage und die Transformation in Ostmitteleuropa: Kann das Geschlechterparadigma zur ‚Transformation des Politischen' beitragen? In: Eva Kreisky/Birgit Sauer (Hg.): Geschlechterverhältnisse im Kontext politischer Transformation. Wiesbaden: VS Verlag für Sozialwissenschaften, 1998, 450–474.

Janko-Trinickaja, Nadija A.: Naimenovanie lic ženskogo pola suščestvitel'nymi ženskogo i mužskogo roda. In: Razvitie slovoobrazovanija sovremennogo russkogo jazyka. Moskva: Nauka, 1966, 167–210.

Jazykovoe tvorčestvo protiv diskriminacii: kak pridumyvat' novye slova i pravila. https://aloevrukava-blog.tumblr.com/post/82019290971/языковое-творчество-против-дискриминации-как, Zugriff: 2.9.2020.

Jespersen, Otto: Language; its nature, development and origin. London: G. Allen & Unwin, ltd., 1922.

Johnson, Janet Elise/Aino Saarinen: Twenty-First-Century Feminisms under Repression: Gender Regime Change and the Women's Crisis Center Movement in Russia. In: Signs, 38 (2013) 3, 543–567.

Karabel'nik, Nastasia: Gendarnye idealy v slavjanskom fol'klore (na materiale narodnych skazok). Grodno: GRGU im. Janki Kupaly, 2014.

Kastovsky, Dieter/Christiane Dalton-Puffer: Sexist German- non-sexist English or non-sexist German–sexist English? Historical observations on a pragmatic question. In: Language Sciences, 24 (2002) 3–4, 285–296.

Katičić, Radoslav: Auswirkungen der gegenwärtigen Sprachpolitik auf die Entwicklung der slawischen Sprachen und der slawistischen Studien. In: Wiener slavistisches Jahrbuch, 45 (1999), 73–81.

Kay, Rebecca: Images of an ideal woman: perceptions of Russian womanhood through the media, education and women's own eyes. In: Cambridge: Cambridge University Press, 1997, 75–98.

Kegyesné Szekeres, Erika: Sprachlicher Sexismus und sprachliches Gender Mainstreaming im Fokus der Europäischen Sprachpolitik. In: European Integration Studies, IV (2005) 2, 25–44.

Kempe, Vera/Patricia J Brooks/Anatoliy Kharkhurin: Cognitive Predictors of Generalization of Russian Grammatical Gender Categories. In: Language Learning, 60 (2010) 1, 127–153.

Kersten-Pejanić, Roswitha: Die Macht von Sprachnormen. Perzeption, Produktion und Dekonstruktion von personaler Appelation im Kroatischen. Berlin: HU Berlin, 2017.

Kersten-Pejanić, Roswitha/Simone Rajilić: Theoretische und empirische Genderlinguistik in Bosnien, Kroatien und Serbien. 1st, New ed. Aufl. Frankfurt a.M.: Peter Lang GmbH, Internationaler Verlag der Wissenschaften, 2010.

Kienpointner, Manfred: Alltagslogik: Struktur und Funktion von Argumentationsmustern. Stuttgart: Frommann-Holzboog, 1992.

Kirej-Sitnikova, Jana: Approximating gender neutrality in Russian. https://www.transcoalition.net/report_2018/, Zugriff: 19.5.2020.

Kirej-Sitnikova, Jana: Grammatičeskij rod i gendernye roli: teoretičeskie osnovanija feministkogo jazykovogo aktivizma. https://www.transcoalition.net/feminist/, Zugriff: 25.3.2020.

Kirej-Sitnikova, Jana: Otnošenie k feminitivam i genderno nejtral'nym formam v russkom jazyke: Rezul'taty oprosa feministok i LGBT-ljudej. https://www.transcoalition.net/report_2018/, Zugriff: 30.3.2020.

Kirilina, Alla V. (Hg.): Gender jak intriga poznanija. Moskva: Rudomino, 2000.

Kirilina, Alla V.: „Mužestvennost'" i „ženstvennost'" s točki zrenija lingvista. In: Ženščina v rossijskom obščestve, 2 (1998), 21–27.

Kirilina, Alla V.: Gender: lingvističeskie aspekty. Moskva: Rudomino, 1999.

Kirilina, Alla V.: Gendernye aspekty massovoj kommunikacii. In: Alla V. Kirilina (Hg.): Gender jak intriga poznanija. Moskva: Rudomino, 2000, 47–81.

Kirilina, Alla V.: Gendernye issledovanija v zarubežnoj i rossijskoj lingvistike: filosofskij i metodologičeskij aspekty. In: Obščestvennye nauki i sovremennost', 4 (2000) 1, 138–143.

Kirilina, Alla V.: Issledovanie gendera v lingvističeskich naučnych disciplinach. In: Gendernoe obrazovanie v sisteme vysšej školy: sostojanie i perspektivy. Materialy meždunarodnoj naučno-praktičeskoj konferencii. Ivanovo: Ivanovskij gosudarstvennyj universitet, 2003, 132–136.

Kirilina, Alla V.: Manifestacija gendernych stereotipov v rossijskoj presse: žurnalistskaja i čitatel'skaja perspektivy. In: Jiřina van Leeuwen-Turnovcová (Hg.): Gender-Forschung in der Slawistik: Beiträge der Konferenz „Gender - Sprache -

Kommunikation - Kultur“, 28. April bis 1. Mai 2001, Institut für Slawistik, Friedrich-Schiller-Universität Jena. Wien: Ges. zur Förderung Slawist. Studien, 2002, 121–134.

Kirilina, Alla V.: O primenenii ponjatija gender v russkojazyčnom lingvističeskom opisanii. In: Filologičeskie nauki, 3 (2000) 1, 18–27.

Kirilina, Alla V.: Obrazovanija genderno značimoj leksiki v svete protivopostavlenija global'nogo i otečestvennogo (po materialam nacional'nogo korpusa russkogo jazyka). In: Voprosy psicholingvistiki, 2 (2019) 40, 12–29.

Kirilina, Alla V.: Razvitie gendernych issledovanij v lingvistike. In: Filologičeskie nauki, 1 (1998) 2, 51–58.

Kirilina, Alla V.: Semiotičeskie osobennosti gendernych reprezentacij v postsovetskoj Rossii. In: Dennis Scheller-Boltz (Hg.): New approaches to gender and queer research in Slavonic studies: proceedings of the international conference „Language as a constitutive element of a gendered society - developments, perspectives, and possibilities in the Slavonic languages“ (Innsbruck, 1-4 October 2014). Wiesbaden: Harrassowitz Verlag, 2015, 33–50.

Kiuru, Konstantin V.: Koncepty „ženstvennost'“ i „mužestvennost'“ v massovom soznanii: krossgendernoe issledovanie. In: Vestnik Čeljabinskogo gosudarstvennogo universiteta, 1 (2000) 2, 207–211.

Kobjakov, Aleksandr V.: Russkij feminitiv: širokij vzgljad. In: Uchёnye Zapiski Novgorodskogo Universiteta imeni Jaroslava Mudrogo, 33 (2020) 8, 1–4.

Koeser, Sara/Sabine Sczesny**:** Promoting Gender-Fair Language: The Impact of Arguments on Language Use, Attitudes, and Cognitions. In: Journal of Language and Social Psychology, 33 (2014), 548–560.

Kolek, Vít**:** Das pseudogenerische Maskulinum und der gendergerechte Sprachgebrauch in der deutsch-tschechischen und tschechisch-deutschen Übersetzung. Anregungen für Didaktik und Praxis. In: Eva Maria Hrdinová (Hg.): Překlad jako didaktický nástroj ve výuce cizích jazyků II. Olomouc: Univerzita Palackého v Olomouci, 2019, 1–11.

Kolek, Vít**:** Discourse of Non-Heteronormative Labelling in German-Language Press: The Case of Gendersternchen. In: Slovenscina 2.0, 7 (2019) 2, 118–140.

Kolek, Vít**:** Studentenwerk oder Studierendenwerk. Eine diskurslinguistische Analyse. In: Milan Horňáček/Jörg Krappmann/Karsten Rinas (Hg.): Vom Nutzen diskursanalytischer Verfahren (Beiträge zur deutschmährischen Literatur, 34). Olomouc: Univerzita Palackého v Olomouci, 2008, 191–209.

Kolesnikov, Nikolaj P.: Tolkovyj slovar' nazvanij ženščin. Moskva: Astrel', 2014.

Kondratjuk, Maria/Patrick Leinhos: Mut zur Marginalisierung – Triangulation als inhärentes Prinzip qualitativer Forschung. In: Lüdemann, Jasmin/Otto, Ariane (Hg.): Triangulation und Mixed-Methods. Wiesbaden: Springer Fachmedien Wiesbaden, 2019, 39–62.

Kopeliovič, Avgust B.: K voprosu o kodifikacii imen suščestvitel'nych obščego roda. In: Grammatika i norma. Moskva: Nauka, 1977, 178–192.

Korotkova, Marija O.: Vlijanie gendernogo faktora na rečevoe povedenie. In: Privolžskij naučnyj vestnik, 7(2015) 47, 126–130.

Kotthoff, Helga: Was heißt eigentlich ‚Doing Gender'? (Zu Interaktion und Geschlecht). In: Jiřina van Leeuwen-Turnovcová (Hg.): Gender-Forschung in der Slawistik: Beiträge der Konferenz „Gender - Sprache - Kommunikation - Kultur", 28. April bis 1. Mai 2001, Institut für Slawistik, Friedrich-Schiller-Universität Jena. Wien: Ges. zur Förderung Slawist. Studien, 2002, 1–27.

Kožina, Margarita N.: Funkcional'nyj stil' (funkcional'naja raznovidnost' jazyka, funkcional'nyj tip reči). In: Margarita N. Kožina (Hg.): Stilističeskij ėnciklopedičeskij slovar' russkogo jazyka. Moskva: Flinta, 2003, 581–583.

Kožina, Margarita N.: Stilistika russkogo jazyka. Izd. 3., pererabot. i dop. Moskva: Prosveščenie, 1993.

Kramer, Cheris: Women's speech: Separate but unequal? In: Quarterly Journal of Speech, 60 (1974) 1, 14–24.

Krjučkova, Tat'jana B.: Nekotorye ėksperimental'nye issledovanija osobennostej ispol'zovanija jazyka mužčinami i ženščinami. In: Ju. A. Sorokin/A. N. Šachnarovič (Hg.): Problemy psicholingvistiki. Moskva: Institut jazykoznanija AN SSSR, 1975, 186–199.

Krongauz, Maksim A.: Gendernaja paradigma nazvanij ljudej. In: Dennis Scheller-Boltz (Hg.): New approaches to gender and queer research in Slavonic studies: proceedings of the international conference „Language as a constitutive element of a gendered society - developments, perspectives, and possibilities in the

Slavonic languages"(Innsbruck, 1-4 October 2014). Wiesbaden: Harrassowitz Verlag, 2015, 165–172.

Krongauz, Maksim A.: SEXUS, ili Problema pola v russkom jazyke. In: A. A. Gippius/T. M. Nikolaeva/V. N. Toporov (Hg.): Rusistika. Slavistika. Indojevropeistika.: Sbornik k 60-letiju Andreja Anatol'eviča Zaliznjaka. Moskva: Rossijskaja akademija nauk; INDRIK, 1996, 510–525.

Krupina, Dar'ja: Gender i antigender v internete: transljacija gendernych stereotipov v social'nych setjach runeta. In: Gendernyj žurnal „Ja", 3 (2013) 34, 26–28.

Kulick, Don/Deborah Cameron: Language and sexuality. Cambridge: Cambridge University Press, 2003.

Kulikova, Ėlla G.: Ob odnoj grammatičeskoj kategorii v lingvokul'turologičeskom i lingvopragmatičeskom aspekte. In: Filologičeskie nauki. Voprosy teorii i praktiki, 59 (2016) 5, 103–105.

Kuznecov, Sergej A.: Bol'šoj tolkovyj slovar' russkogo jazyka. Sankt Petersburg: Norint, 1998.

Lakoff, George: Women, fire, and dangerous things: what categories reveal about the mind. Paperback ed., 5. print. Chicago: University of Chicago Press, 1991.

Lakoff, Robin Tolmach: Language and woman's place: text and commentaries. Rev. and expanded ed. Hg. Mary Bucholtz. Oxford: Oxford University Press, 2004.

Lampropoulou, Sofia/Marianthi Georgalidou: Sexist language in Greek public discourse: When gender exclusive forms become a matter of grammatical correctness. In: Women's Studies International Forum, 60 (2017) 1, 49–57.

Lange, Patricia: Commenting on Comments: Investigating Responses to Antagonism on YouTube. http://web3.cas.usf.edu/main/depts/ANT/cma/Lange-SfAA-Paper-2007.pdf, Zugriff: 2.11.2006.

Lavrent'ev, Vitalij A.: K voprosu o kategorii lica imeni suščestvitel'nogo. In: Vestnik Čerepoveckogo gosudarstvennogo universiteta, 2 (2011) 2, 57–60.

Leap, William: Beyond the lavender lexicon: authenticity, imagination, and appropriation in lesbian and gay languages. Luxembourg: Gordon and Breach Publ., 1995.

Leap, William/Heiko Motschenbacher: Launching a new phase in language and sexuality studies. In: Journal of language and sexuality, 1 (2012) 1, 1–14.

Lehmann, Volkmar: Lexiko-grammatische und grammatische Kategorien. In: Volkmar Lehmann, Jessica Scharnberg (Hg.): Slavistische Linguistik 2000. München: Verlag Otto Sagner, 2001, 105–121.

Lenz, Susanne: Korpuslinguistik. Unveränd. Nachdr. d. 1. Aufl. Tübingen: Narr, 2006.

Levin-Steinmann, Anke: Weltbild - Geschlecht - Sprache. In: Jiřina van Leeuwen-Turnovcová, Uta Röhrborn (Hg.): Beiträge des Gender-Blocks zum XIII. Internationalen Slavistenkongress in Ljubljana 15. - 21. August 2003. München: Sagner, 2003, 147–166.

Liddicoat, Anthony J.: Feminist language planning. In: Current Issues in Language Planning, 12 (2011) 1, 1–7.

Lipovskaja, Olga: Der Mythos der Frau in der heutigen sowjetischen Kultur. In: Feministische Studien, 10 (1992) 2, 64–74.

Litosseliti, Lia: Gender and language: theory and practice. 1. publ. in Great Britain. London: Hodder Arnold, 2006.

Livia, Anna/Kira Hall: Queerly Phrased: Language, Gender, and Sexuality. Oxford: Oxford University Press, 1997.

Londo, Ilda: Career, beauty and motherhood: representation of gender in women magazines in Albania. In: Nirman Moranjak-Bamburać/Tarik Jusić/Adla Isanović (Hg.): Stereotyping: representation of women in print media in South East Europe. Sarajevo: MEDIACENTAR Sarajevo, 2006, 133–160.

Lunjakova, Ljudmila G.: Vklad laboratorii gendernych problem ISPEN RAN i MCGR v razvitie i rasprostranenie gendernych znanij. In: I. B. Nazarova/E. V. Lobza (Hg.): *Gendernye stereotipy v sovremennoj Rossii*. Moskva: MAKS Press, 2007, 291–305.

Mackevič, Elena E./Anna A. Flaksman: Jazykovye sredsva nemeckogo jazyka dlja dostiženija gendernoj nejtral'nosti (na materiale nemeckojazyčnych juridičkich tekstov). In: Naučnyj dialog, 3 (2016) 51, 42–51.

Macyšina, Irina V.: Ženskij obraz v televizionnoj reklame (opyt vizual'nogo). In: Dialog: Media-studiï, 14 (2012) 1, 81–90.

Madden, Amy/Ian Ruthven/David Mcmenemy: A classification scheme for content analyses of YouTube video comments. In: Journal of Documentation, 69 (2013) 5, 693–714.

Majstorović, Danijela/Vladimir Turjačanin: The representation of women in Bosnian-Herzegovian dailies: gender and ethnic separations in society. In: Nirman Moranjak-Bamburać/Tarik Jusić/Adla Isanović (Hg.): Stereotyping: representation of women in print media in South East Europe. Sarajevo: MEDIACENTAR Sarajevo, 2006, 81–110.

Majstorović, Dunja/Gordana Vilović: The Presence and Depiction of Women on the Front Pages of Croatian Daily Newspapers: In the Service of Promoting Gender Stereotypes? In: Medijske studije, 8 (2017) 16, 6–22.

Malamatidou, Sofia: Corpus triangulation: combining data and methods in corpus-based translation studies. Abingdon: Oxon, 2018.

Marinova, Elena V.: Var'irovanie inojazyčnych slov po rodu v sovremennoj russkoj reči. In: Lingua mobilis, 26 (2010) 7, 27–30.

Maschi, Tina/James W. Drisko: Content analysis. New York: Oxford University Press, 2015.

Mayring, Philipp: Qualitative Inhaltsanalyse: Grundlagen und Techniken. 12., überarbeitete Auflage. Weinheim: Beltz, 2015.

McConnell-Ginet, Sally: Positioning Ideas and Gendered Subjects. „Women's Language" revisited. In: Mary Bucholtz (Hg.): Language and woman's place: text and commentaries. Oxford: Oxford University Press, 2004, 136–42.

McElhinny, Bonnie: „I Don't Smile Much Anymore": Affect, Gender and the Discourse of Pittsburgh Police Officers. In: Jennifer Coates (Hg.): Language and Gender: A Reader. Malden, MA: Blackwell Pub., 1998, 309–27.

Metodičeskie materialy po učëtu gendernoj specifiki v reči (na russkom jazyke). https://www.un.org/ru/gender-inclusive-language/toolbox.shtml, Zugriff: 2.9.2020.

Meuser, Michael/Cornelia Behnke: Geschlechterforschung und qualitative Methoden. Opladen: Leske + Budrich, 1999.

Michel, Georg: Sprachliche Existenzformen und Funktionalstile: Uberlegungen zur stilistischen Differenzierung der Umgangssprache. In: Zeitschrift für Phonetik, Sprachwissenschaft und Kommunikationsforschung, 33 (1980) 1, 75–79.

Mills, Margaret H.: „Teacher talk“ in the Russian and American classroom: Dominance and cultural framing. In: Margaret H. Mills (Hg.): Slavic gender linguistics. 1999, 131–52.

Mills, Sara: Language and sexism. Cambridge: Cambridge University Press, 2008.

Mineeva, Zoja I.: Feminitivy s suffiksom -ščic(a)/-čic(a). In: Naučnyj dialog, 7 (2020) 1, 142–57.

Minh-ha, Trinh: Difference: „A special third world women's issue“. In: Deborah Cameron (Hg.): The feminist critique of language: a reader. London: Routledge, 2002, 38–43.

Morcillo, Jesus Munoz u. a.: Producers of Popular Science Web Videos. Between New Professionalism and Old Gender Issues. https://arxiv.org/abs/1908.05572 Zugriff: 15.4.2020.

Mucchi-Faina, Angelica: Visible or influential? Language reforms and gender (in)equality. In: Social Science Information, 44 (2005) 1: 189–215.

Nacional'nyj korpus russkogo jazyka. https://ruscorpora.ru/new/, Zugriff: 27.9.2020.

Nesset, Tore/Alexander Piperski/Svetlana Sokolova: Russian feminitives: What can corpus data tell us? In: Russian Linguistics, 46 (2022) 2, 95–113.

Novikov, Yuri/Tom Priestly: Gender Differentiation in Personal and Professional Titles in Contemporary Russian. In: Journal of Slavic Linguistics, 7 (1999) 2, 247–263.

Nowicka, Beata: Feminativy s suffiksom -k(a) v novoj russkoj leksike. In: Studia Rossica Posnaniensia, 35 (2006) 1, 73–76.

Nübling, Damaris/Helga Kotthoff: Genderlinguistik: Eine Einführung in Sprache, Gespräch und Geschlecht. Tübingen: Narr Francke Attempto, 2018.

Nurullina, Guzel' M.: Ėkstralingvističeskie vozmožnosti kategorii roda russkogo jazyka. In: Vestnik TGGPU, 47 (2017) 1, 77–80.

Ohnheiser, Ingeborg: Funktionalstile. In: Karl Gutschmidt u. a. (Hg.): Die slavischen Sprachen. Berlin: Walter de Gruyter, 2009, 991–1000.

Ohnheiser, Ingeborg: S glaz doloj – iz serdca von? In: Dennis Scheller-Boltz (Hg.): New Approaches to Gender and Queer Research in Slavonic Studies. Innsbruck: University of Innsbruck, 2015, 327–338.

Ortner, Sherry B.: Is Female to Male as Nature Is to Culture? In: Feminist Studies, 1 (1972) 2, 5–31.

Parks, Janet/Mary Roberton: Contemporary Arguments Against Nonsexist Language: Blaubergs (1980) Revisited. In: Sex Roles, 39 (1998) 5, 445–461.

Pavlova, Dar'ja S.: Kosmetologinja i advokatessa: buduščee ili real'nost' russkogo jazyka? In: Philological Studies, 18 (2020) 2, 178–186.

Peršaj, Aleksandr M.: Genderno-nejtral'nyj jazyk i nebinarnye identičnosti: kak reformirovat' jazyk?. In: Makeout.by, 27.2.2017, https://makeout.by/2017/02/27/genderno-neytralnyy-yazyk.html, Zugriff: 2.9.2020.

Peršaj, Aleksandr M.: Resources: Idiomatic Expressions Such as a Cradle Snatcher and a Fish Wife Are Examples of Sexist Language. In: UNFPA Belarus, 2014, https://belarus.unfpa.org/en/news/resources-idiomatic-expressions-such-cradle-snatcher-and-fish-wife-are-examples-sexist-language, Zugriff: 2.9.2020.

Philips, Susan Urmston/Susan Steele/Christine Tanz: Language, Gender, and Sex in Comparative Perspective. Cambridge: Cambridge University Press, 1987.

Pichler, Pia: Talking Young Femininities. Basingstoke: Palgrave Macmillan, 2009.

Posch, Claudia: Everything Was Better in the Old Days!? In: Dennis Scheller-Boltz (Hg.): New Approaches to Gender and Queer Research in Slavonic Studies. Innsbruck: University of Innsbruck, 2015, 339–350.

Potapov, Vsevolod V.: Fonetičeskie gendernye priznaki v russkoj razgovornoj reči. In: Jiřina van Leeuwen-Turnovcová (Hg.): Gender-Forschung in der Slawistik. Wien: Ges. zur Förderung Slawist. Studien, 2002, 201–210.

Pusch, Luise F.: Alle Menschen werden Schwestern: Feministische Sprachkritik. Frankfurt/Main: Suhrkamp, 1990.

Ritter, Martina: Neue Männer - Neue Frauen? Zur Entstehung transkultureller Deutungsräume im Privaten im postsowjetischen Russland. In: Michiko

Mae/Britta Saal (Hg.): Transkulturelle Genderforschung: Ein Studienbuch zum Verhältnis von Kultur und Geschlecht, Geschlecht und Gesellschaft. Wiesbaden: Springer Fachmedien Wiesbaden, 2014, 205–228.

Rukovodstvo po učëtu gendernoj specifiki v ustnoj in pis`mennoj reči. In: Vereinte Nationen, https://www.un.org/ru/gender-inclusive-language/guidelines.shtml, Zugriff: 2.9.2020.

Salyakhieva, Liliya Maratovna/Zhanna Vladimirovna Saveleva: Childfree as a Social Phenomenon: Russians' Attitude to Voluntary Childlessness. In: Tarih kültür ve sanat araştırmalari dergisi, 6 (2017) 4, 531–537.

Samarina, Varvara S.: Gender vo frazeologii: kognitivno-lingvokulturologičeskij aspekt. Stavropol': Stavropol'skij gosudarstvennyj universitet, 2010.

Samojlenko, Nikita S./Anastasija A. Stekleneva: Feminitivy kak instrument gendernoj differenciacii v SMI. In: Aktual'nye voprosy sovremennoj filologii i žurnalistiki, 33 (2019) 2, 126–131.

Šarov, Konstantin S.: Na tëmnoj storone politkorrektnosti: genderno-nejtral'nyj novojaz. In: Voprosy filosofii, 3 (2010) 1, http://vphil.ru/index.php?option=com_content&task=view&id=117, Zugriff: 25.3.2020.

Savkina, Irina: Irritating Factors: The Reception and Discussion of Feminist Criticism and Gender Studies in the Russian Context. In: Russian Social Science Review, 50 (2009) 3, 73–100.

Scheller-Boltz, Dennis: From Isolation to Integration: Gender and Queer Research in Slavonic Linguistics. In: Dennis Scheller-Boltz (Hg.): New Approaches to Gender and Queer Research in Slavonic Studies: Proceedings of the International Conference „Language as a Constitutive Element of a Gendered Society - Developments, Perspectives, and Possibilities in the Slavonic Languages". Innsbruck: Universität Innsbruck, 2015, 15–32.

Scheller-Boltz, Dennis: Grammatik und Ideologie: Feminisierungsstrategien im Russischen und Polnischen aus Sicht der Wissenschaft und Gesellschaft. Berlin: Peter Lang, 2020.

Schinnerl, Michaela: Russische Männer- und Frauensprache: ein korpuslinguistischer Zugang. Wien: Münster: LIT, 2015.

Spiegel, Gabrielle M.: Practicing history: new directions in historical writing after the linguistic turn. New York: Routledge, 2005.

Steinhilber, Silke: Success and Disenchantment: Experiences with Gender Mainstreaming and Gender Equality Policies in an Enlarged Europe. In: Susanne Baer/Miriam Hoheisel (Hg.): Between Success and Disappointment: Gender Equality Policies in an Enlarged Europe. Bielefeld: Kleine Verlag, 2008, 257–274.

Stepanov, Sergej P.: Process obrazovanija feminitivov kak sfera bor'by za ravenstvo polov. In: Izvestija SPbGĖU, 126 (2020) 6, 129–135.

Šul'ga, Marija V.: Slavjanskij grammatičeskij rod: privativnaja oppozicija. In: Voprosy jazykoznanija, 3 (1997) 1, 26–39.

Sullivan, Nikki: A critical introduction to queer theory. Edinburgh: Edinburgh University Press, 2003.

Sunderland, Jane: Language and gender: an advanced resource book. London: Routledge, 2006.

Švedova, Natalija Ju./Sergej I. Ožegov: Tolkovyj slovar' russkogo jazyka: 72500 slov i 7500 frazeologičeskich vyraženij. Moskau: Az Ltd., 1995.

Švedova, Natalja Ju. (Hg.): Russkaja grammatika: fonetika, fonologija, udarenie, intonacija, slovoobrazovanie, morfologija. Moskau: Nauka, 1980.

Talbot, Mary: Gender Stereotypes: Reproduction and Challenge. In: Janet Holmes/Miriam Meyerhoff (Hg.): The handbook of language and gender. Malden, MA: Blackwell Pub., 2003, 468–486.

Tannen, Deborah: Cultural Patterning in Language and woman's place. In: Mary Bucholtz (Hg.): Language and woman's place: text and commentaries. Oxford: Oxford Univ. Press, 2004, 158–164.

Tannen, Deborah: Du kannst mich einfach nicht verstehen: warum Männer und Frauen aneinander vorbeireden. Hamburg: Kabel, 1991.

Tannen, Deborah: The relativity of linguistic strategies: rethinking power and solidarity in gender and dominance. In: Deborah Cameron (Hg.): The feminist critique of language: a reader. London: Routledge, 2002, 261–279.

Tannen, Deborah: You just don't understand: women and men in conversation. London: Virago Press, 1990.

Temkina, Anna/Zdravomyslova, Elena: Gender's crooked path: Feminism confronts Russian patriarchy. In: Current Sociology, 62 (2014) 2, 253–270.

Thelwall, Mike: Social media analytics for YouTube comments: potential and limitations. In: International Journal of Social Research Methodology, 21 (2018) 3, 303–316.

Thelwall, Mike/Mas-Bleda, Amalia: YouTube science channel video presenters and comments: female friendly or vestiges of sexism? In: Aslib Journal of Information Management, 70 (2018) 1, 28–46.

Thelwall, Mike/Sud, Pardeep/Vis, Farida: Commenting on YouTube Videos: From Guatemalan Rock to El Big Bang. In: Journal of the American Society for Information Science and Technology, 63 (2012) 3, 616–629.

Townsend, Charles E.: Russian word-formation. Cambridge, Mass.: Slavica Publishers Inc., 1975.

Trager, George L.: The Russian Gender Categories. In: Language. Baltimore: Linguistic Society of America, 1940.

Trofimova, Elena: Rasširenie zony ispol'zovanija obščego roda v russkom jazyke kak rezul'tat opredelënnych gendernych predpodčtenij. In: Sborník příspěvků z mezinárodní konference XXIV. Olomoucké dny rusistů. Olomouc: Univerzita Palackého v Olomouc, 2018, 19–25.

Unmüßig, Barbara/Allroggen, Ulrike: Zwei Schritte vor und einen zurück? Stand und Perspektiven europäischer Geschlechterpolitik. In: Heinrich-Böll-Stift. (Hg.): Ist Europa noch zu retten? Herausforderungen für die deutsche EU-Ratspräsidentschaft. Berlin, 2006, 56-62.

Urtz, Bernadette J.: Gender, Iconicity and Agreement in Russian. In: Margaret H. Mills (Hg.): Slavic Gender Linguistics. München: Sagner, 1999.

van Leeuwen-Turnovcová, Jiřina (Hg.): Gender-Forschung in der Slawistik: Beiträge der Konferenz „Gender - Sprache - Kommunikation - Kultur“, 28. April bis 1. Mai 2001, Institut für Slawistik, Friedrich-Schiller-Universität Jena. Wien: Ges. zur Förderung Slawist. Studien, 2002.

van Leeuwen-Turnovcová, Jiřina, und Uta Röhrborn (Hg.): Beiträge des Gender-Blocks zum XIII. Internationalen Slavistenkongress in Ljubljana 15. - 21. August 2003. München: Sagner, 2003.

Veletsianos, George u.a.: Public comment sentiment on educational videos: Understanding the effects of presenter gender, video format, threading, and moderation on YouTube TED talk comments. In: PLoS ONE, 13 (2018) 6, 1–21.

Warditz, Vladislava: Varianz im Russischen: Von funktionalstilistischer zur soziolinguistischen Perspektive. Frankfurt a.M.: Peter Lang GmbH, 2019.

Wood-Barcalow, Nichole: Positive Body Image Workbook: A Clinical and Self-Improvement Guide. Cambridge: Cambridge University Press, 2021.

Wotanis, Lindsey/Laurie Mcmillan: Performing Gender on YouTube: How Jenna Marbles Negotiates a Hostile Online Environment. In: Feminist Media Studies, 14 (2014) 6, 912–928.

Yokoyama, Ol'ga T.: Kognitivnyj status gendernych različij v jazyke i ich pragmatičeskoe modelirovanie. In: Jiřina van Leeuwen-Turnovcová (Hg.): Gender-Forschung in der Slawistik. Wien: Ges. zur Förderung Slawist. Studien, 2002, 29–40.

Yokoyama, Ol'ga T.: Speech Genre Differences in the Fundamental Frequency of Russian Men and Women. In: Jiřina van Leeuwen-Turnovcová und Uta Röhrborn (Hg.): Beiträge des Gender-Blocks zum XIII. Internationalen Slavistenkongress in Ljubljana. München: Sagner, 2003, 7–27.

Yokoyama, Olga T.: Gender Linguistic Analysis of Russian Children's Literature. In: Margaret H. Mills (Hg.): Slavic Gender Linguistics. Amsterdam [u.a.]: Benjamins, 1999, 57–84.

Zaliznjak, Andrej A.: Grammatičeskij slovar' russkogo jazyka: slovoizmenenie. Moskva: AST-Press kniga, 2008.

Zaliznjak, Andrej A.: Russkoe imennoe slovoizmenenie: s priloženiem izbrannych rabot po sovremennomu russkomu jazyku i obščemu jazykoznaniju. Moskva: Jazyki slavjanskoj kul'tury, 2002.

Zaučr, Anžellka A.: Feminitivy v russkojazyčnom internet-prostranstve. In: Uchënye zapiski Novgorodskogo universiteta imeni Jaroslava Mudrogo, 27 (2020) 2, 1–4.

Zaytseva, Olga: The Concept of Kay: Metaphorical Construction of Female Identity in Russia. In: Russian Journal of Communication, 9 (2017) 1, 87–102.

Zemskaja, Elena A.: Jazyk kak dejatel'nost': Morfema. Slovo. Reč'. Moskva: Jazyki Slavjanskoj Kultury, 2004.

Zemskaja, Elena A./Margarita V. Kitajgorodskaja/Evgenij N. Širjaev: Russkaja razgovornaja reč'. Obščie voprosy. Slovoobrazovanie. Sintaksis. Moskva: Nauka, 1981.

Zemskaja, Elena A./Margarita V. Kitajgorodskaja/Nina N. Rozanova: Osobennosti mužskoj i ženskoj reči. In: Elena A. Zemskaja/Dmitrij N. Šmelëv (Hg.): Russkij jazyk v ego funkcionirovanii. Moskva: Rossijskaja akademija nauk, 1993, 90–136.

Anhang 1: Liste der Codes in der Analyse von YouTube-Kommentaren

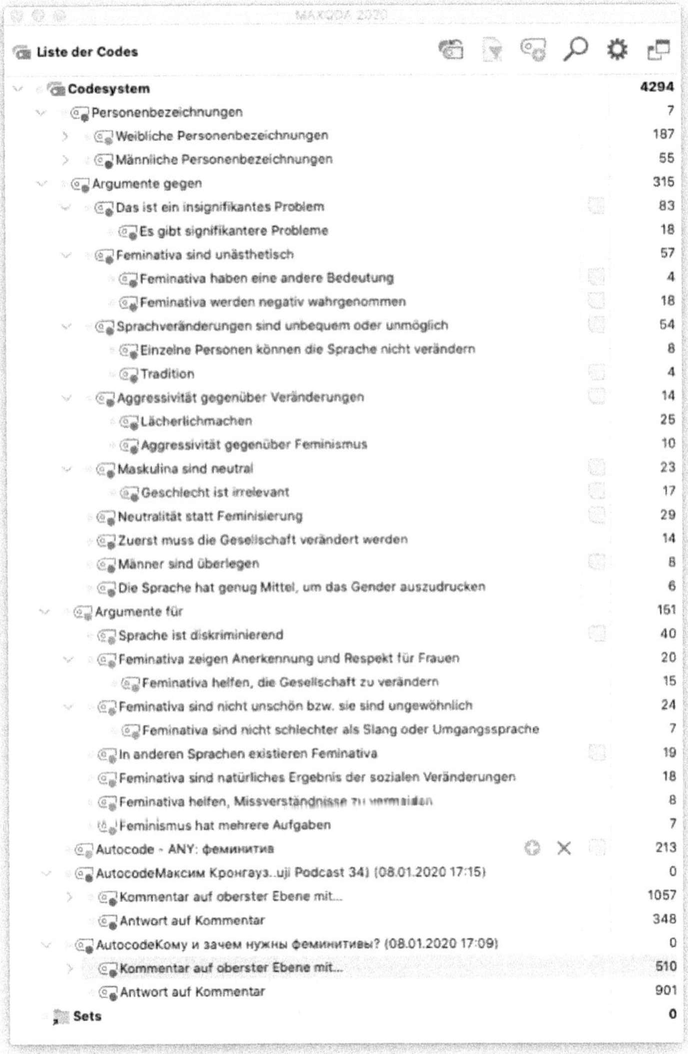

Abbildung 6: Liste der Codes in der Analyse von YouTube-Kommentaren

Anhang 2: Feminine Personenbezeichnungen im Korpus des publizistischen Stils in absteigender Häufigkeit

Tabelle 9: Feminine Personenbezeichnungen im Korpus des publizistischen Stils in absteigender Häufigkeit

Nr.	*Personenbezeichnung (im Nom. Sg.)*	*Anzahl*	*Übersetzung*
1	"женщина"	92	Frau
2	"девушка"	32	Junges Mädchen
3	"жена"	19	Ehefrau
4	"жительница"	17	Einwohnerin
5	"госпожа"	16	Frau, Herrin
6	"девочка"	15	Mädchen
7	"жертва"	14	Opfer
8	"мать"	14	Mutter
9	"актриса"	13	Schauspielerin
10	"дочь"	13	Tochter
11	"певица"	13	Sängerin
12	"невеста"	11	Braut
13	"подруга"	9	Freundin
14	"пациентка"	8	Patientin
15	"ведущая"	7	Moderatorin
16	"журналистка"	7	Journalistin
17	"модель"	6	Model
18	"сестра"	6	Schwester
19	"супермодель"	6	Supermodel
20	"артистка"	4	Künstlerin
21	"вдова"	4	Witwe
22	"герцогиня"	4	Herzogin
23	"медсестра"	4	Krankenschwester
24	"пассажирка"	4	Passagierin
25	"принцесса"	4	Prinzessin
26	"проститутка"	4	Prostituierte
27	"свинья"	4	Schwein
28	"сволочь"	4	Bastard
29	"хозяйка"	4	Wirtin
30	"возлюбленная"	3	Geliebte
31	"героиня"	3	Heldin
32	"исполнительница"	3	Darstellerin
33	"клиентка"	3	Kundin

Nr.	*Personenbezeichnung (im Nom. Sg.)*	*Anzahl*	*Übersetzung*
34	"собеседница"	3	Gesprächspartnerin
35	"сотрудница"	3	Mitarbeiterin
36	"телезвезда"	3	TV-Star
37	"блогерша"	2	Bloggerin
38	"королева"	2	Königin
39	"любовница"	2	Geliebte
40	"парикмахерша"	2	Friseurin
41	"персона"	2	Person
42	"писательница"	2	Schriftstellerin
43	"плюс-сайз-модель"	2	Plus-Size-Model
44	"пользовательница"	2	Nutzerin
45	"предпринимательница"	2	Geschäftsfrau
46	"стюардесса"	2	Stewardess
47	"танцовщица"	2	Tänzerin
48	"телеведущая"	2	Fernsehmoderatorin
49	"туристка"	2	Touristin
50	"фигуристка"	2	Schlittschuhläuferin
51	"художница"	2	Künstlerin
52	"активистка"	1	Aktivistin
53	"американка"	1	Amerikanerin
54	"блондинка"	1	Blondine
55	"больная"	1	Kranke
56	"британка"	1	Britin
57	"водительница"	1	Fahrerin
58	"гимнастка"	1	Turnerin
59	"дама"	1	Dame
60	"дурочка"	1	Dummerchen
61	"заказчица"	1	Kundin
62	"звезда"	1	Star
63	"злоумышленница"	1	Verbrecherin
64	"знаменитость"	1	Berühmtheit
65	"корова"	1	Kuh
66	"леди"	1	Lady
67	"малышка"	1	Baby
68	"мама"	1	Mama
69	"мисс"	1	Miss
70	"миссис"	1	Missis
71	"мученица"	1	Märtyrerin
72	"основательница"	1	Gründerin

Nr.	*Personenbezeichnung (im Nom. Sg.)*	*Anzahl*	*Übersetzung*
73	"особа"	1	Person
74	"официантка"	1	Kellnerin
75	"партнерша"	1	Partnerin
76	"пенсионерка"	1	Rentnerin
77	"повариха"	1	Köchin
78	"погибшая"	1	Verstorbene
79	"подсудимая"	1	Angeklagte
80	"покупательница"	1	Käuferin
81	"постоялица"	1	Bewohnerin
82	"пострадавшая"	1	Opfer
83	"представительница"	1	Vertreterin
84	"преподавательница"	1	Lehrerin
85	"работница"	1	Arbeiterin
86	"рассказчица"	1	Erzählerin
87	"россиянка"	1	Russin, russische Staatsbürgerin
88	"служанка"	1	Dienstmädchen
89	"Снегурочка"	1	Schneemädchen
90	"спортсменка"	1	Sportlerin
91	"стриптизерша"	1	Stripperin
92	"тетя"	1	Tante
93	"теща"	1	Schwiegermutter
94	"топ-модель"	1	Topmodel
95	"тысячница"	1	Bloggerin mit über Tausend Follower
96	"уполномоченная"	1	Verantwortliche
97	"управляющая"	1	Managerin
98	"ученица"	1	Schülerin
99	"финалистка"	1	Finalistin
100	"фотомодель"	1	Fotomodel
101	"школьница"	1	Schulmädchen
102	"шотландка"	1	Schottin
103	"экоактивистка"	1	Öko-Aktivistin
104	"юристка"	1	Anwaltin

Anhang 3: Feminine Personenbezeichnungen im Korpus der feministischen Foren in absteigender Häufigkeit

Tabelle 10: Feminine Personenbezeichnungen im Korpus der feministischen Foren in absteigender Häufigkeit

Nr.	*Personenbezeichnung (im Nom. Sg.)*	*Anzahl*	*Übersetzung*
1	"женщина"	920	Frau
2	"девушка"	285	Junges Mädchen
3	"админка"	160	Adminin
4	"подруга"	150	Freundin
5	"мама"	147	Mama
6	"сестра"	140	Schwester
7	"девочка"	134	Mädchen
8	"феминистка"	118	Feministin
9	"мать"	113	Mutter
10	"жена"	66	Ehefrau
11	"дева"	58	Jungfrau
12	"лесбиянка"	50	Lesbin
13	"дочь"	44	Tochter
14	"баба"	41	Weib
15	"авторка"	38	Autorin
16	"жертва"	36	Opfer
17	"психологиня"	35	Psychologin
18	"героиня"	34	Heldin
19	"бабушка"	30	Großmutter
20	"участница"	30	Teilnehmerin
21	"подписчица"	26	Followerin
22	"дама"	24	Dame
23	"персонажка"	19	Figur, Darstellerin
24	"знакомая"	18	Bekannte
25	"тетя"	17	Tantchen
26	"учительница"	17	Lehrerin
27	"служанка"	16	Dienstmädchen
28	"гинекологиня"	14	Gynäkologin
29	"девчонка"	14	Mädchen
30	"психотерапевтка"	14	Psychotherapeutin
31	"фемка"	14	Feministin
32	"богиня"	13	Göttin
33	"врачиня"	13	Ärztin

Nr.	*Personenbezeichnung (im Nom. Sg.)*	*Anzahl*	*Übersetzung*
34	"дочка"	13	Tochter
35	"людиня"	13	*Menschin
36	"специалистка"	13	Spezialistin
37	"студентка"	13	Studentin
38	"дура"	12	Narrin
39	"рыжая"	12	Rothaarige
40	"свекровь"	12	Schwiegermutter
41	"шлюха"	12	Hure
42	"одногруппница"	11	Kommilitonin
43	"партнерша"	11	Partnerin
44	"родственница"	11	Verwandte
45	"собеседница"	11	Gesprächspartnerin
46	"художница"	11	Künstlerin
47	"акушерка"	9	Hebamme
48	"блогерка"	9	Bloggerin
49	"няня"	9	Babysitterin
50	"тренерка"	9	Trainerin
51	"актриса"	8	Schauspielerin
52	"мастерица"	8	Handwerkerin, Meisterin
53	"хозяйка"	8	Wirtin
54	"бисексуалка"	7	Bisexuelle
55	"комментаторка"	7	Kommentatorin
56	"патриархалка"	7	patriarchalische Frau
57	"принцесса"	7	Prinzessin
58	"работница"	7	Arbeiterin
59	"стражница"	7	Wächterin
60	"юристка"	7	Juristin
61	"воительница"	6	Kriegerin
62	"воспитательница"	6	Erzieherin
63	"подростка"	6	Jugendliche
64	"преподавательница"	6	Lehrerin
65	"соседка"	6	Nachbarin
66	"тварь"	6	Kreatur
67	"жительница"	5	Bewohnerin
68	"защитница"	5	Verteidigerin
69	"инженерка"	5	Ingenieurin
70	"личность"	5	Persönlichkeit
71	"медсестра"	5	Krankenschwester
72	"напарница"	5	Partnerin

Nr.	*Personenbezeichnung (im Nom. Sg.)*	*Anzahl*	*Übersetzung*
73	"неудачница"	5	Versagerin
74	"пацанка"	5	Wildfang
75	"пациентка"	5	Patientin
76	"приятельница"	5	Bekannte
77	"рабыня"	5	Sklavin
78	"сепаратистка"	5	Separatistin
79	"сука"	5	Bitch
80	"эгоистка"	5	Egoistin
81	"антифеминистка"	4	Antifeministin
82	"асексуалка"	4	Asexuelle
83	"блондинка"	4	Blondine
84	"бывшая"	4	Ex-Freundin
85	"воспитанница"	4	Mündel
86	"директриса"	4	Direktorin
87	"идиотка"	4	Idiotin
88	"исполнительница"	4	Darstellerin
89	"клиентка"	4	Kundin
90	"королева"	4	Königin
91	"лесбосепаратистка"	4	lesbische Separatistin
92	"мамочка"	4	Mutti
93	"мелкая"	4	Kleine
94	"модель"	4	Model
95	"мразь"	4	Abschaum
96	"некромантка"	4	Geisterbeschwörerin
97	"одноклассница"	4	Klassenkameradin
98	"особь"	4	Exemplar
99	"писательница"	4	Schriftstellerin
100	"подружка"	4	Freundin
101	"представительница"	4	Vertreterin
102	"разведёнка"	4	Geschiedene
103	"ребенка"	4	*Kindin
104	"репититорка"	4	Nachhilfelehrerin
105	"слабачка"	4	Weichei
106	"сотрудница"	4	Angestellte
107	"фельдшерка"	4	Sanitäterin
108	"человека"	4	*Menschin
109	"чемпионка"	4	Meisterin
110	"читательница"	4	Leserin
111	"шахматистка"	4	Schachspielerin

Nr.	*Personenbezeichnung (im Nom. Sg.)*	*Anzahl*	*Übersetzung*
112	"школьница"	4	Schülerin
113	"активистка"	3	Aktivistin
114	"водительница"	3	Fahrerin
115	"воровка"	3	Diebin
116	"жируха"	3	Fettsack
117	"журналистка"	3	Journalistin
118	"игрокиня"	3	Spielerin
119	"консультантка"	3	Konsultantin
120	"копирайтерка"	3	Werbetexterin
121	"красавица"	3	Schönheit
122	"любимая"	3	Geliebte
123	"любительница"	3	Liebhaberin
124	"любовница"	3	Geliebte
125	"милая"	3	Liebling
126	"модераторка"	3	Moderatorin
127	"невестка"	3	Schwiegertochter
128	"незнакомка"	3	Fremde
129	"обладательница"	3	Besitzerin
130	"особа"	3	Person
131	"официантка"	3	Kellnerin
132	"поэтесса"	3	Dichterin
133	"правительница"	3	Herrscherin
134	"проститутка"	3	Prostituierte
135	"рейнджерка"	3	Rangerin
136	"рэперка"	3	Rapperin
137	"сверстница"	3	Gleichaltrige
138	"сестренка"	3	Schwesterchen
139	"создательница"	3	Macherin
140	"соперница"	3	Rivalin
141	"старушка"	3	alte Dame
142	"элементалистка"	3	Elementarmagierin
143	"авторша"	2	Autorin
144	"администраторка"	2	Administratorin
145	"артистка"	2	Künstlerin
146	"блогерша"	2	Bloggerin
147	"брюнетка"	2	Brünette
148	"Венера"	2	Venus
149	"внучка"	2	Enkelin
150	"гетеросексуалка"	2	Heterosexuelle

Nr.	*Personenbezeichnung (im Nom. Sg.)*	*Anzahl*	*Übersetzung*
151	"девка"	2	Weibchen
152	"дерматологиня"	2	Dermatologin
153	"дизайнерка"	2	Designerin
154	"домработница"	2	Haushälterin
155	"домохозяйка"	2	Hausfrau
156	"дурочка"	2	Dummerchen
157	"жрица"	2	Priesterin
158	"знаменитость"	2	Berühmtheit
159	"иллюзионистка"	2	Illusionistin
160	"иллюстраторка"	2	Illustratorin
161	"интровертка"	2	Introvertierte
162	"истеричка"	2	Hysterikerin
163	"историчка"	2	Historikerin
164	"карьеристка"	2	Karrieristin
165	"кассирша"	2	Kassiererin
166	"кобыла"	2	Stute
167	"космонавтка"	2	Kosmonautin
168	"косплеерша"	2	Cosplayerin
169	"кузнечка"	2	Schmiedin
170	"маман"	2	Mutter
171	"мамаша"	2	Mutter
172	"мудроженственная"	2	Weise Frau
173	"мужененавистница"	2	Männerhasserin
174	"невеста"	2	Braut
175	"немка"	2	Deutsche
176	"нищебродка"	2	Arme
177	"нянька"	2	Babysitterin
178	"оппонентка"	2	Opponentin
179	"основательница"	2	Gründerin
180	"охотница"	2	Jägerin
181	"пансексуалка"	2	Pansexuelle
182	"пассия"	2	Geliebte
183	"певица"	2	Sängerin
184	"персона"	2	Person
185	"порноактриса"	2	Pornodarstellerin
186	"правозащитницу"	2	Menschenrechtsaktivistin
187	"премьер-министерка"	2	Premierministerin
188	"психиаторка"	2	Psychiaterin
189	"рыцарка"	2	Ritterin

Nr.	*Personenbezeichnung (im Nom. Sg.)*	*Anzahl*	*Übersetzung*
190	"рэперша"	2	Rapperin
191	"санитарка"	2	Krankenschwester
192	"сволочь"	2	Bastard
193	"секс-рабыня"	2	Sexsklavin
194	"собственница"	2	Eigentümerin
195	"старородка"	2	ältere Erstgebärende
196	"супруга"	2	Gattin
197	"тетушка"	2	Tantchen
198	"тетка"	2	Tantchen
199	"товарищка"	2	Kameradin
200	"украинка"	2	Ukrainerin
201	"унучика"	2	Enkelin
202	"уродина"	2	Hässliche
203	"фея"	2	Fee
204	"фельдшерица"	2	Sanitäterin
205	"физикесса"	2	Physikerin
206	"фикрайтерка"	2	Fan-Fiction-Schreibende
207	"флористка"	2	Floristin
208	"хозяюшка"	2	Hausfrau, Wirtin
209	"агрессорка"	1	Aggressorin
210	"адвокатесса"	1	Anwältin
211	"американка"	1	Amerikanerin
212	"антисоциалка"	1	Asoziale
213	"арендодательница"	1	Vermieterin
214	"аристократка"	1	Aristokratin
215	"атеистка"	1	Atheistin
216	"барышня"	1	Fräulein
217	"беглянка"	1	Flüchtige
218	"безымянная"	1	Namenlose
219	"блядь"	1	Hure
220	"бодипозитивщица"	1	Körperpositive
221	"больная"	1	Kranke
222	"британка"	1	Britin
223	"брошенка"	1	Ex-Freundin
224	"бывшемать"	1	Ex-Mutter
225	"веганка"	1	Veganerin
226	"виновная"	1	Schuldige
227	"внученька"	1	Enkelin
228	"возлюбленная"	1	Geliebte

Nr.	*Personenbezeichnung (im Nom. Sg.)*	*Anzahl*	*Übersetzung*
229	"вокалистка"	1	Vokalistin
230	"врачея"	1	Ärztin
231	"врачиха"	1	Ärztin
232	"выжившая"	1	Überlebende
233	"гадалка"	1	Wahrsagerin
234	"геймерка"	1	Gamerin
235	"генералка"	1	Generalin
236	"гиня"	1	Gynäkologin
237	"горничная"	1	Hausmädchen
238	"госпожа"	1	Herrin
239	"готическая Лолита"	1	Gothic Lolita
240	"давалка"	1	Flittchen
241	"дальнобойщица"	1	Truckerin
242	"девственница"	1	Jungfrau
243	"девчоночка"	1	Mädchen
244	"девчуля"	1	Mädchen
245	"девятиклассница"	1	Neuntklässler
246	"декретница"	1	Junge Mutter (im Kinderurlaub)
247	"делопроизводительница"	1	Sekretärin
248	"директорка"	1	Direktorin
249	"докторша"	1	Doktorin
250	"доченька"	1	Töchterchen
251	"дочечка"	1	Töchterchen
252	"дрянь"	1	Drecksau
253	"дщерь"	1	Tochter
254	"европейка"	1	Europäerin
255	"единомышленница"	1	Gleichgesinnte
256	"заведующая"	1	Leiterin
257	"завистница"	1	Neiderin
258	"заводчанка"	1	Fabrikarbeiterin
259	"заказчица"	1	Kundin
260	"замужняя"	1	Verheiratete
261	"зачинательница"	1	Gründerin
262	"зачинщица"	1	Anstifterin
263	"избранница"	1	Auserwählte
264	"извращенка"	1	Perverse
265	"изобретательница"	1	Erfinderin

Nr.	*Personenbezeichnung (im Nom. Sg.)*	*Anzahl*	*Übersetzung*
266	"инициаторка"	1	Initiatorin
267	"инопланетянка"	1	Außerirdische
268	"инструкторка"	1	Ausbilderin
269	"исследовательница"	1	Forscherin
270	"келинка"	1	Braut
271	"кинодокумента-листка"	1	Dokumentarfilmerin
272	"клуша"	1	Klepper
273	"коза"	1	Ziege
274	"коллега-женщина"	1	Kollegin
275	"компаньонка"	1	Begleiterin
276	"корова"	1	Kuh
277	"корреспондентка"	1	Korrespondentin
278	"косплеерка"	1	Cosplayerin
279	"крыса"	1	Ratte
280	"курочка"	1	Huhn
281	"куртизанка"	1	Kurtisane
282	"лекарка"	1	Ärztin
283	"лекторка"	1	Lektorin
284	"летсплеерка"	1	Letsplayerin
285	"летсплейщица"	1	Letsplayerin
286	"либералка"	1	Liberalin
287	"либертарианка"	1	Libertäre
288	"литературоведка"	1	Literaturwissenschaftlerin
289	"лолита"	1	Lolita
290	"лучница"	1	Bogenschützin
291	"лысая"	1	Kahlköpfige
292	"любимица"	1	Liebling
293	"магистерка"	1	Magisterin
294	"магистресса"	1	Magisterin
295	"мадам"	1	Madam
296	"малумийка"	1	Malumbierin (erfundene außerirdische Nation)
297	"марксистка"	1	Marxistin
298	"математикесса"	1	Mathematikerin
299	"местная"	1	Einheimische
300	"министрка"	1	Ministerin
301	"мисс"	1	Miss
302	"москвичка"	1	Moskauerin

Nr.	*Personenbezeichnung (im Nom. Sg.)*	*Anzahl*	*Übersetzung*
303	"мошенница"	1	Hochstaplerin
304	"музыкантка"	1	Musikerin
305	"мусульманка"	1	Muslimin
306	"наркоманка"	1	Drogensüchtige
307	"нарушительница"	1	Unruhestifterin
308	"наставляемая"	1	Mentee
309	"наставница"	1	Mentorin
310	"нахлебница"	1	Schmarotzerin
311	"начинающая"	1	Neuling
312	"недевственница"	1	Nicht-Jungfrau
313	"недоженщина"	1	Minderwertige Frau
314	"недомать"	1	Minderwertige Mutter
315	"неофитка"	1	Neophytin
316	"нефеминистка"	1	Nicht-Feministin
317	"носительница"	1	Trägerin
318	"нянечка"	1	Kindermädchen
319	"обезьяна с гранатой"	1	Affe mit einer Granate
320	"овечка"	1	Lämmchen
321	"овуляшка"	1	Übertragen: Dumme Frau
322	"однокурсница"	1	Kommilitonin
323	"окулистка"	1	Augenärztin
324	"оптимистка"	1	Optimistin
325	"откликнувшаяся"	1	Beantworterin
326	"отличница"	1	Streberin
327	"переводчица"	1	Dolmetscherin
328	"персесса"	1	Darstellerin
329	"перфекционистка"	1	Perfektionistin
330	"пессимистка"	1	Pessimistin
331	"петербурженка"	1	Petersburgerin
332	"пигалица"	1	Kleine Jugendliche
333	"пилотесса"	1	Pilotin
334	"племянница"	1	Nichte
335	"подписантка"	1	Unterzeichnerin
336	"подруженька"	1	Freundin
337	"подрывательница"	1	Unterminiererin
338	"подсоска"	1	Lutscherin
339	"пользовательница"	1	Nutzerin
340	"попутчица"	1	Wegbegleiterin
341	"порванка"	1	Flittchen

Nr.	*Personenbezeichnung (im Nom. Sg.)*	*Anzahl*	*Übersetzung*
342	"порно-звезда"	1	Pornostar
343	"потребительница"	1	Konsumentin
344	"провокаторша"	1	Provokateurin
345	"праведница"	1	Gerechte
346	"преступница"	1	Verbrecherin
347	"приверженка"	1	Anhängerin
348	"призёрка"	1	Preisträgerin
349	"продавщица"	1	Verkäuferin
350	"продвинутая"	1	Fortgeschrittene
351	"продолжательница"	1	Nachfolgerin
352	"прокаженная"	1	Aussätzige
353	"псевдородственница"	1	Pseudoverwandte
354	"псевдофеминистка"	1	Pseudofeministin
355	"психиатриня"	1	Psychiaterin
356	"психиатриса"	1	Psychiaterin
357	"раба"	1	Sklavin
358	"разработчица"	1	Entwicklerin
359	"редакторка"	1	Redakteurin
360	"редакторша"	1	Redakteurin
361	"редактриса"	1	Redakteurin
362	"ровесница"	1	Gleichaltrige
363	"роженица"	1	Gebärende
364	"россиянка"	1	Russin, russische Staatsbürgerin
365	"руководительница"	1	Leiterin
366	"свидетельница"	1	Zeugin
367	"секретарша"	1	Sekretärin
368	"секс-блогерка"	1	Sex-Bloggerin
369	"сильварианка"	1	Silvarianin (erfundene außerirdische Nation)
370	"слабая"	1	Schwache
371	"следачка"	1	Detektivin
372	"смм-менеджерка"	1	SMM-Managerin
373	"солдатка"	1	Soldatin
374	"сомысленница"	1	Gleichgesinnte
375	"сослуживица"	1	Kollegin
376	"социалистка"	1	Sozialistin
377	"социопатка"	1	Soziopathin
378	"социофобка"	1	Soziophobin

Nr.	*Personenbezeichnung (im Nom. Sg.)*	*Anzahl*	*Übersetzung*
379	"спасательница"	1	Retterin
380	"спортсменка"	1	Sportlerin
381	"станочница"	1	Maschinenführerin
382	"старая дева"	1	Alte Jungfer
383	"старуха"	1	Alte Frau
384	"стерва"	1	Zicke
385	"сторонница"	1	Befürworterin
386	"стримерка"	1	Streamerin
387	"сурмать"	1	Leihmutter
388	"суфражистка"	1	Suffragette
389	"сценаристка"	1	Drehbuchautorin
390	"тату-мастерица"	1	Tätowierkünstlerin
391	"телка"	1	Weib
392	"тёлочка"	1	Weibchen
393	"темнокожая"	1	Dunkelhäutige
394	"теологиня"	1	Theologin
395	"тётенька"	1	Tantchen
396	"технарка"	1	Technikerin
397	"тиммейтка"	1	Teamkollegin
398	"транс-женщина"	1	Transfrau
399	"трансфобка"	1	Transphobin
400	"тренерша"	1	Trainerin
401	"тюменка"	1	Tjumenerin
402	"тянка"	1	Tan (von japanischer Verniedlichungsform)
403	"тяночка"	1	Tan (von japanischer Verniedlichungsform)
404	"уборщица"	1	Putzfrau
405	"УЗИстка"	1	Ultraschallspezialistin
406	"ученица"	1	Schülerin
407	"учёная-женщина"	1	Wissenschaftlerin
408	"Фем-активистка"	1	Feministische Aktivistin
409	"фемenисточка"	1	Feministin
410	"фемшлюха"	1	Femschlampe
411	"филологиня"	1	Philologin
412	"фурия"	1	Furie
413	"футболистка"	1	Fußballspielerin
414	"хамка"	1	Flegel
415	"хохотушка"	1	Lacherin

Nr.	*Personenbezeichnung (im Nom. Sg.)*	*Anzahl*	*Übersetzung*
416	"христианка"	1	Christin
417	"цис-девушка"	1	Cis-Mädchen
418	"чеченка"	1	Tschetschenin
419	"чмошница"	1	Pennerin
420	"шаманка"	1	Schamanin
421	"шкура"	1	Flittchen
422	"шмара"	1	Flittchen
423	"экономистка"	1	Wirtschafterin
424	"экспертка"	1	Expertin
425	"экстремистка"	1	Extremistin
426	"эндокринологиня"	1	Endokrinologin
427	"эрудитка"	1	Gelehrte
428	"яжемать"	1	Ich-bin-doch-Mutter (ugs. negative Bezeichnung für Mütter)
429	"японка"	1	Japanerin

Studies on Language and Culture in Central and Eastern Europe (SLCCEE)

Herausgegeben von Christian Voß

Band 1 DINKEL, Jürgen: Maximilian Braun als Südslavist. Eine akademische Biographie (1926–1961). 2009.

Band 2 VOSS, Christian; NAGÓRKO, Alicja (Hrsg.): Die Europäizität der Slawia oder die Slawizität Europas. Ein Beitrag der kultur- und sprachrelativistischen Linguistik. 2009.

Band 3 CHRISTIANS, Dagmar; STERN, Dieter; TOMELLERI, Vittorio S. (Hrsg.): Bibel, Liturgie und Frömmigkeit in der Slavia Byzantina. Festgabe für Hans Rothe zum 80. Geburtstag. 2009.

Band 4 IOANNIDOU, Alexandra; VOSS, Christian (eds.): Spotlights on Russian and Balkan Slavic Cultural History. 2009.

Band 5 TOLIMIR-HÖLZL, Nataša: Bosnien und Herzegowina. Sprachliche Divergenz auf dem Prüfstand. 2009.

Band 6 VOSS, Christian (Hrsg.): EU-Bulgaristik. Perspektiven und Potenziale. Festgabe für Norbert Randow zum 80. Geburtstag. 2009.

Band 7 VOSS, Christian; GOLUBOVIĆ, Biljana (Hrsg.): Srpska lingvistika / Serbische Linguistik. Eine Bestandsaufnahme. 2010.

Band 8 VOSS, Christian (ed.): Ottoman and Habsburg Legacies in the Balkans. Language and Religion to the North and to the South of the Danube River. 2010.

Band 9 VOSS, Christian; TELBIZOVA-SACK, Jordanka: Islam und Muslime in (Südost) Europa im Kontext von Transformation und EU-Erweiterung. 2010.

Band 10 KELLER, Susanne: Diminutiva im balkansprachlichen Übersetzungsvergleich. Eine Untersuchung am Beispiel des Romans „Buddenbrooks" von Thomas Mann. 2010.

Band 11 РУМЯНЦЕВ, Олег Є.: Питання національної ідентичності русинів і українців Югославії (1918-1991). 2010.

Band 12 RAJILIĆ, Simone; KERSTEN-PEJANIĆ, Roswitha: Theoretische und empirische Genderlinguistik in Bosnien, Kroatien und Serbien. 2010.

Band 13 ЛИПЧЕВА-ПРАНДЖЕВА, Любка: Битие в превода. Българска литература на немски език (XIX-XX в.). 2010.

Band 14 ČAPO ŽMEGAČ, Jasna; VOSS, Christian; ROTH, Klaus (eds.): Co-Ethnic Migrations Compared. Central and Eastern European Contexts. 2010.

Band 15 GIESEMANN, Gerhard; ROTHE, Hans (Hrsg.): Schulbildung und Ihre Weiterbildung. Gedenkband zum 100. Geburtstag von Alfred Rammelmeyer. 2010.

Band 16 TOMELLERI, Vittorio S.; TOPADZE, Manana; LUKIANOWICZ, Anna (Hrsg.): Languages and Cultures in the Caucasus. Papers from the International Conference "Current Advances in Caucasian Studies" Macerata, January 21-23, 2010. 2011.

Band 17 MENZEL, Birgit; HAGEMEISTER, Michael; GLATZER ROSENTHAL, Bernice (Hg): The New Age of Russia. Occult and Esoteric Dimensions. 2012.

Band 18 SIKIMIĆ, Biljana; HRISTOV, Petko; GOLUBOVIĆ, Biljana (Hrsg.): Labour Migrations in th Balkans. 2012.

Band 19 STERN, Dieter: Tajmyr-Pidgin-Russisch. Kolonialer Sprachkontakt in Nordsibirien. 2012

Band 20 KERSTEN-PEJANIĆ, Roswitha; RAJILIĆ, Simone; VOSS, Christian (Hrsg.): Doing Ge – Doing the Balkans. Dynamics and Persistence of Gender Relations in Yugoslavia ar Yugoslav successor states. 2012.

Band 21 BOBRIK, Marina (Hrsg.): Slavjanskij Apostol. Istorija teksta i jazyk. 2013.

Band 44 SELVELLI, Giustina (eds.): Language Attitudes, Collective Memory and (Trans)National Identity Construction Among the Armenian Diaspora in Bulgaria. 2024.

Band 45 JUSUFI, Lumnije; KERSTEN-PEJANIĆ, Roswitha (Hrsg.): Sportsprachen als Spiegelbild gesellschaftlicher Vielfalt. In Gedenken an Gianni Belluscio. 2024.

Band 46 VOSS, Christian: Die Glokalisierung der südosteuropäischen Literaturen im 21. Jahrhundert. Zwanzig Autor*innen und ihre Romane im Porträt. 2025.

Band 47 ALMESKIRCHEN, Daria: Genderrepräsentation in der russischen Sprache heute: Zwischen Ideologie und Sprachpraxis. 2025.

www.peterlang.com

od-product-compliance
td.
3LW, UK

507

9 783631 935538